Charles M. Huber

WELTBÜHNE AFRIKA
Zwischen Politik und Schauspiel

Mein Blick auf einen Kontinent, seine Verbündeten
und die wachsende Souveränität

Charles M. Huber

WELTBÜHNE
AFRIKA

Zwischen Politik und Schauspiel

Mein Blick auf einen Kontinent,
seine Verbündeten
und die wachsende Souveränität

BONIFATIUS

Bibliografische Information der Deutschen Nationalbibliothek:
Die Deutsche Nationalbibliothek verzeichnet diese Publikation in der Deutschen
Nationalbibliografie; detaillierte bibliografische Daten sind im Internet über
http://dnb.d-nb.de abrufbar.

Klimaneutrale Produktion.
Gedruckt auf umweltfreundlichem, chlorfrei gebleichtem Papier.

Umschlaggestaltung: Weiss Werkstatt München, *werkstattmuenchen.com*
Umschlagfoto: © Patrick Mollema
Satz: Bonifatius GmbH, Paderborn
Druck und Bindung: CPI books GmbH, Leck
Printed in Germany

ISBN 978-3-98790-021-1

Weitere Informationen zum Verlag:
www.bonifatius-verlag.de

Dieses Buch ist meinen Kindern, Mia, Salomon-Dien, Elif Maria Tsehay und Jeremias Luca Huber, meinem Enkel Lenny, meiner Großmutter Maria Huber (†) und meiner Mutter Olga Huber (†) gewidmet.

Auch an all diejenigen sei gedacht, welche sich für die Rechte der Schwarzen Bevölkerung eingesetzt haben und in einigen Fällen auch ihr Leben lassen mussten, an Muhammad Ali, Rosa Parks, Martin Luther King Jr., George Floyd, dessen Tod diesem Thema in der heutigen Zeit eine neue Bedeutung gab.

Ich danke den Müttern meiner Kinder, den Familien Faye, Diop und Senghor im Senegal, im Besonderen meiner Cousine Sophie Gueye, welche die Geschichte unserer Familie im Senegal bewahrt hat, sowie „Oma" Tsehay in Addis Abeba.

Ich danke dem afro-amerikanischen Journalisten Charles Childs aus New York für seinen inspirierenden Satz: „Niemanden in der Welt interessiert der Grund, warum du es nicht geschafft hast."

Großer Dank gebührt ebenso meiner getreuen ehemaligen Wahlkreisbüroleiterin Jessica Tips, welche mich immer wieder ermutigte, dieses Buch zu schreiben, sowie meinem Agenten Stephan Meyer, der an dieses Projekt glaubte.

Inhalt

Stammtisch auf Senegalesisch

„Da sitzen die, die immer da sitzen", so steht es auf vielen bayrischen Stammtischschildern. Und wehe dem, der sich dort eingeladen fühlt, ohne dass einer von denjenigen, die immer da sitzen, ihn herbeigewinkt hätte.

Diese protokollarische Einschränkung gibt es bei der „*Attaya*-Runde" nicht, die täglich am Strand der sogenannten *Petite Côte*, der „Kleinen Küste" im Fischerdorf Nianing, tagt. Hier, circa 80 Kilometer von Senegals Hauptstadt Dakar entfernt, gilt *Terranga*, das senegalesische Wort für Gastfreundschaft. Es wird jeder willkommen geheißen, der sich der Runde anschließen will, egal woher er kommt, welcher Religion er angehört oder welchen sozialen Status er genießt.

Vor meinem Haus an der Atlantikküste des westafrikanischen Landes trifft sich unsere Runde, die sogenannte *Attaya*-Mafia, wie wir sie einmal genannt hatten, um an einem schattigen Plätzchen unter Palmen dem traditionellen senegalesischen Zeremoniell zu frönen. Der harte Kern der Truppe besteht aus meinem Wächter Maurice, Malik dem Fischer, Michel, dem Wächter von der anderen Seite der Lagune, Dibi dem Muskelprotz, der als Schmied und Schlosser im Nachbarort Warrang arbeitet. Auch Ousman, der großgewachsene, bärtige Taxifahrer, der eine europäische Frau zum Heiraten sucht und als Double des Shaft-Darstellers Isaac Hayes durchgehen könnte, ist meistens mit von der Partie. Ab und zu gesellt sich auch Jacques, ein weißer französischer Pensionär, der Senegal lieben gelernt hat, dazu und genießt die entspannte Atmosphäre, die bei uns herrscht.

Wer als Fremder nicht allzu verschlossen oder arrogant auftritt, wird in den Dorfgemeinden auch gern zu anderen Anlässen, wie Hochzeiten, Beerdigungen oder Feiern zur Geburt eines Kindes, eingeladen. Ein Gast aus dem Ausland ist im Senegal erst einmal interessant und bietet zudem noch die Möglichkeit einer Kontaktaufnahme nach draußen – mit all den Chancen, die sich dadurch ergeben. Der Senegalese ist neugierig. Ihn interessiert nicht nur das, was im eigenen Land geschieht. Ihn interessiert die Welt, wie sie funktioniert und wie die Menschen in anderen Ländern leben.

Heute ist der *Attaya* besonders stark, da er von Malik dem Fischer gemacht wurde. Fischer bleiben oft über mehrere Tage und Nächte auf dem Meer, und da empfiehlt es sich, wachsam zu bleiben. Nicht allein wegen des Fangs – man will ja auch nicht über Bord gehen, denn nur die wenigsten Fischer können schwimmen.

Das belebende Getränk könnte man also als die senegalesische Antwort auf einen italienischen Espresso bezeichnen. Ein Esslöffel grüner Tee mit zwei Esslöffeln Zucker wird zu circa 0,15 Liter Wasser hinzugefügt. Dann wird die Flüssigkeit in einem kleinen Kännchen auf einem Holzkohleöfchen auf die Hälfte zusammengekocht. Im Prinzip ist es eigentlich mehr ein Konzentrat als das, was man im Rest der Welt so als Tee bezeichnet. Die Menge wird dann, je nachdem, zwischen vier und sechs Personen aufgeteilt.

Wer dieses Getränk nicht gewohnt ist, kann danach problemlos die Nacht hindurch bis hinein in die frühen Morgenstunden den Verlauf der zahlreichen Sternschnuppen verfolgen, die über dem Geräusch der ständig vor sich hin mahlenden Wellen des Atlantiks aus dem Himmel fallen und neben den Tiefen des Weltalls vielleicht auch noch eine Vierte Dimension erschließen.

Der Blick auf den großen, mächtigen Ozean erweckt hier bei unserer Truppe viele Erinnerungen; andere als die, die ein Tourist mit nach Hause nimmt. Für manche der jungen Männer sind damit auch immer noch Sehnsüchte verbunden, trotz der vielen Unfälle, den vielen Toten der vergangenen Jahre. Aber es sind weniger geworden. Zumindest in den letzten Monaten.

In den Jahren 2020/2021 haben viele Menschen aus der Region ihr Leben im Meer gelassen. Nach dem, was wir hier beobachten konnten, mindestens dreimal so viele, wie in den offiziellen Statistiken aufgeführt werden. Nicht wenige von ihnen waren uns persönlich bekannt, kamen aus dem Dorf, den Nachbardörfern oder waren Verwandte und Bekannte aus der Umgebung. Einige von ihnen waren hin und wieder auch zu Gast in unserer Runde oder haben in dem Strand-Fitnesscenter, das ich hier einmal neben meinem Haus für die Jugend der umliegenden Dörfer aufgebaut habe, Sport gemacht. Sie hoben Gewichte, spielten Fußball und bereiteten sich auf die traditionellen Ringerturniere vor, auf *la lutte senegalaise*, in der Sprache meiner Ethnie der Serer, welche diesen Wettkampf erfunden haben, *Lamb* genannt.

Ab und zu sind es hier bis zu fünfzig Jugendliche, die sich am späten Nachmittag, kurz vor dem Abendessen zusammenfinden. Mittlerweile gehen auch die Mädchen aus den umliegenden Dörfern an den Start. Sie sind mit ihren großen Lautsprecherboxen, aus denen mittlerweile auch House und Technomusik dröhnt, die lautesten, wenn sie ihre abendliche Gymnastik absolvieren.

Die Jungs hingegen bevorzugen den monotonen und traditionellen Gesang der Serer, der während des Ringerwettbewerbs aufgeführt und von den komplexen Rhythmen eines knappen Dutzend Trommlern begleitet wird.

Wir zählten manchmal täglich bis zu drei Boote, die mit ungefähr hundert Leuten besetzt in den heißen Stunden des Nachmittags, so zwischen 14 und 15 Uhr, bei uns vorbeischipperten, zu der Zeit, wo die Küstenwache vielleicht gerade durch die Schwere des Mittagsmahls weniger aktiv war, oder ebenfalls *Attaya* kochte. In freudiger Vorerwartung, auf ein neues und besseres Leben hoffend, lachte und winkte man uns zu, obwohl hier jeder seine Überlebenschancen, die Aussicht, Europa zu erreichen, nur auf fifty-fifty einschätzte. In Anbetracht des Risikos, dem sich die Menschen aussetzten, war dieses Lachen und Winken ein nahezu absurder, beinahe grotesker Vorgang, der für einen Mitteleuropäer inklusive mir selbst eigentlich gar nicht nachvollziehbar ist. Auch jetzt noch blockiert meine Stimme, wenn ich jemandem in Europa dieses Szenario schildere. Sofort tauchen wieder diese Bilder auf, die buntbemalten Fischerboote, die dicht aneinander gedrängten Menschen, die gleißende Hitze der afrikanischen Sonne, deren Licht auf den Wellen hin und her tanzte und einem die Energie aus dem Körper saugte. *„Yalla baxx naa"* – „Gott ist gut" war die Losung und damit fuhr man los. „Die Todgeweihten grüßen dich." Das war mehr so mein Eindruck.

Eine Woche, heißt es – dann muss die Nachricht, die Bestätigung kommen, dass das Boot sein Ziel, die Kanarischen Inseln erreicht hat. Wenn nicht, konnte man davon ausgehen, dass es mit all seinen Menschen in den Tiefen des Atlantiks verschwunden war.

Passiert das, gibt es Nachrichten auf Facebook mit Porträts von den Verschollenen, die meisten von ihnen Jugendliche Mitte zwanzig oder auch jünger, sympathisch lächelnd, in der Blüte des Lebens. Das Ganze dann mit melancholischer Musik untermalt. Die Links dazu werden über Handy weiterverschickt. „Das ist Abdou, der war letzte Woche noch hier beim Tee", heißt es dann bei uns. „Und der Mustafa, du weißt doch, der, der hier schon um sieben Uhr morgens immer die Klimmzüge machte. Der war auch unter den Toten." An solchen Tagen tagte die *Attaya*-Runde nicht lange. Man traf sich nur kurz zum Informationsaustausch. Dann zogen wir uns mit feuchten Augen in eine stille Ecke zurück, ins Innere des Hauses, wo uns keiner sah. In Afrika kann man sich Schwäche nicht leisten. Schon gar nicht als Mann. Für den etwas zarter besaiteten Mitteleuropäer vielleicht eine Macho-Allüre. Wer aber die Härte des afrikanischen Alltags kennt, weiß, dass man die Kanäle nicht immer öffnen kann, aus Selbstschutz, um so manches besser ertragen zu können.

Im Senegal lächelt man diese Härte des Lebens oft weg. Aus Höflichkeit, weil man auf die anderen seine Stimmung nicht übertragen will. Eine edle Geste. Aus Deutschland ist man gewohnt, dass man eine ganze Litanei an schlechten Gefühlen und Vorkommnissen präsentiert bekommt, wenn man jemanden fragt, wie es ihm geht. Hier ist es anders. „Dinaa baxx." – „Alles wird gut." In Ländern, in denen das Bruttoinlandsprodukt von sieben Prozent der Bevölkerung erwirtschaftet wird, befinden sich 93 Prozent der Menschen in der gleichen wirtschaftlich prekären Situation; mit allem, was mit diesem Phänomen der Armut einhergeht: kein Geld für den Arzt, den Sprit für das Boot, die Schule der Kinder.

Einmal sprach ich mit einem Überlebenden eines solchen Bootsunglücks. Er erzählte mir, dass einige Frauen beim Anblick der haushohen Wellen, die das Holzboot wie einen Tennisball auf dem Meer hin und her warfen, verrückt wurden und in der Verzweiflung ihre Kinder ins Meer warfen. Dann sind sie selbst hinterhergesprungen. Das Boot wurde irgendwann gerettet. Ein Dutzend von hundert Passagieren überlebte. Der Rest war verdurstet.

Irgendwann lud ich zu diesem Thema Christian Putsch, einen Journalisten der Zeitung „Die Welt", der in Südafrika ansässig war, zu einer Videokonferenz mit meinen Jungs ein. Ich wollte, dass er einmal direkt mit ihnen spricht, damit er sich aus erster Hand ein Bild von der Situation der Jugendlichen machen könne. Auch in Bezug auf die Verantwortung, die ihnen von Seiten ihrer Familien auferlegt wird.

In unserer *Attaya*-Runde hatte ich immer wieder vor dieser Reise gewarnt und darauf hingewiesen, dass in Europa nicht wirklich das Paradies auf sie wartete, dass *refugees welcome* der Vergangenheit angehörte. Oft spürte ich, dass man mir nur mit einem Ohr zuhörte, das Ganze eigentlich gar nicht hören wollte.

Der Traum von einem besseren Leben, diese Hoffnung, musste lebendig gehalten werden.

Im Prinzip wollte man sich nur die Bestätigung holen, dass es dort doch so gut war, wie es die Kumpels, die es geschafft hatten, in den sozialen Medien schilderten. Mit ihren gestellten Fotos, an den Kotflügel eines BMWs gelehnt, in einem Lokal an der Schulter eines blonden Mädchens, mit einem Freudensprung vor dem Brandenburger Tor oder vor dem Eiffelturm. So sahen die Helden, die Vorbilder derer aus, deren Perspektive Hoffnungslosigkeit hieß. Dazu setzte man sie auch von Seiten der Familie unter Druck: „Warum schafft der das und du nicht? Schau mal, was der seiner Mutter für ein Haus gebaut hat." Oft stellte ich mir die Frage, warum man so verbissen an einer Illusion festhalten konnte, trotz all der Nachrichten. Wie schlecht man etwa auch schon vor der Ankunft behandelt wurde, wurde besonders von denen berichtet, die die Landroute über Libyen gewählt hatten, wo Folter, Mord und Vergewaltigung an der Tagesordnung waren. Kein Eingreifen der EU, keine werteorientierte Außenpolitik, von der immer die Rede ist. Alles interessengelagert. Hier scheint die europäische Energieaußenpolitik dem libyschen Öl einen höheren Stellenwert eingeräumt zu haben als dem gebetsmühlenartig wiederholten Postulat der Menschenrechte.

Je länger ich hier lebe, könnte ich mir irgendwie sogar vorstellen, dass ich vielleicht auch nach demselben Prinzip handeln würde, wenn ich mir all die Privilegien wegdenke, die ich habe: ein großes Auto, ein Zehn-Zimmer-Haus am Meer, Reisefreiheit und etwas Geld. Ziemlich sicher sogar. *„Barca waje barsak"* – „Barcelona sehen oder sterben". Ein jeder, der sich über „die vielen Schwarzen", ob in Frankreich, Italien, Deutschland oder sonst wo beschwert, sei herzlich eingeladen, einmal die Erfahrung zu machen. Nicht bei mir im Haus, sondern innerhalb einer Großfamilie im Ort, einer, die jeden Tag darum kämpft, *Djin bi*, die gemeinsame Essensschüssel, zu füllen. Dieses monotone Absitzen seiner Lebenszeit muss für einen jungen Menschen die Höchststrafe sein, für den das Internet der einzige Blick nach außen ist, hinein in eine Wohlstandsgesellschaft, die die Möglichkeit einer Beschäftigung und die damit verbundene soziale Anerkennung in der Heimat zu bieten scheint. Vielleicht würde so mancher Europäer dann verstehen, warum die Situation der Menschen hier so ist, wie sie ist, und womöglich hinterfragen, welche Rolle ihm selbst in diesem Szenario zukommt.

Africa Mania –
Eine Einleitung

Seit einiger Zeit treten afrikanische Länder, beflügelt durch einen zunehmenden Wettbewerb externer Akteure im Kampf um die riesigen Rohstoffvorkommen des Kontinents, zunehmend selbstbewusst auf. Auch der Senegal. Ist dies nun der Anfang eines sogenannten Paradigmenwechsels, von dem seit Langem schon die Rede ist und der in diesem Falle in erster Linie von eigenen, afrikanischen Initiativen getragen ist, oder handelt es sich dabei lediglich um eine Art Wunschdenken?

Dass sich das „arme Afrika" irgendwann nicht mehr vorbehaltlos den Anweisungen der G7-Staaten fügen würde, damit hatte eigentlich niemand wirklich gerechnet. Schon gar nicht die westlichen Industrienationen. Plötzlich und unerwartet widersetzten sich in Bezug auf die Ukraine-Krise mehr und mehr sogenannte Entwicklungs- und Schwellenländer in wichtigen multilateralen Abstimmungen, wie etwa im Menschenrechtsrat der Vereinten Nationen, den in stiller Selbstverständlichkeit eingeforderten Entscheidungsrichtlinien der westlichen Akteure und stellten sich in Bezug auf den Ausschluss Russlands überwiegend neutral. Entfernt sich Afrika mehr und mehr von dem, was der Westen unter einer regelbasierten Weltordnung versteht, so wie sich zwei tektonische Platten voneinander entfernen? Hatte man hier vielleicht das Frühwarnsystem ignoriert?

Auch nicht-europäische Kooperationspartner wie China, die Türkei, Länder des Mittleren Ostens und auch Israel erhöhen mehr und mehr ihr Engagement auf dem Kontinent und verstärken so den Wettlauf um dessen natürliche Ressourcen; zum Unmut der sich über lange Zeit hinweg in Sicherheit wiegenden europäischen Akteure, obwohl diese Entwicklung eigentlich schon vor zwanzig Jahren ersichtlich war, besonders in Bezug auf China.

Auf wirtschaftlicher und mittlerweile auch auf militärischer Ebene gesellt sich nun zur Investitionswalze China in einer außerkontinentalen

Expansionsstrategie auch noch die Atommacht Russland hinzu und gewinnt, begleitet durch die Söldnergruppe Wagner, auf dem afrikanischen Kontinent zunehmend nicht nur militärisch an Einfluss, sondern auch in Bezug auf die Akzeptanz in der Bevölkerung.

Besonders Frankreich sieht sich in seinen ehemaligen Kolonien im westlichen Afrika mit einem deutlich schrumpfenden Einfluss konfrontiert.

Von Seiten der USA war es erstaunlicherweise der damalige US-Präsident Donald Trump, der gegen Ende seiner Amtszeit einmal verlauten ließ, dass sich Afrika in Zukunft auf eine neue Rolle im Weltgeschehen einstellen müsse. Seine Aussage verwunderte schon allein deswegen, weil er noch zu Beginn seines Mandats zum Entsetzen der internationalen Politik afrikanische Länder als sogenannte *„shitholes"* bezeichnet hatte.

Hatte Trump bereits in seiner Amtszeit geahnt oder vielleicht sogar schon gewusst, dass sich die multipolare Welt bald in eine andere Richtung drehen und die Verschiebung der Kräfteverhältnisse durch Bündnisse großer nicht-westlicher Akteure mit wirtschaftlich bislang unbedeutenden Staaten des Globalen Südens eine Zeitenwende in der Weltpolitik ankündigen könnte?

Zwar beobachten die Europäische Union und auch die USA schon lange und mit wachsender Sorge den Einfluss Chinas in Afrika, jedoch was strategische Überlegungen anbelangte mit einer gewissen Attitüde von politischer Trägheit. Erst beim Auftauchen Russlands, welches in Mali und bald darauf auch in anderen ehemaligen französischen Kolonien West- und Zentralafrikas mit einer von gezielten militärischen Aktivitäten begleiteten Rohstoffstrategie auftrat und eine Art Renaissance der Verbrüderung mit Afrika durch dessen Unterstützung gegen das koloniale Joch und die Apartheid ausrief, erst da schrillten die Alarmglocken.

Aber wie wird sich dieses Szenario nun weiterentwickeln? Für Afrika stellt sich die Frage, wie und ob es dem Kontinent gelingen wird, einen schwierigen Spagat zwischen den Verbündeten aus alten Zeiten, nämlich China und Russland, und deren Gegenspielern aus dem westlichen Lager zu vollziehen, oder ob es sich partiell oder geschlossen für die eine oder andere Seite entscheiden muss.

Brisante Themen wie die Migrationspolitik, die Abschaffung oder Beibehaltung von rassistischer Symbolik im Sprachgebrauch spielen nach wie vor eine große Rolle im innenpolitischen Diskurs vieler europäischer Länder. Was europäische Länder dabei übersehen oder auf Grund ihrer wirtschaftlichen Macht schlichtweg ignoriert haben, ist die Tatsache, dass diese Kommunikation auch anderen Orts wahrgenommen wurde und auch auf der Ebene der Außenpolitik Konsequenzen haben konnte. Tatsache ist, dass die Afrikaner es satthaben, sich von westlichen Staaten, in erster Linie von Europa, bevormunden zu lassen. Dies noch dazu vor dem Hintergrund, dass die großen wirtschaftlichen und sozialen Verwerfungen – selbst inter-afrikanische Konflikte und Bürgerkriege – zum größten Teil Resultate der von ihnen selbst aufgebauten Dependenz-Strategie sind. Die gebetsmühlenartig wiederholten Maßregelungen von Drittstaaten, besonders in Bezug auf Afrikas Regierungsführung sind daher nichts anderes als die Verschleierung einer systemischen Verwerfung zu deren Ungunsten. Der ökonomische Protektionismus der industrialisierten Welt bezieht sich nicht nur auf den günstigen Ankauf von Rohstoffen aus diesen Ländern – wobei sich deren Beteiligung am Erlös in einem einstelligen Prozentbereich bewegt. Diese Länder und ihre Bevölkerung bleiben zudem auch noch von den weiteren Verarbeitungsprozessen im Sinne einer sukzessiven Wertschöpfung ausgeschlossen.

Konsequent negative Berichterstattung über den Globalen Süden, innenpolitische, teils rassistische Kommunikation, Teilwahrheiten über ihre Migration erschweren den Menschen in der afrikanischen Diaspora das Leben außerhalb ihrer Ursprungsländer. Wer die jüngsten Entwicklungen in Westafrika betrachtet, wird feststellen, dass gerade die im Ausland lebenden Intellektuellen die Entwicklung und die Partnerschaften in ihrer Heimat stärker verfolgen als je zuvor und auch mehr und mehr gewillt sind, sich selbst aktiv in zukünftigen Regierungsbildungen in ihrer Heimat zu engagieren. Schon seit Langem benutzen Propagandastrukturen terroristischer und anti-westlicher Gruppierungen, wie zum Beispiel Boko Haram und der IS, die rassistische innenpolitische Kommunikation des Westens als argumentative Grundlage für die Mobilisierung der jungen Bevölkerung gegen den Westen. Dies nicht nur in Afrika, sondern auch innerhalb der Migrantenszene Europas, in den USA und einigen Ländern Süd-, Ost- und Zentralasiens, um mit Indonesien und Dagestan nur zwei von ihnen zu nennen.

Ob die Aufmerksamkeit, die die afrikanisch-stämmige Diaspora mehr und mehr sowohl in den europäischen als auch in den Medien der Vereinigten Staaten von Amerika gewinnt, ihre gesellschaftliche Akzeptanz verbessern wird, bleibt fraglich. Diese Frage stellt sich auch in Bezug auf das Ansehen westlicher Gesellschaften, welche plötzlich in Bezug auf Toleranz und Weltoffenheit nach außen hin ein positives Bild vermitteln wollen, das, so wie es momentan aussieht, wahrscheinlich nicht den Tatsachen entspricht. Das plötzliche Reinwaschen, das *woke washing* des Westens in Bezug auf die Behandlung von Menschen und Volkswirtschaften des Globalen Südens wird weder von der intellektuellen afrikanischen Diaspora noch von afrikanischen Regierungen als freiwilliges, auf der Basis menschlicher Werte getroffenes Zugeständnis, sondern vielmehr als Schwäche, als Angst vor dem Verlust seiner Einflusssphäre wahrgenommen.

Diese Veröffentlichung befasst sich nicht nur mit Symptomen wie der Migration, die sich aus den Entwicklungshemmnissen afrikanischer Länder für den Kontinent selbst ergeben, sondern sie zeigt auch, wie das Negativ-Image Afrikas mit dem Leben seiner Diaspora in Verbindung steht.

Vor diesem Hintergrund behandelt sie auch die Frage, ob Rassismus in der Gesamtbetrachtung Afrikas und der dem Kontinent entstammenden Menschen ein rein psychologisches oder kulturelles Problem ist oder nicht vielmehr ein Katalysator dessen, was jahrhundertelang als geistige Grundlage zur Rechtfertigung der Ausbeutung eines Kontinents diente.

Symbolisch für die afrikanische Diaspora schildere ich meinen Werdegang als erster afrikanisch-stämmiger TV-Seriendarsteller außerhalb der Vereinigten Staaten sowie im nächsten Karriereschritt mein Wirken als erster deutscher Bundestagsabgeordneter mit diesem Hintergrund. Mittels zum Teil biografischer Sequenzen nimmt das Buch die Leserinnen und Leser mit hinein in eine erfahrungsbasierte Analyse der deutschen, europäischen und afrikanischen Gesellschaft und verbindet sowohl innen- als auch außenpolitische Themen mit individueller Lebenserfahrung.

Kindheit und Jugend – Identität

Der schwarze Bub im Dorf

Da ich nicht davon ausgehen kann, dass jeder, der dieses Buch liest, auch mein erstes Buch „Ein Niederbayer im Senegal" gelesen hat, halte ich es im Rahmen eines besseren Verständnisses für sinnvoll, manches dort bereits Beschriebene hier nochmals in Kurzform wiederzugeben.

Ich wuchs als Kind eines afrikanischen Diplomaten und einer deutschen Hausangestellten bei meiner Großmutter in Niederbayern auf. In diesem konservativen, ländlichen Biotop war ich zwar hin und wieder mit ein paar derben Bemerkungen in Bezug auf meine Hautfarbe konfrontiert. Dennoch kann ich in der Gesamtbetrachtung meiner Kindheit, die ich dort verbracht habe, sagen, dass diese Zeit des Heranwachsens – als Landkind mit all seinen Freiheiten – eine überwiegend glückliche war. Ich möchte dabei sogar so weit gehen, festzustellen, dass mich diese Zeit, was meinen Charakter und mein Werteschema anbelangt, nachhaltig geprägt hat und sie auch einen nicht unwesentlichen Teil meiner Person ausmacht.

Meine Sozialisierung ist eine bayrisch-wertekonservative aus einer Epoche zwischen der deutschen Nachkriegszeit und dem Wirtschaftswunder. Der oft recht derbe Humor meiner Umgebung betraf nicht nur mich als Kind mit dunkler Hautfarbe, sondern auch andere „auffällige" Gruppierungen wie Dicke, Rothaarige und solche, die etwas schwer von Begriff waren. Nur Behinderten ließ man diesbezüglich als guter Katholik ein gewisses Maß an Barmherzigkeit angedeihen. Diese blieben von den Frotzeleien innerhalb der Dorfgemeinschaft überwiegend verschont. Somit fühlte ich mich im Großen und Ganzen eigentlich gar nicht mal so als Außenseiter. Im Gegenteil: Ich fühlte mich zumindest in dieser Phase meines Heranwachsens als „echter Niederbayer", ohne Wenn und Aber.

Die Familienchronik meiner bayrischen Seite entsprach der Norm unserer dörflichen Umgebung, und zwar sowohl vor und während als auch nach dem Zweiten Weltkrieg. Die Familie war arm und ohne Landbesitz. Großmutter wurde auf einem Landgut namens Tunzenberg bei Straubing geboren und war Tochter einer Gutsköchin. Der Vater war wahrscheinlich ein Wanderarbeiter. Meine Oma redete nie von ihm. Also kannte sie ihn wahrscheinlich nicht. Großvater war Mitglied der Wehrmacht, unter anderem Träger des Eisernen Kreuzes und fiel in Stalingrad. Als Großmutter Witwe war, zogen deren Kinder, meine Mutter sowie auch eine Tante und ein Onkel, in die bayrische Landeshauptstadt München, um dort Arbeit zu finden. Ich blieb mit meinem Onkel Heinz, der nur acht Jahre älter war als ich und dessen Vater ein Flüchtling aus Siebenbürgen war, zurück.

Der nördliche Teil Bayerns war damals strukturarm, und wer kein bäuerliches Anwesen besaß, hatte ein Problem, mit seiner Familie über die Runden zu kommen. Meine Zeit in Niederbayern erlebte ich trotz unserer materiellen Armut als schön, inmitten der Natur, mit Freiheit und viel Liebe von Omas Seite. Nach den erledigten Hausaufgaben konnte ich praktisch machen, wonach mir zumute war. Ich ging dem Bäcker, dem Metzger, dem Bauern und dem Maurer auf die Nerven, da ich überall mitarbeiten wollte. Ich selbst war von meinem Wesen her eher verhaltensunauffällig – zumindest in meiner Selbstwahrnehmung. Ein bisschen agiler vielleicht als meine Altersgenossen und wahrscheinlich auch etwas neugieriger. Daher war ich meist mit Jungs unterwegs, die das Kindesalter schon hinter sich gelassen hatten und bereits zu den Heranwachsenden zählten. Diese Kumpels, die auf klassische bayrische Namen wie Hans, Franz und Sepp hörten, waren so um die acht Jahre älter als ich. Natürlich war ich als Jüngster immer derjenige, den man vorschickte, wenn es darum ging, irgendwelchen Unsinn anzustellen. Dagegen hatte ich in der Regel nichts einzuwenden, solange es aufregend war. Die Jüngeren mussten einfach immer herhalten. Denn natürlich wollte ich ja dazugehören – und zwar zu denjenigen Burschen, die auch mit einem gewissen Maß an maskuliner Risikobereitschaft ausgestattet waren. Zu brav war mir einfach zu langweilig.

Wenn ich etwas genauer darüber nachdenke, fühlte ich mich eigentlich nie so richtig als Kind. Mir kam es immer so vor, als wäre ich praktisch schon als Jugendlicher auf die Welt gekommen. Mein Umfeld war das körperlich hart arbeitender Männer, die fast alle in der Landwirtschaft tätig waren. Dort war vieles noch Handarbeit, kaum mechanisiert und oft mit hohem körperlichem Einsatz verbunden. Man nahm nur wenig Rücksicht auf die eigene Gesundheit und meinen ersten größeren Schluck Bier trank ich im Alter von vier Jahren. Weil ich mich eher an den Älteren orientierte, wollte ich meinen um ein knappes Jahr jüngeren Cousin, der für eine kurze Zeit ebenfalls bei Oma, Onkel Heinz und mir war, nicht dabeihaben. So habe ich immer noch vor Augen, wie ich ihm jedes Mal beim Weggehen die kleine, grün gestrichene eiserne Hoftür vor der Nase zuschlug, weil ich dachte, dass er für das, was ich mit meinen Kumpels anstellte, noch „etwas zu klein" war. Er war damals vier und ich gerade einmal fünf Jahre alt.

Was das Thema Hautfarbe anbelangte, offenbarte mir damals eigentlich erst ein längerer Blick in den Spiegel, dass ich irgendwie anders als die anderen Menschen in meiner Umgebung aussah. Auch dann, wenn mich jemand hin und wieder als *Lumumba* oder *Kasawuwu* bezeichnete, denn von der Sprache und vom Dialekt her waren wir gleich. Und meist waren dies ohnehin Menschen, von denen ich nicht viel hielt. Da meine Großmutter, die ich über alles liebte, nach solchen Schilderungen aber sehr traurig war, unterließ ich es irgendwann, ihr davon zu erzählen. Bekam sie es dennoch zu Ohren, stellte sie den- oder diejenige zur Rede. Und zwar in der Öffentlichkeit – coram publico sozusagen –, ob nach dem Kirchgang, beim Einkaufen beim Bäcker oder beim Metzger. Dies in aller Klarheit und ohne Gnade in Bezug auf Wortwahl und Tonlage. Wer es sich in Bezug auf das Verhalten gegenüber ihrem Enkel verscherzt hatte, wurde von ihr im weiteren Verlauf seines Lebens ignoriert und geächtet. Kein Einspruch, keine Versöhnung, *life without parole* – „lebenslänglich und ohne Aussicht auf Begnadigung".

Oma Huber galt, obwohl sie arm war, in der Dorfgemeinschaft als kluge Frau, die in ihrer Schulzeit, wie es hieß, einigen Mitschülern des Dorfes Nachhilfe gegeben hatte, am Ortsrand verstehst sich, damit niemand es mitbekam. Sie genoss daher in der kleinen Dorfgemeinde von Großköllnbach bei Landau an der Isar ein ziemliches Maß an Achtung.

Jimi Hendrix und Schlaghosen

Als ich dann, ein halbes Jahr vor meinem zehnten Geburtstag, nach der Heirat meiner Mutter mit einem Ostpreußen „in die Stadt" zu ihr nach München ziehen musste, deutete sich in meinem Inneren so etwas wie ein Bewusstseinswandel an. Nicht nur das. Aus heutiger Sicht würde ich meinen damaligen Zustand als depressiv bezeichnen. Ich hatte gleich drei Dinge auf einmal verloren: meine Großmutter, meine Heimat und in gewissem Maße auch meine Freiheit, den Abenteuerspielplatz Großköllnbach in Niederbayern.

Ein paar Jahre später schien sich aber ein neues, ein in anderer Form spannendes Zeitalter anzukündigen, eines, das mir durch das Auftauchen anderer Sichtweisen auf unsere Gesellschaft, durch das Erscheinen anderer Idole in die Hände spielen sollte. In meinem Dorf in Niederbayern hatte mich jeder gekannt. In meiner neuen Umgebung musste ich nun immer meine Herkunft erklären. Das „Wo kommst du eigentlich her?" erzeugte in mir plötzlich das Gefühl, nicht dazuzugehören. Auf eine gewisse Art und Weise fühlte ich mich plötzlich fast expatriiert – ausgeschlossen und ausgebürgert. Das klassische Abenteuer verlagerte sich nach zwei Jahren Langeweile, welche ich mit Büchern von Enid Blyton und Donald-Duck-Comics überbrückte, auf die intellektuelle Ebene. Das Lesen ermöglichte mir ein Entgleiten meines Geistes und meiner Seele in einen anderen Raum, in den des Abenteuers. Es war, als würde ich in ein anderes Land reisen, eines, das nicht so langweilig war wie ein Münchner Vorort.

„It's hippie time." Die überwiegend sehr konservativ orientierte deutsche und europäische Nachkriegsgesellschaft wurde plötzlich von einer Welle freiheitlichen Lebensgefühls überschwemmt: Flower Power, bunte Hemden und Schlaghosen, statt grauer Anzug und Nyltest-Hemd.

Die graue Bügelfaltenhose war auf einmal im wahrsten Sinne des Wortes untragbar. Die klassische „Hochwasserhose" wurde von der Shake-Hose abgelöst, die vorne einen Schlitz hatte, sodass sie über die Schuhe mit den hohen Blockabsätzen hängen konnte. Plötzlich sah man Männer mit langen Haaren, Frauen in kurzen Röcken, und ich erinnere mich noch gut daran, wie mein Stiefvater mich bei einem Spaziergang auf der Hauptstraße in meiner neuen Pro-forma-Heimat Gräfelfing bei München auf einen jungen Mann aufmerksam machte. Der mochte so um die zwanzig gewesen sein, war mit einer grünen Militärjacke bekleidet, trug einen blonden Vollbart, schulterlange Haare und schlenderte wiegenden Schrittes auf dem Gehweg der gegenüberliegenden Straßenseite entlang. „Schau mal, Karli, da geht ein Gammler", meinte er und deutete mit dem Finger auf die andere Straßenseite. „Der sieht aus wie der Fritz Teufel." Erst einmal hatte ich keine Ahnung, wer Fritz Teufel war. Der Name war jedoch suspekt genug, um mein Interesse zu wecken.

Fritz Teufel hatte 1966 mit seinen Mitstreitern Rainer Langhans und dem Model Uschi Obermeier die sogenannte Kommune 1 im Münchner Ortsteil Schwabing gegründet. Über sie, ihre linksorientierte gesellschaftspolitische, aber auch polygame Haltung, welche den ideologischen Überbau dieser unüblichen Form kollektiven und außerfamiliären Zusammenlebens bildete, wurde ab und zu auch in der Münchner Tagespresse berichtet. Daher kannte mein Stiefvater Horst die Namen der Protagonisten, und auch ich begann, die Tageszeitung zu lesen.

Aus diesem Prinzip der sogenannten Kommune, einer Wohngemeinschaft von politisch Gleichgesinnten, entstand später auch das Format der sogenannten Zweck-WG.

Im Zuge der weltweiten linken Studentenbewegung, in der gegen den Vietnam-Krieg, den Rassismus gegenüber Schwarzen in den Vereinigten Staaten, für die Unabhängigkeitsbewegungen in afrikanischen Ländern protestiert wurde, entdeckte ich plötzlich dann so etwas wie ein anderes „Ich" in mir. Ein „Schwarzes Ich" und damit einhergehend auch ein dazu passendes „politisches Über-Ich". Womöglich vollzog sich dieses auch in umgekehrter Reihenfolge. Wahrscheinlich sogar.

Mein erstes greifbares Idol überhaupt war ein schwarzer Gitarrist. Eine Figur, die es tatsächlich gab und die nicht nur als mein großer schwarzer Retter in meiner kindlichen Fantasie existierte wie der Soldat aus einer US-Kaserne in Straubing, der zwei Meter groß war und in meiner Fantasie die Funktion erfüllte, väterliche Defizite auszugleichen. Der junge Gitarrist aus Seattle namens Jimi Hendrix war real. Das schwarze Genie mit der Löwenmähne war ein Mann, der die ganze Musikwelt begeisterte und dem es gelingen sollte, als Gitarrist in puncto Virtuosität und Kreativität, aber auch mit seinen spektakulären Bühnenauftritten neue

Standards zu setzen. Er sah mir ähnlicher als allen anderen Personen und Kumpels in meiner Umgebung und war unabhängig von seiner Hautfarbe das Jugend-Idol schlechthin. Der Niederbayer „ohne Wenn und Aber", als den ich mich im Alter von zehn Jahren noch gesehen hatte, erlitt somit zwei Jahre später langsam, aber sicher einen kleinen Bruch.

Wer wollte nicht so cool aussehen wie Jimi Hendrix? Also wurde nicht nur meine Kleidung, sondern auch mein Leben etwas bunter. Mit zwölf hatte ich meine erste Afro-Mähne, und da mein Stiefvater Langhaarige nicht mochte, kam es häufiger zu heftigem Streit. Aber ich gab mich unnachgiebig und unser gemeinsamer Friseur hinter der Unterführung des Gräfelfinger Bahnhofs musste nun mit einem Kunden weniger auskommen. Der Streit mit meinem Stiefvater war zwar intensiv, ging aber ohne Ohrfeige ab. Ich war mit zwölf Jahren bereits knapp einen Meter achtzig groß und ein guter Sportler, und da spielten wahrscheinlich auch die natürlichen Instinkte auf beiden Seiten eine gewisse Rolle. Irgendwie verstand er auch, dass es mir hier um mehr ging als nur um die Haarlänge, nämlich um meine Identität. Ich wollte der sein, der ich bin – ein Schwarzer, so wie mich meine neue Umgebung sah. Ich wollte mein Äußeres nicht verstecken, mich nicht unauffällig kleiden, um nicht noch zusätzlich aufzufallen. Im Gegenteil, ich wollte darauf hinweisen: „Ja, da schaut alle her, ich bin ein Schwarzer, und jetzt könnt ihr mich gerne fragen, woher ich eigentlich komme. Aus Afrika!" Jimi Hendrix war ein identitäres Backup, meine Legitimation, stolz darauf zu sein, anders auszusehen als die anderen.

Wenn andere Jungs ein buntes Hemd anzogen, sahen sie aus wie ein namenloser Hippie. Ich wie Jimi Hendrix, der Star der Stars.

Rassismus und seine Auswirkungen hatten nämlich auf mein Leben seit dem Eintritt in die Pubertät mehr und mehr an Bedeutung gewonnen. Die kindliche Harmlosigkeit war aufgrund des äußeren Erscheinungsbildes praktisch schon ab dem zehnten Lebensjahr nicht mehr so vorhanden. Die Phase des schnuckligen kleinen „N-Babys" war vorbei.

Auch die klassische Infantilisierung des erwachsenen negroiden Menschen, die man aus Schwarz-Weiß-Filmen aus dem Fernsehen kannte, hatte noch nie zu meinem entschlossenen Naturell gepasst. Zumindest an mitteleuropäischen Maßstäben gemessen, wurde ich damals von meiner Umgebung als frühreif eingestuft.

Klar war, dass zumindest ein Elternteil von mir Afrikaner oder aufgrund der Anwesenheit der amerikanischen Besatzungsarmee vielleicht auch Afro-Amerikaner war. Für die meisten ging ich damit also erst einmal als ein sogenanntes Besatzungskind durch. Mittlerweile sprach sich aber herum, dass ich Kind eines afrikanischen Diplomaten war. Sich als ein Diplomatenkind zu fühlen, wenn der Vater nicht anwesend war, funktionierte nicht, andererseits war es auch keine Belastung für mich, dass ich in einem bayrischen Arbeitermilieu aufwuchs.

Dennoch hatte mein Stiefvater, um die „Ehre" meiner Mutter zu schützen, seinen Zimmererkumpels anfänglich noch erzählt, dass er mich nach seiner Flucht aus der Fremdenlegion aus Algerien mitgebracht hatte. Da gab es auch keinen Widerspruch, denn mit einem ehemaligen Fremdenlegionär wollten es nur wenige auf einen Streit ankommen lassen, sehr wenige. Und so fragte man auch nicht weiter nach und ich hörte aus seinem Umfeld in Bezug auf mich auch nie abfällige Bemerkungen. Auch nicht über meine Mutter. Mit einer kleinen Ausnahme, auf die ich später noch eingehen werde.

Trotz Jimi Hendrix und den Black Panthers war ich zu diesem Zeitpunkt in meinem Dorf immer noch stärker verwurzelt als in der Münchner Vorstadt. Dort kannte man auch, wie in kleinen Orten üblich, meine ganze Familienhistorie. Man kannte meine Mutter, Onkel, Tante, Großmutter und Großvater. Auch wenn ich optisch aus der Reihe schlug, war ich trotzdem ein Huber. Als ich aber meine alte Heimat besuchte und einigen aus der Presse Namen wie Martin Luther King Jr. schon geläufig waren, präsentierte ich mich zudem auch noch als Vertreter der schwarzen Bürgerrechtsbewegung und stieß teilweise sogar auf Verständnis. Dies eher bei den ganz alten Männern, welche in den 1970ern schon neunzig Jahre alt waren und nach einem bereits verlorenen Ersten Weltkrieg von Hitler nicht mehr so begeistert gewesen waren wie deren Söhne. Mit ihnen spielte ich häufig Karten. „Die haben schon Recht, dass die da drüben protestieren", meinte einmal einer von ihnen. „Bei den Amerikanern ist ja der Schwarze nichts wert."

Black Panther hin oder her, für meine Niederbayern war ich immer noch der Karl-Heinz aus Großköllnbach.

Wäre dem nicht so gewesen, hätte ich meine Kindheit wahrscheinlich nicht so positiv in Erinnerung behalten können. Dennoch erinnere ich mich an einen Vorfall, der sich in diesem Zusammenhang mit einem schwarzen US-Amerikaner einmal auf dem Fußballplatz abspielte.

Er, ein großgewachsener Soldat, der wahrscheinlich im Auftrag seiner Regierung mehr Nähe zwischen den Armeeangehörigen und der regionalen Bevölkerung herstellen sollte, wurde dazu auserkoren, als Schiedsrichter in einem Freundschaftsspiel zu fungieren. Er kam aus der nahegelegenen, von den amerikanischen Streitkräften besetzten „Gäuboden-Kaserne" im Randgebiet der Kreisstadt Straubing. Mit einem offenen weißen Chevrolet glitt er nahezu durch unseren kleinen Ort, dessen Geräuschkulisse normalerweise von dem Hämmern fahrender Traktoren, quiekenden Schweinen und dem dumpf dröhnenden Muhen der Kühe bestimmt war. Ich sehe ihn noch vor mir, wie er gut gelaunt, auf roten Ledersitzen thronend seinen Straßenkreuzer lächelnd und nach allen Seiten winkend durch die kurz vorher geteerte Hauptstraße, die an unserem Haus vorbeiführte, lenkte. Ich spürte, dass dies nicht gut gehen konnte. Denn auch in so einem ruhigen Ort wie Großköllnbach gab es ein paar übliche Verdächtige, die gerne zu einem Streit bereit waren.

Ziel war der örtliche Fußballplatz neben einer Limonadenfabrik am anderen Ende des Dorfes. Noch nie zuvor hatte ich einen Menschen gesehen, der so offen lächelte. Nicht seine Hautfarbe, sein Lächeln kam mir fremd vor. Sein intensiver und offener Gesichtsausdruck war auch für mich schlichtweg ungewohnt. Ich war mehr an das etwas verhaltene Wesen des katholischen Niederbayerns gewöhnt, was nicht heißt, dass es im Dorf keine herzlichen Menschen und keine „Gaudi" gab. Man war nicht so „bierernst", wie es teilweise die Münchner waren, und was den erotischen Teil der Weltsicht anbelangte, durchaus aufgeschlossen. Aber seine gesamte Ausstrahlung, der Auftritt, all das fühlte sich einfach anders an. Zuneigung und Glücksgefühl wurden bei uns, zumindest bei den Männern, mehr hinter etwas gröber anmutenden Gesten versteckt, so als ob hinter einer zu stark ausgeprägten emotionalen Öffnung der Teufel lauerte. Jemandem auf die Schulter zu hauen, sodass der eine halbe Stunde lang seinen Arm nicht mehr bewegen konnte, war meist mehr ein Indiz inniger Zuneigung als das Gegenteil. Ansonsten hätte man dem anderen gleich direkt ins Gesicht geschlagen, was eigentlich innerhalb der Dorfgemeinde äußerst selten vorkam. Wenn, dann musste es einer von außen sein, und dies geschah meist wo? Beim Fußball!

Meine Oma mochte aus denselben Gründen meinen ostpreußischen Stiefvater nicht: weil er auch so anders war. Er redete zu viel und zu schnell, was in unserem kulturellen Verständnis dem Gestus eines überwiegend Unsinn von sich gebenden *trash-talkers* gleichkam, eines „Dampfplauderers", wie man so jemanden in der illustriert-bayrischen Dialektsprache nannte. Als er einmal mit mir Hand in Hand durch den Ort gehen wollte, bin ich davongelaufen. Hand in Hand zwischen „Männern" ging nicht. Hand in Hand mit einem Fremden, jemandem, der nicht unseren Dialekt sprach, schon gleich gar nicht.

Bei dem Soldaten, so kam es mir vor, manifestierte sich sein Wesen in der anderen Hautfarbe. Wie hätte ich diesen Mann allerdings warnen können? Ich gehörte doch zum Dorf. Noch dazu verstand er auch meine Sprache nicht. Das Spiel wurde bereits kurz nach Anpfiff abgebrochen, weil eben genau das geschah, was ich befürchtet hatte: Man hatte ihn verprügelt. Später kursierten im Dorf dann auch die Namen derjenigen, die dafür verantwortlich waren. Es waren die üblichen kräftigen Burschen, die für das Grobe inner- und außerhalb des Fußballfeldes, bei Heim- oder bei Auswärtsspielen unseres C-Klassen-Vereins bestimmt waren, diejenigen, für die ich oft als *agent provocateur* fungierte, jemanden neben dem Spielfeld gegen das Schienbein haute, damit die anderen ihn dann verprügeln konnten, wenn er mir nachlief.

Den Grund, warum ich bei diesem Vorfall nicht auf dem Platz war, hatte ich damals wahrscheinlich verdrängt. Deswegen fehlt mir dazu auch die Erinnerung, mit der ich meine Abwesenheit rechtfertigen könnte. Wenn ich jetzt darüber nachdenke, wollte ich vielleicht einfach die Peinlichkeit vermeiden, mit einer Situation konfrontiert zu sein, in der ich gezwungen war mitzuerleben, wie jemand, der so aussah wie ich, auf so erniedrigende Art und Weise verlieren musste.

Wenn der Mann so gesprochen hätte wie ich, wäre ihm dies wahrscheinlich erspart geblieben. Ohne diesen Vorfall relativieren zu wollen, möchte ich sagen: Wenn in der damaligen Zeit in dieser Region ein Preuße gegen unsere Mannschaft gepfiffen hätte, wäre ihm dasselbe passiert.

Vor einigen Jahren sah ich eine Gruppe von drei Mädchen munter schwatzend am Alten Kiosk in der Straubinger Fußgängerzone vorbeilaufen. Sie waren etwa zehn Jahre alt, ungefähr im gleichen Alter wie ich, als ich damals die Gegend verließ. Dort treffe ich mich häufig mit meinen Kumpels auf einen Espresso, wenn ich in der Gegend bin.

„Da schau", sagte ich zu einem von ihnen, „die drei Mädels. Zwei blonde Weiße. In der Mitte eine Schwarze. Kein Problem in Niederbayern, oder?" Die Antwort, etwas hintergründiger formuliert als erwartet, lautete: „Wir mögen eigentlich niemanden, der nicht unseren Dialekt spricht." Das war ein eingeschränktes, konditioniertes „Ja". „Du gehörst dazu, wenn du so redest wie wir, oder du lässt es bleiben." So viel hatte sich also nicht verändert.

Auf dem Gymnasium in München erhielt ich zum Stolz meiner Eltern ein Begabtenstipendium. Inzwischen hatten mich ein paar langhaarige Jungs aus der Abiturklasse, welche öfter mit Jazz-Platten unter ihren Armee-Parkas in die Schule kamen und die Fritz Teufel teuflisch ähnlich sahen, auf die Literatur der afro-amerikanischen Black-Panther-Bewegung aufmerksam gemacht. Einer von ihnen schenkte mir das Buch „Soul on Ice", verfasst von einem ihrer Vertreter, Eldridge Cleaver. Die gesellschaftspolitischen Analysen des schwarzen Bürgerrechtlers waren für mich, neben dem Erscheinen des Ausnahme-Gitarristen aus Seattle, ein weiterer Meilenstein, ein weiteres Tor in Richtung Wahrnehmung der inneren und äußeren Welt von Menschen schwarzer Hautfarbe. Das Buch verdeutlichte mir auch meine eigene Realität, deren Umstände ich bislang mangels interpretativer Alternativen als gegeben hinnehmen musste. Denn ich lebte in einer „weißen Welt", in der es weder schwarze Helden noch sonstige Vorbilder meiner Hautfarbe gab. Meine Lebenssituation in dieser Welt, und das musste ich langsam einsehen, war einfach eine andere. Auch wenn ich Rockmusik mochte, konnte ich zum Beispiel dazu einfach nicht tanzen. Ich bewegte mich steif und konnte ja auch nicht wie ein Wikinger eine lange blonde Haarpracht um mich schleudern.

Ich fühlte mich in meinen Gefühlen und Gedanken, die doch oft um ganz andere Dinge kreisten als die meiner Mitschüler, durch diese Literatur, die Schilderung des Alltags der Afro-Amerikaner nicht mehr so isoliert. Zugleich war ich aber doch etwas betrübt darüber, dass ich kein Teil dieser Gemeinschaft war.

Keiner aus meiner näheren Umgebung kannte überhaupt einen Schwarzen, von ein paar Sportlern während der Olympiade und Musikern auf einem Schallplatten-Cover abgesehen. „Was hast du mit der Befreiungsbewegung der Afrikaner und der Afro-Amerikaner zu tun?", fragte man mich ab und zu bei meinen Ferienjobs auf dem Bau, wo ich mir unter anderem beim Zeltaufbau auf dem Münchner Oktoberfest etwas Geld für die Sommerferien verdiente. Ich hatte die Faust der Black-Panther-Bewegung auf meinen Armee-Parka gemalt.

Oft hieß es, dass ich ja anders sei als die unfähigen Schwarzen da unten. Ich fragte denjenigen dann, wie viele Schwarze er außer mir noch kenne. Keinen. Die Bevölkerung bezog sich bei ihrer Bewertung von Menschen unserer Hautfarbe fast immer auf die gängigen Narrative aus den Medien.

Zudem kannte ich nun schon seit Längerem auch meine afrikanische Geschichte, wusste, dass mein Vater Diplomat und sein Onkel zweiten Grades nicht nur Staatspräsident von Senegal, sondern zugleich auch Philosoph und Professor für Latein und Griechisch an der Pariser Sorbonne-Universität war. Mein Vater selbst war Träger des Verdienstkreuzes Erster Klasse unter Bundespräsident Heinrich Lübke. Léopold Sédar Senghor, ein tiefschwarzer Afrikaner aus dem Senegal, erhielt im Jahre 1968 in der Frankfurter Paulskirche den Friedenspreis des Deutschen Buchhandels.

Die These einer rassischen Überlegenheit der Weißen war für mich, seit ich darüber nachdachte, eine Schimäre, eine Behauptung, die sich weder in Bezug auf den afrikanischen Teil meiner Familie noch in meinen eigenen schulischen Resultaten widerspiegelte. Eine dezidierte Wahrnehmung der Emanzipationsbewegung der Afro-Amerikaner gab es in den Berichterstattungen allerdings nur bei größeren Ausschreitungen oder bei Mordanschlägen an Bürgerrechtlern, wie zum Beispiel im Falle Martin Luther Kings.

Alltagsrassismus

Wenn man zu dieser Zeit zehn gute Leute am Tag traf, so traf man auch auf zwei Idioten. Manche davon legten es dann auch auf eine körperliche Auseinandersetzung an. Somit war meine Existenz auf breiter Form ein Kampf, der sowohl psychisch, intellektuell und auch physisch ausgefochten werden musste, eine Aufgabenstellung, an der viele sogenannte Mischlingskinder meiner Generation scheiterten. Der emotionale und energetische Aufwand zur Bewältigung des Alltags entzog vielen von ihnen die Energie und das Selbstbewusstsein, die Lebensfreude und nicht zuletzt die Motivation, sich den Diskriminierungen auf dem Arbeitsmarkt auszusetzen.

Manchen von ihnen entzog es sogar die Kraft und die Lust am Leben. Wer sich damals nicht auch physisch zur Wehr setzen konnte und zugleich psychisch solide war, hatte es schwer, all die Benachteiligungen, Mikro-Aggressionen und gewalttätigen Übergriffe ohne eine deformierte Psyche zu überstehen. Fast noch schlimmer als die Diskriminierung an sich war deren Verleugnung. Rassismus gab es zwar, nach außen hin wurden Vorkommnisse aber dann so interpretiert, dass Betroffene den Eindruck haben mussten, unter dem Phänomen einer verzerrten Wahrnehmung zu leiden, wenn sie Dinge zu hören bekamen wie: „Das bildest du dir doch nur ein", „Der hat es nicht so gemeint" oder „Das ist doch gar nicht so".

Die Biografie der aus meiner Generation stammenden Dichterin und Pädagogin May Ayim, der die Stadt Berlin mittlerweile einen Straßennamen gewidmet hat, unterscheidet sich im Kern nicht wesentlich von meiner eigenen. Ihr kurzes Leben ist eines der traurigen Beispiele dafür, welchen Belastungen auf fast allen Ebenen des gesellschaftlichen Zusammenlebens diese Generation schwarzer Deutscher ausgesetzt war. Sie reichten über das gesamte Spektrum von Mobbing bis hin zu psychischen und körperlichen Aggressionen. Ob bei der Wohnungs- oder bei der Jobsuche: Es blieben einem viele Türen verschlossen. Manchen von uns blieb nichts anderes übrig, als auf die sogenannte schiefe Bahn, etwa in das Rotlichtmilieu abzudriften. Für May endete das Leben noch tragischer.

May Ayim, die Tochter eines ghanaischen Medizinstudenten und einer Deutschen, die 1960 in Hamburg geboren wurde, wuchs, nachdem man ihrem Vater untersagt hatte, sie nach Ghana mitzunehmen, bei Pflegeeltern in Münster auf. Deren Ziel war es, sie zu einem Musterkind zu erziehen, um rassistische Vorurteile Lügen zu strafen. Ihr späteres Engagement in der *Black Community* lehnten sie aber zugleich ab. Das lässt sich nur so erklären, dass May sich ausschließlich mit der Kultur ihrer Pflegeeltern identifizieren sollte, einer, von der sie sich abgelehnt fühlte. Den Eltern schien das als intellektuelles Abstraktum formulierte gesellschaftspolitische Ziel wichtiger als die Seelenlage, die inneren Bedürfnisse ihrer Pflegetochter, einen eigenen Weg der Identitätsfindung einzuschlagen.

Zudem ist die archaische Komponente im menschlichen Mit- bzw. Gegeneinander nicht ganz verschwunden. Es gibt immer wieder Menschen, die andere gerne quälen und die sich weniger zivilisiert verhalten, als sie sich selbst sehen. Wer Akzeptanz erzwingen will, egal ob auf zwischenmenschlicher Ebene oder im Sinne einer gesellschaftlichen Integration im Allgemeinen, wird diese nie erreichen. Im besten Falle wird er den Platz annehmen müssen, der ihm zugewiesen wird. Einen Platz, der in den meisten Fällen nicht seinem Talent, seinen Fähigkeiten, sondern einer kulturellen Hierarchie entspricht, die von denjenigen, die sie ausüben, in Bezug auf deren Berechtigung nicht mehr hinterfragt wird. Und wer auf Grund eines momentanen Vorteils bedingungslose Konzilianz zeigt, dessen Charakter wird sich zu dem eines ewig frustrierten Menschen entwickeln, dessen Persönlichkeit Stück für Stück verkümmert. Dies verstärkt sich mit Eintritt in den akademischen Bereich und in den Arbeitsmarkt.

May Ayim studierte Pädagogik und Psychologie in Regensburg, unweit von dem Ort, an dem ich meine Kindheit verbrachte. Ihre Diplomarbeit „Afro-Deutsche: Ihre Kultur- und Sozialgeschichte auf dem Hintergrund gesellschaftlicher Veränderungen", die sie unter dem Nachnamen ihrer Pflegeeltern Opitz veröffentlichte, lehnte der damals zuständige Regensburger Professor mit der Begründung ab: „Rassismus gibt es im heutigen Deutschland nicht."

Die Summe ihrer traumatischen Erlebnisse forderte auf seelischer wie auch körperlicher Ebene ihren Tribut. May Ayim wurde 36 Jahre alt. 1996 beging sie in Berlin Selbstmord. Sie stürzte sich aus dem Fenster.

May hatte vorher noch versucht, im Land ihres Vaters auf familiärer sowie auch auf kultureller Ebene Anschluss zu finden, was ihr in beiden Fällen nicht gelang. Man nahm sie dort als eine „Weiße" war. Nicht nur die westliche Gesellschaft, auch die afrikanischen Kulturen können gnadenlos sein.

Wenn ich an diesen Teil ihrer Biografie denke, erinnere ich mich an ein Gespräch mit einem Klassenkameraden, das kurz vor dem Übertritt ins Gymnasium auf dem Pausenhof der Volksschule in Gräfelfing stattfand. Er kam lachend und schon mit der Absicht auf mich zu, mir eine Frage zu stellen, die aus seiner Perspektive bereits eine Feststellung war: „Wie kannst du denn Deutscher sein? Du bist doch schwarz."

Ich spürte den gehässigen Unterton, der in dieser Frage mitschwang, und meine Antwort war daher etwas vorsichtig und defensiv. „Stimmt. Ich bin eigentlich Afrikaner."

„Nein, das bist du auch nicht", fuhr er fort, „denn du bist ja gar nicht richtig schwarz." Sein Grinsen wurde noch breiter.

„Na, dann passt's ja", antwortete ich ihm und knallte ihm eine.

Sadismus, Häme auf der einen Seite, Neid auf der anderen Seite scheinen die Wegbegleiter des Phänomens Rassismus zu sein. Denn man kann niemanden hassen, wenn dieser nicht auch etwas an sich hat, um was man ihn zugleich beneidet. Denn im Prinzip sind Neid und Eifersucht die Ursache aller Auseinandersetzungen, und Häme ist der Humor von Idioten.

Wirtschaftswunder und Studentenrevolten

Zurückblickend sah das gesellschaftspolitische Kaleidoskop in Deutschland so aus: Wer hier Mitte der fünfziger Jahre aufwuchs, bekam keinen Russen mehr zu Gesicht. Zumindest nicht in Westdeutschland. Dafür kam ich zehn Jahre später in den Genuss der ersten Pizza. Die Babyboomer-Generation, der ich angehöre, sah damals die ersten Gastarbeiter in den Straßen, jene, die von deutschen Firmen angeworben wurden, um dem Land beim Erreichen des Wirtschaftswunders zu helfen. Manche von ihnen waren mehr, die anderen weniger auffällig. Ein Teil von ihnen kam aus den armen Gegenden des italienischen Südens, aus dem Mezzogiorno, andere aus dem damaligen Jugoslawien. Bei Letzteren handelte es sich um Serben, Kroaten oder Bosnier, was im Prinzip egal war, weil man sie damals schlichtweg alle als „Jugos" bezeichnete. Hinzu kamen Menschen aus der Türkei, die meisten von ihnen aus dem ärmeren, östlichen Teil, aus Anatolien. Einige von ihnen fielen durch ihre einfache Kleidung auf, andere durch ihre dunkle Haarfarbe oder auf Grund eines dicken Schnurrbarts, so wie ihn der Gründer ihrer Republik, der ehemalige Präsident der Türkei Kemal Atatürk, trug.

Die Frauen unterschieden sich durch ihre bäuerliche Kleidung nur in der Großstadt von ihren deutschen Geschlechtsgenossinnen. Denn auch auf dem Land trugen deutsche Frauen damals noch Kopftuch. Der Unterschied zu den Frauen in der Großstadt war, dass diese sich teurere Kleidung leisten konnten.

In ausländischen Arbeiterfamilien wurde fast ausnahmslos gebrochenes Deutsch gesprochen – ihnen wurde auch in gebrochenem Deutsch geantwortet. Sprachen sie irgendwann gutes Deutsch, wurde ihnen trotzdem in gebrochenem Deutsch geantwortet.

In der damaligen Zeit nahm man einen Guiseppe, Ali oder einen Serjan gerne auf den Arm, so etwa nach dem Motto „Aha, du nix verstehen, du morgen andere Baustelle". Der überwiegende Teil der deutschen Gesellschaft infantilisierte seine Gastarbeiter, obwohl nicht nur sie unser Land brauchten, sondern unser Land auch sie. Über der deutschen Gesellschaft wehte bereits der Hauch zunehmenden Wohlstands. Kleine und mittelständische Unternehmen wuchsen, die Industrie fing wieder an zu boomen. Die Handwerker hatten gut zu tun. Nachdem man sich im Urlaub im Juli oder August mit seinem Käfer ohne Klimaanlage durch quälend lange Autoschlangen über den Brenner gequält hatte, bestellte man Wiener Schnitzel in Caorle oder Rimini, dazu *„una birra per favore"* und freute sich, wenn man dann doch irgendwann am Restauranteingang ein Schild entdeckte, auf dem stand „Man spricht Deutsch".

Es war aber genau diese Zeit, die der sechziger und siebziger Jahre, in denen sich in Deutschland und anderen westlichen Industrienationen ein geistiges Paralleluniversum, eine Protestbewegung bildete. Noch dazu befand man sich im Kalten Krieg mit der Sowjetunion.

Freie Liebe, freies Denken und Handeln. Das Leben sollte nicht aus Pflichten, sondern auch aus Freude am Leben und Erleben bestehen.

Neben der Popkultur beschäftigte man sich mit Sigmund Freud, Erich Fromm, las Carlos Castaneda, Jack Kerouac, manche auch Karl Marx, um nur einige geistige Protagonisten dieser Bewegung auf deutschem oder europäischem Boden zu nennen. Man erforschte nicht nur andere, sondern auch sich selbst, manchmal mit Hilfe von LSD, Marihuana, Peyote-Pilzen und anderen Substanzen. Trotz allen gesellschaftlichen Widerständen schätze ich mich glücklich, dass es diese Zeit war, in der mein politisches Bewusstsein erwacht ist. In einer Zeit, in der Gedanken weniger in eine Schablone gepresst wurden, als dies heute der Fall ist, wo abweichende Meinungen meist nicht mehr gefragt sind, die Debattenkultur sich in einem Erosionsprozess befindet. Insgesamt war es eine Flucht aus der Enge gesellschaftlicher Normen hin zu einer neuen, freieren, sich kulturübergreifend und inklusiv orientierenden Gesellschaft. Eine Bewegung, die ihren Ursprung im akademischen Zirkel der Universität von Berkeley Kalifornien hatte und über die Grenzen der USA hinausschwappte. Dass ich nun seit zwei Jahren dem Board of Advisors im Institute for European Studies dieser Universität angehöre, hätte ich mir damals natürlich so nicht träumen lassen. Jedes Mal, wenn ich mir dessen bewusst werde, denke ich an diese Zeit, an die sechziger und die siebziger Jahre. Der Name „Berkeley" hat nicht nur in meinem eigenen Portfolio der Erinnerungen, was Gesellschaftspolitik und den immer wiederkehrenden Diskurs in Bezug auf Demokratie und soziale Gerechtigkeit anbelangt, absoluten Kultstatus. Er war international. Die Proteste der sogenannten Gegenkultur für freie Rede, Bürgerrechte und gegen den Vietnam-Krieg waren das Epizentrum der damaligen internationalen Studentenbewegung.

Die „Black Wall Street" in den USA

Viele dieser neuen *messages*, politischen und sozio-ökonomischen Botschaften, wurden damals zwar von den höher gebildeten Gesellschaftsschichten Europas rezipiert, der Funke sprang jedoch weder auf alle Schichten der USA noch auf die Mehrheit der deutschen Arbeiterschicht über, in der ich aufwuchs. Im Gegenteil: Die bürgerlich-konservative Schicht der USA wehrte sich mit Händen und Füßen gegen die Aufgabe ihrer Privilegien gegenüber den Afro-Amerikanern. Diese Zeiten standen zu einem großen Teil noch unter dem Zeichen der Sklaverei und der Segregation. Auch als 1964 der damalige Präsident Lyndon B. Johnson diese Trennung zwischen Schwarz und Weiß mittels des sogenannten Civil Rights Act offiziell abgeschafft hatte, sehnten sich viele nach den alten Zeiten zurück, in denen die weiße Bevölkerung fast uneingeschränkte Privilegien gegenüber den Schwarzen gehabt hatte.

Schon Jahrzehnte vorher, beim Rassenaufstand von Tulsa, der zwischen dem 31. Mai und dem 1. Juni 1921 im Bundesstaat Oklahoma stattfand, war sichtbar geworden, dass es bei dem Thema Rassismus nicht nur um Hautfarbe, sondern auch um den Zugriff der herrschenden weißen Klasse auf billige Arbeitskräfte ging. Rassismus hatte in der genauen Betrachtung immer eine wirtschaftliche Komponente, welche von der Dominanz einer Rasse ausging, deren Farbe meist weiß war.

In jenen Tagen griff ein Mob von weißen Einwohnern, unter denen sich sogar Abgeordnete und Stadtbeamte befanden, schwarze Einwohner an und zerstörte in einem gnadenlosen und brutalen Akt Häuser und Geschäfte des sogenannten Greenwood Districts. Das Ereignis gilt als einer der schlimmsten Vorfälle rassistischer Gewalt in der amerikanischen Geschichte. Die Angreifer verbrannten und zerstörten mehr als 35 Quadratblöcke des Viertels – damals eine der wohlhabendsten schwarzen Gemeinden in den Vereinigten Staaten, welche auch als die „Black Wall Street" bekannt war. Nach dem Motto: Schwarze müssen unten, das heißt arm bleiben. Noch heute ist es so, dass für einige, welche sich in der eigenen Gesellschaft benachteiligt fühlen, der Schwarze als eine Art „psychologische Matratze" dient, die, egal wie tief man fällt, immer noch unter einem liegt, sodass man als Weißer auf Grund seiner Hautfarbe praktisch nie ganz unten ankommen kann. Dies gilt besonders für diejenigen, welche von dem eigenen, dem weißen Teil der Bevölkerung als die sogenannte *white trash culture* bezeichnet werden.

Die Anthropologie in Bezug auf die Charakterisierung schwarzer Menschen unterlag seit Beginn der Sklaverei einer ökonomischen Formel. Die Kolonialisierung war im Prinzip daher nur ein Etikettenschwindel, denn im Vergleich zur Sklaverei gab es eigentlich keinen Unterschied.

Von Gastarbeitern zu Migranten

Deutschland war damals, in den Sechzigern und Siebzigern, etwas polarisierend formuliert, gespalten zwischen Sympathisanten der RAF und einer mehr oder weniger reaktionären Rechten, in der Mitte befanden sich die Sozialdemokraten. Die CDU/CSU hat sich in den letzten Wahlperioden unter Kanzlerin Merkel unter dem Kalkül einer asymmetrischen Demobilisierung, in der man den konservativeren Teil der SPD-Wähler anpeilte, in Richtung politische Mitte orientiert.

Somit blieben damals Rassismus, Antisemitismus und Feindseligkeit gegenüber Gastarbeitern in manchen Teilen der Bevölkerung nach wie vor Elemente der politischen Kommunikation und damit Teil einer omnipräsenten gesellschaftspolitischen Befindlichkeit.

Dies betraf insbesondere nicht-europäische Einwanderer, damals besonders die Türken; mit nachhaltigen Folgen, auch wenn diese erst Jahrzehnte später, praktisch in der dritten Einwanderungsgeneration, in Erscheinung traten. Aufgrund der über Generationen hinweg vollzogenen Ausgrenzung begannen diese Menschen irgendwann, ihre Identität, ihre innere Heimat in der ihres kulturellen und geografischen Ursprungs zu suchen.

Die Zeit sozialer Benachteiligung, mit welcher sich besonders die ersten zwei Generationen türkischer Einwanderer konfrontiert sahen, ist nach wie vor ein lebendiger Teil der DNA ihrer Familien. Die dritte Generation türkischer Einwanderer hat bereits ein anderes Bildungsniveau erreicht und somit die Scheu vor einer intellektuellen Auseinandersetzung verloren.

Identität verleiht Geborgenheit. Niemand kann sich diesem Gefühl entziehen. Auch jene nicht, die sich gerne als Weltbürger bezeichnen. Auch ein Weltbürger hat einen Ursprung, und niemand kann das kulturelle Umfeld verleugnen, in dem er aufgewachsen ist. Identität ist ein Grundbedürfnis eines jeden Menschen. Sie darf jedoch nicht in der Ausgrenzung anderer münden.

Recep Erdoğan war intelligent genug, um aus dieser defizitären Gemütslage seiner in der Fremde lebenden Landsleute politisches Kapital zu schlagen. Der von seiner Partei finanzierte sogenannte Rat der Muslime war gleichfalls clever genug, die Integrationsdebatte in Deutschland inhaltlich so zu drehen, dass es nicht mehr primär um die Integration von Personen anderer Herkunft mit allen Rechten und Pflichten ging, sondern um die Integration einer anderen Religion. Dadurch bekam dieser Diskurs nicht allein in Deutschland, sondern in ganz Europa und darüber hinaus nicht nur eine religiös nationale, vielmehr eine religiös transnationale Dimension, ein Spannungsfeld, in dem man mit der Solidarität und Unterstützung aus anderen, wohlhabenden islamischen Ländern rechnen konnte.

Auffällig im Verhältnis besonders der deutschen Gesellschaft zu ihren Migranten ist die Tatsache, dass die meisten Migranten das autochthone Deutschland in seinen Denkstrukturen besser kennen und verstehen gelernt haben, als dies aufgrund einer gewissen vorherrschenden Interesselosigkeit und Borniertheit umgekehrt der Fall ist. Das schließt die Institutionen mit ein. Dies wurde in vielen öffentlichen Debatten deutlich, wo sich Vertreter der deutschen Politik und Gesellschaft mit einer argumentativen Logik konfrontiert sahen, die im Grunde aus ihrem eigenen Werteschema und Demokratieverständnis stammte und die sie teilweise selbst widerlegt hatten. Die bio-deutschen Vertreter in diesen Debatten wurden zum Teil mit ihren eigenen Argumenten geschlagen.

Dies alles hatte aber zur Folge, dass die europäische Rechte erstarkte, sich das allgemeine gesellschaftliche Klima verschlechterte. Es bedeutete auch, dass bereits gut integrierte Migrantinnen und Migranten die eigentlichen Verlierer dieser Debatte waren. Sie wurden aufgrund der darauffolgenden stark polemisch weitergeführten Migrationsdebatte, welche von rechtskonservativen Kreisen befeuert wurde, nur wegen ihres Aussehens als fremder wahrgenommen als je zuvor. Das galt auch für jene, die in Deutschland geboren und aufgewachsen waren.

2015, also in der Zeit der sogenannten Flüchtlingskrise, führte das dazu, dass praktisch alle in Deutschland lebenden Bürger, die durch ein nicht-europäisches Merkmal in ihrem äußeren Erscheinungsbild auffielen, mit den gerade angekommenen Flüchtlingen aus den Bürgerkriegsländern des Mittleren Ostens und Afrikas gleichgestellt wurden.

Junge Migranten aus dem Mittleren und Nahen Osten, welche sich vom sogenannten Islamischen Staat, dem IS, zu Anschlägen auch in ihren europäischen Geburtsländern hinreißen ließen, machten somit die Perspektive eines friedlichen Zusammenlebens verschiedener Kulturen zunehmend unrealistisch. Jeder optische Nicht-Europäer galt in Zeiten der Terroranschläge von Berlin, Paris und Brüssel bereits als suspekt. Das Misstrauen der Bevölkerung gegenüber Fremdkulturen erreichte eine nie dagewesene Dimension.

Auch wenn sich Europa in Bezug auf einzelne Mitgliedsstaaten in vielen Dingen nicht immer einig war, orientierte man sich im weiteren Verlauf dieser Debatte im Rahmen des gesellschaftlichen sowie auch im institutionellen Gestus an einer Haltung „Europa den Europäern".

Fremdenfeindliche Parolen, die vor dieser Zeit der Flüchtlingskrise eigentlich abgenommen hatten, erreichten plötzlich wieder einen neuen Höhepunkt. Zwischenzeitlich fiel das gesellschaftliche Klima in Deutschland sogar auf das Niveau der sechziger Jahre zurück. Die rechten Bewegungen im gesamten europäischen Raum haben sich seitdem als feste Größe in den europäischen Parlamenten etabliert.

„Ausländer" wie Italiener, Griechen und später Polen und Kroaten hingegen waren schon kurz nach dem Ausruf der Europäischen Union bessergestellt. Früher selbst noch Opfer von Diskriminierung, trat man in einigen ihrer Länder gegenüber Fremdkulturen nun noch extremer auf, als man es vor deren Aufnahme in die Europäische Union den Deutschen vorgeworfen hatte. So konnten die Bürger des europäischen Südens und Ostens durch die zunehmende wirtschaftliche Integration ihrer Länder in den starken europäischen Wirtschaftsraum und durch die Subventionspolitik der EU das Stigma der Armut hinter sich lassen und sich als vollakzeptierte und emanzipierte Europäer verstehen.

Menschen mit afrikanischen Merkmalen hingegen wurden mit dem sogenannten *racial profiling* „belohnt". Besonders bitter für jene, die Europa nicht nur als ihre Heimat verstanden, sondern zudem auch gar keine Alternative hatten.

Viele schwarze Deutsche, auch jene, welche einen akademischen Abschluss hatten, beklagten sich darüber, dass sie teilweise von Behörden so behandelt würden, als wären sie hier gerade illegal eingereist.

Bei allen Beschwörungen und Zusagen ist Gerechtigkeit in Bezug auf Minderheiten bislang auf globaler Ebene ein nicht eingelöstes Versprechen. Dies gilt besonders für indigene Menschen und Menschen afrikanischer Herkunft. Die Begriffe „Gleichheit" und „Gerechtigkeit" gibt es schon lange. Hätte man es mit der Umsetzung dieser Begriffe auf breiter Ebene ernst genommen, müssten Angehörige von Minderheiten längst nicht mehr darum kämpfen.

Wo, bitte, geht's zum Film?

Mein Sprung in eine ganz anders gelagerte Berufskarriere, die eines Schauspielers, ging über das Handwerk, ähnlich wie bei Harrison Ford, der früher einmal wie mein Stiefvater Zimmermann war. Bei mir war es der Beruf des Zahntechnikers. Bald nach meinem Abschluss, Mitte der siebziger Jahre, trat ich meine erste Reise nach Afrika an, scheiterte jedoch beim ersten Versuch auf Grund des Konfliktes in der West-Sahara. Dann leistete ich meinen Zivildienst in einem Krankenhaus, lebte nach dessen Beendigung in einem nicht-isolierten VW-Bus und verliebte mich irgendwann in eine Frau, die ich später einmal heiraten sollte. Der Wunsch, meinen Vater kennenzulernen, ließ sich jedoch nicht abstellen, zumal ich ihn mit seiner Familie, meinen Geschwistern, in einer Reportage in dem damaligen Wochenblatt „Quick" abgebildet sah. Ich besuchte zuerst den Senegal, erfuhr dort im Büro meiner Tante Caroline, die damals bereits Ministerin war, dass er inzwischen in Marokko auf Posten war. Die Auskunft bekam ich von der Büroleiterin meiner Tante, die gerade zum Essen außer Haus war. Innerlich aufgewühlt verließ ich den Senegal und kehrte nicht wie angekündigt in das Ministerium zurück. Mit einem sogenannten Busch-Taxi verließ ich den Senegal in Richtung Gambia, wo ich circa drei Monate verbrachte. Dort wachte ich dann irgendwann in der Hütte eines sogenannten *Compounds* bei der Großfamilie Danso in Bundung Kunda/Serrekunda im Staat Gambia mit der Eingebung auf, dass ich eigentlich doch Schauspieler werden müsse. Ich hatte mich vorher schon damit beschäftigt, die Idee aber dann wieder verworfen. Vielleicht hatte das örtliche *Ganja* etwas nachgeholfen, um meine inneren Wünsche zu Tage zu befördern. Ich flog also zurück nach München.

Zuerst einmal war ich natürlich vom politischen Theater beeindruckt. Meine erste Rolle war dann gleich eine Hauptrolle, und zwar in einem der kleinen Münchner Privattheater, welches „Theater im Weinhaus über dem Landtag" hieß. Der Inhaber und Regisseur Hartmut Baum war ein großer Fan des italienischen Regisseurs und Bühnenautors Dario Fo und brachte daher meist sozialkritische Werke auf die Bühne. Nachdem er eine Rolle in der Zeitung ausgeschrieben hatte, die zu mir passte, rief ich ihn an, und er lud mich in sein Theater zu einem Kennenlernen ein.

Der damals bekannte Regisseur Herbert Achternbusch probte zu diesem Zeitpunkt gerade mit dem Schauspieler Sepp Bierbichler an einem Stück, dessen Name mir mittlerweile leider entfallen ist, während ich mit Baum in der Bar des Theaters über das Stück sprach und mich für die Rolle des „Louis" vorstellte. Trotz meines bayrischen Slangs war er überzeugt, dass ich für die Rolle der Richtige war und besetzte mich. In den beiden anderen Rollen sollten zwei andere junge Darsteller auftreten, welche gerade die Schauspielschule abgeschlossen hatten. Durch Hartmut Baum kam ich erstmals in den Genuss von Parma-Schinken und Mailänder Salami, wobei er mir so nebenbei erzählte, dass er DKP-Mitglied war. Er musste sich von nun an mit meiner Titulierung „Luxus-Kommunist" abfinden, was aber unserem guten Einverständnis keinen Abbruch tat.

Das Stück hieß „Barbaren", verfasst von dem britischen Autor Barrie Keeffe, und handelte von den Problemen junger Einwanderer in einem Londoner Migrantenviertel. Ich erntete damals für meinen Auftritt eine recht gute Kritik im Feuilleton der „Süddeutschen Zeitung", wo mich Karl Forster unter anderem als einen „bewegungstalentierten Schwarzen mit einem recht bayrischen Akzent" beschrieb. Es sei hinzugesagt, dass meine damalige ausgeprägte Dialektauffälligkeit unbeabsichtigt war. Aus meiner Sicht sprach ich zwar hochdeutsch, aber eben nur aus meiner eigenen. Irgendwann danach machte ich mich daran, dies zu ändern, denn es war mir klar, dass ich mich, um mein Rollenangebot zu vergrößern, natürlich um ein einigermaßen neutrales Sprachbild bemühen müsste. Ein guter Anfang war es, bayrischer Sprachduktus hin oder her.

Vom Hausmeister zum Hauptkommissar

Gerade mein „recht bayrischer Akzent" hatte dann irgendwann einen anderen Regisseur und Synchronsprecher, Rüdiger Bahr, auf die Idee gebracht, mich in einem Theaterstück als Hausmeister zu besetzen. Das Stück spielte in diesem Fall jedoch nicht irgendwo im fernen Ausland, sondern in Bayern. Also war natürlich auch der Hausmeister als Bayer angedacht. „Ein bisschen der übliche Klamauk", dachte ich mir zwar zuerst, ein Spiel mit dem vermeintlichen Widerspruch zwischen Hautfarbe und Dialekt, ein Überraschungsmoment, der mir schon in meinem „ganz normalen Leben" ziemlich geläufig war. Zu diesem Zeitpunkt gab es nämlich in München noch kaum junge Menschen mit gemischt-kulturellem Background. Erst ab 2010 änderte sich, was Menschen anderer Hautfarbe im Straßenbild des germanophonen Raumes anbelangte, einiges. Früher traf ich im Münchner Ortsteil Schwabing innerhalb einer Woche durchschnittlich auf eine Person mit einem *mixed race* Hintergrund, jetzt sind es zumindest schon drei. Die Rolle gefiel mir dennoch, und ich musste ja „keinen draufsetzen", mich dabei quasi zu einem schwarzen, bayrischen Clown machen. Bayrisch konnte auch keiner besser sprechen als ich, sagte ich mir immer, denn ich kam ja vom Land, der Wiege der bayrischen Kultur, der Region der bayrischen Sozialrevolutionäre, Räuber Kneißl sei Dank.

Es entsprach sowohl meiner Realität als auch meiner Auffassung von Normalität, die besagte, dass man als schwarzer Deutscher/Bayer zwar Teil einer optisch-kulturellen Minorität, aber deswegen noch lange kein Ausländer war. Wäre dem nicht so gewesen, hätte ich mich ja selbst in Frage stellen müssen.

Am Premierenabend hatten wir volles Haus. Ich stand in einem grauen Arbeitskittel hinter der Bühne. Mein erster Satz, den ich daher „im Off" sprach, lautete: „Kruzifix, wo ist denn jetzt der blöde Schlüssel?" Als ich dann schließlich die Tür aufsperrte und auf die Bühne trat, entstand erst einmal eine kurze Pause. Alle schauten, wer da hinter mir noch kam. Man wartete auf denjenigen, der auf Bayrisch geflucht hatte und nach seinem Schlüssel suchte. Als ich dann weiter in meinem Kittel suchte, den Schlüssel hervorzog und dann im Dialekt weiterfuhr, explodierte regelrecht der Saal. Die Volksschauspielerin Ernie Singerl, mittlerweile leider verstorben, fiel in der ersten Reihe vor lauter Lachen aus ihrem Sitz. Auch bei mir entbrannte ein aufwendiger Kampf mit meiner Gesichtsmuskulatur, um nicht selbst in schallendes Gelächter auszubrechen.

Nun, das Stück, meine Rolle als bayrischer Hausmeister, welches auf der Bühne eines Kleinkunsttheaters auf der Münchner Maximilianstraße aufgeführt wurde, leitete dann sozusagen meine Karriere als Seriendarsteller, als TV-Star im Hauptabendprogramm des Zweiten Deutschen

Fernsehens ein. Dies gleich auf einem der zwei wichtigsten deutschen Sendeplätze: Freitagabend, 20.15 Uhr.

Per Zufall saß da nämlich der große deutsche TV-Produzent Helmut Ringelmann unter den Premierengästen, und bereits am Tag nach der Premiere kam ein Anruf aus seinem Büro, versehen mit dem Angebot für eine Episodenhauptrolle mit dem Titel „Der Leibwächter" im Freitagabend-Krimi „Der Alte".

Ich hatte mittlerweile Unterricht bei dem Münchner Schauspiellehrer Peter Rieckmann genommen, um meinen Dialekt etwas zu entschärfen, und war somit zumindest halbwegs des Hochdeutschen mächtig. „Sprich das ‚A' nicht immer wie bei ‚Radlermass'", hatte ich von ihm noch als phonetisches Korrektiv in Erinnerung. Ich gab mir Mühe und kontrollierte meine Fortschritte, indem ich Zeitungsartikel las, dies auf Band aufnahm und nachher abhörte.

Mit dem, wie ich am Telefon mit ihm sprach, so annähernd hochdeutsch, war dann auch Ringelmann zufrieden. Zumindest vorerst. Dennoch wollte er sich nochmals im Rahmen eines persönlichen Gesprächs davon überzeugen, ob es damit auch seine Richtigkeit hatte und ich auch derjenige war, mit dem er gerade gesprochen hatte, und nicht doch ein anderer. „Denn einen, der so ein tiefes und authentisches Bayrisch auf die Bühne brachte, den musste man schon noch einmal genauer unter die Lupe nehmen. Das konnte ja eigentlich gar nicht sein", erklärte er mir später. Hätte ich so gesprochen wie bei Hartmut Baum in dem Theaterstück „Die Barbaren", hätte man dem TV-Projekt, dass er nun mit mir plante, wahrscheinlich Untertitel hinzufügen müssen, damit meine Dialoge auch noch im Rest der Republik verständlich gewesen wären.

Nach meinem Auftritt in der Episodenhauptrolle des „Alten" in Folge 101 – der Hauptkommissar wurde damals noch von der TV-Ikone Siegfried Lowitz verkörpert – kam es kurz darauf zu einem weiteren Angebot.

Ringelmann gefiel mein Einsatz als Leibwächter, als zum *bad boy* mutierenden Beschützer, der im Lauf der Story seine beiden Schützlinge entführte, um von deren vermögendem Vater Lösegeld zu erpressen. Er bestellte mich also nach einer erfolgreichen Ausstrahlung erneut in sein Büro, schaute mir einige Sekunden wortlos und etwas bedeutungsschwanger ins Gesicht und sagte dann plötzlich: „Das haben Sie toll gemacht. Nun habe ich noch etwas viel, viel Größeres mit Ihnen vor."

Da er selbst einmal Schauspieler gewesen war, haftete ihm noch etwas von dem damals gängigen Gründgens-Pathos an. „Das wird zwar nicht leicht sein, Sie da durchzusetzen", fuhr er fort, „aber ich werde das schaffen."

So sollte es dann auch kommen: Helmut Ringelmann setzte einen schwarzen Hauptdarsteller im deutschen Fernsehen durch. Nicht wie dem damaligen Stereotyp entsprechend als Zuhälter oder Drogendealer, sondern als Beschützer der deutschen Gesellschaft, als Ordnungshüter.

Bald darauf wurde Henry Johnson, der erste schwarze Serienkommissar außerhalb der USA, geboren, und zwar nicht in London oder in Paris oder sonst wo, sondern in einem Haus neben dem Bavaria-Filmgelände, in der Landeshauptstadt des Freistaats Bayern, im Haus der Neuen Münchner Fernsehproduktion. Die „deutsche Antwort" auf „Miami Vice" ging im September 1984 in Produktion.

Meine Besetzung machte aber zuerst einmal nicht alle glücklich. Kurz nach der Ankündigung des neuen Teams in der Presse drohten Neo-Nazis Ringelmann mit Mord, wenn er nicht umgehend diesen Schwarzen wieder aus der Serie nehmen würde. Wie konnte der einfach einen Dunkelhäutigen besetzen, der Weiße hinter Gitter bringt. Dies entsprach weder den allgemeinen Sehgewohnheiten noch den gesellschaftspolitischen Vorstellungen konservativer Hardliner. Vor dem Hintergrund dieses ganzen Szenarios war mir auch eines klar: Ich war von nun an nicht mehr nur ein Schauspieler, sondern als schwarzer Kommissar in einer Hauptrolle des deutschen Fernsehens auch ein Politikum.

Aber Helmut Ringelmann wäre nicht Helmut Ringelmann gewesen, wenn er dem nachgegeben hätte. Trotz des etwas holprigen Starts schaffte es unsere neue Truppe mit den Kollegen Rolf Schimpf und Michael Ande, dass uns die Zuschauer nach dem Abgang des charismatischen Hauptkommissars Siegfried Lowitz erhalten blieben. Wir wurden von dem Publikum akzeptiert und bald auch geschätzt. Ich eingeschlossen.

Ob mir der Erfolg zu Kopf stieg? Im Gegenteil. Denn zugleich war ich mir der Tatsache bewusst, dass ich vor der deutschen Bevölkerung – wir hatten damals noch gewaltige 13 Millionen Zuschauer pro Sendung – als erster farbiger Seriendarsteller praktisch für das Erscheinungsbild von Menschen afrikanischer Herkunft im Land in Verantwortung stand. Zu den Zuschauern aus der Bundesrepublik Deutschland kamen dann noch die „illegalen" Zuschauer aus der damaligen DDR hinzu.

Es bedurfte einer kurzen Eingewöhnungsphase, aber dann lief alles gut. Ein alter Samurai-Spruch lautet: „Was macht den Unterschied zwischen einem Gewinner und einem Verlierer aus?" Antwort: „Eigentlich haben beide Angst. Bloß der Gewinner kann besser damit umgehen." In der Tat hatte ich mit meinem jugendlichen Ego Angst davor, Angst zu haben, was das Ganze dann zunächst noch schlimmer machte. Irgendwann gab ich mich dann einer Form des konstruktiven Fatalismus hin und vertraute auf den Prozess der spielerischen Handlung. Das funktionierte.

Nach ein paar ausgestrahlten Sendungen lernte ich dann mein Pendant im realen Leben kennen: Raimund Aichner, wie ich ein schwarzer Bayer, von der Münchner Mordkommission. Ich war selbst überrascht, dass so eine Figur, wie ich sie im Film darstellte, im realen Leben tatsächlich existierte. Uns sollte, zusammen mit seinem Chef Bernd Kohl, der später Leiter des bayrischen Staatsschutzes wurde, eine langjährige Freundschaft verbinden. Auch von Seiten der afrikanischen Diplomatie gab es irgendwann auf einer Veranstaltung Worte der Anerkennung. Ein afrikanischer Botschafter, sein Land habe ich nicht mehr in Erinnerung, sagte damals zu mir: „Wir sind stolz darauf, dass Sie unsere Kultur mit so viel Würde vertreten." Da man in vielen Produktionen, die damals hier im Kino oder im Fernsehen liefen, Schwarze nur als Diener und in gebückter Haltung herumlaufen sah, konnte ich dies nachvollziehen. Aus meiner Sicht war es aber von vornherein klar, dass ich für so einen Rollentyp charakterlich nicht geeignet war und somit, unabhängig von der Höhe der Gage, auch nicht zur Verfügung gestanden hätte.

Ringelmanns Entscheidung, mich als den ersten schwarzen Seriendarsteller außerhalb der Vereinigten Staaten zu besetzen, war vor dem Hintergrund der Film- und Fernsehgeschichte ein gesellschaftspolitischer Paukenschlag.

Ethnische Vielfalt in Kunst und Kultur

Geschichtlich betrachtet, wusste nicht nur ein Joseph Goebbels, sondern wussten auch die Amerikaner um die Bedeutung des Films für die Politik. Deshalb war die Zerstörung der mächtigen deutschen Filmindustrie als Propagandawerkzeug des NS-Regimes eines ihrer erklärten Kriegsziele. Einige jüdisch-stämmige Regisseure wie Billy Wilder und Ernst Lubitsch, welche in Berlin wohnten und auch arbeiteten, wanderten im Zuge der Ereignisse der Machtergreifung Adolf Hitlers nach Amerika aus. Es waren überwiegend jüdische Kulturschaffende und Produzenten, die Hollywood zu dem machten, was es heute ist. Dies zunächst aus ökonomischer Sicht, gleichermaßen aber auch als wichtiger Baustein amerikanischer Softpower. Sie waren es, welche den *American Way of Life*, trotz einiger kritischen Betrachtungen, in die Welt hinaustrugen und im Bereich Film-Entertainment die globalen Standards setzten.

Im Bereich Musik waren es auch die Afro-Amerikaner, welche mit allen Varianten des Jazz vor, in und nach den Zeiten der Prohibition und auch während des Zweiten Weltkriegs einen großen Beitrag leisteten. Später, in Zeiten des Kalten Krieges, wurden Jazz-Musiker wie Duke Ellington als Teil einer amerikanischen Softpower-Initiative in sogenannte Drittstaaten geschickt, darunter auch nach Indien. Aber auch progressive All American-Filmschaffende wie der in Brooklyn/New York geborene Regisseur Stanley Kramer, der in den ideologisch-konservativ geprägten fünfziger und sechziger Jahren aktiv war, dürfen hier nicht unerwähnt bleiben. Kramers Drama „Flucht in Ketten", das das Thema Rassenhass in den Vereinigten Staaten aufgriff, gewann mit Sidney Poitier und Tony Curtis zahlreiche Auszeichnungen, darunter zwei Oscars. Der farbige Sidney Poitier erhielt 1958 auf der Berlinale den Silbernen Bären als bester Darsteller.

Der Kampf um ihre Freiheit, gegen die Typisierung und Stigmatisierung der eigenen Rasse spiegelte sich in einem allgemeinen Bestreben jüdischer Produzenten und Filmemacher wider, stereotype Charakterisierungen in einem konservativen, segregierten Amerika weitgehend zu vermeiden. Deutschland, das sich nach einem verheerenden, selbst inszenierten Krieg mit weltweit geschätzt 60 bis 65 Millionen Opfern im

Wiederaufbau befand, musste seine Bevölkerung nach dieser Tragödie mit Komödien und nicht mit gesellschaftspolitischen Dramen bei Laune halten.

Auch in den Vereinigten Staaten früherer Zeiten waren Zuwanderer, die keinen *White Anglo-Saxon Protestant*-Ursprung hatten, wie zum Beispiel die Italiener, selbst Opfer von Diskriminierung.

Dennoch, auch nach der Zeit des Hitler-Regimes wurde in der amerikanischen Filmwirtschaft lange Zeit darauf geachtet, dass Filme mit einer schwarzen Besetzung den deutschen Verleihern nicht angeboten wurden. Man hatte Angst, dass die allgemeine Akzeptanz ihrer Produkte auf einem der wichtigsten und lukrativsten Märkte der Welt Schaden erleiden würde. Der Film *The Defiant Ones* – „Flucht in Ketten" war somit eine der wenigen Ausnahmen.

Von einer Diskriminierung durch die bayrischen Polizeibehörden, welche in dieser Zeit fast ausschließlich aus Bayern bestanden, und das muss ich dazusagen, blieb ich meist verschont. Wenn ich meinen Mund aufmachte, war die Sache meist geregelt. Zur Polizeiwache Planegg in meiner Münchner Vorstadtgegend hatte ich, obwohl ich ein bisschen ein *bad boy image* pflegte, eigentlich ein sehr gutes Verhältnis.

Vergleicht man die gesellschaftspolitische Situation vor den Zeiten verstärkter Migration mit heute, war diese bei Weitem noch nicht so angespannt. Man ging lockerer miteinander um. Auch innerhalb des Migrantenlagers gab es wesentlich mehr Solidarität als heute.

Der Balkan-Krieg stellt in dem interen Verhältnis von Migranten in Deutschland jedoch eine Zäsur dar. Es ging nicht nur um Ethnien, sondern auch um Religion. Damit löste sich die Harmonie untereinander in Luft auf. Meinem Empfinden nach war dieser Krieg ein Katalysator des Nationalismus, der sich auf Ebene der ethnischen Zugehörigkeit über Europa und auf jener der Religion über die ganze Welt auszubreiten begann. Das Problem der Benachteiligung auf dem Arbeits- und Wohnungsmarkt blieb für alle nach wie vor ungelöst. Nicht nur der Nationalismus in den Heimatländern der Migranten nahm zu, auch die darauffolgenden Kriege innerhalb der eurasischen Zone, wie im Irak und in Syrien, und die damit verbundenen Fluchtbewegungen waren, was den Nationalismus in Europa auf nationalstaatlicher Ebene anbelangte, praktisch das Streichholz in einem Heuhaufen.

Auch für die Afro-Amerikaner sollte das Thema Gleichberechtigung für lange Zeit ein Traum bleiben. Das Drogenproblem in den Ghettos, an dem schwarze Druglords wie Frank Lucas, der im großen Stil Heroin über Vietnam importierte, beteiligt waren, und die spätere Crack-Epidemie spielten den ultrakonservativen Mächten der USA in die Hände. Man hatte einen großen Teil der Schwarzen wieder da, wo man sie haben wollte: auf der Verliererstraße.

1983 komponierte ein schwarzer Musiker unter Verwendung aller verfügbaren Klischees, die über Afro-Amerikaner im Umlauf waren, einen frohsinnigen, selbstironischen Song. Er lautete: „Blowfly – The First Black President of the United States" und handelte von einem kokainsüchtigen afro-amerikanischen Zuhälter.

Bis zu dem geschichtsträchtigen Jahr 2009 war der Gedanke an ein schwarzes Staatsoberhaupt für die Vereinigen Staaten von Amerika, selbst für die schwarze Community, absolut abwegig.

Harry, fahr schon mal den Wäschewagen vor!

1985 lud uns der damalige Programmdirektor des ZDF Alois Schadt nach Cannes zur MIP TV ein, so heißt die Verkaufsmesse für TV-Produkte, welche im April kurz vor den glamourösen Cannes-Filmfestspielen stattfand. Uns, das hieß die Protagonisten von „Derrick", „Der Alte" und „Ein Fall für zwei". Damals war mir natürlich noch nicht klar, dass diese Reise das lustigste Ereignis meiner Schauspielerkarriere werden würde. Auf der anderen Seite sollte es aber auch zugleich eine sehr erfolgreiche Reise werden.

Am Abend nach der Ankunft am Flughafen von Nizza saßen wir kurz darauf in La Napoule, circa drei Kilometer hinter Cannes, bei einem gemeinsamen Dinner in einem nahe des Loew's-Hotel gelegenen kleinen, aber feinen Restaurant im Jungendstilplüsch und lauschten andächtig den Worten unseres scheidenden Programmdirektors. Es war seine Abschiedseinladung, seine „Last Picture Show".

Es ging zügig in den kulinarischen Teil über, wobei Günter Strack die Vorzüge französischer Küche mit Lauten genüsslicher Verzückung vertonte. Eine Darbietung, die in Anbetracht seiner Körperfülle schon fast skurril anmutete. Von einem Mann seiner Statur hätte man zunächst ja eigentlich genau das Gegenteil erwartet, nämlich eine Art Salat-Diät, begleitet von ein paar Gläsern Mineralwasser ohne Kohlensäure und ein paar Scheiben Knäckebrot.

Damit lagen wir aber offensichtlich alle falsch. Strack schlug bei Vor-, Haupt- und Nachspeise gnadenlos zu, bestellte auch laufend vom guten Wein nach und wirkte mehr wie ein Gastgeber eines mittelalterlichen Fressgelages als jemand, der schon des Öfteren über eine ernährungsbewusste Verköstigung für Übergewichtige zumindest nachgedacht hatte. Fritz Wepper bedachte die „Darstellung" der grenzenlosen Gaumenfreuden unseres Kollegen hinter vorgehaltener Hand in einem leicht abfälligen Ton mit einer neuen Wortschöpfung: „Das Fressical".

Der Programmdirektor sparte derweil uns gegenüber nicht mit Ovationen, bezeichnete uns als Weltstars und begründete dies mit dem weltweiten Erfolg seiner oder besser gesagt unserer Freitagabend-Krimis. Wir nahmen dieses Kompliment mit einem Ausdruck grübelnder Bescheidenheit, höflich nickend entgegen.

Für einen Horst Tappert, der ja als Kommissar Derrick bereits tatsächlich weltweiten Kultstatus erlangt hatte, schien sich diese Titulierung auf alle Fälle adäquat darzustellen. Er genoss dieses Prädikat in aufrechter Sitzhaltung und mit dem für ihn typischen emotionalen Mindestaufwand einer frisch aufgestellten Bronzestatue, so wie man ihn eben auch von seiner Rolle her kannte.

Am nächsten Tag war für zehn Uhr morgens ein Treffen mit der französischen Presse am Palais du Festival anberaumt. Die Limousinen für die Pressekonferenz waren auf neun Uhr bestellt. Punkt neun standen wir also draußen an der Hotelauffahrt, und als nach einer halben Stunde immer noch keine Limousine in Sicht war, schaute Herr Schadt etwas besorgt auf seine Uhr und ließ dann schließlich ein paar Taxis rufen.

Aber auch die erschienen nicht. Die Stimmung unter uns schwankte zwischen humorvoller Hilflosigkeit und Kritik an der Berufsethik der französischen Transportsysteme. Dann zuckelte irgendwann leise dahinschleichend ein weißer Kleinbus auf das Hotelgebäude zu und kam am Anfang der Auffahrt an einer Heckenbepflanzung, in gebührendem Abstand zum Haupteingang, zum Stehen. Als der kleine, untersetzte Fahrer, Halbglatze, Mitte fünfzig, in einem weißen Arbeitsmantel steckend, den Laderaum seines Fahrzeugs öffnete, war klar, dass es sich um einen Wäschewagen handelte, um einen Kleintransporter, der frische Bettwäsche, Handtücher etc. anlieferte und dreckige, das heißt benutzte Wäsche wieder mitnahm, wofür er natürlich einen Nebeneingang benutzte. „Sch… drauf", dachte ich mir, „der ist ja eigentlich unsere letzte Chance." Nun war ich der Einzige in unserer Truppe, der Französisch sprach, und als der Mann mit dem Ein- und Ausladen fertig war, machte ich mich zügig auf den Weg in seine Richtung. *„Bonjour, Monsieur"*, begrüßte ich ihn etwas außer Atem. „Sie kennen nicht zufällig Derrick, äh, den Kommissar aus dem Fernsehen?" Auf diese Frage, die für ihn verständlicherweise vollkommen ohne Zusammenhang zu seiner Tätigkeit, also praktisch aus der Luft kam, erntete ich zunächst einen etwas vorsichtigen und entgeisterten Blick. Er musste sich offensichtlich erst einmal die Frage stellen, was Derrick mit ihm, dem Fahrer eines Wäschewagens, zu tun hatte.

Dann schaute er zuerst einmal vorsichtig nach links und nach rechts, drehte sich in jede Richtung, um zu kontrollieren, ob da nicht doch der eine oder andere Komplize oder gar eine ganze Migrantengang in den Büschen lauerte, um ihm seine Tageseinnahmen abzuknöpfen.

Schließlich kam von ihm dann doch ein etwas verhaltenes, leises und anzweifelndes *„Oui, bien sûr"* – „klar", *„Derrickö, oui, oui"* über die Lippen.

Ich trat etwas zurück, drehte mich zur Seite und zeigte langsam mit bedeutungsvoller Miene und der theatralischen Gestik eines Zirkusdirektors auf unsere Truppe, in welcher Horst Tappert mit seinem rostbraunen Anzug, dem cremefarbenen Nyltest-Hemd, seinen allgegenwärtigen Aktenkoffer in der rechten Hand, in der Mitte stand. Er, der perfekte Biedermann, überragte mit seinen knapp zwei Metern alle anderen.

Für mich war klar, dass der Franzose mit seinem Wäschewagen unser Token für den Transport zu unserem Rendezvous und unsere letzte Chance für das Zustandekommens des Termins mit der Presse war. *„Voila, il est là."* – „Hier, da ist er", präsentierte ich ihn.

„Ah oui, ah oui", kam es nach einem kurzen Augenblick des Erstaunens zurück, *„Oui, oui, c'est lui"* – „das ist er", prustete es plötzlich begeistert aus ihm heraus, wobei seine Augen vor Begeisterung doppelt so groß wirkten wie vorher. *„C'est Derrickö, incroyable"* – „unglaublich".

Ich winkte unsere Truppe herbei und erklärte dem Mann unser Problem mit den Limousinen und dem Pressetermin. Er durfte Horst und den anderen Kollegen, inklusive dem Programmdirektor, die Hand schütteln und freute sich schließlich, als Retter, weniger für uns als für den großen Derrick fungieren zu dürfen.

Wie passen acht Leute, darunter ein Lulatsch wie Horst Tappert, der Programmdirektor und ein Knapp-200-Kilo-Mann wie Günter Strack, Rolf Schimpf und ich mit unseren neunzig Kilo in einen mit Wäsche vollgepfropften Lieferwagen? Theo Gärtner und Michael Ande wären hier, was Größe und Körperfülle anbelangte, eher das geringere Problem gewesen.

Aber das fast Unvorstellbare kam letztendlich dann doch zustande und alle, sogar Tappert, nahmen diese beengte Situation ohne jegliches Murren hin. Trotzdem wurde die Fahrt zu unserem Pressetermin nicht nur ein räumliches Erlebnis, sondern auch eine hygienische Herausforderung. Zwischen all den Handtüchern, Kopfkissenbezügen und benutzten

Laken waren wir im wahrsten Sinne des Wortes „gut eingebettet". Verwunderlicherweise blieben aber auch alle während der Fahrt gut gelaunt, was wahrscheinlich daran lag, dass der Programmdirektor dabei war und die Reise ja auch von seinem Büro organisiert wurde.

Als wir uns dann dem Palais näherten, erspähte ich durch das gläserne Fenster zur Fahrerkabine und durch die Windschutzscheibe eine Meute von Journalisten, die bereits an der Rasenfläche in der Nähe des Vordereingangs zum Festival-Palais bei einer Zigarette zusammenstanden. Schon tauchte ein Foto auf den Titelseiten der französischen Klatschpresse vor mir auf, wie Horst Tappert aus unserer „Limousine" steigt. „Derrick fährt in Cannes im Wäschewagen vor." Ich klopfte ans Fenster zur Fahrerzelle und rief dem Fahrer zu, dass er doch bitte so schnell wie möglich und so unauffällig, wie es nur geht, irgendwo an der Seite anhalten möge. Er stoppte den Wagen neben dem Gehsteig am Straßenrand der Croisette, kurz vor dem gegenüberliegenden Hotel Majestic, und stieg aus. Er ging um den Wagen herum und machte sich dienstbeflissen daran, uns von außen die Schiebetür zu öffnen. Der Mann im weißen Kittel wird wohl erst in den nächsten Stunden danach kapiert haben, an welcher Aktion er da gerade beteiligt war.

Man merkte ihm an, dass er nicht wusste, wie er sich verhalten solle, als er mit gesenktem Kopf ein kurzes *Au revoir* vor sich hin murmelte. Wir bedankten uns zügig und höflich, wobei ich ihm bei dieser Gelegenheit noch einen zusammengefalteten 50-Franc-Schein in die Hand drückte. Auf alle Fälle hatte der Mann heute zu Hause beim Abendessen etwas zu erzählen.

So gingen wir geruhsam, als ob nichts gewesen wäre, auf den Pulk von gut dreißig Journalisten zu, mit einem Gang, wie es sich für „Weltstars" eben gehörte. So als wären wir eben gerade aus einer Limousine gestiegen.

Die Journalisten erkannten Horst Tappert bereits aus geraumer Distanz. *„Derrickö, Derrickö"*, tönte es nun und der Pulk der Berichterstatter setzte sich mit pendelnden Kameras um den Schultern aufgeregt in unsere Richtung. Nachdem wir ahnten, was gleich geschehen würde, hatten wir zu unserem Kollegen schon einen gewissen Abstand aufgebaut. Also rannte man an uns vorbei, wie an einer Gruppe Unberührbarer oder Fensterputzern in einem Fünf-Sterne-Hotel in Neu-Delhi. Wir waren einfach nicht vorhanden, denn sie hatten nur einen im Blick, nämlich den zur damaligen Zeit wohl einzigen internationalen TV-Serienstar Deutschlands – die Marke „Derrick".

Die Meute begann sofort drauflos zu knipsen. Der eine schubste den anderen zur Seite, ein bisschen Gemurre, dazwischen aufgeregtes Gekritzel und hektisch gestellte Fragen von einer Horde eifriger Berichterstatter, die sich gegenseitig ins Wort fielen. Ein etwas hilflos agierender Übersetzer gab sich Mühe, während des Chaos seine Arbeit so gut wie möglich zu machen, um das Frage-und-Antwort-Spiel, das zwischen zwei verschiedenen Sprachen stattfand, so korrekt wie möglich wiederzugeben. Als sich der erste Rausch der Sensation gelegt hatte, nuschelte ein Fotograf dem anderen etwas ins Ohr, wobei er seinen Kopf lässig und etwas abfällig, eine Zigarette im Mundwinkel, in unsere Richtung schwenkte. „Was sind denn das für welche?", fragte einer. „Hm, vielleicht ein paar unbekannte Schauspieler", nuschelte ein anderer zurück. „Na ja, dann lass uns von denen doch mal ein Foto machen. *„On sait jamais"* – „Man kann ja nie wissen." „Hey, ihr da, stellt euch mal auf hier", quetschte einer zwischen seiner Zigarette hindurch. Ich übersetzte.

Wir folgten dem Aufruf und man drapierte uns auf eine kleine Rasenfläche am Festivalgelände, mit ein paar Palmen als Deko im Hintergrund. Das Ganze dauerte keine fünf Sekunden.

Dann drehten sie sich wortlos von uns ab und verschwanden. Den Franzosen, dachte ich mir damals, muss man, was Überheblichkeit anbelangt, keinen Unterricht erteilen. Ich übersetzte meinen Kollegen während des Fotoshootings den Inhalt des kurzen Gesprächs, das in Bezug auf uns, die „unbekannten Schauspieler", zwischen den Journalisten stattfand. Da brach sogar „Derrick" in Gelächter aus.

„Der Alte" wurde nach dieser Messe in die doppelte Anzahl von Ländern verkauft, ein Anstieg von circa 60 auf 124 Länder. Damit zogen wir mit *„Derrickö"* im Auslandsverkauf gleich. Sogar die Engländer kaufte den „Alten" für Afrika, die Karibikstaaten und auch Indien ein, sagte mir später eine Dame am ZDF-Stand im Inneren des Palais-Gebäudes. Nun waren wir wenigstens auch ein bisschen „Weltstars".

Afrika –
Ein Kontinent, der seine eigene
Geschichte nicht kennt

Mir stellte sich schon lange die Frage, warum über Erfolgsgeschichten aus Afrika, inklusive seiner Diaspora, nicht nur in den westlichen Medien, sondern auch in anderen Teilen der Welt so wenig berichtet wurde. Themen wie Bürgerkriege, Hungersnöte und grausame Despoten machten nicht 99, sondern 100 Prozent der Berichterstattung aus.

Ein Grund dafür liegt zum Teil sicher in der Tatsache begründet, dass der Gewinner immer die Geschichte schreibt. Die Abwesenheit von Schrift war – einige Länder wie Äthiopien und einige afrikanische Kulturen mit arabisch-islamischem Einschlag ausgeschlossen – ein Problem der Afrikaner, wenn es darum ging, ihr kulturelles Vermächtnis zu bewahren. Alles wurde mündlich überliefert, und wenn der Nachfolger des Bewahrers der Überlieferungen kurz und unerwartet nach seinem Vorgänger starb, war ein Teil der Geschichte seines Volkes dahin.

Insgesamt hat das „Nicht-Schreiben" Afrika nach dem Kontakt mit der Außenwelt substantielle Nachteile erbracht. Wer in seinem Bewusstsein die geschriebene und reflektierte Weltanschauung seiner Kultur mit sich trägt, argumentiert im Dialog mit anderen Kulturen auch selbstbewusster. Er hat eine innere Leitlinie und somit einen Puffer in Bezug auf seine situative Befindlichkeit. Er ist Träger des kulturellen Vermächtnisses seines Volkes. Der kaum mehr vorhandene Zugang zur eigenen Geschichte, das fehlende Wissen über die Existenz der Hochkulturen und gedanklichen Schätze Malis, Ghanas, des Kongo und Äthiopiens, die es lange vor der europäischen, der griechischen und römischen Antike bereits 6 000 Jahre vor Christus gegeben hatte, erwies sich plötzlich in der Selbsteinschätzung im Vergleich zu anderen Kulturen als nachteilig – deren Geschichte war für alle nachlesbar. Dieses Defizit hat das Selbstbewusstsein des ganzen Kontinents über Jahrhunderte hinweg geschwächt und schwächt es immer noch, weil man insgeheim selbst glaubt, dass man nie zu Ähnlichem fähig sein könnte, was andere Kulturen, vor allem die Europäer, leisten konnten.

Die afrikanische Geschichte beginnt in der Wahrnehmung der meisten Afrikaner mit der Sklaverei, aus der Position des gequälten und erniedrigten Verlierers. Bei den europäischen Kolonialisten und Anthropologen bestand weder psychologisch, soziologisch noch wirtschaftlich ein Interesse, die Afrikaner darüber aufzuklären, wie sich ihr kulturelles Vermächtnis tatsächlich darstellte. Man hielt es schlichtweg nicht für nötig, Forschungsergebnisse unter den Grundsätzen objektiver Darstellung zu publizieren. Denn ein selbstbewusster Afrikaner war ein Störfaktor für das System der Ausbeutung. Dies betraf besonders Sub-Sahara-Afrika, den sogenannten negroiden Teil. Der anerkannte Archäologe Hancock schrieb somit die sogenannten Schwarzen Pyramiden der Nubier im Sudan einfach den Ägyptern zu. Dem senegalesischen Anthropologen Cheikh Anta Diop, der eine eigenen Expertise zur ägyptischen Geschichte darlegen wollte, verwehrten die Ägypter die Einreise. Bei neutraler Betrachtung wird jemand, wenn er einen Blick auf die goldene Maske des Tutanchamun wirft, auch ohne Brille die Gesichtszüge eines Sub-Sahara-, eines negroiden Afrikaners entdecken können.

So gibt es bei den Afrikanern praktisch kaum einen Aspekt ihrer Geschichte, auf den sie stolz sein können. Sie sind somit zu einem großen Teil innerhalb ihres eigenen Kontinents entwurzelt. Sie waren nie die wirklichen Gewinner. Auch nicht, nachdem sie einige ihrer Kolonialisten aus dem Land gejagt hatten. In Südafrika und Namibia sind die meisten Güter und Besitztümer nach wie vor in den Händen der weißen Bevölkerung. Beide Staaten stehen an der Spitze der Länder im sogenannten Gini-Koeffizienten, dem Index, der die Einkommens- und Vermögensungleichverteilung darstellt.

Die Handelsrouten – den Sklaven- und Goldhandel einmal ausgenommen – liefen in erster Linie von Ost nach West über das Mittelmeer, also über Nordafrika, wodurch ein Austausch mit anderen Völkern stattfand. Die dunkelhäutigen Mauren, welche von manchen Anthropologen, wie die Ägypter in Zeiten ihrer Hochkultur, gerne als weißhäutig bezeichnet werden, was aufgrund der klimatischen Verhältnisse und der Physiognomie der Masken gar nicht stimmen kann, hatten umgekehrt über 800 Jahre Spanien besetzt.

Gewürze und dergleichen bezog man aus dem Fernen Osten. Aus Afrika exportierte man Gold und Sklaven, welche man in Amerika für den Baumwoll- und in der Karibik für den Anbau von Zuckerrohr einsetzte.

In der vorkolonialen Phase gab es in Afrika aber bereits Sozialsysteme, welche denen der Europäer zumindest in der damaligen Zeit weit voraus waren – auch unter moralischen Gesichtspunkten. So war das Teilen von Gütern eines der wesentlichen Bestandteile afrikanischer Kulturen.

Auch die Historienforschung basiert überwiegend auf Zeichen oder Schrift. Ob diese in Stein gemeißelt oder auf Papier gedruckt sind, spielt dabei keine Rolle. Sie erlaubten den nachfolgenden Generationen, ihre Geschichte besser nachzuvollziehen. Das ist in Sub-Sahara aufgrund fehlender schriftlicher Zeugnisse nicht vorhanden.

Äthiopien ist beispielsweise das einzige nicht-arabische, afrikanische Land, das über eine eigene Schrift verfügt.

„Wir sind alle Idi"

Die postkoloniale Geschichte, in der externe Akteure sich ihre Protagonisten und Vertreter vor Ort nach speziellen Kriterien aussuchten, war und ist maßgeblich verantwortlich für eine kollektive Vorverurteilung für fast alles, was mit Afrika im Zusammenhang steht. Dadurch dass selbst nichts schriftlich festgehalten wurde, wurde das von anderen beschriebene Afrika Opfer der Narrative seiner Ausbeuter. Dafür suchte man auch nach dem offiziellen Ende der Kolonialzeit, welche in den Staaten Sub-Sahara-Afrikas in den sechziger Jahren stattfand, Symbolfiguren, am besten solche, die barbarisch, wild und unkontrolliert wirkten.

Mittels dieser Protagonisten wurde der Bevölkerung der industrialisierten Welt eine Darstellung, eine Charakterisierung afrikanischer Kulturen präsentiert, die ihre Ausbeutung rechtfertigen sollte, ein Prinzip, das dem der Stigmatisierung und dem daraus resultierenden Schicksal der Juden ähnelte. Die schwarze Hautfarbe war ein Indiz für eingeschränkte intellektuelle Befähigung. Körperliche Fähigkeiten, die wichtig für den Sklavenhandel waren, später auch Gesang und Tanz zur Belustigung der weißen Kolonialgesellschaft wurden den Afrikanern zugestanden.

Ehemalige Kolonialoffiziere, wie Bokassa für die Franzosen und Idi Amin für die Engländer, waren die Paradebeispiele im postkolonialen Puppenspiel. Das Einzige, was den frankophonen von dem anglophonen Despoten unterschied, war, dass der eine seine Kritiker den Krokodilen, der andere sie den Löwen zum Fraß vorwarf. Idi Amin war, obwohl selbst ein raffinierter Machtstratege, der sich im weiteren Verlauf seiner politischen Karriere als anti-kolonialer Protagonist zu inszenieren verstand, zwar ein brutaler Diktator, aber mitnichten ein dummer. Außerdem war er den Engländern gerade wegen seines gnadenlosen Vorgehens in Konfliktszenarien nützlich. So setzte man ihn beispielsweise bei der Niederschlagung des „Mau-Mau-Aufstandes" im benachbarten Tansania ein, damit dort die britische Kolonialmacht weiterhin die Oberhand behielt. Mindestens 10 000 Kämpfer landeten anschließend in britischen Konzentrationslagern. Porträts von intellektuellen afrikanischen Patrioten gab es nur dann, wenn diese im Interesse der ehemaligen Kolonialmächte handelten. Das Schema des Postkolonialismus ähnelt bei genauerer Betrachtung dem des Sklavensystems der Römer, wonach ein freier Sklave zwar frei, aber immer noch ein Sklave war.

Aufgrund der Tatsache, dass der Kontinent konsequent auf Negativberichterstattung abonniert war, konnte man als Mensch mit afrikanischen Wurzeln im normalen Alltag außerhalb seines Kontinents, in der Diaspora, kaum mit einer respektvollen Behandlung rechnen. Durch den langen Zeitraum, in dem Afrika über Jahrhunderte hinweg in dieser perfiden Form der Kommunikation behandelt wurde, hatten die Afrikaner letztendlich angefangen, sich selbst so zu sehen, wie sie von den Europäern beschrieben wurden.

Aufgrund dieses Mangels an geschichtlichem Back-up, einem Mangel an Bewusstsein über die eigene kulturreiche Vergangenheit, einer greifbaren Erfolgsgeschichte im Erinnerungsrepertoire der schwarzen Rasse, ist diese geringe Selbsteinschätzung in vielen Fällen einer Art Trotz gewichen.

Es wird eine Zeit dauern, bis Afrika sein kollektives Selbstbewusstsein wiederhergestellt hat. Dies kann nur auf Grund eigener Verdienste geschehen und nicht durch ein Prinzip der Hilfe, deren Symbolcharakteristik nach wie vor Elemente von Dominanz und generöser Überlegenheit beinhaltet und genauer betrachtet mit einer realistischen Deutung des

Begriffs einer Entwicklungshilfe eigentlich nichts gemein hat. Es geht hier um die Beibehaltung des Systems einseitiger Vorteile auf der Produktions- und Handelsebene.

Somit stellten sich nicht nur der eine oder andere, mehr oder weniger politisch unbeleckte Stammtischbruder, sondern auch Vertreter der gebildeteren Schichten die Frage, ob es für „die Schwarzen da unten" nicht besser gelaufen wäre, wenn sie unter der Kolonialherrschaft der Engländer, Franzosen und Portugiesen geblieben wären.

In einer Solidaritätsbekundung für die Journalisten des Magazins „Charlie Hebdo", auf das 2015 ein islamistischer Terroranschlag verübt wurde, entstand der Slogan *„We are all Charlie"*. Dieser Slogan steht in gewisser Form in einem analogen Zusammenhang mit der Darstellung Afrikas, und zwar so, wie sie über diese beiden Protagonisten von den ehemaligen Kolonialherrschern in der Welt kommuniziert wurde. Wir, die Afrikaner und Menschen afrikanischer Abstammung, egal welcher Nationalität wir angehören, *„We are all Idi"* – „Wir sind alle Idi". So wurden afrikanisch-stämmige Menschen, was deren Charakterisierung anbelangte, in die gleiche Kaste dieser Despoten geschoben. Von den Klugen hörte man nichts. Diejenigen von ihnen, die in ihrer Heimat zum Vorteil ihrer Bevölkerung etwas verändern wollten, den Interessen externer Partner entgegenwirkten, wurden schnell eliminiert. Meist von den eigenen Leuten. Dieser Egoismus, der Verrat und die Grausamkeit gegenüber der eigenen Spezies, diese Form von Korruption und Käuflichkeit machten nicht nur denjenigen das Leben schwer, die in Afrika lebten, sondern auch jenen, welche ganz oder zum Teil dieser Kultur entstammten. Auch wenn Korruption kein rein afrikanisches Phänomen ist, wog dieses umso schwerer bei Ländern auf einer niedrigen wirtschaftlichen Entwicklungsstufe, wie es bei den meisten afrikanischen Ländern der Fall war. Dazu bestätigte es das Negativ-Image des Kontinents. Wir, die Menschen afrikanischer Abstammung, waren alle Idi.

Und täglich grüßt
das Murmeltier

Erfolg löst bei jedem andere Reaktionen aus: bei dem einen übersteigertes Selbstbewusstsein, bei den wenigsten Demut, bei anderen fast eine Katastrophe. Mit Erfolg umzugehen ist eine mentale Herausforderung. Die bösen Geister erwachen dann, wenn man eine lange Strecke eines Kampfes hinter sich gelassen hat. Und zwar in dem Moment, in dem der ökonomische Druck nachlässt, man Zeit hat, über Vergangenes nachzudenken. Bei einem Künstler mit einer tiefen Reflexion kann das zuweilen eine Art Katastrophe auslösen. Dazu gibt es drei Kategorien: die selbstverschuldete, diejenige, die andere verursacht haben, und diejenige, die man selbst verschuldet hat und man anderen in die Schuhe schiebt. Letztere ist die gefährlichste, weil Selbstbetrug kaum heilbar ist.

Alles andere birgt eine Chance der Neuentdeckung in sich, sofern die Verletzungen nicht zu tief waren, man sich nicht zu sehr abgekapselt hat und keine Heilung mehr wünscht, was zum Teil einem vorgezogenen Suizid nahekommt. Dies betrifft viele Künstler, darunter auch viele sehr talentierte.

Der Moment der Transformation vom Saulus zum Paulus, in dem sich eine konfliktbeladene Person, die bisher von der Gesellschaft nur wenig akzeptiert wurde, schlagartig in eine Person öffentlichen Interesses verwandelt, ist kein einfacher. Sie fragt sich zuweilen: Warum habt ihr mir es früher so schwer gemacht, ich bin doch der gleiche Mensch geblieben?

Bei einem schwarzen Menschen in einer weißen Gesellschaft ist der Unterschied von vorher zu nachher je nach Schwere des Schicksals in der Regel ein noch viel größerer als bei einer weißen erfolgreichen Person.

Eigentlich brauchte ich keinen großen Glitzer um mich herum, um mich wohlzufühlen. Das lag an meiner frühen Kindheit bei meiner Großmutter. Wir waren arm, aber trotzdem überwiegend glücklich gewesen, und der Begriff „Promi" hatte für mich keine reale Bedeutung.

Für jemanden wie mich, der einmal über ein paar kalte Monate hinweg in einem nicht isolierten VW-Bus gewohnt hatte, waren Popularität und die damit einhergehenden Vorteile erst einmal so etwas wie eine Parallelidentität, eine, die zudem auf wackligen Füßen stand. Prominent zu sein widersprach in so mancher Hinsicht meinem Realitätsempfinden, das besagte, dass man weder dem plötzlichen Erfolg trauen noch all den Menschen, die einen dann mit einem Mal so umgaben, auch *vertrauen* konnte. Erfolg kann einen Menschen beflügeln, kann sicher einen großen Einfluss auf das Selbstbewusstsein der meisten Menschen haben. Eine weitaus größere Herausforderung ist es aber, wenn man auch dann noch zu fliegen in der Lage ist, wenn einem die Flügel einmal gestutzt werden. Erst da wird man sich seiner wirklichen Stärken oder Schwächen bewusst.

Von Ruhm und den damit einhergehenden Schmeicheleien aus der Umgebung sollte man daher psychisch nicht allzu abhängig werden. Hinzu kommt, dass man Freude und Erfolg in vielen Fällen nur mit jenen teilen kann, die einen Nutzen davon haben. Ich vertraute wenigen Menschen und empfand meine neue Rolle als Person öffentlichen Interesses, was sich auf Grund meines Engagements im Unterhaltungssektor so darstellte, als nicht wirklich sicher. Sicher war nur die Häme im Falle einer Niederlage. Die gab es umsonst.

Das Showgeschäft war insofern für mich immer ein Flug auf Sicht, ein Dahinschweben auf einer Wolke, bei dem man manchmal nur schwer einschätzen konnte, was hinter dem Horizont auf einen wartete.

Der Unterschied von Deutschland zu Hollywood war der, dass man dort ein paar erfolgreiche Filme machte und danach zumindest Millionär sein konnte. Auf Grund strengerer Gewerkschaftsregelungen war man in den USA auch an den Auslandsverkäufen beteiligt. Auch wenn die Auftragslage einmal etwas schwieriger wurde, hatte man zumindest ein paar Dollars auf dem Konto, mit denen man, wenn man etwas ökonomische Disziplin walten ließ, auch mit wenig oder gar keiner Arbeit ein durchaus angenehmes Leben weiterführen konnte.

Dies war in Europa selten der Fall. Man spürte praktisch immer das Schwert der persönlichen Ökonomie im Nacken, besonders wenn man nicht nur für sich allein, sondern auch für seine Familie, seine Kinder finanziell verantwortlich war.

Für Heldentum im Sinne eines gesellschaftspolitischen Engagements blieb daher meist wenig Spielraum, besonders was das Thema Rassismus anbelangte. Auf psychologischer Ebene den Schatten der Vergangenheit, Dingen, welche mit traumatischen Erlebnissen egal welcher Art verbunden waren, zu entfliehen, gelang nicht jedem, der in der Öffentlichkeit stand. Erlebnisse in Bezug auf Rassismus haben dadurch, dass sie ein ständig wiederkehrendes Phänomen und für die Betroffenen Teil des täglichen Umgangs sind, einen traumatisierenden Charakter.

Auch bei mir tauchten hin und wieder gedankliche Fragmente der Erinnerungen aus dem vorherigen „normalen Leben" auf, solche, bei denen man beispielsweise dem Metzger im Haus gegenüber klarmachen musste, dass er auch eine Frau zu bedienen hatte, deren Mann ein Schwarzer war. Gemeint war damit meine eigene Frau.

Oder man dachte an den Innungsmeister, der einen bei der Zahntechnikerprüfung ständig provozieren und ablenken wollte, mit der Absicht, dass man das Prüfungsziel nicht erreichte. „Herr Huber, waren Sie schon einmal auf einer Safari?", hieß es da. „In Südafrika? Ich nehme Sie da gerne einmal mit." Das war Anfang der Siebziger, zu Zeiten der Apartheid. „Wo wollen Sie mich dort haben", entgegnete ich ihm, „vor oder hinter der Flinte?" „Dahinter natürlich, dahinter." Glucksendes Gelächter, während meine Prüfungskollegen still und mit gesenktem Kopf ihre schlanken, silberfarbigen Instrumente durch einen Bunsenbrenner gleiten ließen, um blaues Wachs auf ihre Gebissmodelle aufzutragen.

Ein Kommissar im TV zu sein, das hieß auch, dass eine körperliche Auseinandersetzung das Karriereende bedeuten konnte, egal wer diese begonnen hatte. Einigen meiner Kollegen rutschte besonders im angetrunkenen Zustand hin und wieder die Hand aus. In meinem Fall hätte das dem damals noch weitverbreiteten Image des gewaltorientierten Schwarzen eine zusätzliche negative Komponente verliehen.

Meine Ehe geriet unter Druck. Ich trank und grübelte, in dieser oder in umgekehrter Folge. Meine erste Frau, eine gestandene Bayerin, hatte es schwer, mit meinen Gefühlsschwankungen zurechtzukommen. Sie erwartete von mir, dass ich all das, was war, hinter mir lassen konnte und wir endlich unser „neues Leben" genießen konnten. So sehr ich es versuchte, es gelang mir nicht. Wie bei vielen anderen Leuten aus dem Showbusiness, die auf eine ähnliche, nicht ganz einfache Kindheit zurückblicken mussten, war das Fass negativer Erlebnisse immer kurz vor dem Überlaufen. Man konnte es zwar stoppen, aber es leerte sich nicht von selbst, und es gab keinen geregelten Abfluss. Der Inhalt musste praktisch langsam verdunsten und das brauchte eben Zeit. In diesem Zusammenhang denke ich auch an einen Mickey Rourke, an eine Amy Winehouse oder eine Frau, mit der ich später einmal zusammen in einem sogenannten B-Picture in Hollywood auftreten sollte, Anna Nicole Smith. Da gibt es im Showbusiness eine lange Liste. Bei manchen war es das Trauma von Gewalt und Missbrauch. Bei mir war es meine Erfahrung mit Gewalt und Rassismus.

Was mir aber gelang, war, dass ich es ein knappes Jahr nach dem Einstieg in die Serie „Der Alte" geschafft hatte, dem Alkohol gänzlich zu entsagen. Und ich war kein Gelegenheitstrinker, sondern ein Profi. Auch in Bezug auf andere Drogen. Ich stellte zusätzlich auch gleich den Konsum von Kaffee und Nikotin ein und ernährte mich vorerst einmal makrobiotisch. Ich wollte einfach einen klaren Kopf bekommen, bevor ich irgendwelche Entscheidungen zu meiner privaten Zukunft, sprich zu meiner Ehe traf.

Es folgte letztendlich das Unausweichliche. Die Scheidung. Besonders die Trennung von meiner Tochter riss mir das Herz heraus. Die Angst, dass sie die gleichen Erfahrungen machen müsste, denen ich als farbiges Kind, als Jugendlicher ausgesetzt war, belastete mich schwer.

Angelika und ich einigten uns schließlich auf ein geteiltes Sorgerecht bezüglich unserer Tochter Mia. Ich versuchte mich hin und wieder durch kleine Ortswechsel neu zu sortieren, nicht nur bei meinen Freunden in Paris. Zwischendurch unternahm ich auch Abstecher zu weiter entfernten Zielen, zum Beispiel nach Brasilien. Aber nicht, um mir Crevetten-Spieße auf der Copacabana schmecken zu lassen, sondern aus einem ganz anderen Grund.

Brasilien –
Zwischen Rassismus und
afrikanischem Spiritualismus

Brasilien wollte ich schon allein deshalb einmal besuchen, um zu sehen, wie es sich in einem Land lebt, wo so viele verschieden Ethnien nicht nur zusammenlebten, sondern sich auch noch untereinander vermischt hatten.

Als ich in Rio ankam und mich ein Bekannter eines Freundes, den ich aus München kannte, in einem Hotel im Ortsteil Ipanema ablieferte, trug ich einen grauen Seidenanzug, den ich mir kurz vor meiner Abreise in Paris gekauft hatte. Auch wenn Anzug mit Krawatte nicht so unbedingt meinem Alltagsoutfit entsprach, hatte ich auf Reisen immer einen dabei. Man konnte ja vielleicht kurzfristig eine Einladung erhalten, bei der man nicht mit Jeans antanzen konnte. Diese Angewohnheit habe ich auch bis heute beibehalten. Der Mann an der Rezeption, ein *Mulatto*, wie die dortige Bezeichnung war für einen *racial mix* zwischen *preto* – „schwarz", und *branco* – „weiß", blickte nur einmal kurz und gelangweilt von seiner Zeitung auf, als er mich sah. Er machte sich gar nicht die Mühe, mich in Gänze zu betrachten. Ein dunkelhäutiges Gesicht, eines, das seinem glich, reichte ihm schon aus, um mich praktisch als Kofferträger abzutun. Darüber war ich zwar erst einmal etwas überrascht, im nächsten Moment aber auch ein bisschen belustigt. Die Finger seiner linken Hand schwenkte er lässig, ohne mich eines weiteren Blickes zu würdigen, in Richtung Boden, nach dem Motto „Lass stehen und verpiss dich". Ich blieb stehen, lächelte weiter vor mich hin, was ihn dazu veranlasste, noch einmal, nun aber doch schon etwas genervt, aufzublicken. Sein Gesichtsausdruck glich nun einem Fragezeichen.

„*Hi, I am Mr. Huber from Germany. I have a reservation*", warf ich ihm lächelnd entgegen. Er mochte wie ich so in etwa um die dreißig gewesen sein und war im dunklen Anzug mit weißem Hemd und Krawatte, im klassischen Outfit eines Hotel-Rezeptionisten gekleidet. Nachdem das

Wort „Germany" gefallen war, blieb er für einen Moment mit leicht geöffnetem Mund hinter seinem Schalter stehen. Ich legte meinen deutschen Reisepass auf das dunkle Empfangsboard, und während er mich eincheckte, spürte ich, dass ihm im Moment wohl einige Sachen durch den Kopf gingen. Dinge, die er nicht so einfach miteinander in Verbindung bringen konnte. Ein Deutscher in Brasilien war, erfuhr ich später, blond und blauäugig und kein *Mulatto*. Damit musste der Mann wohl erst einmal zurechtkommen.

Ich ging auf mein Zimmer und zog mich um. Unter diesen Umständen, so wie das mit dem Mann an der Rezeption abgelaufen war, war mir klar, dass niemand versuchen würde, mich auszurauben. So musste ich meine Rolex und meine Goldkette nicht in irgendeinem Versteck im Hotelzimmer lassen. Und so war es dann auch. Die Leute gingen mir aus dem Weg, weil sie wohl vermuteten, dass sich ein Gangster aus einer der umliegenden Favelas in ihren Stadtteil verirrt hatte. Denn mittlerweile hatte ich mein Outfit gegen eine Jeans mit Rissen oberhalb des Knies, kombiniert mit einem T-Shirt, eingetauscht. Ein Look, der damals in Deutschland zwar gerade „in" war, aber hier wohl ganz andere Signale setzte.

Zumindest damals war es in Brasilien so, dass Geld praktisch den Effekt eines Bleichmittels hatte. Bei näherem Kontakt mit der Bevölkerung, etwa in einem Restaurant oder am Abend in einer Diskothek, wurde ich behandelt wie jeder andere weiße Gast. Weiße, dickbäuchige alte Männer saßen mit jungen, minderjährigen Mulattinnen an der Bar des „Help". Ich, als „armer Mulatto", schien hier für die Frauenwelt erst einmal uninteressant, besonders bei jenen mit gleicher Hautfarbe, was für einen diesbezüglich verwöhnten jungen Mann wie mich damals eine sehr besondere Erfahrung war.

Irgendwann erfuhr ich auch, dass „gute Haare" glatte Haare waren und „gute Beine" solche mit dicken Waden und nicht die eher schlanken Unterschenkel, mit denen der überwiegende Teil der Afro-Brasilianer ausgestattet war. Ästhetische Standards, so erweckte es jedenfalls den Eindruck, wurden hier wahrscheinlich von jenen Deutschen gesetzt, welche sich nach dem Zusammenbruch des Dritten Reiches ins Gebüsch des brasilianischen Südens abgesetzt hatten, wobei sie ihren unverzichtbaren Rassenwahn noch mit im Gepäck führten. Dass später die Anhänger des mittlerweile abgewählten rechtsradikalen Präsidenten Bolsonaro mit dem Hitler-Gruß aufmarschieren würden, musste ja irgendwo seinen Ursprung haben. Nicht nur in Europa, auch in anderen Ländern, in denen eine europäisch-stämmige politische Elite das Sagen hat, ist der Faschismus unmittelbar mit der Diskriminierung, dem Rassismus gegenüber der nicht-europäischen Bevölkerung verbunden. Dies gilt besonders für die Länder Lateinamerikas.

„Dr. Fritz"

Nach ein paar Tagen Aufenthalt in Rio reiste ich dann per Bus weiter in das 2 000 Kilometer nördlich liegende Recife. Ein anderer junger *Mulatto* hatte mich am Busbahnhof noch gebeten, dass ich doch seine Großmutter an gleicher Stelle in Salvador de Bahia abliefern möge, das praktisch auf dem Weg lag. Da ich aufgrund meines Verhältnisses zu meiner geliebten Oma, die früher der Anker für meine kindliche Seele gewesen war, eine Schwäche für Großmütter hatte, versorgte ich die süße, braunhäutige Dame auf der zweitägigen Reise mit allem, was ihr Herz begehrte. So lieferte ich sie wohlbehalten und wahrscheinlich mit einem guten Kilo Gewicht mehr bei ihren Verwandten ab, die bereits an der Haltestelle auf sie warteten.

Die Reise war anstrengender, als ich gedacht hatte. Ich konnte kein Auge zumachen. Die Stimmung war ausgelassen. Der Reisebus verwandelte sich am späten Nachmittag in einen Party-Bus, in dem bis in die Nacht hinein in den Gängen noch getanzt wurde. Man schaute zwar in keine griesgrämigen Gesichter wie in Europa, dafür fühlte man sich aber danach umso mehr erschlagen.

In Recife angekommen, begab ich mich, müde wie man nach einer zweitägigen, 2 000 Kilometer langen Reise in einem Bus, der nie schlief, nur sein konnte, trotzdem schnurstracks in die Klinik des berühmten Mediums Dr. Edson Queiroz. Einer der Mitfahrenden hatte mir den Weg erklärt. Dort einen Termin für mich zu vereinbaren, war der Zweck meiner Reise. Ich hatte Dauerschmerzen an der linken Schulter, die sich bis hinunter in den Arm und in die letzten zwei Finger zogen. Kein normaler Arzt war offensichtlich in der Lage, mich davon zu befreien. Dr. Queiroz war eigentlich ein regulärer Mediziner, zugleich aber ein Wunderheiler, der unter dem Namen „Dr. Fritz" bekannt war.

Auf ihn war ich aufmerksam geworden, weil in einem deutschen Spartenkanal ein Bericht darüber gezeigt wurde, wie er im Rahmen einer Expertenkonferenz in Zürich vor vierzig „normalen" Medizinern Patienten mit nicht sterilen Werkzeugen Tumore aus dem Körper schnitt. Ich hatte Gott sei Dank keinen Tumor, aber große Schmerzen. Da bei den Dreharbeiten zu dieser Dokumentation noch dazu eine Freundin von mir als Regieassistentin tätig gewesen war, entschloss ich mich, ihn in Brasilien aufzusuchen in der Hoffnung, dass er mich von meiner Last befreien konnte.

In der Klinik traf man fast nur auf Patienten mit schweren bzw. unter normalen therapeutischen Umständen wahrscheinlich unheilbaren Krankheiten. Nach den äußeren Merkmalen Einzelner zu urteilen, war in dem geräumigen, weißgetünchten Wartezimmer die ganze Welt vertreten. In diesem kleinen Saal, in dem sich Dutzende von Leuten aufhielten, mischten sich Blicke der Hoffnung mit Tränen der Erleichterung. Man wurde von einer eigenartigen, fast widersprüchlichen Atmosphäre, einer Symbiose von Ende und Neubeginn, erfasst. Jeder Gesichtsausdruck vermittelte das Gefühl, dass sich hier niemand mehr hinter der Person versteckte, die er im normalen Alltag vielleicht vorgab zu sein, sondern sich mehr oder weniger ungehemmt seinem Schicksal auslieferte. Es war, als befände man sich auf einer Arche, welche zwischen Leben und Tod hin- und hersegelte, in einem Zustand, wo jeder nur noch auf den Moment wartete, dem Schöpfer seinen Dank aussprechen zu können.

Wie bei den restlichen Anwesenden war auch bei mir die Hoffnung, eigentlich sogar die Gewissheit auf Heilung mit einem ersten Gespräch mit „Dr. Fritz" verbunden. Es fehlte bloß noch die Behandlung. Wer Tumore entfernen konnte, dachte ich mir, war sicher auch in der Lage, mir zu helfen.

Als ich schließlich nach circa dreißig Minuten von einer dunkelhaarigen, großgewachsenen Krankenschwester ins Sprechzimmer gerufen wurde, war ich relativ aufgeregt. Nicht wegen der Operation selbst, sondern wegen der Ungewissheit, ob das auf Grund der Zeitknappheit mit dem Termin noch klappen würde, denn in einer guten Woche musste ich ja schon wieder in München vor der Kamera stehen.

Mein langjähriger Freund Martinho Fiuza, ein Tanzlehrer aus Salvador de Bahia, der in München lebte, hatte einen Teil meiner Reise organisiert und mich mit einer Landsmännin, die in der Nähe von Köln wohnte, in Verbindung gebracht. Sie hatte dann den Termin in der Klinik für mich vereinbart.

Die Sprechstundenhilfe führte mich nach einem kurzen Vorgespräch in ein Behandlungszimmer, und schließlich saß ich dem Mann gegenüber, auf dem die Hoffnung all dieser hier anwesenden Menschen ruhte.

Auf Grund eines Verkehrsunfalls war bei mir der Dornfortsatz eines Halswirbels abgesplittert und wegen der dadurch verursachten Schmerzen in meiner linken Schulter konnte ich kaum noch schlafen. Auch Teile meiner Bewegungsmotorik waren eingeschränkt, und ich hatte Schwierigkeiten, mein Box- und Fitnesstraining weiterzubetreiben. Für jemanden, der mit Leib und Seele Sportler war, war das die Höchststrafe. Sport hatte mich, was die Gesundheit anbelangte, vor gröberem Unfug in meinem Leben bewahrt.

Vor mir saß nun ein Mann mit gelocktem, dunklem Haar und einem dichten Schnurrbart, dessen Augen mich aus einer Art Trancezustand heraus ruhig und fast etwas abwesend anblinzelten, so als ob er sich gerade dagegen wehren würde aufzuwachen. Ich hingegen war weniger entspannt. Hektisch schilderte ich ihm, dass ich bereits in einer Woche wieder Drehbeginn hatte und wie sehr ich dadurch unter Zeitdruck stand. „*Tranquillo, Charles*", kam es gelassen von ihm zurück.

Er habe viele Menschen zu behandeln, erklärte er. Und es waren nicht nur diejenigen, welche hier in der Klinik anwesend waren, sondern auch noch einige nicht transportfähige Patienten in anderen Städten des Landes. Wenn ich an die 2 000 Kilometer dachte, die allein zwischen Rio de Janeiro und Recife lagen, mir die Dimension des ganzen Landes vorstellte, hatte ich doch irgendwie Zweifel daran, ob der Termin unter diesen Umständen, *tranquillo* hin oder her, noch klappen könnte. Aber der Doktor machte einen zuversichtlichen Eindruck. Somit war ich gewillt, ihm zu vertrauen. Ich hatte ja ohnehin keine andere Wahl.

Seine Sekretärin, versicherte er mir, würde seinen Reiseplan genau verfolgen, und ich sollte mich nur einfach täglich bei ihr melden, damit sie mich auf dem Laufenden halten konnte. Dann drückte er mir die Hand und entließ mich aus seinem Sprechzimmer.

Die Operation, klärte mich dann die Krankenschwester noch auf, würde für Ausländer tausend Dollar kosten. Für arme Einheimische sei sie jedoch umsonst. Das fand ich in Ordnung. So verabschiedete ich mich erst einmal und verließ die Klinik.

Eine Jugendherberge in Recife

Recife war eine Industriestadt und nicht unbedingt ein touristisches Highlight. Auch die Stimmung schien etwas anders als auf der dahin führenden Busfahrt, insgesamt war alles etwas trüber, klimatisch sowie atmosphärisch. Die Brasilianer sind Philosophen, behaupten sie von sich selbst. Einige der weißen Brasilianer im Bus sprachen Englisch, auch mit Italienisch kam ich einigermaßen gut durch, und so bestand die Möglichkeit, dass wir uns auch etwas über Literatur und Film, über Schopenhauer, Jorge Amado und Fellini unterhalten konnten. Aus dieser Gruppe Brasilianer kam dann auch der Vorschlag, dass ich mein Domizil in Olinda, einem kleinen Badeort, der circa zehn Kilometer von Recife entfernt lag, aufschlagen sollte, in der Pousada da Bonfim, einer Art Herberge für Jugendliche und Backpacker aus dem In- und Ausland.

Zuerst musste ich aber in Recife noch Geld wechseln. Das Wechseln von D-Mark in die damals stark inflationäre Währung des brasilianischen Escudos sollte sich als ein kleines Abenteuer herausstellen. Wenn man es genau nimmt, eigentlich als ein gar nicht einmal so ungefährliches. Dazu musste man auch noch schnell sein. Die Währung verlor fast stündlich an Wert. Ich musste, wie sich herausstellte, zuerst in eine Bank gehen, um die D-Mark in die Landeswährung umzutauschen, und dann für den Umtausch in Dollars eine andere Bank aufsuchen. Der Mann am Kassenschalter der ersten Bank fragte mich, ob ich für den Weg zur nächsten einen Bodyguard benötigen würde. Ich überlegte kurz, lehnte dann aber ab, da ich ja nicht wusste, was mich erwartete. Dann kam er mit zwei Plastiktüten voller Scheine zurück. Die andere Bank, erklärte er mir, sei etwa einen Kilometer entfernt, da könnte ich dann die Escudos in Dollars tauschen. Als ich die beiden Einkaufstüten voller Geldscheine sah, war ich zugegebenermaßen erst einmal ziemlich überrascht. Ich machte mir in Anbetracht der Fülle der Scheine auch nicht einmal die Mühe, alles nachzuzählen. Irgendwie war ich unbedachterweise davon ausgegangen, dass ich das gewechselte Geld in meinen Hosentaschen unterbringen könnte. Ein Irrtum, zumal ich ja vorher schon ein paar Traveller Checks gewechselt hatte und mir das Volumen dieses Geldbetrags eigentlich hätte klar sein müssen. Ich versuchte über das Ganze nicht allzu viel nachzudenken und machte mich dann, zwei Plastiktüten in den Händen, welche bis zum Rand mit einer Inflationswährung gefüllt waren, zu Fuß auf den Weg zur anderen Bank. Einem Taxifahrer unter diesen Umständen zu trauen, hielt ich nämlich für ein noch größeres Risiko. Er hätte mich weiß Gott wo abliefern oder dies zumindest versuchen können. Und eine Prügelei mit ihm während der Fahrt anzufangen, wäre dann auch alles andere als eine lebenserhaltende Maßnahme gewesen. Schließlich tauschte ich all das Papier in tausend US-Dollar ein. In zehn Hundert-Dollar-Noten. Die hatten nun wenigstens bequem in einer Hosentasche Platz.

Die kleine Herberge befand sich in der gleichnamigen Straße, in der Rua da Bonfim, und wurde von einem jungen, sympathischen französischen Einwanderer namens Jeff, der ursprünglich aus Marseille stammte, geführt. Brasilianer lieben in den Städten aufgrund der feuchten Hitze stark klimatisierte Räume, und gerade in Geschäften und Büroräumen war man offenbar der Meinung, dass man diese, wie man mir erzählte, auf etwa sechzehn Grad herunterkühlen müsste. Diese Tatsache und die offenen Fenster im Bus, wo der Fahrtwind die nächtliche Kühle durch den Innenraum drückte, brachten mir eine schwere Erkältung ein. In der Pousada schlief ich dann noch dazu mit fünf anderen Jungs in einem Zimmer mit Etagenbetten, und da mein Schlafplatz in einem oberen Teil angesiedelt war, besorgte den Rest dann noch der ständig laufende Deckenventilator, der mir nachts ebenfalls kalte Luft in die Nase wehte.

Ein junger Bayer aus einem Münchner Vorort, der ständig davon redete, wie sehr er eine bayrische Weißbiermarke vermisste, konnte mich wenigstens untertags noch ein bisschen aufheitern, und eine junge, weiße brasilianische Studentin, die ebenfalls kurz vor mir aus Rio de Janeiro angekommen war, versorgte mich mit Tee und Medikamenten. Das Thermometer stieg am Tag auf knapp vierzig Grad feuchte Hitze und glich sich damit ungefähr meiner Körpertemperatur an. Trotz meines doch sehr hartgesottenen ländlichen Naturells schrumpfte ich in den ersten zwei Tagen meines Aufenthalts zu einem Häufchen Elend zusammen. Es war die gute Stimmung unter den jungen Menschen, egal ob sie aus Japan, Erding bei München oder aus Portugal kamen, und natürlich besonders die Fürsorge der hübschen, dunkelhaarigen Suzanna aus Rio, welche peu à peu meine Abwehrkräfte mobilisierten. Somit kam ich relativ schnell wieder auf die Beine. Fieber und Sinusitis sollte man bei solchen Temperaturen eigentlich nicht einmal seinem ärgsten Feind wünschen.

Für bayrische Küche war es schwierig, die entsprechenden Zutaten zu finden, und da alle anderen Gäste Gerichte aus ihrer Heimat gekocht hatten, kochte ich am dritten Tag meines Aufenthalts das senegalesische Nationalgericht *Djebou Dien*. Für die Anrufe bei Dr. Queiroz bzw. Dr. Fritz, bei denen mir die laszive Stimme der Sprechstundenhilfe immer wieder Trost und Zuversicht ins Ohr säuselte, konnte ich Jeffs Telefon benutzen. Dennoch: Der Tag der Abreise rückte immer näher und ich wurde mit jedem Tag unruhiger. „*Tranquillo, Charles*" war nicht mehr so einfach zu handhaben.

Schließlich und endlich kündigte sich der Heiler für den Abend vor der Abreise an. Ohne genaue Zeitangabe. Um den Zeitaufwand zu verkürzen, hatte ich schon längst beschlossen, nicht mehr mit dem Bus, sondern per Flug nach Rio zurückzufliegen, um von dort noch am selben Tag den Rückflug nach Paris anzutreten.

Alle anwesenden Brasilianer kannten Dr. Queiroz, das Medium, das mit dem Geist eines deutschen Doktors namens Fritz in Kontakt trat. Dieser war, wie man mir erklärte, im Ersten Weltkrieg verstorben und mit dessen Fähigkeiten konnte Dr. Queiroz sein medizinisches Werk auf äußerst unkonventionelle Art und Weise verrichten. „Wir wissen nicht, wie es funktioniert", sagten damals die Ärzte nach der Demonstration in Zürich, „aber wir haben mit eigenen Augen gesehen, dass es funktioniert."

Nicht nur ich, die ganze Pousada harrte in einer Art ehrwürdiger Erwartungshaltung der Ankunft dieses außergewöhnlichen Mannes. Die Musik aus dem „Ghettoblaster" wurde immer leiser. Die sonst vorherrschende Ausgelassenheit wich einer Form kollektiver Ehrfurcht. Mich hingegen brachte das Warten immer mehr an den Rand der Verzweiflung. Ich schaute alle fünf Minuten auf die Uhr und versuchte mir mit Hilfe aller möglichen positiven Gedankenszenarien auszumalen, warum unser Treffen noch stattfinden müsste. Ab Mitternacht standen wir dann praktisch alle abwechselnd vor der Eingangstür unserer Herberge und schauten auf den abschüssigen, dunklen, mit Basaltquadern gepflasterten Weg, der lediglich durch eine kleine Straßenlaterne beleuchtet wurde.

Eine „Wunderheilung"

Dann, gegen zwei Uhr morgens, schleppten sich zwei erschöpft wirkende Gestalten mit gesenktem Kopf den Weg zur Pousada hoch. Nichts regte sich, kein Geräusch. Nur die trägen Schritte auf dem Pflaster waren vernehmbar. Ein Dutzend junger Menschen stand an der Schwelle unserer Eingangstür, so als warteten wir alle auf den Weihnachtsmann, der hier offensichtlich auch noch gleich seinen Knecht Ruprecht mitbrachte. Selbst vor Jeff, dem Inhaber der Herberge, machte die Neugierde nun keinen Halt mehr.

Dr. Queiroz' Assistent, ein hochgewachsener, schlanker Mann um die vierzig, schob nach einem kurzen Hallo die neugierige Meute mit ein paar sanften, aber bestimmenden Gesten ein paar Meter zurück in den hinteren Teil des Hausgangs. Ich begrüßte Dr. Queiroz, der vielleicht etwas älter als sein Assistent war und der nun „Dr. Fritz" verkörperte, und dankte ihm dafür, dass er mich nicht vergessen hatte. Er nickte nur kurz, lächelte und fragte nach meinem Zimmer. Ich deutete auf das Mehrbettzimmer mit den Stockbetten seitlich neben dem Gang. Er folgte mir in den spärlich mit einer warmen Glühlampe beleuchteten Raum, und meine Mitbewohner machten sich daran, uns zu folgen. Der Assistent wiederholte seine Geste und deutete dabei mit der Hand in die entgegengesetzte Richtung.

Während ich der Anweisung des Arztes folgte und mein Hemd auszog, stellte er seine kleine Ledertasche neben sich auf dem Boden ab und begann zu beten. Jeff hatte mir im hintersten Teil des Zimmers für die Behandlung ein Einzelbett aufgestellt. Ich legte mich auf den Bauch, drehte neugierig meinen Kopf zur Seite, um die Zeremonie, die Vorbereitung des Mannes zu beobachten, der mich ohne Narkose an der Wir-

belsäule operieren sollte. Woher das Vertrauen kam, mich ihm und seiner
unüblichen Behandlungsmethode mehr oder weniger auszuliefern, weiß
ich nicht. Es war einfach da, uneingeschränkt, ohne Angst und ohne
Zweifel an einem positiven Ergebnis.

Irgendwann, nach circa einer oder zwei Minuten, hörte ich im Hintergrund eine verzerrte Stimme, die deutsch klang. Ich sah, wie sich ein
Mann mir in gebückter Haltung näherte, jemand der mir dadurch fast
einen Kopf kleiner vorkam als der „reguläre Mediziner" Edson Queiroz.
Jetzt hatte ich es offensichtlich mit Dr. Fritz zu tun, dessen Geist sich vor
meinen Augen mit dem Körper des Doktors verbunden hatte. Wer diese
Passage als Hirngespinst von einem phantasiebegabten Brasilienurlauber
oder Esoteriker abtun möchte, jemandem, der eine etwas zu große Tüte
brasilianisches Gras geraucht hatte, der möge sich die Berichte über ihn
auf der Plattform YouTube anschauen.

Dr. Fritz setzte sich neben mich auf das Bett, murmelte für mich
mehr oder weniger Unverständliches vor sich hin und strich mit seinen
Handflächen in einem knappen Abstand von oben nach unten und zurück über meinen Rücken, so als wollte er dabei die Luft von meiner
Körperoberfläche wegfächern. Ich hörte auf mein Herz, um zu prüfen,
ob sich mein Puls beschleunigt hatte, und stellte fest, dass dieser ruhiger
war als vorher.

Dann öffnete Dr. Fritz seine Tasche und legte ein paar Finger seiner
Hand auf eine Stelle mittig der Wirbelsäule zwischen den Schulterblät-
tern ab. Ich spürte, dass er mit etwas einen Schnitt vollzog, wobei ich
aber keinerlei Anzeichen von Schmerz empfand. Es war, als ob jemand
ein Stück weiches Leder aufschneiden würde, das auf meinem Rücken
lag. Dann nahm er ein anderes Instrument aus seiner Tasche, das ich
nicht sehen konnte, und ich spürte ein Kratzen auf einem meiner Brust-
wirbel. Offensichtlich ließ er dann eines oder beide seiner Instrumente
in meinem Rücken stecken. Was dann kam, war die außergewöhnlichste
Körpererfahrung, die mir jemals widerfahren ist. Ich hatte plötzlich keinerlei Kontrolle mehr über meinen Bewegungsapparat. Und zwar von
Kopf bis Fuß. Ich fühlte mich leicht wie eine Figur in einem Puppenspiel, deren Fäden in der Hand eines Spielers außerhalb meines Körpers,
meines ganzen Systems waren. Dies war der erste und einzige Moment,
in dem ich über das, was hier geschah, wirklich verwundert war. Es ging

um ein außergewöhnliches Erlebnis, um ein neurologisch-physisches, etwas, das außerhalb meines Vorstellungsvermögens war, da ich dabei ja keinen Schmerz verspürte. Mein persönliches Empfinden war dabei auch kein spirituelles oder das, was man sich darunter vorstellen könnte. Ich war auch in keiner Traumwelt. Kein Raum für Zweifel oder relativierende Interpretationen eines mir bislang unbekannten Vorgangs durch die Schilderung Dritter. Ich befand mich selbst in einer Realität, die ich bislang nicht für möglich halten konnte.

Dies alles mag zwei bis drei, vielleicht auch fünf Minuten gedauert haben. Als der Heiler seine Instrumente aus meinem Körper nahm, kam meine Selbstbestimmung über mein motorisches System zurück. Ich spürte, wie Dr. Fritz da, wo er den Eingriff vorgenommen hatte, mit Zeigefinger und Daumen die Haut zusammendrückte. Als ich mich einmal kurz zur Seite drehte, sah ich, wie er einen kleinen, ein paar Zentimeter großen Kompressionsverband anfertigte, das Ganze mit einem kleinen Pflaster versah und mir auf die behandelte Stelle drückte. Dann schob er eine Hand unter meine rechte Schulter und machte mir ein Zeichen, dass ich mich aufrichten sollte. Er schaute mich mit seinen trägen Augen an und deutete auf meinen linken Arm. Die Suche nach einer Schlafposition, bei der man keine Schmerzen spürte, oder die Erfahrung beim Wohnungsstreichen, wo mir nach einer Minute der Arm brannte, gehörten der Vergangenheit an. Mein Arm rotierte schmerzfrei in jede Richtung, die Lähmungen in meinen unteren Fingern waren verschwunden. Ich stand auf, wir lächelten uns an und ich drückte ihm dankbar mit beiden Händen seine rechte Hand.

Ich hatte vorher eine wahre Odyssee zwischen anerkannten Spezialisten hinter mir, die aber erfolglos war. Geheilt wurde ich im fernen Brasilien auf äußerst unorthodoxe Art und Weise.

Als ich danach wieder neben einem aufrecht stehenden Dr. Queiroz stand, der mich noch halb in Trance lächelnd anblinzelte, holte ich die Rolle mit den tausend Dollar, die für sein Honorar vorgesehen war, aus einer meiner vorderen Jeanstaschen. Ich hielt sie ihm entgegen und bedankte mich nochmals. Aber er nahm sie nicht. Er lächelte mich nur weiter an und gab mir mit einer Geste seiner Hand zu verstehen, dass dies alles so in Ordnung sei. Als ich ihm vorschlug, dass ich mich mit dem Geld gern an seinem Aufwand bei der Heilung von Einheimischen, die er noch behandeln müsse, beteiligen würde, war er damit einverstanden.

Man muss dazusagen, dass es in diesem Bereich von „Wunderheilern" sicher auch viele Scharlatane gibt. Dr. Queiroz war aber jemand, der diesem Begriff gerecht wurde. Die Dokumentation im Fernsehen war dennoch der ausschlaggebende Punkt dafür, dass ich um die halbe Welt gereist bin, um seine Dienste in Anspruch zu nehmen. Daher kann man nur jedem, der so etwas plant, raten, sich vorher sehr genau darüber zu erkundigen.

Brasilien hat aufgrund der Ungleichheit unter seinen Bevölkerungsgruppen eine brutale, zugleich aber auch eine sehr weiche Seite. Es ist nicht nur ein Land der totalen Gegensätze, auf die Verteilung des Reichtums bezogen, sondern auch – wenn man in den Kategorien von Gut und Böse denken wollte – ein Land von gegensätzlichen Gemütern.

Manche dunkelhäutige Menschen haben hier nicht einmal das Geld, um mit dem Bus zur Arbeit zu fahren. Es gab brutale Szenen, wie etwa an der Copacabana die nächtliche Jagd der Polizei auf die in dunkle Lumpen gekleideten Straßenkinder. Einige von ihnen wurden am nächsten Morgen als leblose Körper am Strand angeschwemmt. Manchen von ihnen fehlten dann Organe. Auf der anderen Seite gab es die unvergessene, samtig warme Stimme der damals berühmten Ansagerin des Flughafens von Rio de Janeiro.

Ein Schauspielkollege aus München erzählte mir einmal, dass er nachts auf der Copacabana von einem Schwarzen mit einer Pistole im Anschlag ausgeraubt worden war. Er war so ein Riese, sagte er, dass er eigentlich die Pistole ruhig zu Hause hätte lassen können. Der Mann entschuldigte sich im gleichen Moment, in dem er ihn ausraubte, schon bei ihm, weil er, wie er sagte, dies tun musste, da er sonst keine andere Möglichkeit hatte, um seine Familie zu ernähren. Als mein Kollege ihn bat, ihm doch seine Uhr zu überlassen, nicht weil sie teuer, sondern weil sie ein Geschenk seiner Freundin war, gab dieser sie ihm zurück. Es handelte sich dabei immerhin um eine Patek Philippe.

Ein anderer deutschstämmiger Brasilianer, blond und blauäugig, mit dem ich in den Anfängen meiner Schauspielerkarriere einmal in der Münchner Gastronomie zusammengearbeitet hatte und der noch dazu den ur-deutschen Name Roberto Wagner trug, war die Güte in

Person. Roberto und sein Bruder, den die Zeitschrift „Bravo" sofort für ein Model Shooting zum Thema Surfen verpflichtete, stammten aus São Paulo. Nach ein paar Monaten gingen beide wieder zurück, früher als geplant. Roberto meinte, dass er die Emotionalität seiner Heimat vermisse.

Brasilien ist ein sehr widersprüchliches Land. Wie kann es sein, dass ein Land, das in vielen Bereichen nicht nur vom Einfluss der afrikanisch-stämmigen und dem seiner indigenen Bevölkerung profitiert, sondern deren Kultur wie den Karneval in seiner jetzigen Form auch noch zelebriert, zugleich Menschen dieser Abstammung ihre Anerkennung verwehrt? Mit Polka und Walzer, mit denen man eine der inzwischen größten Veranstaltungen dieser Welt bis 1917 zelebriert hatte, wäre der Karneval von Rio nie zu einem solchen Massenphänomen geworden. 2018 konnte man bei dieser Veranstaltung sechs Millionen Besucher verzeichnen. Allein 1,5 Millionen reisten aus dem Ausland an. Bei genauerer Betrachtung bemerkt man, dass sich das spirituelle Erbe Afrikas zumindest teilweise auch auf einen weißen oder europäisch-stämmigen Teil der Bevölkerung des Landes übertragen hat. Denn gerade hier hatte dieses sich offensichtlich stärker über die Zeit der Sklaverei gerettet, als es in den meisten Teilen Afrikas während der Kolonialzeit der Fall war. Der afrikanische Kontinent wurde in dieser Zeit, praktisch auf eigenem Terrain, zu einem großen Teil seiner Identität beraubt.

Bei vielen Brasilianern war es gar nicht mehr so einfach, festzustellen, wer wirklich zu hundert Prozent Indio, Portugiese, Deutscher, Libanese, Jude, Japaner, Italiener oder Afrikaner war.

Als ich dann die Pousada verließ, fing gerade der Karneval an. Es fühlte sich an, als ob ich hier noch eine zusätzliche Heimat entdeckt hätte. Und ich fragte mich, was schöner und wichtiger war: ob man sich im Herzen oder nur im Wohlstand geborgen fühlte. Wahrscheinlich war das Herz der wichtigere Part. Aber ein bisschen Wohlstand kann nicht schaden, dachte ich mir. Auf alle Fälle blieben die Brasilianer, egal welcher Hautfarbe, unabhängig davon, ob ein rassistischer, demokratiefeindlicher Despot wie Jair Bolsonaro oder der alte und neue Präsident Lula an der Macht war, immer noch Patrioten. Brasilien war nicht nur ihre äußere, politische sondern auch ihre innere Heimat. Ein Aspekt, den Deutschland vielleicht noch entdecken muss.

In München angekommen, verlieh mir Dr. Edmund Stoiber, damals noch Innenminister, im Rahmen einer würdevollen Zeremonie die Auszeichnung des Ehrenkommissars. Darauf war ich sehr stolz. Auch wegen der Begründung: „auf Grund der Förderung des positiven Ansehens der Bayrischen Polizei".

Viele Jahre später, Januar 2005, starb Oury Jalloh, ein Asylsuchender aus Sierra Leone, auf einer schwer entflammbaren Matratze in einer Polizeizelle in Dessau. Der Mann, der an Händen und Füßen gefesselt war, hatte, so hieß die offizielle Version, sich offensichtlich selbst angezündet. Diejenigen, welche diese unsäglich beschränkte Erklärung in die Welt gesetzt haben, hatten Jalloh, der mit Handschellen an ein Eisenbett gefesselt war, wohl mit Houdini, dem legendären Entfesselungskünstler verwechselt.

Die Art, wie Oury Jalloh verstarb, war das Grauenvollste, was sich aus meiner Sicht im Zusammenhang mit einem Polizeigewahrsam in Deutschland ereignet hatte. Dass es Rassismus auch bei der Polizei gibt, ist unbestreitbar. Ohne diese Tat in irgendeiner Weise relativieren zu wollen. Gewalt in diesem Ausmaß ist von Seiten der deutschen Behörden jedoch die Ausnahme. In vielen Orten unserer Welt ist Misshandlung, Folter und gar Mord an schwarzen Menschen nicht einmal Teil einer öffentlichen Diskussion. Eines der schlimmsten Beispiele hierfür ist wie gesagt Libyen, der „europäische Schutzwall gegen Migration aus Afrika".

Der schwarze Vorarbeiter

Laye, einen jungen Senegalesen, lernte ich kennen, als er gerade in Dachau an einer Bushaltestelle stand. Die Statur und die Gesichtszüge von Senegalesen erkannte ich mittlerweile schon aus geraumer Entfernung. Als Zeichen meiner Solidarität lud ich ihn in mein Auto ein und setzte ihn dann nahe des Münchner Zentrums ab. Wir tauschten Telefonnummern aus und wenige Tage später vermietete ich ihm zwei Zimmer in meiner Wohnung im Münchner Ortsteil Neuhausen.

Laye war Möbelschreiner. Offensichtlich ein guter. Er arbeitete bei einer Münchner Firma, die edle Designer-Möbel herstellte. Womit ich allerdings nicht gerechnet hatte, war, dass er mit der Begründung, nicht alleine leben zu können, gleich zwei seiner Freunde mit bei mir einquartierte. Über diese Dreistigkeit war ich zugegebenermaßen erst einmal ziemlich erbost, zudem ich die „Untermieter" erst am nächsten Morgen rein zufällig bemerkte, als ich plötzlich mehrere Stimmen aus Layes Zimmer hörte. Dass das Ganze nur eine dumme Ausrede war und er unter der Hand wahrscheinlich von seinen Kumpels Miete kassieren würde, darauf kam ich erst später. „Sei's drum", dachte ich mir schließlich. Aber einen von ihnen setzte ich dann doch vor die Tür.

Irgendwann verspielte sich das Ganze dann. *Terranga* war angesagt, senegalesische Gastfreundschaft, wo man die Dinge nicht ganz so eng sah wie in Deutschland. Auf Bemerkungen, wie zum Beispiel „Du bist ja doch ein richtiger Deutscher und keiner von uns", welche in Momenten fielen, in denen die Dinge nicht so liefen, wie man sich das vorstellte und unter dem simplen Gesichtspunkt individueller Vorteilsnahme zu verstehen waren, fiel ich nicht rein. Da war ich dann doch Senegalese genug.

Nachdem die Bereiche, die Regeln unseres Zusammenlebens so einigermaßen abgesteckt waren, hatten wir aber viel Spaß miteinander. Wir kochten gemeinsam senegalesische Gerichte, Reis mit Fisch, das klassische Nationalgericht *Djebudjenn, Mafe*, Huhn mit Erdnusssauce, und dergleichen und aßen, gemäß afrikanischer Tradition, auf dem Boden sitzend gemeinsam aus einer großen, emaillierten Essensschüssel. Und es kochte immer einer für alle. Getrennte Küche gab es nicht, und meistens war es Laye, der nach der Arbeit noch den Kochlöffel schwang.

Natürlich kamen ab und zu auch ein paar Mädchen bei uns vorbei, denen die humorvolle, entspannte Atmosphäre, die in unserer „tropikalisierten" Wohngemeinschaft herrschte, gut gefiel. Hin und wieder musste ich aber doch den unausgesprochenen Regeln des „senegalesischen Sozialismus" Grenzen setzen und zu verstehen geben, dass „mein" nicht automatisch auch gleich „dein" ist. Zum Beispiel dann, wenn einer von Layes Kumpels wieder einmal meine letzte saubere Unterhose aus dem Schrank in meinem Zimmer genommen hatte. Oder wenn die Telefonrechnung plötzlich von vierzig auf zweihundert Mark anstieg und auf dem Display, wenn man auf die Wahlwiederholungstaste drückte, die Vorwahlnummer von Frankreich oder dem Senegal auftauchte.

Da die positiven Seiten in unserer Wohngemeinschaft, die doch von teilweise verschiedenen Vorstellungen in puncto Gemeingut geprägt waren, überwogen, machte ich darüber nicht viel Aufhebens. Ich brachte dann einfach am Telefon eines der kleinen Schlösser an und sperrte künftig beim Verlassen der Wohnung die Tür zu meinem Zimmer zu. Nach dem Motto: „Führe uns nicht in Versuchung, amen." Das funktionierte.

Das Leben mit den senegalesischen „Brüdern" gefiel auch Töchterchen Mia, wenn sie mich übers Wochenende besuchte. Es brachte ihr zugleich auch die afrikanische Kultur und seine Menschen etwas näher, in einer Atmosphäre, die doch etwas anders war, als sie es kannte. Und eines musste ich auch einfach feststellen: Die Senegalesen können mit Kindern besser umgehen als die meisten Mitteleuropäer. Ein Kind wird als vollwertige Persönlichkeit behandelt. Das Verhältnis zu Kindern ist auf alle Fälle empathischer, herzlicher. Zu Mia schien das zu passen. Denn ihr erstes gesprochenes Wort nach „Mama" und „Papa" hieß „selber". Sie fiel schon als Kind durch ihr autarkes Wesen auf.

Kinder müssen in Afrika früher Verantwortung übernehmen, im Haushalt oder auf dem Feld mithelfen. Wenn ich an meine Kindheit in Niederbayern zurückdenke, lief es dort nicht viel anders. Besonders bei Kindern, die auf einem Bauernhof aufwuchsen. Gerade bei der Ernte, wo viele Arbeitsgänge noch mit der Hand und nicht von Maschinen bewerkstelligt wurden, mussten Kinder und Jugendliche, auch wenn manche von ihnen gerade erst eingeschult waren, mithelfen. Oft auch auf Kosten der schulischen Leistung.

Gewisse politische Entscheidungen in Bezug auf Kinderarbeit in Drittstaaten mögen den mitteleuropäischen Bürger und Wähler, der schon von Kind auf von den sozialen Bildungs-, Gesundheits- und sonstigen staatlichen Versorgungsinstitutionen profitieren kann, moralisch integer und fürsorglich anmuten. Die daraus entstehenden Effekte solcher Gesetze bewirken jedoch häufig genau das Gegenteil. Bei einem familiären Gesamteinkommen, das oft kaum hundert Dollar pro Monat für etwa zehn Menschen beträgt, landen die Kinder, die nicht mehr mit ernährt werden können, auf der Straße. Oder in Koranschulen, wo es keine umfassende Bildung gibt und die Kinder, was ihre Ernährung anbelangt, auf Almosen angewiesen sind. Diese werden durch Straßenbettelei erworben. Oft werden die Kinder noch dazu Opfer von sexueller Gewalt. Hinzu kommt, dass manche Kinder und Jugendlichen, die sich einmal an das Straßenleben gewöhnt haben, später nur noch schwer die Disziplin aufbringen, einer geregelten Arbeit nachzugehen.

In meiner ländlichen Heimat Niederbayern hat, seit sich dort die Industrie angesiedelt hat, kaum noch ein Ehepaar mehr als zwei Kinder. Generell entwickelt sich die demografische Kurve in den Industrienationen degressiv – siehe Deutschland und Japan. Umgekehrt hat dieses Phänomen nicht nur kulturelle, sondern auch sozioökonomische Gründe.

Die gläserne Decke für Schwarze

Laye, mein Mitbewohner, der Schreiner aus Dakar, der Hauptstadt des Senegals, stieg irgendwann nach relativ kurzer Zeit zum Vorarbeiter auf. Das gönnte ihm nicht jeder, zudem er auch noch schwarz war. Seine ihm unterstellten Kollegen, erzählte er mir, begannen ihn praktisch ab dem ersten Tag in seiner neuen Position exzessiv zu mobben. Dies kam aber, wie er es mir damals schilderte, nicht in erster Linie aus den Reihen der deutschen, sondern von Seiten anderer ausländischer Kollegen. Keine Multikulti-Solidarität. Welcher Weiße wollte schon von einem Schwarzen herumkommandiert werden? Der deutsche Firmenmanager, der ihm aufgrund seiner Befähigung diesen Posten zugeteilt hatte, schien selbst überrascht. Die Schranke, das Hindernis in Bezug auf die Akzeptanz von Laye in seiner Position war unter seinen Kollegen nicht die Nationalität, sondern die Hautfarbe. Aus meinem ruhigen und besonnenen Mitbewohner wurde in kürzester Zeit eine sehr leicht reizbare Person. Das ging so weit, dass ihm der Arzt Betablocker zur Beruhigung verordnete. Aber das half nicht.

Das Ende der Geschichte war, dass er seinen Job aufgeben musste und das Land verließ. Laye endete letztendlich als geschlagener, psychisch nachhaltig geschädigter Mann im Haus seiner Familie in Dakar. Er hatte das System nicht verstanden. Denn das war genau das, was man von ihm wollte: dass er aufgab. Er hätte so lange durchhalten müssen, bis nicht er, sondern die anderen müde geworden wären. Egal wie lange es gedauert hätte. Leicht gesagt, denn nicht jeder hält das durch. Außer man ist daran gewöhnt und hat verstanden, dass es in erster Linie darum gehen muss, das gesetzte Ziel zu erreichen, und nicht darum, permanent über die traurige Realität des Rassismus zu reflektieren. Wenn ein Schwarzer in einer weißen Welt seine Position verlässt, die man ihm insgeheim zugedacht hat, vom Befehlsempfänger zum Befehlsgeber avanciert, geht der Kampf erst richtig los. Da entscheidet dann nicht mehr allein das Talent, sondern das Durchhaltevermögen. Dann muss man seine Haltung von der Diskussions- auf die strategische Ebene verlagern und sich ein dickes Fell zulegen. Nach der Devise „Augen zu und durch".

Einem Schwarzen im Berufsleben unterstellt zu sein, hat in der Regel bei einer Vielzahl weißer Personen eine unmittelbar negative Auswirkung auf deren Selbstwertgefühl. Wenn man die Situation ehrlich bewerten will, eigentlich sogar bei den meisten. Auch dieses ist zum großen Teil dem abwertenden Blick auf Afrika geschuldet. Über ihm, dem Schwarzen, schwebt in der Vorstellung vieler Europäer noch die Peitsche des Kolonialisten in Kaki-Hose und Tropenhelm. Wer wollte von dieser privilegierten Position, auch wenn sich die Leistung des anderen besser darstellt als die eigene, schon Abstand nehmen und die Rollen tauschen. Wahrscheinlich keiner.

Die multikulturelle Gesellschaft in europäischen Ländern ist nach meiner Erkenntnis keine tolerantere geworden. Fremdkulturen untereinander – keine Liebesaffäre. Oft hat man sogar den Eindruck, dass viele Menschen, egal aus welcher Kultur sie stammen, im Prinzip nichts gegen

Rassismus einzuwenden haben, diskriminierendes Verhalten manchmal sogar als legitim bezeichnen. Dies ist besonders dann der Fall, wenn dieses Phänomen auch Teil ihrer eigenen Gesellschaft ist. Protest wird daher meist auch nur dann eingelegt, wenn die Diskriminierung die eigene Spezies betrifft.

Nichtsdestotrotz hat jedes zivilisierte Land dieser Welt die Aufgabe, nach diesen Normen zu handeln, Rassismus, Diskriminierung und Ausgrenzung nicht zu dulden und den moralischen Ansprüchen nicht nur in Bezug auf den eigenen, autochthonen Teil seiner Bevölkerung, sondern auch in Bezug auf seine Zuwanderer gerecht zu werden. Hätte man dies früher berücksichtigt und Fremdkulturen nicht als Spielball der politischen Debatte benutzt, alte Vorurteile der Wählerstimmen wegen geschürt, hätte die Integration mit Sicherheit besser funktioniert.

Dazu muss man sagen, dass in den heutigen USA und zum Teil auch in Großbritannien die Angst vor einem schwarzen Chef geringer ist als in Kontinental-Europa. Der Grund dafür kann nicht in der Feststellung liegen, dass Schwarze so unfähig und intellektuell so unterlegen sind, wie sich das einige gerne vorstellen wollen. Ab und zu erweckt es sogar den Anschein, als hätte man Angst vor dem genauen Gegenteil. Aus einer systemischen Betrachtungsperspektive gesehen, entzieht man Menschen schwarzer Hautfarbe vielleicht sogar gerade deswegen häufig die Möglichkeit, ihr Talent unter Beweis stellen zu können, um die Illusion einer eigenen Überlegenheit aufrechterhalten zu können.

Ich erinnere mich da an ein Gespräch mit einem pensionierten Akademiker, das ich einmal bei mir im Senegal auf meiner Terrasse vor meinem Haus geführt habe. Er sagte mir, dass ihn die Franzosen nach seinem Universitätsabschluss unbedingt im Lande behalten wollten, ihm sogar die Nationalität anboten, die er auch annahm. „Ich bin immer nach oben gegangen", schilderte er mir seine Berufskarriere, „immer in wichtigere Abteilungen. Der Chef einer Abteilung bin ich aber nie geworden. Ich habe immer die anderen auf diese Position gebracht." Dies hört man von vielen afrikanischen Akademikern, welche in europäischen Institutionen beschäftigt waren.

Interessant ist in diesem Zusammenhang der auf wissenschaftlicher Ebene beschriebene sogenannte Danning-Krüger-Effekt. Man spricht hier von einer kognitiven Verzerrung, indem Menschen ihre eigenen Fähigkeiten überschätzen und die anderer unterschätzen, wodurch die Tendenz zu einer illusorischen Überlegenheit entsteht. Auch besser gebildete Menschen neigen dazu, neue Ansätze und Thesen besonders von „Kulturfremden" zu ignorieren, wenn sie durch diese ihre Deutungshoheit, ihre Dominanz oder gar ihre Position gefährdet sehen.

Unter den besten Absolventen der Eliteuniversitäten rangieren die Afrikaner ganz vorne, besonders Studenten aus Ghana und Nigeria. Unter Berücksichtigung dieser Tatsache ist institutioneller Rassismus in der heutigen Zeit, in der auch Nicht-Europäer Zugang zu höherer Bildung haben, meist nichts anderes als ein erweiterter Wettbewerb, einer, der mit unlauteren Mitteln geführt wird.

Senegalesische Diplomatie

Das „neue Alte-Team" war mittlerweile eingespielt, und man hörte oft, unsere kollegiale Harmonie übertrage sich auch im positiven Sinne auf das Produkt an sich. Als Schauspielerteam hatten Rolf Schimpf, Michael Ande und ich – hin und wieder auch Markus Böttcher – echte Freude an der Arbeit. Es schien, als passten wir einfach zusammen, auch auf menschlicher Ebene. Wir waren – das kann man, glaube ich, so behaupten – ein harmonisches Team, in dem Kollegialität absoluten Vorrang vor egobasierten Einzelinszenierungen hatte. Dies vor sowie auch abseits der Kamera. Kleinere Meinungsverschiedenheiten in Bezug auf die zum Teil unterschiedlichen Weltanschauungen waren nicht von wesentlicher Bedeutung und schnell vergessen. Jeder ließ dem anderen sein Naturell, und wir unterließen es, uns auf der menschlichen Ebene gegenseitig nach eigenen Kriterien zu bewerten, was für Deutschland eine ziemlich unübliche Haltung war.

Drehpausen nutzte ich, wie bereits erwähnt, fast immer für Reisen. Die Pause dauerte circa eine Woche, und nach Erhalt des neuen Drehbuchs, das man ja noch nicht per Internet verschicken konnte, machte ich mich in der Regel vom Acker. Hin und wieder musste ich einfach meine Neugierde auf andere kulturelle Sphären befriedigen. Reisen, mir neue Eindrücke verschaffen, davon habe ich schon von Kindheit an geträumt. Ich hatte mittlerweile auch schon in anderen europäischen Ländern einige gute Freunde und Bekannte, und irgendwann erzählte mir mein leiblicher Vater Jean-Pierre Faye, den ich mittlerweile kennengelernt hatte und der in Berlin lebte, von einem Onkel, der Botschafter im Vatikan war. Er schien eine interessante Persönlichkeit zu sein und war in seiner Funktion als Diplomat bereits in Washington und, zusammen mit meinem Vater, in Stockholm tätig gewesen. Als ich ihn das erste Mal in seiner Residenz in Rom besuchte, begegnete ich einem freundlichen, für einen Senegalesen sehr hellhäutigen und rundlichen Afrikaner, dessen Wesensart gemessen an seiner prestigeträchtigen Funktion erfrischend unprätentiös war. Dennoch spürte man in der Art und Weise, wie er manche Vorgänge und seine Umgebung handhabe, dass er genau wusste, worauf es ankam, den Kern der Situation sofort erfasste. Tonton André war jemand, dem nichts entging. Er war ein hervorragender Rhetoriker und verstand es, manche Fragen, Kommentare oder auch Kritik in einer sehr eigenen, nonchalanten Art zu beantworten, und zwar aus einer Richtung, aus der man das überhaupt nicht erwartet hatte. Man gewann schnell den Eindruck, dass man es hier mit einer Person zu tun hatte, die mit einem wohlsortierten Verstand gesegnet war, mit jemandem, der trotz der leichten und charmant anmutenden Art, mit der er einem begegnete, nichts dem Zufall überließ. Ich begann ihn regelmäßig zu besuchen, ob allein, mit Mia oder mit einer Freundin. Tonton André war halb Franzose, halb Senegalese und ein Meister der Diplomatie der alten Schule. Bei Einladungen, egal welcher Größenordnung und protokollarischen Ebene, sprach er zu seinen meist internationalen Gästen prinzipiell frei. Dies in mindestens drei Sprachen parallel, so wie jemand, der neben seiner Funktion als Botschafter zugleich auch noch als sein eigener Simultanübersetzer fungierte.

Mir war sofort klar, dass ich von einem Menschen wie ihm etwas lernen konnte. Von ihm lernte ich viel über das Wesen von Personen aus der höheren Wirtschaft und der Politik und bekam einen Einblick in die Welt der internationalen Diplomatie.

Meine Besuche bei Tonton André hatten dadurch neben der persönlichen, familiär-heimeligen Komponente zusätzlich auch noch einen gewissen Workshop-Charakter. Ein Schauspieler musste sich ja in eine andere Figur hineinfühlen können und damit auch in die Kategorien, in denen der andere dachte. Denn man hatte, wie es später einmal der bayrische Wirtschaftsminister und Namensvetter Erwin Huber ausdrücken sollte, dem Niederbayern die Diplomatie nicht wirklich in den Schoß gelegt. Dieses kulturelle Erbe einfach abzuschütteln war nicht so einfach. „Ein bisschen Authentizität schadet zwar nicht", dachte ich mir. „Ein gewisses Maß an Flexibilität aber auch nicht."

Obwohl ich bereits fließend Englisch und Französisch sprach und gerade im Begriff war, auch noch Italienisch dazuzulernen, war er es, der mir die Kunst der leichten Unterhaltung, des weniger belastenden Small Talks näherbrachte, nicht aktiv, aber dadurch, dass ich ihn während seiner Gespräche beobachtete. Auf normal-bürgerlicher Ebene wird diese Form der unverfänglichen Unterhaltung oft als wenig nutzbringende Oberflächlichkeit abgetan, als eine unseriöse, linkische Form der Zeitverschwendung.

Dem deutschen Charakter, der in den meisten Fällen stark davon überzeugt ist, dass seine Auslegung der Dinge die einzig richtige ist, spricht es mehr, gewissermaßen mit der Tür ins Haus zu fallen. In Afrika, und das sollte mir später auffallen, ist eher das Gegenteil der Fall: Man achtet erst einmal auf die Atmosphäre, dann geht es langsam um den Inhalt. Stimmt die Atmosphäre nicht, bleibt das Ergebnis eines solchen Gesprächs meist hinter den Erwartungen zurück.

Die Empfänge von Tonton André in der senegalesischen Botschafterresidenz an der Via Appia Antica, in der unmittelbaren Nachbarschaft von Claudia Cardinale, waren im Kreise seiner Kollegen hochgeschätzt und immer gut besucht. Nach einem offiziellen Teil gab es immer noch so etwas wie eine zwanglose Abschlussrunde, eine, die auch sehr lange dauern konnte. Man tanzte, trank ein bisschen und unterhielt sich.

Tonton André war ein guter Lehrmeister. Ich mutierte zwar nicht sofort vom *straight forward*-Bayern zu einem geschliffenen, franko-afrikanischen Karrierediplomaten, konnte aber später bei seinen Einladungen doch ein bisschen mehr frankophone Eleganz und Eloquenz an den Tag legen, als dies vorher der Fall war.

Zeitweise verlagerte ich mein Wochenenddomizil nach Paris, wo sich langsam ein immer größer werdender Freundeskreis aus Künstlern und Nachtschwärmern aufbaute. Und so schwang ich mich nach Drehschluss ans Telefon, um einen von ihnen über den Zeitpunkt meiner Ankunft zu informieren. Meist kam ich so um Mitternacht an, einer Zeit, wo es in Paris erst so langsam losgeht. Wir reservierten dann erst einmal einen großen Tisch in unserem Lieblingsrestaurant im zweiten Arrondissement im Bezirk Les Halles, das klassische französische Küche offerierte, und besprachen bei einem *Boeuf Bourguignon*, wie und wo wir den Rest der Nacht verbringen wollten.

Mein Kumpel Jean-Marc Truong, halb Vietnamese und halb Franzose, ein Kampfsportler mit 120 Kilo und schulterlangen Haaren, ein Schrank, der zugleich Schauspieler und auch noch Türsteher im damals legendären „Bain Douche" war, verkörperte beides. Er, der alle Feinheiten und Schlüsselfiguren des Pariser Nachtlebens kannte, arrangierte auch unsere nächtlichen Ausflüge. Im „Bain Douche", im „Palace" und in den diversen anderen angesagten Bars und Diskotheken schlugen wir uns die Nächte um die Ohren, und irgendwann, in einem Club am Place de L'Europe, im 18ten Arrondissement, lernte ich auch meinen französisch-ivorischen Kollegen Isaac de Bankolé kennen, den ich schon einmal in einem seiner Filme auf Deutsch synchronisiert hatte.

Als Schauspieler oder allgemein im kreativen Bereich des Films tätig zu sein, ob als Regisseur oder Drehbuchautor, heißt auch immer, ein bisschen außerhalb der Norm zu denken und vielleicht auch zu leben. Wer Charaktere sehen will, die den eigenen Alltag verkörpern, bleibt zu Hause bei Chips, Bierchen und Mettwurstbrot in seinem Fernsehsessel sitzen. Wer aber in die abenteuerlicheren, mitunter auch politisch etwas unkorrekteren Sphären des Geschichtenerzählens eintauchen will, geht ins Kino. Oder schaut zum Ärger der Filmwirtschaft mittlerweile Netflix.

Dass Politik und die Unterhaltungsindustrie in einem wechselseitigen Verhältnis entweder für oder manchmal auch gegeneinander stehen, wurde in seiner kontroversesten Form in Amerika Anfang bis Mitte der fünfziger Jahre, in der sogenannten McCarthy-Ära deutlich. Jeder, der zu dieser Zeit in diesem Bereich tätig war und nicht zu hundert Prozent dem konservativ-amerikanischen Mainstream folgte, wurde als Kommunist abgestempelt und vom Produktionssystem ausgeschlossen, darunter auch viele Juden. Auch heutzutage beziehen amerikanische Filmstars, Personen aus der Musikindustrie und dem Sport noch politisch Position. Besonders wenn es um Wahlen oder um die Aufarbeitung gesellschaftspolitischer Ereignisse geht, wie etwa um die Unterstützung der schwarzen Bürgerrechtsbewegung, die Diskriminierung von Frauen oder die Rechte Homosexueller. Filmstars wie Harry Belafonte, Marlon Brando, Jean Seberg, Charlton Heston oder Burt Lancaster hatten sich schon früh für die Rechte von Minderheiten eingesetzt, wobei der Tod von Jean Seberg, einer weißen Schauspielerein, die die *Black Panther Party* unterstützte, ein besonders nebulöser und tragischer war.

In Deutschland war das ein bisschen anders. Auch wenn der eine oder andere hin und wieder als Testimonial für einen Kanzlerkandidaten oder eine -kandidatin auftrat, war es nicht üblich, sich in gesellschaftspolitische Inhalte zu verstricken. Helmut Ringelmann hat es einmal so formuliert: „Ihr könnt euch bei allem einmischen. Nur nicht in die Politik."

Deutschland ist im Vergleich zu den Vereinigten Staaten von Amerika ein relativ kleines Land, in dem man als Kulturschaffender, was kritische Bemerkungen anbelangt, eher etwas vorsichtiger agiert. Ich als schwarzer Deutscher war im Vergleich zu meinen weißen Kollegen in einer schwierigeren Position. Es gab gesellschaftliche Problempunkte, die mich selbst und damit meine Familie und meine Kinder betrafen, und da gab es einen Punkt, an dem ich nur wenig Kompromissbereitschaft an den Tag legen konnte. Dieser bezog sich auf die Hautfarbe. Ein Thema, das in den achtziger und neunziger Jahren, als ich im Fernsehgeschäft war, noch vollkommen tabu war.

Ich sah mich als einen loyalen Vertreter der deutschen Gesellschaft, nach innen sowie auch nach außen, stellte aber an diese genau dieselben Ansprüche, die man an mich stellte. Was für andere als normal galt, musste für mich ebenso als normal gelten. Im Positiven wie auch im Negativen. Diesem Druck, mich aufs „Nett-Sein" reduzieren zu lassen, gab ich nicht nach. Da, wo ich aufwuchs, war man nicht immer nur nett. Man steckte ein, teilte aber auch aus. Gute Miene zum bösen Spiel zu machen, entsprach daher nicht wirklich meinem Naturell.

Am Anfang meiner Fernsehkarriere fuhr ich alte Autos, solche, die oft mehr an ein fahrbares Ersatzteillager erinnerten als an ein anständiges Fortbewegungsmittel. Grund dafür war, dass ich nicht das Bedürfnis hatte, meinen Erfolg nach dem Motto „Da schaut mal her, jetzt bin ich wer" zur Schau zu stellen. Es war kein Understatement, es war mir einfach egal, wenn Leute mich danach beurteilen wollten. Ich trug immer noch den Spirit der Siebziger in mir. Alter VW-Bus, 2CV. Irgendwann wurde mir die Aufmerksamkeit, die ich dadurch entfachte, jedoch zu viel, weil ich oft wegen der alten Kisten ausgelacht wurde. Meist beim Halten vor einer Ampel. Dies lief dann folgendermaßen ab: Erst der Blick auf das Auto, dann ein sehr ungläubiger auf mich. „Schau mal, das ist doch der Schauspieler vom ‚Alten'", rief einmal ein Straßenbauarbeiter seinem am Lenkrad sitzenden Kollegen zu und grinste dann aus dem offenen Fenster zu mir herüber. „Schauspieler, und dann so ein Auto", hieß es dann, „das gibt's doch gar nicht."

Ein anderes Mal sprach mich ein älterer Mann auf einer Straße im Münchner Ortsteil Schwabing an, als ich gerade vom Bäcker kam. Ich war gerade dabei, mit einer Tüte Semmeln, außerhalb Bayerns Brötchen genannt, ins Auto zu steigen, als er an mich herantrat und mir diskret ins Ohr flüsterte, dass ich doch bitte mein Auto wechseln möge. „Herr Huber, Sie in so einem Auto. Das gehört sich einfach nicht." Ich nickte verlegen. So konnte das nicht weitergehen, dachte ich mir dann.

Es war die Zeit, als gerade die erste E-Klasse von Mercedes auf den Markt kam. Kurzerhand entschloss ich mich für einen Sechszylinder, einen 300E. Natürlich tiefergelegt und selbstverständlich mit Alu-Felgen und einer adäquaten Musikanlage.

Der Jeans und dem T-Shirt hingegen blieb ich treu. Der Mann, der mir das mit dem Auto ins Ohr flüsterte, war nach seinem Auftreten zu urteilen eher ein Konservativer. Er wollte mit seiner Bemerkung zum Ausdruck bringen, dass ich mich doch an dem gesellschaftlichen Status einer erfolgreichen und angesehenen Person orientieren möchte. Die Hautfarbe schien ihm dabei unwichtig. Ich empfand seine Bemerkung nicht als diskriminierend und auch nicht als bevormundend. Im Gegenteil, der Mann sah mich nicht als Außenseiter. Er sah mich als normales Mitglied der deutschen Gesellschaft, ansonsten hätte er nichts gesagt, sondern wahrscheinlich gedacht: „Na klar, die Schwarzen sind halt so." Natürlich gab es auch Neider-Momente, in denen es schwer war, Neid und Rassismus auseinanderzuhalten, zumal sich Neid auch oft über eine rassistische Haltung artikulierte und umgekehrt.

Ein Armutskomplex war mir fremd. Woody Allen formulierte zum Thema Armut einmal folgenden Satz: „Eines der großen Probleme armer Menschen ist unter anderem, dass sie das Gegenteil von dem zeigen wollen, was sie sind." Mein späterer Aufenthalt in Afrika sollte dies bestätigen. Und auch, dass Neid kein rein deutsches Phänomen ist.

Auf alle Fälle hatte mein Umstieg auf einen Neuwagen der gehobenen Mittelklasse einen Vorteil. Die 900 Kilometer lange Fahrt von München nach Paris mit einem neuen Mercedes war wesentlich entspannter als mit einem zehn Jahre alten, schrottreifen Kleinwagen.

Äthiopien –
In einem Land nach dem
Bürgerkrieg

Opa Zaudie

Ich war in zweiter Ehe mit der Tochter eines ehemaligen äthiopischen Botschafters namens Zaudie Mekuria (auch „Zawde" geschrieben) verheiratet. Zaudie war ein blendend aussehender Äthiopier von der Ethnie der Amhara, der mit circa einem Meter neunzig Körpergröße die meisten seiner Landsleute um gut einen Kopf überragte. Seine Karriere begann als hoher Offizier, als Admiral der Kaiserlichen Marine, bevor ihn Kaiser Haile Selassie zuerst zum Botschafter in Indien, später im Sudan und letztendlich dann in London machte.

Opa Zaudie, wie wir ihn in der Familie nannten, entging nach der Machtübernahme des kommunistischen Derg-Regimes, angeführt von dessen autoritärem Führer Mengistu, nur knapp der Todesstrafe. Dies auch nur deswegen, weil er in einem Interview gegenüber der BBC die Hungersnot in seinem Land anprangerte, welche man lange verschwiegen hatte. Das war der Grund, warum Zaudie Mekuria seinen Botschafterposten in London auch unter der neuen Regierung behalten konnte.

Doch die Harmonie zwischen dem neuen Herrscher und ihm war nicht von langer Dauer. Zaudie Mekuria übte auch an der neuen Regierung öffentlich Kritik, da sich diese offensichtlich noch weniger um ihre Bevölkerung kümmerte als die vorherige in deren Endphase. Hinzu kam, dass er irgendwann erkannte, dass er den skrupellosen und brutalen Regierungsstil des neuen Herrschers, für den das Thema Menschenrechte offensichtlich keine ernstzunehmende Kategorie war, nicht mit seinem Gewissen vereinbaren konnte. In den Jahren zwischen 1975 und 1977 ließ Präsident Mengistu zehntausende sogenannte Klassenfeinde und Oppositionelle foltern und exekutieren. Dies entsprach nicht Zaudies zivili-

satorischem Anspruch. Schließlich floh er mit Hilfe seiner Journalisten-
freunde, unter ihnen der bekannte deutsche Journalist Dieter Kronzucker,
in einer Nacht-und-Nebel-Aktion mit Kind und Kegel aus London.

Er selbst begab sich erst einmal in Richtung Washington. Für die
Kinder wurde über das Netzwerk der katholischen Kirche eine Bleibe bei
Familie Kreitmeier in Eichstätt, einer Kleinstadt, die in der tiefkatholi-
schen, bayrischen Provinz liegt, gefunden. Mutter Tshay, welche bereits
seit einiger Zeit von ihrem Mann getrennt war und mittlerweile wieder
in Äthiopien lebte, blieb da, wo sie war.

Schwiegervater Zaudie äußerte sich auch später noch einige Male
in den westlichen Medien zu der menschenverachtenden Politik des
Derg-Regimes. Unter anderem bei dem deutschen Sender ZDF. Irgendwann ging dann ein mysteriöser Anruf bei der bayrischen Gastfamilie
ein. Der Mann am anderen Ende der Leitung fasste sich kurz, aber klar:
„Sagen Sie dem Vater Ihrer Pflegekinder, er sollte besser seinen Mund
halten!" Botschafter Zaudie wusste, was das bedeutete. Er gab danach
keine Interviews mehr.

Opa Zaudie war auf alle Fälle ein gut vernetzter Diplomat, und ein
altes Radiogerät, ein Geschenk von Nehru, dem ersten Ministerpräsidenten Indiens, mit dem er eine enge Verbindung hatte, steht nach wie
vor bei Oma Tshay im Wohnzimmer ihres kleinen Häuschens in Addis.

Botschafter Zaudie verstarb 2022 in Amsterdam. Die äthiopische
Diplomatie machte bei seiner Beerdigung ihre Aufwartung. Selbstver-
ständlich auch meine Kinder. Er wurde, wie sich in den Protokollen der
Vereinten Nationen nachlesen lässt, als einer der wenigen, die in dem
Unrechtsregime Mengistus in repräsentativer oder operativer Form tätig
waren, von einer Mitschuld an den verübten Gräueltaten an der eigenen
Bevölkerung freigesprochen.

Äthiopien ist eines der klassischen Beispiele für ein Land, das, von
externen Einflüssen abgesehen, auf Grund der verschiedenen ethnischen
und auch geografischer Strukturen nur schwer zentral zu regieren ist.
Hinzu kommt, dass ethno-zentristische und nationalistische Strömungen nach dem Zerfall der Sowjetunion dort, wie auch in anderen ehemaligen sozialistischen Partnerländern, ein Problem darstellen. Auch in den
Ländern Ex-Jugoslawiens hatte der Sozialismus es nicht geschafft, diese
Strömungen nachhaltig zu eliminieren.

Bürgerkrieg

Unsere erste Reise ins Ursprungsland meiner Frau Shobha fand 1991, einige Monate nach der Entmachtung Mengistus durch die sogenannte Revolutionäre Demokratische Front der äthiopischen Völker, statt. Ich kam gerade aus New York zurück, wo ich in einem der zahlreichen Elektronikläden in der 45th Street einen kleinen Sony-Weltempfänger erstanden hatte. Der jüdische Geschäftsinhaber und ich witzelten darüber, ob er mir als schwarzem Deutschen einen Bonus geben müsste oder mir im Gegenteil das Gerät auf Grund meiner deutschen Seite nun teurer verkaufen würde. Wir einigten uns auf einen Bonus, wobei er mir aber zusätzlich noch eine Tasche für meine Video-Kamera verkaufte, womit der Bonus wahrscheinlich wieder refinanziert wurde.

Inzwischen hatte auch mein erster Sohn Salomon das Licht der Welt erblickt, und in Äthiopien tobte erneut ein Bürgerkrieg. Auf verschiedenen Kurzwellen-Kanälen verfolgten wir in Shobhas kleiner Zwei-Zimmer-Wohnung im Münchner Ortsteil Thalkirchen den Vormarsch der Rebellen auf die Hauptstadt Addis Abeba, wo meine Schwiegermutter zusammen mit ihren Halbgeschwistern im oberen Stadtteil ein kleines Häuschen bewohnte.

Die Berichterstattung zum Verlauf des Kriegs war sehr unterschiedlich. Ein deutscher Sender berichtete, dass die Rebellengruppe, die Regimegegner, noch achtzig Kilometer von der Hauptstadt entfernt war. Die britische BBC hingegen sprach davon, dass sie bereits vor der Stadt war. Wir rannten sofort zum Telefon, um die Familie anzurufen. Als auf der anderen Seite der Hörer abgenommen wurde, vernahmen wir bereits Gefechtslärm. Das dumpfe Granatfeuer der Infanterie drang aus dem Hintergrund in unsere Ohren, begleitet von einem ängstlichen, leisen Schluchzen der kleinen Halbschwester. Für jemanden wie mich, der Krieg nur vom Fernsehen kannte, war dies eine neue Erfahrung. Plötzlich spielte sich „Apocalypse Now" auf der anderen Seite der Telefonleitung ab, nur dass es hier nicht für das Kino inszeniert, sondern real war, real und erschreckend.

Meine Schwiegermutter flüsterte mit leiser und unterdrückter Stimme in den Hörer und erklärte uns, dass sie mit ihren Kindern unter dem Tisch in ihrer Wohnküche saß. Die Soldaten der Volksfront, erklärte sie uns weiter mit schicksalsergebener Stimme, seien bereits in ihr Viertel vorgedrungen. Oma Tshay war eine gläubige Frau aus einer teils koptisch-orthodoxen, teils jüdischen Familie und vertraute wohl auf die Gewogenheit des Schicksals. Von Mardokios, dem kleinen Halbbruder, war nichts zu hören. Obwohl erst am Anfang des Teenageralters, war er der Mann im Hause. Einige seiner Altersgenossen oder sogar noch jüngere waren bereits an den Kampfhandlungen um die Stadt beteiligt. Einen von ihnen sollte ich später noch kennenlernen. Wir fühlten uns erschüttert und hilflos. Wir konnten nichts tun, niemandem beistehen. Kein Flieger landete mehr in Addis Abeba, und uns war klar, dass uns hier, außer dass wir hoffen konnten, dass alles gut ging, sozusagen die Hände gebunden waren.

Die äthiopische Familie

Und so war es dann auch. Es ging gut. Einige Monate später besuchten wir, das heißt die ganze Familie inklusive Mia, meinem Töchterchen aus erster Ehe, endlich Äthiopien. Die Spuren des Krieges waren noch an vielen Ecken der Stadt sichtbar. Mia bestieg, bevor Shobha und ich uns versahen, einen abgeschossenen Panzer, der mitten im Zentrum der Hauptstadt nahe dem Hilton Hotel stand, und turnte auf dessen Geschützrohr herum.

Ich hatte mich noch dazu kurz vor der Abreise mit einer Überdosis des Malariamittels Lariam vergiftet, weil ich in der Eile die Packungsbeilage falsch gelesen hatte. Zusammen mit der Höhenluft der auf 2 350 Meter über Null gelegenen Stadt, war dies kein Garant für ein uneingeschränktes körperliches Wohlbefinden. Wer dann noch mit dem Taxi die Strecke von dem am Fuße der Stadt gelegenen Meskil Square in den oberen Bereich nach Sidist Kilo zurücklegt, fühlt sich beim Aussteigen wie ein Taucher, der die Dekompressionszeit nicht eingehalten hat. Der Start war somit zwar etwas abenteuerlich, aber ansonsten waren wir beruhigt und erfreut, als wir erfuhren, dass es innerhalb der Familie zumindest keine Toten gab. Bis auf eine Ausnahme: Ein entfernter Verwandter wurde nach Absetzung des Derg-Regimes von den Nachfolgern hingerichtet.

Nachdem wir unsere ersten Besuche bei Freunden und den zahlreichen Verwandten meiner Frau absolviert hatten, unternahmen wir
zunächst einmal ein paar Ausflüge in die Umgebung außerhalb von
Addis, insofern dies in Bezug auf die Verfügbarkeit von fahrbaren Un-
tersätzen überhaupt möglich war. Für den Besuch des bekannten Klos-
ters auf dem Mount Toto, oberhalb der Stadt auf einer Höhe von circa
3 000 Metern gelegen und vorher Sitz des Kaisers Menelik, brauchten
wir zwei Anläufe. Die Kupplung des ersten Fahrzeugs, eines Mercedes
190 des staatlichen Autoverleihers, war so abgenutzt, dass wir aufpassen
mussten, bei einem stärkeren Anstieg trotz voll durchgetretenen Gaspe-
dals nicht in die Gegenrichtung – sprich rückwärts – den Abhang hin-
unterzurollen. Beim zweiten Mal glückte der Anlauf mit einem anderen
Fahrzeug gleichen Typs. Da aber kam uns auf gleicher Seite ein Lastwagen entgegen, dessen Lenker sein Fahrzeug nur noch abbremsen konnte, indem er mit dem Führerhaus an einer Felswand entlangschrammte,
was uns dazu zwang, auf die Gegenspur auszuweichen. Ersatzteile waren damals, das sollten wir später noch erfahren, nur für astronomische
Summen erhältlich.

Trotz der schwierigen Situation in einem der damals ärmsten Länder
der Welt, einem, das noch dazu gerade einen weiteren Bürgerkrieg überstanden hatte, war Äthiopien ein Land, in das ich mich sofort verliebte.

Zum Schluss besuchten wir auch noch den Badeort Sodorre mit seinen heißen Quellen, wo kleine Affen zwischen den Eukalyptusbäumen
des staubigen Parkplatzes herumlungerten, um den Anreisenden die mit-
gebrachte Verpflegung aus den Taschen oder direkt aus der Hand zu sti-
bitzen.

Einer von ihnen bemächtigte sich in einer Blitzaktion Mias Bananen
und so machten wir uns schleunigst auf den Weg zur Rezeption. Sie befand sich in einem weißgetünchten Gebäude, das an einen mittelgroßen,
deutschen Wohnblock mit großer Terrasse erinnerte und im Bauhaus-Stil
errichtet worden war. Dort erklärte man uns, dass es neben den Hotel-
zimmern auch noch die Möglichkeit gab, in einem der blauen Pavillons,
die an dem kleinen Fluss unmittelbar neben dem Hauptgebäude aufgebaut waren, zu übernachten.

Bevor wir uns für eine der beiden Optionen entschieden, machten
wir uns erst einmal auf den Weg, um die „Outdoor-Variante" zu begut-

achten. Ich entdeckte im Gras ein etwas größeres Häufchen Exkremente neben einer der kleinen, blaugestrichenen Sperrholzpyramiden und fragte den Rezeptionisten, welches Tier das wohl hinterlassen hatte. „Hypo", kam es wie aus der Pistole geschossen, „Hypo". „Hypo?", fragte ich etwas verdutzt nach. „Wo Hypos sind", fügte ich hinzu, „gibt es auch Krokos." „Ja, Krokos haben wir auch", antwortete der Mann in einem Ton, als wäre dies alles das Selbstverständlichste von der Welt.

Als er dann auch noch erzählte, dass in der vergangenen Woche circa hundert Meter flussabwärts ein junges Mädchen, das sich gerade beim Wäschewaschen am Fluss aufhielt, von einem Krokodil ins Wasser gezogen wurde und nicht mehr auftauchte, entschlossen wir uns doch, lieber zwei reguläre Zimmer innerhalb des Hotelgebäudes zu nehmen. Schon allein der Gedanke, dass ein Nilpferd einmal kurz über den Sperrholzpavillon stampfte oder darauf ein Nickerchen machte, war nicht gerade beruhigend. Die löchrigen Moskitonetze in den Zimmern waren es jedoch auch nicht.

Am nächsten Tag saß ich mit Shobha, die gerade Salomon auf dem Arm hatte, um ihn zu versorgen, am Pool-Restaurant, und wir studierten zunächst einmal die Speisekarte. Mein Magen und wahrscheinlich auch andere Organe waren auf Grund der falschen Dosierung des Anti-Malaria-Medikaments noch etwas angekratzt. Vor dem Abflug in München hatte ich noch den Giftnotruf angerufen. Als ich die Frau am Telefon fragte, ob ich davon sterben könnte, antwortete sie: „Ja." Ich fragte weiter, was ich nun machen könnte. „Nichts", sagte sie, „es ist ja schon in Ihrem System", und hängte auf. Nun, ich war noch unter den Meinen. Shobha half mir, eine Speise zu finden, welche nicht im Übermaß mit dem scharfen Berberi-Pulver oder dergleichen gewürzt war, was sich als gar nicht so einfach herausstellte. Mia und Shobhas Halbbruder Mardokios vergnügten sich derweilen im gut besetzten Becken und bespritzten sich gegenseitig mit dem brühwarmen Quellwasser. Die Sonne stand senkrecht über dem Himmel, die Gegend um das Hotel herum war trocken, braun und steinig. Ein kurzes Abtauchen in ein erfrischendes Nass wäre jetzt sicher keine schlechte Idee, dachte ich mir. Aber das Wasser hatte nicht die Temperatur, dass ein Badevorgang zugleich einer Erfrischung gleichkam. Außerdem ließ ich, wenn sich Leute mit Kleinkindern im Schwimmbecken aufhielten, Vorsicht walten und nahm auf alle

Fälle von längeren Tauchvorgängen Abstand. Nach mehrmaligem Rauf- und Runterlesen der Karte wurde ich auf ein Gericht aufmerksam, das sich *Broiler* nannte. Dazu wurden Rote Beete und Kartoffelsalat gereicht. Klingt fast deutsch, dachte ich mir, bis auf den *Broiler*.

Ich fragte den Kellner, woher dieses Gericht kam, weil es, was die Beilagen anbelangte, nicht so ganz äthiopisch anmutete. Er versuchte mich dann davon zu überzeugen, dass es sich dabei um ein deutsches Gericht handle, was ich natürlich energisch bestritt. Der Name war mir schlichtweg nicht geläufig. *„I am from Germany, you know"* – „Ich bin aus Deutschland", machte ich ihm klar, „und ich habe nie von so einem Broiler gehört." *„We have only a boiler – but that's a watercooker."* Ich erklärte ihm, was ein Boiler war, ein Wasserkocher. *„Chicken"*, sagte er dann, *„German military"*. *„Ah, Chicken, interesting"*, erwiderte ich nachdenklich. Als er dies dann so erklärte, ging mir langsam ein Licht auf. Der *Broiler* und der Kartoffelsalat waren wohl ein Relikt aus der Militärkooperation des kommunistischen Regimes Mengistus mit der DDR. Schließlich akzeptierte ich den für mich neuen Begriff für „Grillhähnchen" und stellte mir vor, wie hier die Soldaten, Militärberater der sogenannten Volksarmee, Agenten der Stasi, sich vor oder nach dem Verzehr eines *Broilers* und ein paar Gläsern Krimsekt die warmen Gewässer Sodorres über den Kopf sprudeln ließen. Der Rote-Beete-Salat war wohl eine kulinarische Hommage an die Russen. So, dachte ich mir, hatte der Kalte Krieg jedenfalls nicht nur auf politischer Ebene des Landes, sondern auch auf der Speisekarte der Äthiopier seine Spuren hinterlassen. Nun wurde uns auch noch einmal deutlich, wie dieser Anruf bei der Gastfamilie Kreitmeier in Eichstätt, wo man dem Vater von Shobha ausrichten ließ, dass er doch besser den Mund halten sollte, zustande gekommen war.

Nach zwei Wochen Aufenthalt, den zahlreichen Familienbesuchen – Sightseeing war bei solchen Gelegenheiten nur dann angesagt, wenn ein Ausländer dabei war, die Familie hatte ja Vorrang – stand dann schon wieder die Rückreise nach München an.

Es gab einen tränenreichen Abschied von Shobhas Verwandten, die auch Mia und ich sehr ins Herz geschlossen hatten. Dann kam schon Herr Simantos, ein netter Mann, halb Äthiopier, halb Grieche. Mit dessen Sohn Nikolas, der ebenso wie wir in Deutschland lebte, hatten wir einige Zeit verbracht. Er brachte uns zum Flughafen.

Der Kindersoldat

Die Ausreise am Schalter verlief relativ unkompliziert. Zumindest beim ersten Check-out. Ein paar Fragen nach dem Zweck der Reise, und das war es. Dann fertigte uns hinter dem Schalter nochmals ein „waschechter" Kindersoldat ab. Er wollte dem ganzen Procedere praktisch noch einmal den letzten Segen geben. Wenn ein minderjähriger Knirps von etwa zehn Jahren, der im Besitz einer Maschinenpistole war, das Geschehen kontrollierte, war das natürlich für die meisten eine etwas ungewohnte Situation. Auch für mich. Diensteifrig und mit ernster Miene nahm der junge Kämpfer unsere Reisepässe entgegen und inspizierte den ersten gleich einmal verkehrt herum. Für mein aufgewecktes Töchterchen Mia, die mit ihren damals knapp zehn Jahren etwa genauso alt war wie er, war dies natürlich der ultimative Schenkelklopfer. Sie brach wie auf Knopfdruck in schrilles Gelächter aus und hüpfte wie Rumpelstilzchen auf dem Boden der Abflughalle herum. Die Augen des jungen Kriegers, der mit einem dunkelbraunen, abgetragenen Kinderhemd mit Kragen bekleidet war und um dessen rechte Schulter die obligate AK-47-Kalaschnikow hing, begannen sich bedrohlich zu weiten und in Mias Richtung zu funkeln, was bei mir natürlich sofort den väterlichen Beschützerreflex wachrief. „Hey", blaffte ich ihn von oben herab an, „was soll das?" Die Sprache verstand er wahrscheinlich nicht. Aber allein der Tonfall und die Körpersprache bedurften keiner weiteren Interpretation. Ich wollte gerade einen Schritt auf ihn zu machen, als mich meine Frau, die unseren kleinen Salomon auf dem Arm und unsere Tochter Elif bereits im Bauch trug, starr von der Seite anblickte und leise durch ihre Lippen hindurchquetschte: „Wenn du jetzt noch ein Wort zu ihm sagst, wird er uns alle erschießen." Ich hielt inne, trat langsam wieder ein paar Schritte zurück, wandte meinen Blick von dem jungen Kämpfer ab und überließ es Shobha, die Situation in den Griff zu bekommen. Da sie zudem noch perfekt ihre Muttersprache Amharisch sprach und der junge Bursche sicher kein Englisch, war sie hier ohnehin die weitaus geeignetere Gesprächspartnerin.

Diese Kids, wie sie mir später erzählte, egal ob Jungen oder Mädchen, wurden schon im Alter von sechs Jahren in geheimen Militärcamps für den bewaffneten Widerstand gedrillt. Der Junge, der uns gegenüberstand, hatte sicher Kampferfahrung, was hieß, dass er seine Waffe nicht zum ersten Mal gegen einen Menschen richtete. Somit konnte man auch davon ausgehen, dass er sicher schon den einen oder anderen Gegner aus dem Gefecht genommen hatte. Als die Sache dann vorbei war und der junge Soldat uns letztendlich ziehen ließ, sprachen wir nicht mehr viel darüber. Wir bestiegen unseren Flieger und es ging zuerst einmal ab nach Frankfurt. Was dem Ganzen dann doch noch eine Wende zum Positiven gegeben hatte, war die Tatsache, dass Shobha eine nervenstarke Frau war, eine, die auch in durchweg schwierigen Lagen nicht zur Hysterie neigte, was in so einer heiklen Situation nicht so einfach ist. Die Äthiopier, so filigran sie körperlich im Vergleich zu anderen Afrikanern, wie zum Beispiel den Nigerianern oder auch den Senegalesen, wirken mögen, sind aus hartem Holz geschnitzt. Das hatten auch die Italiener zu spüren bekommen. Der erste Versuch, das Land zu kolonialisieren, endete im Mai 1896 mit einer verheerenden Niederlage. Der zweite Versuch im Jahre 1936, die völkerrechtswidrige Besetzung des damals so genannten Kaiserreichs Abessinien durch das faschistische Italien, gelang nur mit dem Einsatz von Giftgas.

Goodfellas –
Ein italienisches Restaurant
und Commedia dell'arte

Nachdem ich während meiner Anfangszeit als Schauspieler selbst oft als Kellner und Barkeeper in verschiedenen Münchner gastronomischen Betrieben tätig gewesen war, unter anderem auch einmal in einem typischen Biergarten, erfüllte ich mir 1994 den Traum eines eigenen Lokals, und zwar in der Münchner Maxvorstadt, dort, wo ich mit meinen Kumpels aus der Branche unterwegs war. Dies, obwohl ich bereits mit meinem ersten Versuch im Münchner Vorort Gräfelfing, wo ich nach meiner Zeit in Niederbayern aufgewachsen war, schon einmal gescheitert war. Zum Thema „Ausflüge in die Gastronomie" gab es unter Schauspielern folgenden Spruch, der mit der Frage begann: „Wie macht ein Schauspieler ein kleines Vermögen?" Die Antwort darauf lautete: „Indem er ein großes in ein Lokal investiert."

Die Gegend um die Münchner Türken-, Amalien- und Schellingstraße wurde von unserer damaligen Schauspielerclique, bestehend aus Uwe Ochsenknecht, Heiner Lauterbach, Ottfried Fischer, Christian Tramitz, Gerd Silberbauer, Dieter Krebs etc., das *Bermuda triangle*, „Das Bermuda-Dreieck" genannt, das Absturzgebiet der Münchner Bohème. Bis auf Uwe und Heiner, die auf ein besser situiertes familiäres Umfeld zurückgreifen konnten, agierten wir damals eigentlich alle gemäß dem amerikanischen Prinzip, dass jeder Schauspieler einmal als Kellner tätig gewesen sein musste. Unser Karrieresprungbrett war damals eben das Bermuda-Dreieck. Es war zugleich aber auch eine Zone der Versuchungen. Hier reihten sich die Kultlokale aufstrebender Schauspieler aneinander, das „Café und so weiter", der „Alte Simpl", der damals legendäre Rosario, ein Steh-Restaurant in der Amalienpassage, das von einer Probierstube für Weine und italienische Lebensmittel irgendwann zu einem sogenannten Nobel-Italiener avancierte. Den sogenannten Absturz zu fortgeschrittener Stunde inszenierte man dann im „La Bohème", einer Mischung aus

Bar und Restaurant, das von marokkanisch-jüdischen Brüdern betrieben wurde und dessen Angestellte überwiegend Moslems waren. Die Krönung war jedoch die legendäre „Schumann's Bar", welche sich damals noch in der noblen Maximilianstraße befand. Es war eines der wenigen Lokale, das wir außerhalb der Maxvorstadt aufsuchten. Dort war für uns Filmschaffende mehr oder weniger das hintere Abteil reserviert, von wo aus wir das für Masochisten geschaffene Begrüßungszeremoniell des Inhabers beobachten konnten. Charles Schumann stand meist selbst an der Tür und wies seinen Gästen mit schroffen und manchmal auch beleidigenden Worten einen Platz zu. Dies kam eigentlich schon einem Ritterschlag gleich. Die anderen schickte er nämlich sofort nach Hause, was sie aber nicht daran hinderte, es in ein paar Tagen wieder zu versuchen.

In diesem Zirkel verkehrten Regisseure, Schauspieler und Drehbuchautoren, wie Klaus Lemke, Ulli Stark, Dominik Graf, Wim Wenders – auch einige Casting-Agenten, wie zum Beispiel die legendäre Sabine Schroth, die unter anderem „Der Name der Rose" besetzte, und auch Franziska Aigner, welche später ebenfalls eine eigene Casting-Agentur aufmachte. Nicht fehlen durften dort auch Jan Hinter und Stefan Cantz, die danach Drehbücher für die Reihe „Tatort" schreiben sollten. Diese Lokale erfüllten für alle von uns, neben einer kalorienreichen Freizeitgestaltung, in flüssiger Form versteht sich, den Zweck des Informationsaustausches über neue Filmprojekte und die Möglichkeit der Akquise neuer Engagements. Sie waren alle mehr oder weniger eine Art Besetzungsbüro mit Event-Charakter. Das Ganze hatte einen sehr familiären Touch und fast alle aus unserer Clique haben letztendlich Karriere gemacht. Dadurch dass wir eigentlich alle zusätzlich noch in irgendwelchen kleinen Theatern gespielt hatten, wusste auch jeder Produzent, dass für uns nicht nur die Liebe zum Erfolg, sondern auch die Liebe zum Metier eine Rolle spielte.

Mein Lokal, dem ich gemäß einem meiner Lieblings-Gangsterfilme den Namen „Goodfellas" gab, befand sich unweit des Triangels in der Theresienstraße, gegenüber der Neuen Pinakothek. Ich war ein großer Fan italienischer Küche, und um dem Laden auf kulinarischer Ebene auch noch das nötige Maß an Authentizität zu verleihen, engagierte ich Fabrizio, einen jungen, ambitionierten Chef aus der süditalienischen Region

Kalabrien. Wir legten, was Essensqualität und Besucherzahl anbelangte, einen sehr guten Start hin. Fabrizio, der mir von einem österreichischen Küchenchef empfohlen worden war, war am Herd ein wahrer Künstler, dessen Tiramisu auch meine Frau Shobha nicht widerstehen konnte. Aufgrund der überteuerten Miete hätte allerdings jedem, der auch nur ein gewisses Maß an betriebswirtschaftlichem Verständnis mitgebracht hätte, sofort klar sein müssen, dass man unter dieser Grundvoraussetzung kaum noch einen nennenswerten Gewinn erwirtschaften konnte.

Der Gnadenstoß für diesen gastronomischen Ausflug kam jedoch aus anderer Richtung: aus dem Himmel. 2004 war der Jahrhundertsommer, das Thermometer bewegte sich ab Mai bis in den September hinein konsequent um die vierzig Grad, und selbst die schönen Münchner Biergärten hatten keine Gäste mehr. Die flüchteten an die zahlreichen bayrischen Badeseen, was zur Folge hatte, dass etwa dreißig Prozent der gastronomischen Betriebe Münchens im darauffolgenden Herbst Konkurs anmelden mussten. Ich war darunter.

Das „Goodfellas" stellte somit für mich nicht wirklich ein zweites Standbein dar. Im Gegenteil. Ich konnte nur hoffen, dass ich nach diesem Abenteuer nicht auch noch das andere verlor.

Der „major turning point"

Ebenso, praktisch aus heiterem Himmel, kam es dann beim „Alten" zu einem Ereignis, das man in der Filmdramaturgie einen *major turning point*, einen Hauptwendepunkt nannte. Dieser fand bei mir mitten in meiner Karriere statt. Er sollte mein Leben und das meiner Familie vollkommen und auch nicht auf ganz undramatische Weise ändern, allerdings nicht sofort ... Nach einer rassistischen Äußerung von Seiten eines Mitarbeiters aus dem Produktionsstab, mit der dieser meine Familie und den afrikanischen Teil meiner Abstammung beleidigte, geriet mein Verhältnis zur Produktionsfirma in eine Schieflage. Die peinliche verbale Entgleisung verdient es nicht, hier von mir wiedergegeben zu werden.

Die letzte Konsequenz daraus folgte nicht unmittelbar, sondern ein Jahr später. Nach diesem Vorfall trafen Helmut Ringelmann und ich uns aber zuerst einmal in seinem Büro, denn ich wollte und konnte diese

Sache nicht einfach so auf sich beruhen lassen. Die beleidigende Aussage des Burschen am Set war zu abgründig, zu geschmacklos gewesen. Was mich diesbezüglich noch zusätzlich erzürnte, war, dass Helmut den Vorfall leugnete und mir auch noch Vorwürfe darüber machte, weil ich daraufhin das Set verlassen hatte. Wäre ich aber geblieben und hätte mich womöglich zu einer Backpfeife hinreißen lassen, hätte ich dem Stereotyp des gewaltbereiten Schwarzen entsprochen und wäre wahrscheinlich danach für die Branche erledigt gewesen. Hinzu kam, dass jemand, der auf dem Bildschirm für Recht und Ordnung sorgte, privat Streitigkeiten nicht mit einer Ohrfeige regeln konnte. Dann war ich ja auch noch Ehrenkommissar, und somit war mir schon klar, dass ich mich mit so einer Aktion in der öffentlichen Wahrnehmung ins Unrecht versetzt hätte.

„Was willst du eigentlich?", stieß es nach einer kurzen Schweigepause an seinem Schreibtisch aus Helmut heraus.

„Nichts", antwortete ich, „außer ein Mindestmaß an Respekt. Das, was der Junge da gesagt hat, das geht nicht."

Wir schwiegen uns wieder eine Zeit lang an. Ich blickte über seine Schulter hinweg auf die Einfahrt und das Kantinengebäude der gleich neben dem Haus liegenden Bavaria-Filmstudios. Ich erinnerte mich an unsere erste Begegnung, die auch in diesem Büro stattfand, als er mich für die Episodenhauptrolle im „Alten" als „Leibwächter" verpflichtete. Auch die zweite Begegnung tauchte nochmals vor mir auf, da, wo aus mir dann „Kommissar Henry Johnson" wurde. Dann stand ich auf und ging langsam zur Tür. Ich drehte mich noch einmal kurz zu ihm um und bemerkte auch in seinem Gesicht die Betroffenheit. Es fühlte sich an, als würden wir etwas, das sich gerade in der Blüte befand, zu Grabe tragen. Das Ganze hatte etwas Trauriges. Wir beide waren uns gleichermaßen der Brisanz dieses Vorfalls bewusst. Dann kam Helmut langsam auf mich zu, schaute mir in die Augen, legte seine Arme auf meine Schultern, wobei er seinen Kopf senkte und mir mit tonloser Stimme ins Ohr sprach: „Ich weiß, dass du ein guter Junge bist." Auch ich senkte den Kopf und wir verharrten einige Sekunden in dieser Haltung. Als wir wieder aufschauten, hatten wir beide Tränen in den Augen. Dann drehte ich mich um und ging aus der Tür. Ich wusste, dass dies nicht das Ende war, aber ich spürte, dass nichts mehr so werden würde, wie es einmal war.

Irgendwann stieß dann Jürgen G. zu uns, ein neuer Regisseur, der seit Langem in Südafrika tätig war. Dieser fühlte sich dazu berufen, aus meiner Rolle die eines schwarzen Kofferträgers zu machen. „Wenn der Rolf", gemeint war der Hauptkommissar, „aus dem Büro geht, hältst du ihm die Tür auf und verbeugst dich vor ihm", lautete die Regieanweisung. Dann spielte er mir diese höfisch-unterwürfige Geste vor. Seinem Chef mit einer Verbeugung die Tür zu öffnen … Wir sind in Deutschland und nicht in den Südstaaten von Amerika vor der Rassentrennung, sagte ich mir. Auch nicht in Südafrika zu Zeiten der Apartheid. Ich war mir immer noch nicht ganz sicher, ob er diesen Teil der Inszenierung tatsächlich ernst meinte. Zuerst einmal schaute ich ihn fragend an. Nachdem er seine Anweisung auf Grund meiner zögerlichen Haltung dann nochmal in einem harschen und autoritären Befehlston wiederholte, wurde mir aber klar, dass er es damit tatsächlich ernst meinte. Als er dann auch noch versuchte, mir diese diskriminierende Variante als *Comedia del Arte* zu verkaufen, war Schluss.

„Geh du zurück nach Südafrika, wo du hergekommen bist, du Pfeife", antwortete ich ihm. „Dort kannst du mit deiner ‚*Comedia del Apartheid*' weitermachen. Wahrscheinlich hat dich dort die neue schwarze Regierung mit einem Tritt in den Hintern davongejagt", fuhr ich fort.

Kollege Schimpf ging dazwischen und beruhigte die Situation. Nach Drehschluss informierte ich die Produktion darüber, dass dies das erste, aber auch das letzte Mal gewesen sei, dass ich mit diesem Mann zusammengearbeitet hätte. Und so war es dann auch. Zumindest beim „Alten" war der Mann als Regisseur abgemeldet.

Dieser Vorfall riss allerdings bei mir wieder die alte Wunde auf. Zwei Menschen hatten die Problematik meines früheren Alltags an das Filmset gebracht, und so entstand in meinem Empfinden so etwas wie ein Schatten in der Aura des „Alten", einer, der sich nicht mehr verflüchtigen sollte.

Am Jahresende wollte ich daher meinen neuen Vertrag um einen Passus erweitern. Nicht was die Gage anbelangte, sondern dahingehend, wie ich mich vor Leuten wie diesem Produktionsassistenten und dem Regisseur, der wohl der Apartheid nachweinte, schützen könnte. Wie gesagt, als Ehrenkommissar der Bayrischen Polizei war eine Backpfeife kein adäquates Mittel für eine Streitbewältigung. Ich wollte mich mit diesem Thema am Arbeitsplatz einfach nicht mehr konfrontiert sehen und musste dazu auch ein formelles Zeichen setzen. Mir blieb praktisch keine andere Wahl.

Auf die von mir hinzugefügte Vertragspassage ging man nicht ein. Denn damit hätte man auch zugegeben, dass es derlei Geschehnisse schon einmal gegeben hatte. Und Rassismus in Deutschland gab es einfach nicht. Punkt.

Ich beschloss daher, mein Engagement beim „Alten" zu beenden und reagierte auf Presseanfragen mit der pauschalen Formulierung, dass wir uns vertraglich nicht mehr einigen konnten. In der Regel ging es bei so etwas um das Geld. Hier ging es jedoch ums Prinzip, um die Ehre meiner Herkunft und meiner Familie, welche dieser Mann aus dem Produktionsstab angegriffen hatte. Und, was noch hinzukam, auch um Selbstschutz.

Klappe zu – Klappe auf – Klappe zu

Ein paar Monate vorher hatte es bereits mehrere Anfragen für eine Rolle über drei Folgen zu der Serie „Klinik unter Palmen" gegeben. Für den öffentlich-rechtlichen Konkurrenzsender ARD. Dabei kontaktierte man eigenartigerweise nicht mich selbst, sondern die Neue Münchner Fernsehproduktion. Helmut Ringelmann hatte diese Anfrage natürlich bereits im Vorfeld abgelehnt, mich aber darüber nicht in Kenntnis gesetzt. Er wachte über seine Schauspieler wie ein Coach über seine Fußballmannschaft und kannte zugegebenermaßen die Gesetze der Branche auch besser als ich. „Die zerpflücken mir deine Figur", war sein Kommentar dazu, als mich die andere Produktionsgesellschaft dann doch persönlich kontaktierte und ich ihn darüber informierte. „Kommt nicht in Frage", war seine Antwort.

Aus heutiger Sicht weiß ich, dass er damit Recht hatte. Wie jeder andere junge Schauspieler wollte ich natürlich zwischendurch auch einmal andere Rollen spielen, da man ja ansonsten für den Rest seines Lebens auf diese eine festgelegt war und das Ende der Serie auch das Ende der eigenen Karriere bedeuten konnte. Dazu fühlte ich mich noch zu jung. Insofern hat man in so einer Situation praktisch nur die Wahl zwischen künstlerischer Entfaltung und einem relativ gesicherten Einkommen. Dass man nicht in zwei Serien gleichzeitig, einmal als Kommissar, ein anderes Mal als Arzt auftreten konnte, hätte mir eigentlich klar sein sollen.

Damals gab es noch wenige Agenten, die den Karriereverlauf ihrer Klienten mitgestalten konnten, und man musste sich ab und zu auf das verlassen, was einem die Kollegen so erzählten. Ein Agent hatte mir zum Beispiel einmal abgeraten, ein Angebot von „irgend so einem Stuttgarter Filmschüler" anzunehmen, weil die Gage zu niedrig war. „Haben wir denn so etwas noch nötig?", lautete seine suggestive Frage. Ich überließ ihm die Entscheidung und er sagte dem Mann ab. Der „Filmschüler aus Stuttgart" hieß Roland Emmerich, und es handelte sich um seinen Erstlingsfilm „Moon 44", für den er mich besetzen wollte. Dieser wurde nicht nur ein internationaler Erfolg, sondern auch seine Eintrittskarte nach Hollywood. Vielleicht wäre es meine auch gewesen. „*Sh... happens*", würden die Amerikaner sagen. Ich trennte mich, als ich das erfuhr, von dem Agenten.

In Bezug auf mein Vertragsverhältnis mit der Neuen Münchner brauchte ich auch keinen Agenten. Zumindest nicht einen, der mir solche Ratschläge erteilte. Denn über Gage stritten Helmut und ich uns nicht, auch wenn dies später von Seiten der Produktion als Grund für mein Ausscheiden aus der Serie benannt wurde. Im Gegenteil: Helmut Ringelmann rief mich immer persönlich an, um mich darüber zu unterrichten, wenn eine Gagenerhöhung ins Haus stand. Er bot mir dann eine Summe an und fragte mich, ob ich damit einverstanden wäre. „Wenn es das ist, was ich dir wert bin", gab ich ihm einmal zurück, „bin ich damit einverstanden." Dann bekam ich den Vertrag. Die Gehaltserhöhung war dann wesentlich höher als sein Angebot am Telefon. Danach gab es nie wieder eine Gagenverhandlung. Er schickte mir einen Vertrag und ich schickte ihm diesen unterschrieben zurück. Ohne Diskussion. Das Ganze hatte etwas sehr Familiäres. Es war einfach einzigartig. Helmut Ringelmann war für mich fast so etwas wie ein Vater. Ich wusste, was ich ihm zu verdanken hatte, und bewunderte ihn dafür, dass er einen schwarzen Hauptdarsteller in Zeiten einer noch sehr konservativen Fernsehlandschaft durchgesetzt hatte. Dass er mich bei diesem Wunsch zu meinem Vertrag, bei dem ich nicht über meinen Schatten springen konnte, nicht unterstützte, konnte ich nicht verstehen.

Nachdem mein Ausstieg aus dem „Alten" publik wurde, meldete sich dann umgehend die Produktionsleitung von „Klinik unter Palmen" bei mir. Ich unterschrieb für drei Folgen für die Rolle des Assistenzarztes Dr. Clement an der Seite von Klausjürgen Wussow und Harald Juhnke. Kurz darauf ging es schon ab in die Dominikanische Republik.

Dort fing eigentlich alles gut an. Die Einreise, das Karibik-Flair, neue Menschen um mich herum, eine andere Sprache, eine andere Kultur. Sonnenschein und blauer Himmel in einer Zeit, in der es bei uns kalt und der Himmel dunkel war. Allerdings schien es, als würde mir eine dieser dunklen Wolken hinterherreisen.

Ich hatte in Los Angeles einen sogenannten B-Picture in der männlichen Hauptrolle neben dem Model Anna Nicole Smith gedreht. Den

Produzenten lernte ich damals per Zufall auf einer Party während der Filmfestspiele in Cannes kennen. Der Film war nicht für das Kino, sondern für Video und Pay-TV gedacht, worüber ich nicht ganz unglücklich war. Der Film war als eine Art Remake von „Die Hard" – „Stirb langsam" mit Anna Nicole anstatt Bruce Willis gedacht, und mein Auftritt darin war nicht eine meiner schauspielerischen Glanzleistungen. Mir war ein fataler Fehler unterlaufen, einer, der für mich eigentlich vollkommen untypisch war. Ich hatte die Rolle des Bösewichts aus dem Original kopiert. Man kann sich von einigen Spielvarianten von intelligenten Kollegen, welche manchmal auch auf kulturspezifischen Interaktionen beruhen, inspirieren lassen, aber sich nie komplett an deren Rollenvorstellung orientieren. Das war mir eine Lehre, die mich über den schauspielerischen Bereich hinaus begleiten würde.

Der Einreiseoffizier am Flughafen von Puerto Plata erkannte mich, weil der Film dort im TV lief. Der Zöllner, ein kräftiger Mann in meiner Größe und meiner Hautfarbe, plus 15 Kilo zusätzliches Körpergewicht, blickte kurz auf meinen Pass. „Geh durch. Für dich gibt's hier keine Gepäckkontrolle. Ich kenne dich. Du bist der böse Junge aus dem Film", meinte er nur und ahmte mit seinen kräftigen Armen, die wie ein Bootssteg aus seiner kurzärmligen, beigen Uniform ragten, eine Szene nach, in der ich mit einer Maschinenpistole ein paar meiner Kontrahenten niedermetzelte. Dann fuhr er sich lächelnd mit dem Zeigefinger der rechten Hand über seinen linken, braunen Unterarm, hob sein Haupt noch einmal etwas höher als vorher, sagte voller Stolz: *La rasa*", „die Rasse", und half mir, die Koffer in die Halle des Flughafens zu bringen. Hier kam zu der Popularität etwas hinzu, das ich bislang so noch nicht kannte: eine Bevorzugung durch Hautfarbe.

Manchmal war es aber doch angenehm, ein paar Privilegien zu genießen, besonders deswegen, weil man sich eine Gleichbehandlung vorher immer hatte erkämpfen müssen. Für Menschen mit einem gewissen Bekanntheitsgrad gab es immer einen Platz in einem feinen Restaurant, egal ob in Deutschland, Frankreich oder der Schweiz, hautfarbenunabhängig. Besonders in Österreich, wo der Beruf des Künstlers nochmal einen größeren Stellenwert hatte als in Deutschland. Insofern kann ich nicht behaupten, dass mir diese Privilegien auf Grund meines Äußeren vorenthalten wurden. Ganz im Gegenteil.

Ausnahmen bestätigten jedoch auch hier die Regel, obwohl dieser Fall gar nicht mich betraf: In Linz wurde Harry Belafonte einmal der Zugang in eine Diskothek verwehrt, was einen großen Skandal in den Medien verursachte. Die Begründung dazu lautete, dass „die Schwarzen" den Einheimischen immer die Frauen wegnehmen würden. Paradoxerweise hatte ich drei Wochen vor diesem Vorfall noch mit dem Besitzer des Ladens, demjenigen, der dem berühmten Kollegen den Eintritt in seine Diskothek verweigerte, bei einem netten Plausch in einer gemütlichen Ecke neben der Bar gesessen. Zusammen mit dem örtlichen Polizeichef.

Sicher wäre die Sache anders ausgegangen, wenn er Harry Belafonte erkannt hätte, bei dem sich die österreichische Regierung nach diesem Vorfall persönlich und in aller Öffentlichkeit entschuldigte. Dem Lokalbesitzer wurde auf Grund dieses Vorfalls erst einmal die Lizenz entzogen.

Bekanntheit schützt bis zu einem gewissen Maß vor Vorurteilen. Man tritt durch einen Akt der Personifizierung aus dem finsteren Graben der Verallgemeinerung heraus. Durch das In-Erscheinung-Treten in der Öffentlichkeit entsteht bei dem Gegenüber, jemandem, der einen vorher noch in eine der üblichen Schubladen gesteckt hätte, irgendwann so etwas wie ein Gefühl von Vertrautheit, Berechenbarkeit. Dieses Phänomen tritt nicht nur bei Vertretern von Minderheiten auf, sondern unabhängig von der Hautfarbe auch bei anderen Persönlichkeiten, welche plötzlich den Status einer öffentlichen Figur erreichen. Dennoch sind die Reaktionen auf einen Vertreter einer Minderheit noch einmal etwas komplexer. Innerlich und in Bezug darauf, wie man auf diese plötzliche Transformation reagiert, sowie von außen, da eine schwarze Person, die in einer weißen Gesellschaft erfolgreich ist, das innere kulturelle Hierarchiegefüge auf den Kopf stellt. Jemand, der den Reihen einer Mehrheitsgesellschaft entstammt, hatte in den Zeiten vor seinem Auftreten in der Öffentlichkeit nicht so zu kämpfen, wie es bei einem Menschen anderer Hautfarbe, Religion oder Herkunft der Fall ist.

Wir waren in einem guten Hotel-Resort in Puerto Plata, in Playa Cofresí, untergebracht. Auch Niki Lauda kam einmal mit seiner Airline samt Besatzung zu Besuch. Hin und wieder flog er selbst, denn um seine Piloten-Lizenz zu behalten, musste er jedes Jahr eine gewisse Anzahl an Stunden hinter dem Steuerknüppel eines seiner Flugzeuge absolvieren.

Wir saßen mit ihm und seiner Crew beim Frühstück in der Hotelanlage zusammen, plauderten über dieses und jenes, angefangen beim Fußball, mit den Stewardessen mehr über die angesagten Restaurants in verschiedenen Städten der Welt, und natürlich auch über das Showbusiness. Dabei ging es meist darum, wer denn nun die heißesten, neuen Stars aus Hollywood waren.

Wenn man darüber mit Menschen außerhalb der Branche oder mit Nicht-Film-Enthusiasten sprach, fiel mir auf, dass für die meisten Zuschauer diejenigen die besten Schauspieler waren, die ihnen optisch am ähnlichsten waren. Idole sind für viele Menschen oft die verbesserte Variante ihrer selbst. Es geht um Identifikation, optisch, charakterlich oder beides. Ich erinnere mich auch an eine Truppe von Anwälten und Reiseunternehmern aus Salzburg, die zwischendurch einmal auftauchte. Mit einigen von ihnen sollte ich später noch im Zusammenhang mit einem Investment im Senegal zu tun haben. Niki Lauda selbst war ein herzlicher, geradliniger und schnörkelloser Mensch, ein Mann, den man nicht mögen konnte, sondern mögen musste. Er gehörte zu denjenigen Persönlichkeiten, die, wenn man einmal mit ihnen eine gewisse Zeit zusammengesessen hatte, einem für immer im Gedächtnis blieben. Niki war durch und durch authentisch und einfach ein guter Mensch. Er wird für alle, die ihn kannten, unvergessen bleiben. Es hieß, dass auch Falco auf der Insel lebte, nahe des Ortes Cabarete, einem Platz, wo sich am Strand viele Kite-Surfer tummelten.

Irgendwann kam dann auch noch Andreas Goldberger, von seinen Fans „Goldi" genannt, damals in den Neunzigern einer der erfolgreichsten Skispringer Österreichs, im Resort an. Auch für ihn sollte seine Karriere nach diesem Karibik-Aufenthalt beendet sein, wenn auch aus anderen Gründen als bei mir.

Kein Paradies unter Palmen

Eines Tages verließ ich kurz den Raum der Maskenbildnerin, die gerade damit beschäftigt war, Klausjürgen Wussow zu schminken, als ich aus dessen Aktenmappe eine „BILD am Sonntag" herausragen sah. Auf der Titelseite erkannte ich Harald Juhnke. Neben ihm das Bild eines Schwarzen. Irgendwie ahnte ich sofort, um was es ging. „Das kann nicht sein", dachte ich mir. Plötzlich fühlte ich mich, als hätte ich gerade etwas Falsches geträumt. „Sag mal, was ist denn da los?", fragte ich Wussow und deutete auf die Zeitung. „Ach, der Harald, du weißt ja …", versuchte er das Ganze herunterzuspielen, „der hat sich mal wieder einen eingeschenkt." Was mich noch misstrauischer machte. Also bat ich ihn, kurz einen Blick in seine Zeitung werfen zu dürfen.

Juhnke hatte wohl im Nobel-Restaurant Mondrian in Los Angeles, seiner der deutschen Öffentlichkeit bekannten Neigung entsprechend, mehr flüssige als feste Nahrung zu sich genommen und danach angefangen, andere Gäste anzupöbeln. Nun gab es für ihn in Los Angeles keinen Promi-Bonus. Niemand kannte ihn, niemand empfand sein Verhalten wohl auch als witzig. Man fragte sich einfach nur, *„Who the f… is this guy?* – „Wer zum Teufel ist der Typ?".

An eine ähnliche Situation, auf meine Person bezogen, konnte ich mich noch erinnern. Auf der Terrasse des „Petit Four", einem Restaurant-Café am Sunset Plaza Drive, in dem viele bekannte Showgrößen verkehrten, hatte mich ein deutsches Pärchen um ein Foto gebeten. Am Nachbartisch saß ein Wesley Snipes, ein paar Tische weiter waren Jeff Goldblum, Nick Nolte und ein paar andere Hollywood-Größen. Ich fühlte mich zwar etwas unbehaglich, wollte aber dem Pärchen gegenüber nicht unhöflich sein und willigte nach kurzem Zögern ein. *„Who the f… is this guy?"* galt auch für mich. Wie befürchtet fing das ganze Lokal an zu tuscheln und amüsierte sich über das „gestellte Shooting", den „plumpen Versuch eines unbekannten Schauspielers", der das alles „selbst inszeniert" hatte, um auf sich aufmerksam zu machen. Ich wäre am liebsten im Boden versunken. Am nächsten Tag rief ich die Geschäftsführerin Ute Wille an, eine deutsche Auswanderin aus dem Osten, mit der Bitte, den Sachverhalt unter ihren Stammgästen klarzustellen. Ansonsten, sagte ich ihr, wäre es mir einfach zu peinlich, nochmal ihr Lokal aufzusuchen. Sie kam meiner Bitte nach, aber auf ein „Fotoshooting" oder die Frage nach einem Autogramm hätte ich mich an so einem Ort sicher nicht mehr eingelassen.

Juhnke wollte wohl nicht verstehen, dass wir, also auch er, hier keine Weltstars waren und auf diese Art auch keine werden würden. So wie es hieß, wurde er im Mondrian auf Grund seiner Verhaltensauffälligkeit vom stellvertretenden Geschäftsführer gebeten, doch besser sein Zimmer aufzusuchen. Das Dumme an der Geschichte war nur, dass dieser stellvertretende Geschäftsführer, den noch dazu fast jeder aus der Filmszene in L.A. kannte, ein Schwarzer war. Juhnkes Antwort musste dann wohl gelautet haben: „So jemanden wie dich hätte man bei uns früher in den Ofen geschoben." Dieses Mal traf diese ungeheuerliche Aussage keinen Juden, sondern einen Schwarzen. Mein Verdacht hatte sich bestätigt. Als ich das las, war ich erst einmal komplett sprachlos. Wohin, in welchen Winkel dieser Erde müsste ich mich verziehen, dachte ich mir, damit ich mit diesem Sch… nichts mehr zu tun hätte? Die Wolke, auf der das Wort „Rassismus" stand, ist mir offensichtlich in die Karibik hinterhergeflogen.

Nachdem ich den Artikel so halbwegs verdaut und die Maskenbildnerin mich drehfertig gemacht hatte, begab ich mich eiligen Schrittes auf den Weg zum Shuttle, der an der Haupthalle des Hotels wartete, um uns an den Drehort, das Hospital, das man extra für die Produktion an einer malerischen karibischen Bucht aufgebaut hatte, zu transportieren. Als ich mich grübelnd von den Bungalows zum Hauptkomplex der Anlage aufmachte und mich einer dazwischenliegenden Grünanlage aus Elefantengras näherte, sah ich bereits eine Schar von Reportern herumschwirren, die schon den Kollegen Wussow in Beschlag genommen hatten. Ich wollte rechts in angemessener Entfernung an dem Pulk vorbeilaufen. Dort standen mir aber die Rasensprenger im Wege, welche der Grünanlage noch etwas Erfrischung verabreichten, bevor die karibische Sonne auf sie niederbrannte. Wenn du da durchgehst, dachte ich mir, ist nicht nur die Maske, sondern auch gleich das Kostüm im Eimer. Dann standen schon ein paar der Journalisten neben mir und stellten mir als Erstes die Frage, was ich denn als schwarzer Darsteller von dem Auftritt meines Kollegen in Los Angeles halten würde.

Abrupt ein Arbeitsverhältnis im Filmgeschäft zu beenden, ähnelt einer Scheidung. Im Dreck zu wühlen sollte man sich schenken. Es gibt Dinge zwischen Ehepartnern in der Endphase ihrer Beziehung, die weh tun. In der Regel beiden. Die Situation zwischen der Produktion und mir war ähnlich. Es lagen fast zwölf Jahre gemeinsame Arbeit hinter uns. Noch dazu erfolgreiche. Ich hatte den Reportern nicht aus Rachsucht gesagt, dass Rassismus auch ein Grund für den Ausstieg aus dem „Alten" gewesen war. Es kam einfach aus mir heraus und basierte eigentlich mehr auf einer Art von Verzweiflung als der einer pointierten Anschuldigung, so als suchte ich Hilfe in einer Situation, deren Realität ich auf Grund der Abfolge negativer Erlebnisse mit gleichem Inhalt weder gefühlsmäßig verarbeiten noch logisch nachvollziehen konnte. Es fühlte sich an, als ob eine Granate in meiner Seele explodiert war und die Summe an ähnlichen Ereignissen, die in meinem Unterbewusstsein gespeichert waren, einen Weg nach außen suchte. Ich fühlte mich wie ein Boxer, der gleich nach dem Aufstehen sofort einen Leberhaken kassierte, bevor er einen Kinnhaken verdauen konnte.

Es war, als würde plötzlich die ganze Energie aus meinem Körper entweichen. Ich hatte nicht einmal Zeit, die Vorgeschichte zu verarbeiten. Dass gerade in dem Moment, in dem ich versuchte, inneren Abstand zu gewinnen, durchzuatmen in einer neuen Umgebung mit neuen Menschen, plötzlich noch die Sache mit Harald ins Spiel kam, war harter Tobak. Es glich einer Szenenfolge aus einem schlechten Film, in dem man Zufälle aus dem Ärmel schüttelte. In diesem Moment blieben mir nur zwei Gedanken: „Warum gerade ich?" und „Hat dieser Zufall einen tieferen Sinn?" Dann überkam mich erst einmal eine absolute innere Leere.

Die Vorfälle um Harald Juhnke bedeuteten innerhalb dieses Konglomerats an Befindlichkeiten nur einen Teil eines Gesamtbildes. Jemand wie ich, dachte ich mir in diesem Moment, konnte diesem Thema einfach nicht entfliehen. Ich war darin gefangen, egal was ich tat und wohin ich ging, egal ob ich dies als meine Realität akzeptierte oder nicht.

Hass, der sich nicht auf eine Einzelperson bezieht, sondern pauschal auf eine Ethnie oder auf alle Ethnien, außer der eigenen, sagte ich mir irgendwann, ist in der Regel nichts anderes als ein Zeichen von Schwäche. Schwäche, bei der Menschen es vorzogen, Unzufriedenheit, Probleme, die man womöglich mit sich selbst und seiner persönlichen Umgebung hatte, sowie die daraus resultierende Frustration in aggressiver Form auf Dritte zu projizieren, anstatt an diesen Problemen zu arbeiten. Hass ist für mich verschwendete Zeit. Rassismus ist und bleibt daher für mich zudem auch ein Indiz für die Angst, sich seiner inneren Realität, seinen persönlichen Defiziten zu stellen, jenen, die man vor sich selbst verleugnet. Es ist die Angst, von der Lebensfreude und Energie, die von Menschen ausgeht, die mit sich zufrieden sind, aufgefressen zu werden. Vielleicht auch die Angst vor einem neuen Blick auf die Welt, einem, der einen vielleicht erkennen lässt, dass man womöglich doch nicht alles so richtig gemacht hat, wie man es sich und seiner Umgebung gerne glaubhaft machen möchte, auch wenn es vordergründig danach aussah und überwiegend den kultureigenen, gesellschaftsüblichen Normen entsprach.

Für solche Leute sind zufriedene Menschen eine Provokation, weil sie ihnen praktisch den Spiegel vorhalten. Zufrieden sein heißt nicht, dass alles immer glattlaufen muss, aber dass man sich den Problemen zumindest stellt.

Vielleicht ist rassistisch motivierter Hass sogar eine Form von Angst vor dem Versagen der eigenen Gene, welche von „artfremden" Komponenten überrannt werden könnten. Ein Rassist, ein sogenannter *Hater*, ist ein in sich unglücklicher Mensch, dessen bevorzugter Humor die Häme ist. Er könnte wohl nie glücklich sein, auch wenn er all diejenigen, die er hasst, die Schwarzen, die Juden, die Araber und die Schwulen, längst ausgerottet hätte. Denn ursächlich hasst er eine Person am meisten: sich selbst.

Da sich Harald Juhnke nicht davor scheute, seine Alkoholsucht öffentlich zur Schau zu stellen, sie sogar ohne Scham als Teil seiner Imagepflege nutzte, konnte ich mir erst einmal vieles vorstellen. Auch einen skandalösen Spruch über den Holocaust. Der Skandal war sozusagen sein Markenzeichen. Ein anderer Spruch, den es unter Schauspielern gibt, heißt: „Lieber einen guten Freund verlieren als eine Pointe verschenken." Wenn Juhnke diese rassistische Anfeindung als Pointe verstehen wollte, ging er damit jedoch entschieden zu weit.

Der mittlerweile verstorbene Synchronregisseur Jürgen Clausen, Jude und bekennender Homosexueller, kam einmal bei Synchronarbeiten zu einem Film mit Eddie Murphy in den Bavaria-Filmstudios aus seinem Regiehäuschen heraus und schrie in den Sprecherraum: „Neg…, Juden und Schwule raus aus dem Studio!" Nach einer kurzen Pause fügte er dann hinzu: *„Let's go"*, und ging aus der Tür. Der Rest der Truppe folgte ihm. Es waren ja alle Kategorien, die er aufgeführt hatte, vertreten.

Ein Rassenwitz oder Ähnliches unter gleichermaßen „Betroffenen" kann, wie in diesem Falle, auch etwas durchaus Komisches haben. Man persifliert damit gewissermaßen seine eigene, in manchen Fällen vielleicht auch bittere Realität. Es legitimiert damit aber keineswegs solche, die von derlei Diskriminierung nicht betroffen sind, gegenüber Betroffenen gleichermaßen zu verfahren.

Ein Rassenwitz über andere, noch dazu in deren Anwesenheit, erfüllt den Zweck, jemandem Schmerz zuzufügen, ihn in seiner Persönlichkeit zu reduzieren und zu demütigen. Wer seine persönliche Meinung zu solchen Witzen und Begriffen über die Gefühle der Betroffenen stellt, hat entweder eine sadistische Veranlagung oder will in diesem Moment auf eine primitive Art und Weise Dominanz ausüben. Auf der anderen Seite würde er sich wohl kaum trauen, in einer Gegend, wo überwiegend Schwarze wohnen, das N-Wort zu benutzen.

Ich gab gegenüber der Presse zu verstehen, dass ich die Produktion darüber informieren würde, in keiner gemeinsamen Szene mit Harald Juhnke aufzutreten, falls mich das Gespräch mit ihm über sein Verhalten in Los Angeles nicht zufriedenstellen würde. Das wurde so aufgenommen. Aber einer der Journalisten bohrte nach. Er fragte nochmal nach dem Ausstieg beim „Alten".

„Charles, ich bin kein Rassist", fing Harald am nächsten Morgen unser Gespräch an. „Mein Sohn ist gemischt wie du, nur halt ein halber Chinese. Aber ehrlich gesagt, für das Zeug, was ich im Suff daherrede, dafür kann ich nicht garantieren."

Was sollte man darauf noch sagen? Unschuldig wegen Unzurechnungsfähigkeit? Zu verurteilen wegen fahrlässiger Trunkenheit? Nun, entweder war er in seiner Aussage ehrlich oder er hatte sich damit geschickt aus der Affäre gezogen. Harald saß mir unrasiert und im Morgenmantel gegenüber, so wie er sich auch der Presse gegenüber präsentierte, mit aschfahlem Gesicht, als Wrack mit ausgeprägtem Hang zu scharfen Getränken. Das Ganze hatte eine exhibitionistische Komponente und er schien dies auch irgendwie zu genießen.

Aus unerfindlichen Gründen mochte ich ihn in seiner doch etwas verwegenen Art. Das war vielleicht der Grund, der mich dazu bewog, alles nicht weiter zu hinterfragen. Sicher hatte ich in meiner Kindheit diesbezüglich schon einigen Leuten verzeihen müssen, besonders wenn sie betrunken waren. Eine dumme Ausrede wie „Ich habe doch selbst schwarze Freunde" oder „Louis Armstrong war schon immer mein Lieblingsmusiker" hätte bei mir aber sicher einen anderen, einen gegenteiligen Effekt gehabt. Juhnke war für mich so etwas wie die konservativere, entsexualisierte Variante eines Klaus Kinski. Frank Sinatra, Juhnkes Vorbild, hatte sich jedenfalls für schwarze Künstler eingesetzt, welche noch in den sechziger Jahren zwar mit ihm auf der Bühne stehen, in den Hotels in Las Vegas aber nicht übernachten durften. Sie mussten das Hotel durch den Hintereingang betreten und auch wieder verlassen. Diese Seite, die des bürgerrechtlichen Engagements seines Vorbilds, hatte Juhnke in dem Moment, in dem er dieses mediale Chaos verursachte, wahrscheinlich vergessen. Vielleicht war sie ihm auch gar nicht bekannt.

Also drehte ich dann doch mit ihm. Was ich jedoch mit den wenigen Bemerkungen zur Beendigung meines über fast zwölf Jahre andauernden Engagements in der Serie „Der Alte" losgetreten hatte, sollte bald meine Vorstellungen übersteigen.

Ich war nicht nur der erste schwarze Seriendarsteller im deutschen Fernsehen, ich wurde auch der erste schwarze Darsteller auf einer schwarzen Liste.

Nach Beendigung der Dreharbeiten flog ich daher erst einmal zu Freunden nach Los Angeles, um zu all dem etwas Abstand zu gewinnen.

Los Angeles – Zwischen Showbusiness und Los Angeles Police Department

Während der Dreharbeiten für „Skyscraper" hatte ich mir in Los Angeles einen netten Freundes- und Bekanntenkreis aufgebaut. Anfangs hatte ich immer ein Zimmer im Highland Gardens Hotel, nahe dem Hollywood Bowl an der Franklin Avenue, gemietet. Die Besitzerin war eine nette Dame namens Liz, eine deutsche Auswanderin, die mir von meinem damaligen Kollegen Arthur Brauss vorgestellt worden war. Einmal lud sie mich auch auf das Oktoberfest in Orange County ein, wo es Bier und Leberkäs gab. Ich war verwundert, dass sich in L.A. eigentlich alle Freunde und Bekannten bei mir zurückmeldeten, nachdem ich sie über das sogenannte Pager-System kontaktiert hatte. Denn Handys gab es damals noch nicht. Man trug immer eine Handvoll Münzen, *quarters*, mit sich herum, mit denen man die öffentliche Telefonzelle fütterte. 310 *area code* war für die sogenannten guten Gegenden, 213 na ja, geht so. Verwundert war ich deswegen, weil in Deutschland häufig über die Oberflächlichkeit der Amerikaner gesprochen wurde. L.A. war aus meiner Sicht nicht nur *phony* – oberflächlich-freundlich, wie die geschäftigen und etwas muffligen New Yorker die Kalifornier gerne bezeichneten. Ob in Deutschland, Italien, Mexico, Senegal – es scheint offensichtlich in vielen Ländern kleinere, manchmal, wie zum Beispiel in Italien, auch größere Animositäten zwischen dem nördlichen und dem südlichen Teil zu geben. Vielleicht hat das Klima doch mehr Einfluss auf das menschliche Zusammenleben, als man wahrhaben will. „Sonne im Herzen" ist vielleicht doch mehr als nur ein Sprichwort.

Ich habe auf alle Fälle die Kalifornier als freundliche und interessierte Menschen kennengelernt, vorausgesetzt natürlich, dass man selbst mit etwas Interessantem, etwa einer interessanten Vita, aufwarten konnte. Wenn ich an den ersten Drehtag für „Skyscraper" zurückdenke, die erste Szene, in der gleich ein Auto durch einen Trailer mitten auf einer Straße in South L.A. schoss, war dies natürlich für mich ein äußerst beeindruckender Einstieg. In den damaligen deutschen TV-Produktionen wurde man, ob als Zuschauer oder als Schauspieler, als dramaturgische Aufwertung vielleicht gerade mal mit einem umherschleudernden Auto konfrontiert.

Ein etwas mulmiges Gefühl begleitet mich aber noch heute, wenn ich an den Flug mit einem Helikopter denke, mit dem wir vom Dach eines der Nachbargebäude des Western Union Buildings in Down Town L.A. starteten. Ich war von der Szenerie um mich herum so beeindruckt, dass ich vergaß, meine Tür im hinteren Sitzbereich richtig zu schließen. Der Pilot, ein Kriegsveteran, der schon in Vietnam zahlreiche Einsätze geflogen hatte, machte kurz nach dem Start eine scharfe Linkskurve, als die Tür aufging und sich plötzlich unter mir aus einer Höhe von circa 300 Metern ein riesiger Abgrund, ein ganzes Stadtviertel auftat. Ich sah, wie sich winzige Menschen und Autos wie Ameisen auf den Straßen bewegten, und als ich versuchte, die Tür zu schließen, bemerkte ich, dass ich noch dazu nicht einmal angeschnallt war. Dann fiel auch dem Piloten auf, dass hinter ihm irgendetwas nicht stimmte, und erst als er den Kopf nach hinten drehte, kam ich auf die Idee, in mein Headset zu sprechen und ihn zu bitten, die Maschine doch erst einmal wieder geradezustellen. Nachdem ich mich angeschnallt und endlich die Türe geschlossen hatte, vernahm ich seinen trockenen Kommentar dazu aus der Hörmuschel: *„O.k., man. Next time you better take a little bit more care of yourself."* – „Hey Mann, vielleicht passt du das nächste Mal ein bisschen besser auf dich auf."

Begegnungen in L.A.

Dieses Mal wohnte ich bei Emin Boztepe, einem bekannten türkischen Win-Tsung-Artist, eine Art des Kung Fu, der damals mit der Schauspielerin Jacqueline Bisset befreundet war, eine immer noch attraktive Frau. Emin hatte zusammen mit seinem Freund Reza, einem iranischen Ringermeister, am Coldwater Canyon Drive in Beverly Hills in der Nähe des gleichnamigen Hotels ein Haus gemietet. Emin und ich trainierten bereits um sieben Uhr morgens im Worlds Gym in Santa Monica, an dem Arnold Schwarzenegger beteiligt war und wo neben seinem Kumpel, dem ehemaligen deutschen Bodybuilder-Champ Ralf Möller, auch ein paar alte Hollywood-Größen trainierten. Tony Curtis war einer von ihnen. Er stand jeden Morgen mit einem weißen Handtuch um seinen Nacken auf dem Laufband und unterhielt sich gemütlichen Schrittes mit Leuten wie dem Schauspieler Brad Harris, der, obwohl bereits über sechzig, immer noch topfit war. Später traf ich einmal mit Curtis' Tochter Allegra, die aus seiner Ehe mit Christine Kaufmann stammte, in einem Münchner Café in der Maximilianstraße zusammen. Das half mir, während der Filmfestspiele 1997, wo er mit seiner Frau Jill Vandenberg auftrat, einem deutschen Privatsender ein Interview mit Tony zu besorgen.

Nach dem Training frühstückten Emin und ich dann meist in Arnolds damaligem Restaurant in Santa Monica, dem „Schatzi" an der Main-Street, wo ich regelmäßig meine beim Training verbrauchten Kalorien mit einem „Kaiserschmarrn" ersetzte. Einmal beschwerte ich mich, als er selbst gerade anwesend war, bei ihm darüber, dass die Portionen im Schatzi europäisch gehalten wurden und nicht amerikanisch, wo die doppelte bis dreifache Menge serviert wurde.

Was mir an Arnold gefiel, war, dass er diejenigen aus seiner ehemaligen Heimat nicht vergaß, welche nicht wie er auf eine große Karriere im Land der unbegrenzten Möglichkeiten zurückblicken konnten. Er lud sie an manchen freien Samstagen ins Schatzi zum Brunch ein. Später wurde er dann Gouverneur von Kalifornien. Auch Ronald Reagan war vor seiner Wahl zum Präsidenten der Vereinigten Staaten Schauspieler. Dieser Weg stand zumindest damals für mich noch nicht auf dem Plan.

Auf alle Fälle war dieser Aufenthalt, der als Erholung von den Ereignissen in Bezug auf den „Alten" und die Sache mit Juhnke in der Dominikanischen Republik diente, ein sehr entspannter. Zumindest für mich verlief er fast ohne dramatische Zwischenfälle.

Sandra, die damalige Schwiegermutter des Tennisspielers Charlie Steeb, kannte Gott und die Welt in Hollywood. Sie war eine große, elegante und selbstbewusste Frau, die mich bereits an die Agentin Lena Roklin vermittelt hatte, die später mit dem deutschen Schauspieler Thomas Kretschmann verheiratet sein sollte. Thomas und ich hatten bereits das eine oder andere Mal zusammen beim „Alten" gedreht, und auch er wollte in das Schauspielgeschäft in Hollywood einsteigen, was ihm letztlich auch gelingen sollte. In seiner Rolle als Wilm Hosenfeld in Roman Polanskis Verfilmung von „Der Pianist", der die Geschichte des polnisch-jüdischen Pianisten Wladyslaw Szpilman beim Einmarsch der Wehrmacht in Polen erzählt, fand ich ihn hervorragend.

Sandra war zu einer Party bei dem Star-Fotografen Helmut Newton in dessen Haus eingeladen. Sie bot mir an, sie zu begleiten. Das Problem war, dass der Wilshire Boulevard, an dem er wohnte, 25 Kilometer lang war und die Hausnummern verwirrend und nicht in einer übersichtlichen Reihenfolge angebracht waren. Kam man kurz vor der Hausnummer an, die man suchte, stellte man fest, dass die Reihenfolge plötzlich wieder eine ganz andere war. Nach zwei Stunden gaben wir die Suche schließlich auf.

Der nächste Tag begann damit, dass ich, als ich bei einem „kleinen Braunen" im Vienna Café in der Melrose Avenue saß, auf einen Typen aus München traf, dem ich einmal auf Grund seiner dummen Sprüche eine Backpfeife verpasst hatte. Er schwor allerdings, mich nie zuvor gesehen zu haben. Da war ich wohlgemerkt noch kein TV-Kommissar. Wäre nicht er, sondern ich damals dabei in die Knie gegangen, wäre sein Erinnerungsvermögen vielleicht ein besseres gewesen. Nichtsdestotrotz vertieften wir weder Ursache noch Wirkung und unterhielten uns nett miteinander. Als ich nach einiger Zeit beim Verlassen des Cafés auf die Straße trat und mich in Richtung Auto aufmachte, hörte ich hinter mir jemanden im bayrischen Dialekt sagen: „Hey Alter, was treibt dich denn hierher?" Ich drehte mich um, und hinter mir stand ein anderer Afro-Deutscher, den ich kannte. Mit Dobermann. Er war noch einen Kopf größer als ich. So traf ich Eddie Wölfle, den legendären Türsteher aus München, auf ganz anderem Terrain wieder.

Eddie, ein selbstbewusster, bestens integrierter und in der damaligen Münchner Szene angesehener Afro-Deutscher aus dem Allgäu, hatte damals die Hoheit an der Tür der legendären Münchner Diskothek Sugar Shake gehabt. Das Lokal war praktisch der Vorläufer des P1 und ebenso obligatorischer „Hangout" von Rock-Größen wie David Bowie und Mick Jagger. Er schickte mich, den jungen Hippie-Spund, einmal nach Hause und meinte, dass ich gerne wiederkommen könnte, wenn ich anständig angezogen wäre. Ich nahm es mir zu Herzen und tanzte das nächste Mal mit einer etwas eleganteren Hippie-Kleidungsvariante an.

Eddie schrieb mir seine Nummer auf, und da ich noch ein Treffen im „Petit Four" ausgemacht hatte, verabredeten wir uns für den darauffolgenden Tag. Denn David Bowie gab eine Party und er wollte mich dahin mitnehmen. Partys von solchen Superstars waren in Deutschland eher selten. In L.A. aber Alltag, da viele dieser Top Acts aus dem Entertainmentbereich dort auch ihren Wohnsitz hatten. Die Stadt war seit Ende des Zweiten Weltkriegs einfach das Epizentrum des globalen Showbusiness und wird es wahrscheinlich auch bleiben. Besonders zu Zeiten von Preisverleihungen wie den Oscars oder dem Film Market in Santa Monica konnte man, wenn man gut vernetzt war, jeden Tag bei irgendwelchen Showgrößen abfeiern. Dann reisten auch die restlichen Stars an, diejenigen, die etwa in New York, Miami oder sonst wo auf der Welt wohnten.

Für diesen Tag sollte es aber nicht das letzte Treffen einer Person aus meiner deutschen Heimat sein.

Die Fläche von Los Angeles beträgt in etwa 1300 Quadratkilometer. Die von München im Vergleich dazu 310. Wenn man jedoch den „Gossip", den Tratsch aus dem Showbusiness, betrachtete, hatte man das Gefühl, als lebte man in einer Kleinstadt. Die Blabla-Runden spielten sich in den Cafés an der Melrose Avenue, dem Sunset Plaza Drive, in Hotels wie dem Chateau Marmont, Penninsula und dem Beverly Hills Hotel am Pool oder dem Café Roma am Rodeo Drive etc. ab. Es gab fast immer so etwas wie ein tägliches Update: Gestern war der Sly – gemeint war Silvester Stallone –, der Arnie oder der Mickey (Rourke) da und da und hat das und das zu der oder dem gesagt oder mit dieser oder jenem das und das getan. Selten bösartig, aber immer amüsant präsentiert und kommentiert.

Verkehrssünder

Ich parkte meinen Leihwagen gegenüber dem „Petit Four", als gegenüber gerade Thomas Gottschalk in sein Auto stieg. Wir tauschten uns ein bisschen aus, dann betrat ich das Petit Four, wo an einem der Tische Désirée Nosbusch saß. Auch mit ihr wechselte ich ein paar Worte und nahm dann meinen obligaten Salat mit Ziegenkäse und Croûtons zu mir. Manche der vermeintlich ganz Wichtigen bezeichneten das Petit Four und das Café Roma etwas abfällig als „Euro-Trash-Cafés", hielten sich aber trotzdem gerne dort auf. Nach dem Espresso und ein paar netten Gesprächen mit Leuten cruiste ich dann meist zur Musik der verschiedenen L.A.-Sender, welche immer die neuesten Hits parat hatten, durch das sonnige Beverly Hills oder am Pacific Coast Highway entlang.

An einer Kreuzung des von hohen Palmen gesäumten Doheny Drive, der Umgebung, die man von den Filmen und TV-Berichten über die Stadt kannte und wo die klassischen Palmen-Shots gefilmt wurden, überquerte ich nach einem offensichtlich zu kurzen Anhalten an einem Stoppschild die Kreuzung. Hier in den USA musste man sein Fahrzeug tatsächlich zum Halten bringen. Da ging nichts mit langsam in die Kreuzung hineinrollen lassen. Also bog ich links in den Drive ein, drückte einmal das Gaspedal kräftig durch und genoss, begleitet von den neuen R&B-Hits, bei sonnigen 35 Grad gut gelaunt das „California Feeling". Allerdings nur für ein paar Sekunden. Das Automatikgetriebe hatte es nicht einmal geschafft, in den nächsten Gang hochzuschalten, als der kurze, aggressive Ton einer amerikanischen Polizeisirene diesem Idyll ein jähes Ende bereitete. Ich brachte meinen Schlitten neben einer der pompösen Villen dieses reichen Stadtviertels zum Stehen. „Nur kein Knast", dachte ich mir. Und wenn es nicht unbedingt sein musste, auch keine Verwarnung über tausend Dollar. Dann ertönte schon eine sonore, fordernde Stimme aus dem Lautsprecher, eine, die keinen Zweifel aufkommen ließ, wer hier die Situation beherrschte. „Machen Sie die Zündung aus, legen Sie beide Hände an das Steuerrad und machen Sie keine Bewegung."

Die Rassenunruhen in der Stadt wurden 1992 verursacht durch den Freispruch von vier Polizisten, die aufgrund von Video-Beweisen des unverhältnismäßigen und brutalen Vorgehens gegen den Afro-Amerikaner Rodney King beschuldigt und angeklagt worden waren. Ein Ereignis, das hier immer noch Gesprächsstoff war. Die Black Community und das L.A. Police Department standen schon seit deren Bestehen auf Kriegsfuß. Das erste Mal, als ich von Rassenunruhen in den USA erfuhr, waren die Proteste im Ortsteil Watts, wo binnen einer Woche 34 Menschen ihr Leben verloren und über tausend Menschen verletzt wurden. Dieser Vorfall mit Rodney King war auch mir bekannt, als ich den großen, blonden Polizisten mit seiner klassischen, spiegelverglasten, eierschalenförmigen Sonnenbrille, die rechte Hand am Holster seiner Schusswaffe, auf das Auto zukommen sah. Ein Unterschied zwischen Film und dem realen Leben war hier nicht erkennbar. Der Mann sah aus wie ein Aufseher einer sogenannten *chain gang*, Häftlinge, welche einen Teil ihrer Gefängnisstrafe durch Arbeit auf dem Feld verrichteten. Einer jenes Typs Vollzugsbeamter, der in der einen Hand die Zügel des Pferdes hielt, in der anderen eine mit dem Lauf nach oben gerichtete *pump gun*.

Selten hatte ich ein dermaßen geringes Einschätzungsvermögen darüber verspürt, wie diese Situation, in der ich mich befand, nun ausgehen würde. Ich konnte mir eigentlich alles vorstellen: von Gefängnis bis zu einer hohen Geldstrafe.

„Sie haben ein Stoppschild überfahren und sind viel zu schnell gefahren. Und Sie befinden sich in einem Wohnviertel", meinte der Polizist, als er schließlich vor meinem geöffneten Seitenfenster stand.

„Stimmt, Officer", antwortete ich ihm betont einsichtig. „Ich bin kein amerikanischer Staatsbürger, sondern Deutscher, aber ich hätte mich dennoch über die hiesigen Verkehrsregeln informieren müssen."

„Pass, Führerschein und Fahrzeugpapiere, bitte."

Ich holte beides vorsichtig und mit spitzen Fingern aus dem Handschuhfach und überreichte es ihm. Während ich meine Hände wieder am Lenkrad ablegte, inspizierte er sorgfältig meine Dokumente. Dann reichte er sie mir durch das Fenster zurück und fragte mich, wobei die Stimme schon etwas freundlicher klang: „So, Sie sind also in Deutschland geboren und aufgewachsen?"

„Ja", sagte ich, „ich bin in Deutschland geboren und aufgewachsen." Da er mir meine Dokumente wieder zurückgab, dachte ich zumindest nicht mehr an eine Nacht in einer Arrestzelle.

„Sie haben heute ein bisschen Glück gehabt", meinte er dann, wobei sich sogar ein leichtes Lächeln um seine Mundwinkel auftat.

„Wirklich?", fragte ich, „Warum?"

„Meine Mutter ist Deutsche", meinte er. „Fahren Sie zu und lassen Sie sich bloß nicht mehr erwischen."

„Keine Sorge, Officer", versicherte ich ihm. „Außerdem bin ich ein Cop wie Sie, allerdings nur im Fernsehen", fügte ich noch hinzu und grinste ihn dabei an. Er legte den Kopf etwas schräg, so als ob er darüber nachdachte und lächelte nochmals. Dann fasste er sich noch zu einem Gruß an die Mütze und ging. Ich rollte mit meinem Schlitten langsam, den Tacho dabei in ständiger Beobachtung, davon. Nicht jeder Cop in L.A. hatte eine deutsche Mutter.

Es war für mich sicher einfacher, mit so einer Situation relativ entspannt umzugehen, als für einen Afro-Amerikaner. Ich bin nicht in Amerika aufgewachsen, und wurde nicht seit meiner Kindheit, gleich meinem Vater, Großvater und Urgroßvater, von der dortigen Polizei schikaniert, misshandelt oder gar umgebracht. Aus meinen Augen sprach nicht die Tragödie der Afro-Amerikaner. Mein Erinnerungsportfolio zu deren Geschichte bezog sich auf einer eher intellektuellen Ebene auf deren Literatur und beruhte nicht auf persönlichen Erlebnissen. Ich war mir der fürchterlichen historischen Gewaltbilanz zwischen den amerikanischen Ordnungskräften und ihrem Umgang mit Afro-Amerikanern bewusst, hatte dazu auch eine Meinung, aber so wie die Sache abgelaufen war, gab es keinen Grund, ihn darauf hinzuweisen. Hier hatte ich eben Glück, dass ich ein Ausländer war – und in diesem speziellen Falle auch noch Deutscher. Aber auch als schwarzer Deutscher hatte ich zum Thema Rassismus eine eigene Geschichte.

Der Querulant –
Ein Schauspieler
mit Verfolgungswahn

Kurz bevor ich aus der Dominikanischen Republik nach L.A. gereist war, hatten Andreas „Goldi" Goldberger und ich einen bereits etwas von Drogen lädierten Falco an einer Strandbar in Caberete getroffen. In München angekommen, las ich dann, dass Goldberger bei der Einreise in Wien mit einem Beutel mit 600 Gramm Kokain im Gepäck erwischt worden war. Ich war fassungslos. Andreas machte von seinem harmlos-sympathischen äußeren Auftreten her den Eindruck, als könnte ihn kein Wässerchen trüben. Trotzdem tat er mir irgendwie leid. Denn ich konnte mir nicht vorstellen, dass diese Idee in seinem Kopf entstanden war. Unmittelbar darauf fing es aber auch bei mir an, dicke Tropfen aus dem Blätterwald zu regnen, wenn auch aus einem ganz anderen Grunde.

Ein Wochenblatt brachte auf einer Doppelseite einen Artikel über mich, der nicht nur den Vorfall meines Ausscheidens beim „Alten" an sich verzerrte, sondern auch noch ein psychologisches Gutachten über mich erstellte. Man feuerte aus allen Rohren. Darin hieß es, dass ich ein Querulant sei, jemand, der an Verfolgungswahn leide. Man stellte praktisch, um das Thema Rassismus im Zusammenhang mit meinen jüngsten Erlebnissen in die Kategorie „wildes Fabulieren" zu verweisen, meinen Geisteszustand in Frage. Mir war klar, dass es, wenn man so weit ging, keinen Sinn mehr machte, darauf überhaupt noch zu antworten.

Ich machte mich daran, mein Lokal zu verkaufen, und schlug meiner Frau vor auszuwandern. Entweder nach Äthiopien, in ihre frühere Heimat, oder in den Senegal. Wir entschieden uns schließlich für Äthiopien.

Für Shobha, dachte ich mir, war es sicher eine wertvolle Erfahrung, wenn sie nach langer Abwesenheit ihre Ursprungskultur wieder oder auch neu entdecken konnte, und auch den Kindern würde es bestimmt gut tun, mit den Cousins, Cousinen und Verwandten dort aufzuwachsen. Das Land war damals noch wesentlich weniger entwickelt als der

Senegal, und es war uns klar, worauf wir uns hier einlassen würden. Wir wussten, dass wir aufgrund des Mangels an industriellen Produkten mehr oder weniger wie der größte Teil der einheimischen Bevölkerung leben mussten, was hieß, ohne abgepackte Lebensmittel, ohne Küchengeräte und dergleichen. Letztendlich, denke ich, war Shobhas Familie der ausschlaggebende Punkt für diese Entscheidung. Für mich roch es zudem auch noch ein bisschen nach Abenteuer. Ein Land, das sich praktisch in der Phase eines Wiederaufbaus befand, und die Möglichkeit, dass man dabei auch noch mitwirken konnte, das war für mich einfach auch eine interessante Herausforderung.

Die Gedankenmühle so auf Kommando abzustellen, war aber nicht so einfach. Die Tatsache, dass mir Helmut Ringelmann in der Sache mit dem Produktionsleiter nicht zur Seite gestanden hatte, beschäftigte mich immer noch. Er war für mich so etwas wie eine Vaterfigur, jemand der mir im Prinzip eigentlich Gutes wollte. In diesem Falle entschied das Schicksal eben anders.

Trotz dem, was vorgefallen war, war es mir ein Anliegen, ihm vor dem Abflug noch einen Brief zu schreiben. Darin wollte ich zum Ausdruck bringen, dass unsere erfolgreiche Zusammenarbeit zumindest aus meiner Sicht ein würdigeres Ende verdient hätte. Dabei äußerte ich mich auch noch einmal dazu, dass wir mit der Besetzung des schwarzen Kommissars in unserer Serie die Ära für schwarze Seriendarsteller in Europa eröffnet hatten. „Ein jeder schwarze Schauspieler, egal ob in Deutschland oder Europa, müsste Dir eigentlich ein handgeschriebenes Dankesschreiben schicken", beendete ich den Brief.

Auch wenn ich darauf keine Antwort bekam – nicht im ersten Jahr, aber im Verlauf der folgenden Jahre sollte ich per Telefon pünktlich zu meinem Geburtstag Glückwünsche aus dem Büro meines ehemaligen Arbeitgebers erhalten. Allerdings nicht vom Chef selbst, sondern von seinem Stellvertreter und Herstellungsleiter Klaus Gotzler. Helmut Ringelmann und ich sahen uns nur einmal wieder. Aber das sollte noch etwas dauern.

Nach der Steigerung der Auslandslizenzen beim „neuen Alten" um über hundert Prozent – sprich auf über 120 Länder – haben schließlich auch die Franzosen und Engländer erkannt, dass ihnen mit der Besetzung eines Farbigen in so einem Format, außerhalb des gängigen Banditen-Klischees, ein wichtiges Softpower-Tool in Bezug auf ihre ehemaligen Kolonien zur Verfügung stand. Die Vermarktung europäischer Kultur, den *way of life*, konnten weder die Engländer für das Commonwealth noch die Franzosen, die *Grande Nation*, als ehemalige Kolonialstaaten allein den Deutschen überlassen, noch dazu, wo es schon „Derrick" gab. Unsere Hauptdarsteller fuhren BMW, Mercedes und Audi. Unsere europäischen Nachbarn wollten natürlich, dass in ihren ehemaligen Hoheitsgebieten weiterhin Autos der Marke Rover oder Peugeot promotet wurden. Das Ganze hatte somit auch einen wirtschaftspolitischen Aspekt.

Ein halbes Jahr vor meinem Ausstieg aus dem „Alten" hatte mir ein Produzent aus Hollywood, George Shamieh, für den ich den Film mit Anna Nicole Smith gedreht hatte, ebenfalls eine Cop-Serie angeboten. Sie hieß „L.A. Heat".

Sie wurde ein internationaler TV-Hit und lief in Deutschland unter gleichem Namen auf Pro7. Ich stand damals noch bei Ringelmann unter Vertrag. George rief mich dreimal an, um mich zu überreden, aus dem „Alten" auszusteigen. Beim dritten Anruf meinte er dann: *„Come on, man. Break the contract."* – „Brich den Vertrag." *„I can't. I can't break a contract."* – „Ich breche keine Verträge", antwortete ich ihm.

Harald Juhnke traf ich noch einmal im Synchronstudio. Bei der Nachvertonung einiger Szenen aus „Klinik unter Palmen". „Hey Charles", röhrte es aus seiner rauchigen Berliner Kehle. „Die haben mir gerade eine Mio für eine Milchreklame angeboten. Hab' ich Ja gesagt, klar." Die Stimme klang jedoch mehr nach einer Flasche Cognac aus Frankreich als nach einem Glas Milch von glücklichen Kühen aus dem Voralpenland. Ich musste grinsen, als ich ihm in die Augen schaute. „Super", antwortete ich ihm, „dann lass mich die Fliege auf deiner Milch sein."

Harald bekam nach seiner rassistischen Entgleisung in einem kalifornischen Edelrestaurant einen hochdotierten Werbevertrag. Ich wurde praktisch ans Kreuz genagelt. Und somit gewann in dieser Situation ein weiterer Kalauer aus dem Filmbusiness an Bedeutung, der lautete: „Ich bring dich groß raus." PAUSE. „Aus dem Geschäft." Harald hat mich durch seinen Skandal in Los Angeles, der sich dann mit der Situation meines Ausstiegs aus dem „Alten" vermengte, praktisch aus dem Geschäft gebracht. Wenn auch nur indirekt. Hätte es den Vorfall mit ihm in Kalifornien nicht gegeben, wäre ich dazu nicht befragt worden. Somit hätten Helmut und ich – so wurde es mir später auch von berufener Stelle angedeutet – uns auch wahrscheinlich wieder geeinigt.

Es war mir bewusst, dass mir eine harte Zeit bevorstand. Aber wie es in der Dramaturgie so schön heißt: Man wächst an den Widerständen, die sich einem entgegenstellen. Ich schaltete wieder in den Kampfmodus.

Auswandern –
Mit Familie nach Äthiopien

Das Haus in München war geräumt, das Lokal verkauft, die Schauspiel-karriere bis auf Weiteres für beendet erklärt. Die Planung unseres Um-zuges sollte noch ein paar Monate dauern, aber ansonsten stand unserer Auswanderung nach Äthiopien nichts mehr im Wege. Shobha und ich hatten inzwischen noch zweimal Nachwuchs bekommen, unser Töchter-chen Elif und gleich darauf noch einen Sohn namens Jeremias. Sie waren selbstverständlich mit dabei.

Mia, meine Tochter aus erster Ehe, blieb bei ihrer leiblichen Mutter Angelika in München. Nun war es nicht nur mehr ein verwandtschaftli-cher Besuch bei „Oma Tshay" und Shobhas Halbgeschwistern. Für uns begann ein neuer Lebensabschnitt.

Einige Monate vorher hatte ich im Äthiopischen Generalkonsulat in Frankfurt ein Konzept zur Entwicklung des Tourismus in Äthiopi-en vorgelegt. Unter anderem ging es dabei um die Integration der kul-turellen Symbolik des Landes in die architektonische Gestaltung von Hotels und sonstigen touristischen Unterkünften. Auch der verbesserte Reisekomfort, zum Beispiel bei längeren Fahrten durch das Land, spielte darin eine Rolle. Kultur braucht Symbolik. Wer die Symbolik anderer übernimmt, ordnet sich deren Kultur unter. Äthiopien kannte seine Ge-schichte besser als die meisten anderen afrikanischen Länder, denn es hatte eine eigene Schrift entwickelt, und vieles wurde über koptisch-or-thodoxe Ikonen erzählt und in Schriftstücken, die zum Teil aus Leder bestanden, niedergeschrieben.

In der damaligen Zeit war es in den meisten afrikanischen Län-dern üblich, bei Hotelbauten etc. den europäischen Architektur-Stil zu übernehmen. „Bauhaus" hat aber nichts mit der afrikanischen Kultur zu tun. Später entdeckte ich mitten in der Pampa Sansibars ein solches Wohnviertel. Es erinnerte an ein Migranten-Ghetto im Norden der französischen Hauptstadt und war in einem erbärmli-chen Zustand.

Außer mit alten Skulpturen, die heute in den Themenbereich Raubkunst gehören, konnte man damals mit afrikanischer Kunst kein Geld machen. Daher hatten die afrikanischen Verantwortlichen nur wenig Interesse, den Bereich zeitgenössische Kunst und Architektur zu fördern. Manchmal hatte man fast den Eindruck, als erwecke die eigene kulturelle Symbolik bei Afrikanern die falschen Assoziationen. Sowohl nach innen als auch nach außen. Westliche Symbolik stand für Erfolg, Fortschritt und Lifestyle. Die eigene für das Gegenteil.

Amharisch ist die einzige afrikanische Sprache, die nicht nur gesprochen, sondern auch geschrieben wurde und für die es auch Schreibmaschinen gab. Den arabischen Raum muss man in diesem Zusammenhang kulturell von der Region des Sub-Sahara-Afrika zum großen Teil abtrennen. Auch wenn dieser Teil inklusive Djibouti, Sudan und Somalia, nicht nur allein der Lage wegen, so etwas wie eine Mischregion zwischen der arabischen und der afrikanischen Welt darstellte, was wahrscheinlich mit dem Sklavenhandel in den Orient in Richtung Istanbul und später Damaskus zusammenhing, war es doch irgendwie eine andere Welt.

Dem Konsul erläuterte ich meine Ideen für einen kulturverträglichen Tourismus mit seiner gesamten Palette fördernder Nebeneffekte. Ähnliches hatte ich schon einmal dem damaligen senegalesischen Tourismusminister Tidjan Sylla angeboten. In Deutsch. Das machte es ihm einfach, das Ganze an eine touristische Fachzeitung in Deutschland weiterzuleiten und als seine Idee zu verkaufen. Er versprach darin, die Anzahl der Touristen binnen drei Jahren zu verdreifachen. Was nicht stattfinden sollte, zumindest damals nicht.

Zudem hatte ich bereits damals die Idee, arbeitslose Jugendliche im Rahmen eines dualen Bildungssystems im Bereich der Hotellerie und des Gastgewerbes ausbilden zu lassen. „Sichtbare Armut in den Hauptstraßen einer Stadt", bemerkte ich bei unseren Gesprächen in Frankfurt, „ist kein Touristenmagnet." Später in meiner Zeit als Abgeordneter sollte dieser Vorschlag, das Element Duale Bildung als entwicklungspolitisches Instrument zu nutzen, als mein Beitrag zu den Afrika-Leitlinien der Bundesregierung sowie als Beschäftigungsangebot für Asylbewerber umgesetzt werden.

Dass ein prominenter Schauspieler, noch dazu mit der ganzen Familie, von einem reichen, europäischen Land freiwillig in eines der damals ärmsten Länder der Welt umsiedeln wollte, konnte man trotz meiner Affinität für Land und Kultur nur schwer nachvollziehen.

Üblich war eigentlich genau der umgekehrte Weg. Der Generalkonsul brachte uns jedenfalls persönlich an das entsprechende Gate am Frankfurter Flughafen. Dabei schien es mir, als wollte er nochmals auf Nummer sicher gehen, dass wir es mit unserem Vorhaben tatsächlich ernst meinten und wir uns das Ganze im letzten Moment dann nicht doch noch anders überlegt hatten. Dies wäre für ihn auch ein Gesichtsverlust gewesen. Denn schließlich hatte er uns ja bereits in Addis Abeba beim Tourism Commissioner Youssouf Abdoulahij Sukkar, dem Tourismusminister, angekündigt, und ein Verwandter von ihm, welcher in der Region Ammersee wohnte, hatte mich bereits in meinem Münchner Lokal besucht.

Diese Reise nach Äthiopien war, nach der Suche nach meinem Vater im Senegal, die gut fünfzehn Jahre vorher stattgefunden hatte, das zweite Mal, dass ich Deutschland für immer den Rücken kehren wollte. Es war zumindest für mich eine Art „Escape 2.0". Damals kam ich wegen meiner ersten, bayrisch-deutschen Frau Angelika wieder nach Deutschland zurück. Und weil ich Schauspieler werden wollte. Nun ging ich als Schauspieler in zweiter Ehe mit meiner deutsch-afrikanischen Frau wieder nach Afrika zurück, wobei ich erwähnen muss, dass die Herkunft für mich kein Kriterium für eine Entscheidung in Bezug auf meine Ehepartnerinnen war. Und ebenfalls nicht, was deren Familien anbelangte. Auch zu meinen ersten Schwiegereltern hatte ich ein sehr gutes Verhältnis.

Bis wir eine Wohnung durch die Regierung zugestellt bekamen, mieteten wir erst einmal eine private Villa nahe der Englischen Botschaft in der Asmara Road. Wie gesagt, ein Problem war, dass es im ganzen Land außer Hühnern aus Privathaushalten oder Teff-Getreide zur Herstellung der traditionellen *Injerra*-Fladen praktisch so gut wie nichts zu kaufen gab, Möbel oder Haushaltsgeräte etwa. Große Packungen von Windeln hatten wir selbst mitgebracht. Auch wenn man sonst nichts findet, Coca-Cola gibt es überall, so auch hier. Unsere Möbel, inklusive Auto, hatten wir noch bei einer Spedition in München untergebracht. Da wir für die Einfuhr hätten Zoll zahlen müssen, wollte ich zunächst abwarten, bis ich von der Regierung auch tatsächlich meinen Arbeitsvertrag bekam.

Ein holpriger Start

Auf dem Grundstück unseres Hauses befanden sich mehrere Gebäude-
teile. Zwei davon, welche für Angestellte vorgesehen waren, mit einem
Wellblechdach. In der Mitte stand eine herrschaftliche Villa im traditionellen äthiopischen Stil. Sie war innen komplett leer. In dem geräumigen
Wohnzimmer gab es lediglich einen offenen Kamin und ein etwas verwaist wirkendes, auf einen wackligen Stuhl drapiertes Telefon, ein Stuhl,
der nicht danach aussah, als wäre er zum Sitzen geeignet. Durch einen
kurzen Anruf bei der Schwiegermutter stellte sich jedoch heraus, dass der
Apparat nicht nur zur Dekoration herumstand, sondern tatsächlich an-
geschlossen war. Das war eigentlich schon einmal ein guter Anfang. Wir
waren erreichbar.

Eines hatten wir allerdings nicht bedacht: Die etwas ungemütliche
Regenzeit auf diesem Teil der Erde fing dann an, wenn in Deutschland
die schöne Zeit des Vorsommers begann, nämlich im Juni. Sich dieser
Jahreszeit, auf die man sich nach so manch grauen Tagen und Wochen
gefreut hatte, praktisch beraubt zu haben, war erst einmal ziemlich ungewohnt und auch etwas schwer verdaulich. Es fühlte sich an, als würde
man nach einem langen Winter gleich darauf wieder in einen nasskalten
Spätherbst versetzt werden. Man kam praktisch vom Regen in die Trau-
fe. Dies im wahrsten Sinne des Wortes. Das Ausmaß an Niederschlä-
gen, welche dann in kürzester Zeit in diesem Teil der Erde auf einen
niederprasselten, wäre selbst für einen von Sonnenstrahlen nicht gerade
verwöhnten Hamburger eine Herausforderung gewesen. Es regnete hier,
außer in einem kleinen zeitlichen Korridor von eineinhalb Stunden während der Mittagszeit, praktisch ununterbrochen in einem durch. Nicht
wie aus einer Gießkanne, sondern mehr wie aus einem Gartenschlauch.
Und das Tag und Nacht, ohne Pause. Wir schliefen also mangels unseres
hauseigenen Mobiliars und etwaiger Kaufoptionen in einem der well-
blechbedeckten Gebäude, die eigentlich für die Angestellten vorgesehen
waren. Dort breiteten wir für unsere Kinder mit zwei von der Schwiegermutter geliehenen Matratzen ein Bett aus. Shobha und ich schliefen mit
angezogenen Beinen in einer Art Kinderbett.

Nachts prasselte der Regen meist noch stärker auf das Wellblechdach
nieder als tagsüber, sodass wir deshalb, und natürlich auch wegen der

Aufregung über unsere kleine Odyssee in Richtung ferne Welt, nicht so schnell einschlafen konnten.

Um uns zumindest ein bisschen mehr Informationen über unser Gehöft hinaus zu verschaffen, packte ich meinen kleinen Weltempfänger von der 45th Street aus, der außer einer teuren Telefonverbindung praktisch unsere einzige Verbindung zur Außenwelt darstellte. Internet gab es damals für Privatpersonen praktisch nicht.

Trotz der langen Antenne und des kleinen mitgelieferten Verstärkers war es jedoch nicht leicht, einen Sender zu finden. Auch nach langem Hin-und-her-Manövrieren durch die geheimnisvoll rauschenden Tiefen des Äthers, dem Lauschen auf die schrillen und verzerrten Töne, welche sich aus den kleinen Lautsprechern quälten, fand sich kein Anhaltspunkt für irgendwelche konkreten Sendeaktivitäten, egal von woher. Man wusste nicht, wo und auf welchen Teil der Erde uns die Auto-Search-Funktion des Apparats hinbewegt hatte, und schon bei jedem lauteren Kreischen, einem kleinen Wechsel der Tonfrequenzen gab man sich der Hoffnung hin, endlich einer Station fündig geworden zu sein. Nach einer halben Stunde, kurz bevor wir unsere Reise durch die Welt sämtlicher Kurzwellenbänder der Radiolandschaft letztendlich aufgeben wollten, hatten wir dann plötzlich doch noch Erfolg. Es tauchten Stimmen auf. Eher ein Gekrächze vor einem dumpf rumorenden Hintergrund, so als würde irgendwo in der Nähe ein alter Traktor laufen. Egal, auf alle Fälle war da jemand. Wir blickten uns an, und für einen kurzen Moment überkam uns eine Art Entdecker-Euphorie, so als wären wir gerade auf eine fremde Zivilisation in den unergründlichen Weiten des Alls gestoßen. Jedenfalls empfand ich das so.

Es gibt Momente, in denen man sich fragen muss, ob Erwachsensein lediglich eine Zwangsvorstellung ist, wenn erwachsene Männer noch mit Modelleisenbahnen spielen und ich mit dem Weltempfänger. Wie dem auch sei ... Auf alle Fälle war die schwache Stimme des Ansagers so unbekannt wie die Rhythmen und Melodien, die wie durch einen dichten akustischen Nebel hin und wieder in Wellenform zu uns durchdrangen. Ohne erfindlichen Grund verpasste ich dem Sender den Phantasienamen „Radio Ogallala". Später glaubte ich mich daran erinnern zu können, dass ich diesen Namen irgendwann mal in einem Buch, dessen Geschichte in einem fiktiven Land in Afrika spielte, gelesen hatte. Die Musik sowie die Sprache des Moderators konnten weder meine Frau noch ich einer Ethnie, einem Land, einer Region zuordnen. Irgendwann kam mir der Gedanke, dass es sich dabei vielleicht um einen Soldatensender handelte, der den Restbeständen einer Guerillatruppe zuzuordnen war. Womöglich einer abgeschlagenen Einheit, die sich noch irgendwo in einem hinteren Winkel des Landes verschanzt hatte und vielleicht noch gar nicht wusste, dass der Krieg zu Ende war. Meine phantasievollen Ausschweifungen, welche von abenteuerlicher Sensationslust getragen wurden, waren vielleicht darauf zurückzuführen, dass mein Geist seiner gemütlichen, bürgerlich-langweiligen und saturierten Sphäre entgleiten und eine neue Herausforderung, einen Raum fernab eines von institutioneller Enge geprägten Denkschemas finden wollte.

Die Atmosphäre, das Gefühl, das an diesem Abend für uns entstand, führte mir vor Augen, wie unterschiedlich sich das Leben für einen darstellen konnte. Man musste bloß in ein Flugzeug steigen und anschließend nicht in einem Fünf-Sterne-Hotel übernachten. Auf alle Fälle gab es nicht viele Menschen in meinem Bekanntenkreis, die von einem Haus mit 1 500-Quadratmeter-Garten in der Pienzenauerstraße aus dem noblen Münchner Ortsteil Bogenhausen in eine Wellblechhütte im fernen Äthiopien ziehen würden.

Was den Sender anbelangte, der die Ankunfts-Ouvertüre zu unserem neuen Lebensabschnitt darstellte, den konnten wir am nächsten Abend auch nach längerem Suchen nicht wiederfinden. Vielleicht hatten die Guerillakämpfer inzwischen kapiert, dass der Bürgerkrieg schon zu Ende war.

Äthiopischer Alltag

Ich wurde von dem Geruch von geröstetem Kaffee geweckt. Shobha war bereits dabei, unsere Haushälterin einzuweisen. Ihren Hygienevorstellungen gerecht zu werden, war keine leichte Aufgabe. Hisbalem, so hieß die junge Dame, tat mir jetzt schon leid. Die gleiche Erfahrung hatte bereits unsere Haushaltshilfe in München machen müssen, die wir alle „Tante Afghani" nannten und die ihre Arbeit ohnehin mit größter Sorgfalt verrichtete. In diesem Punkt waren wir uns ziemlich unähnlich. Mein Ordnungssinn entsprach mehr den Anforderungen zur Instandhaltung des Geräteschuppens eines Bauernhofs als denen eines gehobenen amharischen Haushalts.

Ich erledigte also meine Morgentoilette, zog mir eine leichte Jacke an und setzte mich auf die kleine, gemauerte Vortreppe unserer neuen Behausung. Der Regen hatte uns eine kurze Verschnaufpause gegönnt, und so schlürfte ich zusammen mit meinem Wächter, der sich mit seiner Armeejacke als alter Guerillakämpfer vorstellte, in Ruhe den köstlichen Kaffee, den uns Hisbalem reichte. Der wurde in traditioneller Weise in einem speziellen Tonkrug auf dem kleinen Holzkohleofen in unserem Wohnzimmer zubereitet und in kleinen, bemalten Porzellantassen ohne Henkel serviert. Wir genossen unseren *Bunna*, wie man ihn hier nannte, wortlos mit einer Zigarette und betrachteten dabei das Spiel der Wolken in einem zwischen grau und blau wechselnden Himmel.

Fast jedes Land, das ich besuchte, hatte sich während einer Reise anders dargestellt, als es dem öffentlichen Meinungsbild entsprach.

Dennoch, wenn man als Individualtourist ein Land bereiste, als jemand, der die Freiheit besaß, zu kommen und zu gehen, wann er wollte, und sich dann auch noch sicher sein konnte, wieder in seine gewohnte Umgebung zurückzukehren, musste man sich nicht viele Gedanken machen. Wir aber waren eine Familie, die – auch wenn meine Frau der Sprache hier mächtig war und die Kultur kannte – sich nun in einer Umgebung befand, die zum einen ungewohnt, zum anderen aus vielerlei Gründen vielleicht auch nicht sicher war. Dies stellt einen dann noch einmal vor ganz andere Herausforderungen. Auch was die Ausbildung der Kinder betraf. Hinzu kam, dass in einem Land, das sich gerade im Rahmen eines mit aller Härte geführten Bürgerkriegs von einem brutalen Despoten befreit hatte und noch dazu zu einem der ärmsten Länder der Welt zählte, oft auch andere Regeln im Zusammenleben galten. Man musste möglicherweise sein Sozialverhalten umstellen, zum Beispiel auch Dinge tauschen oder teilen.

Auch meine Frau bemerkte, dass Äthiopien während der Zeiten des Kaisers anders gewesen war als in der Zeit nach Mengistu. Nicht nur was die Institutionen anbelangte, meinte sie. Auch die Menschen hätten sich verändert.

Mein Schwiegervater, den wir vor der Abreise noch telefonisch von unseren Umsiedlungsplänen unterrichtet hatten, fragte dann nur noch, ob wir nun komplett übergeschnappt wären. Aber da waren die Würfel bereits gefallen.

Langsam erwachten die geschäftlichen Aktivitäten in der Hauptstadt wieder, und es machten ein paar weitere Coffee-Shops auf. Die meisten in der Bole Road, welche vom Meskil-Square, dem Platz der Revolution, ausging. Eine Tasse kostete damals umgerechnet circa fünf Pfennig, in den etwas edleren Läden, wie etwa Robbies Pastry, in denen NGO-Angehörige und Leute, die bei der Afrikanischen Union tätig waren, verkehrten, circa 20 Pfennig. Mit Taxi und allem Drum und Dran schaffte man es zu dieser Zeit kaum, am Tag zehn D-Mark auszugeben. Ausgenommen im Hilton, wo wir ab und zu beim Sonntagsbrunch waren. Schule und Miete waren das Einzige, was wirklich richtig Geld kostete, und mussten meist mit Devisen bezahlt werden.

Öfter hörten wir dann auch von Anschlägen, und es schien sich zu bewahrheiten, dass die Stadt auch nach dem Bürgerkrieg nicht ganz sicher war. Auch wenn es hieß, dass die Täter aufgrund der Ausbildung der örtlichen Sicherheitskräfte durch den KGB und die „Deutschen", also durch die Stasi, alle gefasst wurden, war dieser Umstand für einen Europäer, der nicht gerade vorher in Belfast gelebt hatte, doch sehr ungewohnt. Dennoch strahlte das Sicherheitskonzept der örtlichen Behörden, wenigstens so wie es beschrieben wurde, eine etwas beruhigende Wirkung aus. Zumindest vorübergehend.

Irgendwann zur Mittagszeit, als der Regen eine Pause machte, verließ ich mein Stammcafé, das „Blue Tops", wo ich gerade eine wunderbare *Mille-feuille* gegessen hatte, als der Laden zwanzig Minuten später Ziel eines Bombenanschlags wurde. Mein Glück war, dass ich am Vortag unweit davon bei einem der kleinen Barbershops einen Friseurtermin abgemacht hatte. Diese Shops waren eigentlich nur kleine, absperrbare, mit Spiegeln und ein paar Bildern von schwarzen Showgrößen wie James Brown und Miriam Makeba ausgestattete Bretterschuppen. Als ich den Knall hörte, dachte ich zuerst, dass es sich dabei um den geplatzten Reifen eines alten Lastwagens handelte, von denen einige praktisch schon mehr auf der Felge als auf der Ummantelung umherfuhren. Aber es war kein geplatzter Reifen, sondern ein Sprengsatz, der Gott sei Dank keine

Todesopfer forderte. Außer dem Personal hielten sich zu der Zeit, als ich das Lokal verlassen hatte, wohl nur wenige oder gar keine Gäste mehr dort auf. Dennoch sollte es nicht das letzte Mal gewesen sein, dass an einem Ort, den ich gerade besucht hatte, kurz danach ein Sprengstoffattentat verübt wurde. Nicht in Äthiopien. In diesen Fällen aber mit wesentlich drastischeren Auswirkungen.

Auch was Krankheiten anbelangt, warnte mich Shobha davor, dass es viele Fälle von Tuberkulose und anderen vor Ort schwer zu diagnostizierenden und auch schwer zu behandelnden Krankheiten gab. Wer krank wurde und das Geld hatte, konnte sich im Ernstfall nach Riad in das nicht allzu weit entfernte Saudi-Arabien ausfliegen lassen. Wer nicht, war praktisch mehr oder weniger dem Tode geweiht. Sie warnte mich daher eindringlich davor, die exotischen, frisch gepressten Säfte, welche an irgendwelchen Buden am Straßenrand angeboten wurden, zu probieren. Die meisten davon wurden nämlich zu Hause hergestellt, und man wusste nicht, unter welchen hygienischen Umständen, und auch nicht, von wem sie produziert wurden. Als Landbursche, dessen Abwehrkräfte sich bis zum zehnten Lebensjahr jeder Erkältung widersetzt hatten, hielt ich das natürlich erst einmal für etwas übertrieben.

Später, als ich dann im Flieger bei einem meiner zwischenzeitlichen Abstecher nach Los Angeles in fast regelmäßigen Abständen Ausländer an Bord kollabieren sah und das Flugzeug dann in Riad notlanden musste, war mir klar, dass man diese Warnung ernst nehmen musste.

Als ich dann später als Abgeordneter zusammen mit Kollegen aus dem Bundestag – mit Wolfgang Stefinger von der CSU und Stefan Rebmann von den Sozialdemokraten – als Berichterstatter für den Bereich vernachlässigter Tropenkrankheiten, zu denen unter anderem auch HIV und Tbc gehörten, ein Projekt in Uganda besuchte, wurde mir nochmals in erschreckender Weise vor Augen geführt, was Tuberkulose / Tbc für einen Infizierten tatsächlich bedeutete. Menschen, die gegen multi-resistente Tuberkulose behandelt wurden, schilderten ihren langen, leidvollen Weg der Behandlung mit Antibiotika. Manche brachen wegen der starken Nebenwirkungen letztendlich die Behandlung ab und gaben sich ihrem unausweichlichen Schicksal hin.

Was das Thema HIV anbelangte, konnte ich mich an einen jungen Mann erinnern, der in Addis regelmäßig am Blue Tops vorbeilief. Er war auch für einen schlanken Äthiopier auffallend dünn, war dabei aber auf verwunderliche Weise auffallend schnell auf den Beinen. Als ich ihn eine Woche später sah, bewegte er sich schon wesentlich langsamer. Kurz darauf stützte er sich bereits auf einen langen, festen Stock. Das letzte Mal, als ich ihn zu Gesicht bekam, brauchte er zehn Minuten, um eine Strecke von vielleicht fünfzig Metern zurückzulegen. Dann war er verschwunden. Der ganze Ablauf dauerte vielleicht einen Monat.

Die Arbeit lässt auf sich warten

Meine Gespräche mit dem Tourism Commissioner, Youssouf Abdoulahij Sukkar, zu dem ich übrigens heute noch Kontakt habe, waren konstruktiv und auf persönlicher Ebene fast brüderlich. Für ihn sollte ich arbeiten. Youssouf stellte mich, nicht ohne Stolz, ankommenden Investoren als den großen Schauspieler aus Deutschland vor, der sich in Äthiopien engagieren wollte. Tatsächlich kamen damals noch keine Showgrößen oder sonstige im Westen bekannte Persönlichkeiten, wie beispielsweise Angelina Jolie, nach Äthiopien. Mit einer Ausnahme: Karlheinz Böhm.

Seine NGO war die einzige, die auch nach der Revolution noch im Lande tätig sein durfte, denn bei den anderen hatte man Angst davor, dass zumindest einige zusätzlich noch Spionage oder sonstige subversive Tätigkeiten mit im Gepäck hatten.

Youssouf kannte meine Geschichte des Ausstiegs aus der Fernsehserie und meinte, dass er es bewundere, mit welcher Konsequenz ich mein afrikanisches Erbe verteidigen würde. Auch für den Preis so manchen Verzichts. Ich antwortete nicht darauf. Verzicht oder Verlust, so war mein Gedanke, ist eines der wichtigsten Mittel, sich selbst in seinem eigenen Ansinnen ernst zu nehmen. Ansonsten wäre jeder ein Held. Ich wollte nie ein Held sein, mich aber für Geld auch nicht zum Idioten machen lassen.

Als ich in das Seriengeschäft einstieg, verfasste das Magazin „Stern" eine Geschichte über mich, und zwar in der ersten Ausgabe der TV-Beilage. Der Titel lautete: „Es ist ein ewiger Kampf, ein N… zu sein." Die Formulierung war damals noch üblich. Jesse Jackson, mit dem ich einmal einen Nachmittag in Cannes verbrachte, wo ein Dokumentarfilm über ihn vorgestellt wurde, formulierte den Kampf um die Emanzipation und Souveränität der schwarzen Rasse immer mit den Worten, die er an diesem Tag mehrfach und gebetsmühlenartig wiederholte: *„The struggle continues.“* – „Der Kampf geht weiter.“

Die afrikanische Diaspora kabelte vieles, was in ihrem Gastland passierte, auf die eine oder andere Art und Weise in die Heimat zurück. Wir reden hier von einer Zeit, wo es noch kein Internet gab. Dazu brauchte es keinen Bericht einer Botschaft. Innerhalb der afrikanischen Gemeinde nennt man diese Form der Kommunikation den „Buschfunk“. Ob persönlich oder in einer anderen Form überbracht, erreichten Informationen, die wichtig erschienen, immer das Heimatland. Neben politischen Themen auch andere, welche mit Afrika oder seiner Diaspora in Verbindung standen. Dazu gehörten natürlich auch Nachrichten darüber, wie man Menschen afrikanischer Herkunft in den jeweiligen Ländern im Ausland behandelte. Da es sich bei afrikanischen Familien meist um Großfamilien handelt, gelangte eine solche Info häufig an eine entsprechende Regierungsstelle, wo der eine oder andere Verwandte entweder selbst tätig war oder wo eine entsprechende Person saß, die ein Verwandter oder man selbst persönlich kannte.

Henk Prakke, ein niederländischer Publizist und Verleger, beschrieb solche Phänomene treffend in einem Seminar über Kommunikation und Rundfunk in Afrika, das Anfang der 1960er Jahre auch in Buchform erschien. Ich entdeckte es im Nachlass meines Vaters. Er meinte, dass neben dem Radio die verbale Kommunikation, also die Mund-zu-Mund-Propaganda, die effizienteste Form der Nachrichtenübermittlung in Afrika darstellte. Vor allen Dingen die nachhaltigste. Sie sei auch eines der wichtigsten kommunikativen Elemente Patrice Lumumbas, des ersten Premierministers der Demokratischen Republik Kongo, gewesen.

„Selbst ein Gerücht“, fuhr er fort, „behauptet sich mit großer Zähigkeit und Ausdauer, auch nachdem sich bereits das Gegenteil erwiesen hat.“

Lumumba wurde, obwohl er eine maßgebliche Rolle dabei gespielt hatte, dass die Übergangsphase von der belgischen Kolonialherrschaft in die Unabhängigkeit friedlich verlief, auf Betreiben der USA und Belgiens abgesetzt. Der spätere Präsident Mobutu ließ ihn schließlich festnehmen und übergab ihn der Provinzregierung von Katanga, wo er in Anwesenheit belgischer Offiziere und Beamten von einem Erschießungskommando ermordet wurde.

Mobutu, der unter anderem den legendären Boxkampf zwischen Muhammad Ali und George Foreman in Kinshasa ausrichtete, lebte. Er und sein korrupter Clan ist für Afrikas Intellektuelle nach wie vor die Symbolfigur für die Einflussnahme des Westens und die Ausbeutung des afrikanischen Kontinents. Nach seiner Entmachtung ließ er sich in Marokko nieder, besaß aber auch ein Haus in der Nachbarschaft meiner Tante Caroline im noblen Viertel von Dakar, in Fann Residence, dem Sitz vieler Botschaften. Der hellblaue Fiat 125, mit dem mich ihr Chauffeur Moustapha immer vom Flughafen abholte, war, wie sie mir erzählte, ein Geschenk von Mobutu.

Berichte über Rassismus in westlichen und anderen Ländern gegenüber schwarzen Minderheiten sind jedoch kein Gerücht. Sie entsprechen der Realität. Den sogenannten *arbre à palabres*, den Baum, unter dem sich auch heute noch afrikanische Dorfgemeinden treffen, um die Probleme des Alltags zu besprechen, gibt es immer noch. Im realen, wie im übertragenen Sinne. Der größte *arbre à palabres* des digitalen Zeitalters sind nun die Chatforen im Internet. Sie erfüllen praktisch dieselbe Funktion, mit dem Unterschied, dass sie nicht mehr nur auf Afrika beschränkt sind.

Die Sache mit meinem Vertrag zog sich hin. In Afrika, und das erlaube ich mir fast zu pauschalisieren, ist Misstrauen ein fester Bestandteil in fast allen Kulturen und erreicht auf der politischen Ebene den absoluten Höhepunkt.

Daher stellte man sich an der Spitze der äthiopischen Regierung wohl die Frage, ob es außer Altruismus und Idealismus noch andere Motive gab, warum ich mich im Land aufhielt. Von der geschichtlichen Perspektive aus betrachtet war dies sogar in einem gewissen Maße gerechtfertigt. Oft traute man aber auch den eigenen Leuten nicht. Vermutlich wollte man sich über meine „wahren Motive" erst einmal Klarheit verschaffen. Und Zeit dazu hat man in Afrika mehr als in Europa. In Afrika gibt es den bekannten Spruch, der lautet: „Ihr in Europa habt die Uhr. Wir in Afrika haben die Zeit." Ob diese Aussage in der heutigen Zeit noch seine Gültigkeit hat, könnte man in Frage stellen. Afrika insgesamt hat nicht mehr viel Zeit, seine Position in der Weltpolitik zu ändern. Die Zeitenwende im afrikanischen Sinne – sie kommt bald oder sie kommt nie. Das, was in den nächsten Jahren geschieht, wird für die nächsten fünfzig Jahre gültig sein. Mindestens.

Ich hatte bereits ein paar Gespräche mit dem Team, mit dem ich zusammenarbeiten sollte. Es handelte sich dabei um sehr nette und auch motivierte Leute. Bloß, wie konnte jemand, der noch vor ein paar Monaten inmitten eines Bürgerkriegs eine Kalaschnikow in der Hand gehalten hatte, über Kenntnis und Expertise zu den aktuellen Standards des Tourismus verfügen? Schwierig.

Addis Abeba hatte auch einen Golfplatz. Ich war damals noch kein Golfer, begleitete aber meinen Kumpel Harald, der Leiter der Wartungsabteilung der Lufthansa in Addis war, öfter auf die Runde, mehr oder weniger als Zuschauer. Der Platz wurde zwar kaum bespielt, war aber gut gepflegt. Er war auch mit einem anständigen Clubhaus versehen und stellte im Vergleich zur tagsüber sehr belebten Hauptstadt Addis Abeba ein Kleinod an Ruhe in einem natürlichen Idyll zwischen Eukalyptusbäumen dar. Als Überbleibsel einer sozialistischen Regierung war diese Einrichtung bemerkenswert, denn Golf als Sport war das Symbol des Kapitalismus schlechthin. Aber es stammten ja nicht alle Diplomaten aus dem sozialistischen Lager.

Salomon, mein ältester Sohn, wurde in die Schule der Deutschen Botschaft eingeschult. Wir engagierten einen Fahrer namens Mesfin, der ihn in einem alten blauen Fiat mit weißem Dach, einem Typ 1899 aus einer Baureihe der siebziger Jahre, abholte und ihn immer pünktlich und wohlbehalten zurückbrachte.

Mesfin war ein höflicher junger Mann, vertrauenswürdig und absolut zuverlässig.

Gefahr

Die Nacht taucht eine Stadt in ein anderes Licht als der Tag. Auch im übertragenen Sinne. Plötzlich tauchten Typen von Menschen auf, die man untertags nie zu Gesicht bekam. Denn der „normale" erwachsene Afrikaner ging unter der Woche in der Regel nachts nicht aus, außer wenn er einer Beschäftigung nachging. Ansonsten blieb er bei der Familie. Zudem fehlte den meisten einfach das Geld. Manche Verhaltensweisen ändern sich zu fortgeschrittener Stunde und tauchen eine Stadt in eine andere Stimmung. Die Nacht hat ihre eigenen Gesetze, solche, die man kennen sollte. Dies besonders in einem Land, das gerade einen Bürgerkrieg zu verarbeiten hatte, eine Zeit, die Menschen nicht nur wirtschaftlich, sondern auch mental stark gefordert, einige davon sogar überfordert hatte.

Das Erkunden des Milieus derjenigen, welche in gewisser Hinsicht ihren gesellschaftlichen Halt verloren hatten, war für mich immer ein interessantes Terrain. Als jemand, der sich selbst zumindest zeitweise einmal als eine Art Außenseiter der Gesellschaft sehen musste und teilweise auch keinen Wohnsitz hatte, konnte ich mich in Menschen, die sich gerade in einer schwierigen Situation befanden, vielleicht etwas besser hineindenken. Armut bedeutet auch inneren Schmerz. Armut beinhaltet nicht nur Hunger, sondern auch Isolation von der Gesellschaft, welche in Afrika nicht weniger elitär ist als in Europa. Im Gegenteil: Es gibt eine klare Abgrenzung von reichen und einflussreichen Menschen und dem Rest der Bevölkerung, die sich zumindest damals noch unter dem Gesichtspunkt der Selbstverständlichkeit unterordnete, was wohl auf alte kulturelle Strukturen zurückzuführen ist. Das Prinzip des Unterordnens gegenüber den Mächtigen ist ein Phänomen fast aller feudal strukturierten Kulturen, das aber langsam zu bröckeln beginnt. Totalitäre Staatsformen natürlich ausgenommen. Das privilegierte Milieu der Diplomatie ist daher nicht immer dazu geeignet, die wahren Tiefen einer solchen Gesellschaft, die Ursachen gewisser sozialer und sonstiger Verwerfungen und Konflikte richtig zu analysieren. Viele Initiativen der UN, wie zum Beispiel im benachbarten Somalia, und auch andere bilaterale Kooperationen scheitern auf Grund mangelnder Kenntnisse vor Ort.

Nicht jeder Vertreter der sogenannten Zivilgesellschaft in Drittländern ist auch objektiv, was den Umgang mit politischen Wahrheiten anbelangt. Er handelt wie ein Vertreter der eigenen Regierung im eigenen Interesse. Für mich war das Street-Life daher interessant, weil man dort nicht nur erfahren konnte, wie die Wahrheit aussah, sondern auch, in welcher Form einem das Gegenteil davon nahegebracht wurde. Die Straße ist in ihrem Kern auch ein Teil einer Kultur. Sie ist nicht nur der Abgrund an sich, sondern auch der Ort, wo Teile der ungeschönten Wahrheit einer Gesellschaft begraben liegen bzw. sichtbar werden können. Auch ich habe schon Menschen fallen und verzweifeln sehen, von denen man es nicht für möglich gehalten hatte. Am schlimmsten erging es jenen, welche diese Möglichkeit eigentlich für sich komplett ausgeschlossen hatten. Sie kamen mit so einer Situation weniger zurecht als jemand, der einmal ganz unten war und es von dort wieder nach oben geschafft hatte. Er schien einer solchen Situation mehr gewachsen als jemand, für den immer alles glatt verlief. Wer nie eine echte Katastrophe erlebt hat, dem werden viele Bereiche seiner Persönlichkeit, seines Bewusstseins und seiner Stärke verborgen bleiben. Ein Migrant, der die Wüste durchquert hat oder mit einem Fischerboot den Atlantik, ist im Prinzip ein Übermensch. Physisch wie auch psychisch.

Nachts gab es am Stadtrand von Addis streunende Hyänen. Auch sie waren auf Nahrungssuche, genau wie diejenigen, die in dunklen Ecken lauerten und *Khat*, die berauschende Droge, das Koka-Blatt des Horns von Afrika, kauten.

Zudem gab es auch noch viele Waffen, die sich oft in den Händen jener befanden, die damit nichts Gutes im Sinn hatten. Hyänen machten keinen Unterschied zwischen einem Einheimischen oder einem Ausländer. Bei ihnen herrschte Chancengleichheit. Es gab keinen Bonus, weder für arme schwarze Einheimische noch für reiche Weiße oder sonstige reiche Ausländer. Wer ihre leuchtenden Augen sah, die einen wie kleine LED-Taschenlampen aus dem Dunkel der Nacht anblitzten, sollte sich besser so schnell wie möglich aus dem Staub machen. Später erfuhr ich von einer Stadt namens Harar, wo sich die Einwohner mit den Hyänen arrangierten, indem sie ihnen nachts die Essensreste auf die Straßen kippten. Der Brauch soll auf eine Tradition aus dem 16. Jahrhundert zurückgehen. Der damalige Emir hatte eine Mauer um die Stadt gebaut, was die Tiere noch aggressiver machte. Also fing die Bevölkerung an, sie zu füttern. Auch mit wilden Tieren kann man offensichtlich ein Arrangement treffen. Vielleicht leichter als mit manchen Menschen, jenen, bei denen die Gier das tägliche Credo, der Überfluss die einzige Befriedigung zu sein scheint.

Die Mauer von Harar ist mittlerweile Teil des Weltkulturerbes der UNESCO. In Addis Abeba gab es kein solches Arrangement. Ein Bekannter musste einmal wegen eines geplatzten Kühlerschlauches sein Auto auf einer unbeleuchteten Landstraße abstellen. Zwei Kilometer vor der Stadtgrenze. Eine Minute, nachdem er den Fußmarsch angetreten hatte, drehte er sich sicherheitshalber noch einmal um, um sich zu vergewissern, dass ihm niemand folgte, und musste feststellen, dass ihm bereits eine ganz Hyänenfamilie auf den Fersen war. Sunny, der ebenso wie wir aus München kam, erzählte mir später, dass die restlichen zwei oder drei Kilometer nach Addis, die er noch zu Fuß zurücklegen musste, die schnellsten waren, die er jemals in seinem Leben bewältigt hatte. Dazu muss man sagen, dass ein Sprint in Anbetracht des natürlichen Jagdreflexes dieser Tiere in so einer Situation keine geeignete Variante war. Auch in der Tierwelt galt dieselbe Regel wie auf der Straße: „Wer davonläuft, hat Angst." Angst ist daher nicht in jedem Moment ein guter Wegbegleiter. Besonders wenn man nicht damit umzugehen weiß.

Eines Nachts, als ich durch das menschenleere Viertel um den Meskil Square spazierte, stiegen vier oder fünf in Lumpen gehüllte Gestalten aus einem Müllcontainer und verfolgten mich. Ich blieb mitten auf der Straße breitbeinig stehen und drehte mich nicht um. Mich von ihnen durch die Straßen jagen zu lassen, dazu hatte ich keine Lust. Ich signalisierte, dass ich keine Angst hatte, und wartete auf die Schritte hinter mir, wobei ich an Sunny und die Hyänen dachte. Panik ist keine Basis für eine gute Selbstverteidigung, im Gegenteil. Es zieht genau das an, was man eigentlich abwenden will. Als ich mich dann irgendwann umdrehte, stiegen sie wieder in den Container zurück. Nicht jeder, der am Boden ist, ist ein schlechter Mensch. Aber auch nicht jeder von ihnen ist gut. Die Art, wie sie sich bewegten, ließ vermuten, dass das Kraut, was sie wahrscheinlich kauten, das Einzige war, was sie noch zu sich nahmen. Irgendjemand erzählte mir einmal, dass es Leute gibt, die sich in Hyänen verwandeln konnten. Vielleicht hatte er nachts in die Augen eines *Khat*-Kauers geschaut.

Afrikanische Realitäten

Wir feierten Shobhas Geburtstag in einem italienischen Restaurant, einem mit einer langen Geschichte. Das Restaurant Castelli lag nahe des sogenannten *Mercato*, des größten Marktes Afrikas. Das Lokal, welches bislang alle politischen Umstürze und Regierungswechsel überstanden hatte, war praktisch eine gastronomische Institution in der Stadt. Seine

Langlebigkeit war wahrscheinlich der geschickten Diplomatie der Gastronomen geschuldet. Und dies, obwohl die Italiener in den Jahren des Faschismus 1935 bis 1936, während des bereits erwähnten Kriegs gegen Abessinien, Giftgas sowohl gegen die Truppen als auch gegen die wehrlose Zivilbevölkerung eingesetzt hatten. Die Zahl der Opfer betrug insgesamt 760 000 Tote von den damals circa zehn Millionen Einwohnern. Afrika kann verzeihen, wenn man es nach einer solchen Katastrophe in Ruhe lässt. Es verzeiht jedoch nicht, wenn man versucht, eine modernisierte Strategie kolonialer Ausbeutung unter dem Deckmantel einer vermeintlich fairen Partnerschaft weiterzuführen.

Einen Einblick in afrikanische Kulturen bekommt man in der Regel, wenn man nicht nur *bei* den Afrikanern, sondern auch *wie* die Afrikaner lebt. Denn gemäß den Geboten bester afrikanischer Gastfreundlichkeit heißt es, dass der Gast immer Recht behalten und sich in erster Linie wohlfühlen sollte. In manchen Diskussionen nickt man deswegen aus Gründen traditioneller Höflichkeit so manche Gesprächspassagen ab, auch wenn man nicht wirklich derselben Meinung ist.

Das familiäre Sozialsystem ist einer der wichtigsten Pfeiler aller afrikanischen Gesellschaften. Leider ist es häufig auch ein Grund dafür, warum manche Ehen zwischen Afrikanerinnen/Afrikanern und Europäerinnen/Europäern einem gewissen Druck ausgesetzt sind. Gemeinschafts- und Familiensinn steht in allen Kulturen Afrikas an der Spitze der Agenda. Verpflichtungen gegenüber der Familie entfallen auch dann nicht, wenn man das Land verlässt. Im Gegenteil, damit steigen die Erwartungen, besonders in Bezug auf „familiäre Projekte". Gut ist, wenn das Geld dann tatsächlich für den angegebenen Zweck ausgegeben wird. Früher war es der Fall, dass es sich dann wenigstens einer der Brüder zu Hause gemütlich machte, wenn jemand im Ausland Geld verdiente. Diese Zeiten sind mittlerweile so gut wie vorbei. Tatsache ist, dass es auf dem Kontinent mit der weltweit höchsten Arbeitslosenrate in den allermeisten Ländern weder eine Kranken- noch eine Altersvorsorge gibt. Die Behandlung eines kranken Familienmitglieds kann schnell einmal mit einem Drittel des monatlichen Familieneinkommens zu Buche schlagen.

Bei der geringen Produktionsleistung afrikanischer Länder, wo der überwiegende Teil der Berufstätigen in der sogenannten Schattenwirtschaft tätig ist, können an den Staat auf Grund des zu geringen erwirtschafteten Einkommens kaum Steuern abgeführt werden. Daher fehlt das Geld für Sektoren wie Bildung und Gesundheit und somit für die allgemeine Entwicklung des Lebensstandards.

Der HDI, Human Development Index, erfasst diese drei Sektoren und gibt auch Aufschluss darüber, wie viel der Staat gemessen an seinem Bruttoinlandsprodukt in diese Bereiche investiert. Aufschlussreich ist dabei auch eine Queranalyse, bei der man den Zusammenhang zwischen GDP (der englische Begriff für „Bruttoinlandsprodukt") und HDI betrachtet, ob etwa ein Anstieg des GDP innerhalb eines Zeitraums von einem Jahr auch einen entsprechenden Anstieg des HDI zur Folge hat. Daran kann man ermessen, in welchem Maße das Land auch in das Wohlbefinden seiner Bevölkerung investiert. Gerechterweise muss man sagen, dass die Regierungen vieler ärmerer Entwicklungsländer auch andere Prioritäten auf langfristige Ziele, etwa im Bereich der Verkehrs- oder Energieinfrastruktur, setzen müssen. Dies ist der Bevölkerung oft schwer zu vermitteln. Man braucht heute etwas im Essenstopf und nicht erst in zehn Jahren. Im globalen Ranking stand 2021 die Schweiz im HDI an der Spitze. Deutschland immerhin auf Platz 9. Die USA befanden sich auf Platz 26 und Frankreich auf Platz 29. Erfasst wurden 184 Länder. Am Ende, auf Position 184, stand mit Südafrika ausgerechnet eines der drei reichsten und wirtschaftlich am besten entwickelten Länder Afrikas.

Kein Staat kann ohne Steuern existieren. Auch nicht in Afrika. Wenn ein europäischer Durchschnittsbürger glaubt, dass afrikanische Länder auf seine Kosten von der Entwicklungshilfe leben, kann er im Prinzip auch gleich an den Weihnachtsmann glauben. Denn eigentlich werden damit lediglich die institutionellen Strukturen am Leben gehalten, und auf diese Weise besänftigt man die Afrikaner bzw. deren Politiker dafür, dass sie ihre Rohstoffe billig an die Industrienationen veräußern. Und nicht nur das: Ein weiteres und wesentliches Problem ist, dass die Veredelung dieser Rohstoffe in den Industriestaaten stattfindet. In diesen Prozessen liegt das wahre Geschäft. Der durchschnittliche Kakaopreis für eine Tonne beträgt im Jahr 2023 etwa 2 500 Euro. Das entspricht 2,50 Euro pro Kilo. Das ist etwas unter dem Preis für eine 100-Gramm-Tafel einer Schweizer Edelmarke mit 70 Prozent Kakaoanteil. Der Anteil bei Milchschokolade beträgt zwischen 30 und 40 Prozent. Bis das Produkt den Konsumenten erreicht, verdienen die Hersteller, die Transportunternehmen, die Händler. Bei allen Prozessen verdienen Unternehmen und deren Arbeitnehmerschaft mit. Und bei allem verdient der Staat über die Steuereinnahmen mit. In Ghana oder der Elfenbeinküste verdient ein Plantagenarbeiter vielleicht achtzig Euro pro Monat. Das war es dann.

Ghana partizipiert beim Goldabbau durch ausländische Privatfirmen lediglich mit einem Anteil von 10 Prozent. Dies gilt auch für Coltan, das für die Herstellung von Mobiltelefonen benötigt wird, sowie für Kupfer und Lithium. Das Schema lässt sich auf fast alle Rohstoffprodukte Afrikas übertragen, deren Endprodukte wir im industrialisierten Teil dieser Welt konsumieren. Solange sich daran nichts ändert, wird sich auch an der Migration von Afrika nach Europa nichts ändern.

Betrachtet man das Geschrei der Politik in Bezug auf die Migrationsproblematik oder den abscheulichen Umgang mit afrikanischen Flüchtlingen in Libyen zum „Schutz" der Außengrenzen Europas, muss der Begriff einer „europäischen Wertepolitik" wie Hohn in den Ohren jener klingen, die ihren Kindern keine Nahrung, keine Schulausbildung und damit keine Zukunft bieten können.

Hilfe für Afrika kommt von ganz woanders her: von den eigenen Leuten, welche im industrialisierten Ausland arbeiten. Oft kommt es allerdings vor, dass ihre Möglichkeiten von ihren Familienmitgliedern überschätzt werden. Grund dafür ist, dass gerade junge Afrikaner, die in Europa leben, in den sozialen Medien ihre ökonomischen Verhältnisse, ihren Lebensstil anders darstellen, als es der Realität entspricht. Wer einmal einen Blick auf das Reisegepäck afrikanischer Passagiere wirft, die in Richtung Heimat fliegen, kann sich vorstellen, dass sich in den fünf großen Koffern nicht nur Utensilien für den Eigenverbrauch, für einen zweiwöchigen Badeurlaub befinden, sondern hier die Bestellzettel von Brüdern, Schwestern, Eltern, Cousinen etc. im wahrsten Sinne des Wortes abgearbeitet wurden.

Der permanente Kampf um das tägliche Brot ist für die meisten Familien in der Heimat allgegenwärtig. Für deren Überleben sorgt zum allergrößten Teil die Diaspora. Sie sind die wahren Ernährer der afrikanischen Bevölkerung und nicht die Gelder der sogenannten Entwicklungshilfe. Die im Ausland lebenden Afrikaner überwiesen 2022 laut einer

Studie der Weltbank 44 Milliarden Euro als sogenannte *remittances* an ihre Familien in Sub-Sahara-Afrika, was dort in manchen Ländern bis zu 20 Prozent des BIP darstellt. Sie, die außerhalb des Kontinents lebenden Afrikaner, sind die wahren Entwicklungshelfer des Kontinents. Ihre Unterstützung ist bedingungslos und ohne jegliche politische Zielsetzung und Konditionierung.

Konflikte

Ich war schon immer ein großer Anhänger der Kaffeehauskultur. Ob in München, Wien, Paris oder Tunis. Wo es keine Kaffeehauskultur gab, fühlte ich mich ein bisschen fehl am Platz. Dies war in Äthiopien nicht der Fall. Es ist das Ursprungsland dieses braunen Gebräus, welches eigentlich in jedem Land der Erde auf die eine oder andere Art und Weise konsumiert wird. Der Kaffee entstammt dem äthiopischen Hochland und wurde das erste Mal im 9. Jahrhundert erwähnt.

Außer dem Blue-Tops im oberen Bereich der Stadt besuchte ich nun hin und wieder auch die Cafés in der Bole Road, wie zum Beispiel das Robbies Pastry. Dort lernte ich einen äthiopischen Atomphysiker kennen, der im nördlichen Europa, in Skandinavien, studiert und dort auch seinen Abschluss gemacht hatte. Er erzählte mir eine Geschichte, die auf demselben Prinzip beruhte, wie es bei vielen anderen afrikanischen Akademikern, die im europäischen Ausland lebten, der Fall war. Man brachte immer andere voran. Die „Weißen". Man selbst wurde aber nie auf Augenhöhe wahrgenommen, egal wie gut man war. Tilahun entschloss sich schließlich, in seine Heimat zurückzukehren, wo man ihm weit unter seiner Qualifikation nur einen Posten als Direktor einer Glühlampenfabrik anbieten konnte. Ich war etwas jünger als er, und daher hatten seine guten Ratschläge, den kulturellen afrikanischen Gegebenheiten entsprechend, manchmal auch einen etwas gebieterischen Beiklang. In fast allen afrikanischen Kulturen hat der Ältere, egal ob derjenige ein Familienmitglied war oder nicht, das Sagen. Besonders wenn es um das Rauchen ging. „Das musst du nicht tun. Das schadet dir nur", hörte ich immer wieder, wenn ich mir eine Zigarette anzündete. Tilahun war mir sehr sympathisch, aber kein Verwandter der Familie. Auch kein entfernter. Das erinnerte mich an eine Szene, in der mir eine Frau am Rodeo Drive in Los Angeles garantiert fünfzig Meter hinterherlief und mich über die Gefahren des Rauchens aufklären wollte. Ich ließ Tilahun reden und rauchte weiter. Als jemand, der sich sein Leben lang um sich selbst kümmern musste und nun auch noch um seine Familie, war ich nicht für alle afrikanischen Gesellschaftsregeln zugänglich.

Das Prinzip der Armut als Strategie, die schwarzen Menschen immer auf der Ebene geringerer Verdienste zu halten, damit ihre Sparquote niedrig und der persönliche ökonomische Spielraum überschaubar bleiben, deckt sich mit dem Prinzip der Verschuldung des afrikanischen Kontinents. Dies sieht man besonders in den Ländern Lateinamerikas, aber auch in Europa, zum Beispiel in Belgien und Frankreich, wo Migranten im Dienstleistungssektor ausgebeutet werden. Oder in Italien in der Agrarwirtschaft, wo Flüchtlinge aus Afrika in Behausungen aus alten Plastikfolien, *tendepoli*, wie die Zeltstadt in der Nähe des süditalienischen Ortes San Ferdinando genannt wird, ein Dasein unter furchtbaren hygienischen Verhältnissen führen, eines, das an die Zeiten der Sklaverei erinnert. Wie kann so etwas auf dem Terrain einer Gesellschaft geschehen, die sich als zivilisierter und humaner als alle anderen bezeichnet, sich aber im Prinzip von ihren eigenen Werten längst verabschiedet hat? So wenig, wie afrikanische Länder unter diesem Gesichtspunkt wirtschaftliche Strukturen und Netzwerke aufbauen können, genauso wenig können es Teile der afrikanischen Diaspora, besonders jene ohne akademische Ausbildung. Mir erzählte einmal ein bekannter Spielervermittler, welcher viele brasilianische Fußballspieler vertrat, dass sich ein paar Funktionäre aus dem Land bei ihm darüber beschwerten, dass er so hohe Gehälter für seine Mandanten aushandelte. Auf die Frage, warum man sich daran störe, – zumal er als Berater ja schließlich prozentual an einem Spielergehalt beteiligt sei, dies praktisch auch noch einen Teil seiner eigenen Geschäftsgrundlage darstellte, antwortete man ihm ohne weitere Begründung, dass Schwarze nicht so viel verdienen dürften.

In Brasilien gibt es noch Sklaverei in der Landwirtschaft. Für die wohlhabenden Teile der Gesellschaft ist es daher von Vorteil, dass die afrikanisch-stämmige Bevölkerung sowie auch die indigene arm und ungebildet bleiben. Diese Haltung war wohl auch das auslösende Moment, warum man in den zwanziger Jahren den Greenwood District, die „schwarze Wallstreet" der Vereinigten Staaten, in Tulsa niederbrannte. Die Emanzipation steht nicht nur im Zusammenhang mit einer sozio-kulturellen und geistigen Befreiung, sondern auch mit einer ökonomischen. Dies galt es zu verhindern. Man wollte damit praktisch sicherstellen, dass dem weißen Establishment auch weiterhin billiges und rechtlich ungeschütztes Arbeitspersonal zur Verfügung stand.

Dass die afrikanische Diaspora es bislang nicht geschafft hatte, wirtschaftliche Netzwerke im Ausland oder auch im eigenen Land aufzubauen, so wie die Juden, Inder, Araber, Chinesen und Vietnamesen es geschafft haben, hat mehrere Gründe. Externe, die bereits geschildert wurden, aber auch interne. Dazu zählt etwa das Misstrauen untereinander, damit einhergehend die Eifersucht aufeinander und somit das mangelnde Miteinander. Und schließlich die Tatsache, dass die meisten etwas wohlhabenderen Afrikaner im eigenen Land kein unternehmerisches Risiko eingehen wollen, lieber in Immobilien investieren, die nicht verwaltungsintensiv sind, sich aber gleichzeitig darüber beschweren, wenn infolgedessen dann wichtige Teile des Handels- und des Importgeschäfts von Indern oder Libanesen übernommen werden. Der Ökonom Francis Fukuyama beschreibt dieses Phänomen des Misstrauens innerhalb einer Gesellschaft und seine ökonomischen Auswirkungen auf eine sehr verständliche Art und Weise in seinem Buch „Trust". Er teilt die Welt in sogenannte *high-trust* and *low-trust societies*, in solche mit einem hohen und einem niedrigen gesellschaftlichen Vertrauenspotential. Demnach lassen sich in einer *high-trust society* mehr Prozesse abwickeln und beschleunigen, als wenn man jeden Schritt des anderen ständig bis ins Detail kontrollieren muss. In dieser Skala stehen die meisten afrikanischen Länder leider nicht ganz oben.

Es war Wochenende. Die Kinder hatten sich schnell eingewöhnt. Shobha bekam Besuch von alten Freundinnen und Verwandten. Tilahun und ich wollten ausgehen und einigten uns wieder einmal für das „Yodd Abessinia". Aus seiner Sicht des guten Bieres wegen. Auch wenn ich auf Grund meiner Geschichte mit Alkohol und anderen Substanzen, welche der Gesundheit nicht unbedingt förderlich sind, daran nur nippte, konnte ich feststellen, dass es von hervorragender Qualität war. Man hätte es auch problemlos in Deutschland, Frankreich, Belgien oder sonst wo in Europa verkaufen können. Als ich noch in dem Münchner Vorort Gräfelfing wohnte, erzählte mir ein Braumeister der dort ansässigen Doemens-Aka-demie, ein Deutscher, dass in dem Institut die besten Abschlüsse die Afrikaner machten. Sie waren die ehrgeizigsten. Bier war eines der be-liebtesten Getränke in Afrika. In fast allen Ländern. Tilahun und ich unterhielten uns darüber, wie wir uns unser neues Leben vorstellten, und bewunderten wie immer die folkloristischen Darbietungen, ließen un-sere Gedanken zwischendurch in die äthiopische Musik eintauchen, die hier live dargeboten wurde und die im Vergleich zu anderer afrikanischer Musik hin und wieder einen fast melancholischen Anklang hatte. Wir hatten uns viel zu erzählen, über unsere Erfahrungen in Europa, über Familie, Kinder, und so verging der Abend relativ schnell.

Es war bereits ziemlich spät, so gegen drei Uhr, als mich der Taxifahrer an der Hauptstraße vor dem Seitengässchen, in dem sich unser Haus be-fand, absetzte. An diesem Tag überkam mich nach dem Aussteigen aus dem Taxi ein eigenartiges Gefühl. Das erste Mal, seitdem wir hier eingezogen waren, hatte diese kleine Sackgasse etwas fast Gespenstisches an sich. Eine eigenartige Ruhe ging von ihr aus, und man spürte etwas, das man nicht sehen konnte, so als ob ein Tier irgendwo in einer hinteren Ecke der Stra-ße im Dunkeln lauern würde. Auch wenn der Mond noch einen kleinen Beitrag zur Beleuchtung unserer Gegend leisten konnte, sein kühles, spärli-ches Licht sich auf den leise schwankenden Blättern der Eukalyptusbäume brach, lag über dem Ganzen eine düstere Unberechenbarkeit. Das Moto-rengeräusch des Taxis war verschwunden, und plötzlich fühlte sich die Ge-gend, die ganze Stadt wie ausgestorben an. Auf der gegenüberliegenden Seite unseres Hauses gab es einen offenen, etwa knietiefen, eckig gemauer-ten Abwasserkanal, mit dem man schon allein aus hygienischen Gründen keine nähere Bekanntschaft machen wollte. Kurz kam mir der Gedanke, wie viele von den Bar- oder Restaurantbesuchern, die das gute äthiopische Bier, ob „St. George" oder ein paar Flaschen „Meta" mit seinen sieben Pro-zent genossen hatten, in so einer unsterilen Einrichtung wohl schon einmal ein unfreiwilliges Bad genommen hatten. Die Problematik des Abwassers scheint sich über sämtliche arme Länder des Globus zu erstrecken, Afrika miteingeschlossen.

Am Hoftor angelangt, machte nach dreimaligem Klopfen schließlich meine Frau auf. „Wo ist denn unser Wächter?", fragte ich etwas verärgert. „In seinem Zimmer", antwortete sie knapp und blickte mich mit etwas steinerner Miene an. „Was ist los mit ihm?", fragte ich. Shobha erzählte mir, dass sie zuerst von der Straße herkommenden Lärm und Geschrei vernommen hatte, der nach einem heftigen Streit klang und an dem wohl mehrere Personen beteiligt waren. Kurz darauf waren zwei Schüsse gefallen. Dann sei erst einmal Ruhe eingetreten, meinte sie. Es stellte sich schließlich heraus, dass eine Gruppe von ungefähr zwanzig Somalis, welche wohl vor Kurzem das Haus gegenüber bezogen hatten, mit dem Nachbarn, der neben uns wohnte und der gerade von einer Reise zurückkam, aneinandergeraten war. Dann war die Situation wohl aus irgendwelchen Gründen eskaliert, woraufhin die Gruppe ihn kurzerhand gesteinigt und ihm anschließend noch eine Kugel in den Kopf geschossen hatte.

Unser Wächter, der „Guerillakämpfer", zog es daher sicherheitshalber vor, sich erst einmal in die hinteren Winkel unseres Gehöfts zu verziehen.

„Zuerst dachte ich, das warst du", bemerkte Shobha besorgt. Dann packte sie mich an meiner Jacke, die durch den einsetzenden Nieselregen bereits etwas feucht geworden war, zog mich hinter das eiserne Eingangstor und verriegelte es. Was es mit den Somalis auf sich gehabt haben könnte und warum sie mit so vielen Menschen in dem kleinen Haus wohnten, darauf kam ich erst später. Es gab wohl auf politischer Ebene immer noch Streitigkeiten wegen der Region Ogaden, die mehrheitlich von Somalis bewohnt war, aber welche Äthiopien für sich beanspruchte.

Der Konflikt zwischen den beiden Ländern hatte in Zeiten des Kalten Krieges an Brisanz gewonnen, da der damalige Premier und Sozialist Mengistu im Rahmen des sogenannten Ogadenkriegs, einem Grenzkonflikt zwischen 1977 und 1978, von der damaligen Sowjetunion unterstützte wurde, worauf die Somalis sich auf die Seite Amerikas schlugen. Dies änderte sich dann 1993, als die USA und die UNO in den somalischen Bürgerkrieg eingriffen und in einem Einsatz in Mogadischu achtzehn Soldaten verloren. Vor diesem Hintergrund entstand auch der bekannte filmische Blockbuster „Black Hawk Down". Zu diesem Zeitpunkt hatte sich Äthiopien aber schon auf die Seite der USA gestellt. Später sollten sie dann auch in Somalia einmarschieren, woraufhin die Somalis den Äthiopiern den Heiligen Krieg erklärten. Da 1991 die Regierung in Somalia zusammenbrach, bildete sich dort die „Union islamischer Gerichte", dann im Jahre 2006 eine gut ausgerüstete und ebenso gut ausgebildete Terrormiliz namens Al Shabab.

Einen Schritt weiter

Nach diesem Vorfall fragte ich beim Tourism Commissioner Youssouf erneut nach einer Wohnmöglichkeit in einer der Immobilien, welche in Besitz der Regierung waren. Bald darauf zogen wir in einen Compound mit dem Namen CMC ein, eine Wohnanlage, die sich ein paar Kilometer außerhalb des oberen Teils der Hauptstadt Addis Abeba befand. Für was das Kürzel CMC stand, weiß ich bis heute nicht.

Dass man uns eine großräumige Wohnung dort zur Verfügung stellte, welche auch noch die Hälfte an Miete im Vergleich zu dem Haus neben den Somaliern kostete, wertete ich als erstes Zeichen des Vertrauens von Seiten der Regierung. Denn Mietobjekte von Privatanbietern waren wie gesagt für Ausländer nicht gerade günstig. Für unser Haus mussten wir damals schon eintausend Dollar pro Monat auf den Tisch legen. Heutzutage ist, wie ich erfahren habe, wahrscheinlich mindestens die siebenfache Summe fällig.

Das oder der CMC, den Mengistu für die ausländischen Botschaften hatte bauen lassen, war durch hohe Mauern und Wächter auf Türmen geschützt. Trotzdem hielten die Botschaften diese Option offensichtlich nicht für besonders attraktiv. Man traute dem tyrannischen Machthaber nicht über den Weg und konnte sich vielleicht sogar vorstellen, dass er im Falle eines Konflikts alle Diplomaten erst einmal in Geiselhaft nehmen würde, was unter diesen Umständen natürlich einfach, aber dennoch unwahrscheinlich gewesen wäre. Zumindest aber war wahrscheinlich das Abhören leichter. Und man wusste auch noch, wer wann und wo ein und aus ging. Das Ganze erweckte den Anschein einer praktischen, kompakten Informationslösung für den Geheimdienst. Mit einem relativ geringen Aufwand an Ressourcen.

Mengistu war jedoch bereits Geschichte, und auf alle Fälle war es in dieser Umgebung sicherer als in der Gegend, in der wir zuvor gewohnt hatten und aus der wir nach dem Vorfall mit unseren Nachbarn schon allein unserer Kinder wegen den Umzug geplant hatten. Wo sich die Truppe nach dem Mord aufhielt, habe ich nie erfahren. Ich selbst hatte nie einen von ihnen zu Gesicht bekommen. Al Shabab gab es damals noch nicht, aber es waren wahrscheinlich deren Vorläufer. Sie waren für die meisten Anschläge in der Hauptstadt verantwortlich. Es war anzunehmen, dass unsere Nachbarn dieser Gruppierung angehörten.

Irgendwann, so nach einem knappen Jahr, wurde ich des Wartens auf meinen Vertrag zunehmend müde. So eigenartig es klingen mag, aber ich war gekränkt darüber, als ich feststellen musste – so jedenfalls interpretierte ich das Ganze –, dass man mir nicht vertraute.

Heute würde ich sagen: Wer vertraut in der Politik schon wem? Aber in dieser Zeit basierte mein operativer Wahrnehmungshorizont noch mehr oder weniger auf einem etwas naiven Idealismus.

Und in vielen Ländern ruft Idealismus mehr Misstrauen hervor als der reale Versuch eines Betrugs. Manchmal hatte ich sogar das Gefühl, als sähe man gerade in Afrika einen Idealisten als eine besonders begabte Gattung eines Betrügers, jemanden, bei dem man erst merkte, was er wirklich im Schilde führte, wenn es bereits zu spät war. Und ich war *mixed race*. Dieser Spezies traute man die Fähigkeit zu, in mehreren kulturellen Ebenen zu denken, womit man in so manchen Fällen vielleicht gar nicht so falsch lag. Das setzt jedoch voraus, dass man beide Kulturen kennt und in deren Gesellschaften auch gelebt hat.

Manchmal, wenn mich interessierte Investoren fragten, wie man denn in Afrika am besten Geschäfte machte, gab ich ihnen den Rat, dass man dort jedenfalls nicht versuchen sollte, den Leuten zu erklären, dass man gekommen sei, um dem Land zu helfen. „Sagen Sie, ich bin Unternehmer und will Geld verdienen", meinte ich. „Ansonsten wird man über Sie, wenn Sie die Tür hinter sich zugemacht haben, wahrscheinlich nur lachen. Denn nach all dem Gerede über Hilfe für Afrika müssten die Afrikaner ja schon einen Lebensstandard haben, der zumindest mit dem südeuropäischer Länder vergleichbar wäre. Und davon ist man weit entfernt. Den Begriff „Hilfe zur Selbsthilfe" muss man daher in zwei Richtungen interpretieren. Sowohl in Richtung des Bedürftigen als auch in Richtung des Helfers selbst.

In diesem Geschäft gab es sowohl auf der realen, der politischen als auch auf wirtschaftlicher Ebene nie echte Geschenke. Sie dienten auf die eine oder andere Art und Weise immer dem Selbstzweck. Sogenannte Entwicklungshilfe ist bereits ein eigener und auch einflussreicher Wirtschaftszweig, praktisch ein in Drittländer exportierter Arbeitsmarkt.

Etwa die Hälfte der Entwicklungsprojekte der UN laufen unter Beteiligung von NGOs, überwiegend in Afrika und in Asien. Allein in

Uganda sind über 3 500 NGOs, nicht Mitarbeiter, sondern Organisationen registriert. Insgesamt sind weltweit mehr als 40 000 internationale NGOs aktiv. Dazu kommen hunderttausende nationale Initiativen.

Abgesehen von der medialen Macht im Ausland, welche von den NGOs, dem sogenannten Dritten Sektor ausgeht, wo Sachverhalte oft auch unter dem Gesichtspunkt von Eigennutz interpretiert und überzeichnet werden, muss man sich die Frage stellen, inwieweit man dem Entwicklungsaspekt, besonders in Bezug auf Afrika und die in diesem Sektor jährlich ausgegebenen Milliarden, gerecht werden kann. Dass manche dieser NGOs in Krisensituationen in Afrika oder anderen Regionen der Welt, besonders in Bezug auf die verheerenden Auswirkungen des weltweiten Klimawandels, nützlich sind, steht außer Frage. Aber es ist auch eine berechtigte Frage, eine, die viele Menschen umtreibt, was sich in Afrika seit der Unabhängigkeit, welche überwiegend in den sechziger Jahren stattfand, in Bezug auf die Lebensverhältnisse der dort lebenden Menschen verändert hat. Tatsache ist auch, dass afrikanische Länder auf Grund ihrer hohen Verschuldungsquote ihre Ausgaben im öffentlichen Bereich, wie dem Gesundheits- und dem Bildungswesen, reduzieren mussten und das heißt, dass die NGO's nun diese Ausgaben übernehmen mussten.

Dass die industrialisierten Länder durch das Überstülpen eines Systems von „moralisch inspirierten" Organisationen und Helfern eine diversifizierte Wirtschaftsentwicklung, die Herstellung von Produkten zur Deckung des eigenen Bedarfs, teilweise sogar verhindert haben, ist nicht Bestandteil der öffentlichen Wahrnehmung.

Die Zeit verging, und ich war nicht der Typ von Mensch, der über eine längere Zeit hinweg unproduktiv sein konnte. Ich saß mit Sunny in der Flamingo Bar, die sich ganz am Anfang der Bole Road befand, und erklärte ihm mit einem ziemlich verärgerten Unterton meine Situation.

„Du musst Geduld haben", sagte er, „das geht nicht von heute auf morgen."

„In meiner Wahrnehmung ist es aber schon längst übermorgen, Sunny", antwortete ich ihm.

Wir blieben noch eine Zeit sitzen und plauderten, als plötzlich ein Tross von etwa einem Dutzend Äthiopiern auftauchte, in deren Mitte ein Mann war, der etwas anders aussah als der Rest. Er war etwas wuchtiger, hatte einen größeren Kopf und glattere Haare. „Das ist Mohammed Al Amoudi, der reichste Mann Afrikas", sagte Sunny aufgeregt (was zur damaligen Zeit stimmte). „Und er schaut dich an. Der hat eine private Boeing und lädt immer alle seine Freunde zum Superbowl nach Amerika ein."

„Ich schau kein Football", antwortete ich ihm. Sunny schaute mich entgeistert an. Ich verabschiedete mich von ihm, stand auf, rief die Bedienung an den Tisch, zahlte und ging. Ich war für nichts mehr zugänglich.

Das Prinzip „In Europa hat man die Uhr. Wir haben die Zeit" war nichts für mich. Ich war aber nicht nur für mein eigenes Wohl, sondern auch für das meiner Familie verantwortlich. Allein deswegen konnte ich mich auf diese Sichtweise nicht einstellen.

Das Prinzip *tog ag xar* – wie es in der Woloff-Sprache des Senegals so nett heißt, „sitze und warte", war einfach nicht mein Weg. Mittlerweile macht es mir nichts mehr aus, wenn ich ein paar Stunden am Flughafen auf einen Anschlussflug warte. Damals hatte mein System Afrika noch nicht verarbeitet. Hinzu kommt, dass meine Kinder mittlerweile alle ihre Ausbildung hinter sich gebracht haben.

Funky Town Los Angeles –
Neue Stiefel
für Jean Michael Byron

Es war Anfang 1997 und wir hatten ein knappes Jahr in Äthiopien verbracht. Nun beschlossen wir, unsere Zelte in Addis abzubrechen und nach Deutschland zurückzukehren. Da sich Shobha besser mit der damals noch etwas schwerfälligen Bürokratie des Landes auskannte, überließ ich ihr die Formalitäten in Bezug auf die Abwicklung der Wohnung und verließ Addis. Zudem wollte ich die Abreise nicht an die große Glocke hängen. Zunächst flog ich nach Los Angeles, um zu sehen, ob sich dort für mich vielleicht berufliche Perspektiven ergeben könnten. Anschließend wollte ich mich in München um eine Wohnung kümmern. Als ich am Nachmittag in L.A. ankam, die Reise ging über Frankfurt, stand ich zwar noch aufrecht, war aber eigentlich schon ziemlich kraftlos. Von Frankfurt aus waren es neun Stunden Zeitunterschied. Aus der Sicht meines eigentlichen Abflugortes Addis Abeba schon elf. Obwohl es ja gerade einmal früher Nachmittag war, fühlte ich mich einfach ausgelaugt. Ich wohnte bei meinem Kumpel Tarek in einem schönen Zweiparteienhäuschen mit Vorgarten in Beverly Hills an der Ecke Rodeo Drive – Olympic Boulevard, das er sich mit einer afro-amerikanischen Anwältin teilte.

Tarek, ein geschäftstüchtiger junger Bursche, Sohn bosnisch-moslemischer Einwanderer, war häufig zwischen München und L.A. unterwegs, wo er bei einem Uhrenhändler in der Münchner Türkenstraße teure Edelmarken wie Rolex oder Patek Philippe einkaufte, um sie dann mit Aufschlag in den USA zu verscherbeln. Die meisten davon verkaufte er an einen afro-amerikanischen Uhrenhändler am Rodeo Drive, dessen Kunden unter anderem aus der Szene erfolgreicher schwarzer Musikproduzenten stammten. Tarek war in Beverly Hills aufgewachsen und kannte natürlich das Terrain ziemlich gut. Ich telefonierte noch kurz mit ein paar Freunden und informierte sie über meine Ankunft.

Lorna Johnson war eine Immobilienagentin in Los Angeles, die ich einmal zusammen mit meinem deutschen Schauspielkollegen Arthur Brauss, der ebenfalls in dem einen oder anderen Hollywood-B-Picture mitgespielt hatte, auf dem Film Market in Santa Monica kennengelernt hatte. Sie ging direkt ans Telefon und fragte mich, ob ich am Abend zur Geburtstagsparty ihres Bruders kommen möchte. Ich stimmte zu, jedoch mit der Einschränkung, dass ich möglicherweise auf Grund des Jetlags den restlichen Tag nicht überstehen würde.

So kam es dann auch. Ich wachte kurz nach Mitternacht auf, ging an den Kühlschrank und machte mir zuerst einmal ein Sandwich. Dann setzte ich mich auf das Bett, lehnte mich zurück an die Wand und las ein bisschen in den Kurzgeschichten von William Somerset Maugham, der ebenfalls ein Weltenbummler gewesen war. Der Sohn eines britischen Anwalts in Paris war früh verwaist und stotterte. Er diente während des Ersten Weltkriegs beim britischen Geheimdienst MI6 und studierte Deutsch in Heidelberg. Seine Geschichten, die sich oft in den Gesellschaften ehemalig englischer Kolonien abspielen und die er mit einer scheinbaren Leichtigkeit niederschrieb, enden meist in einer tiefsinnigen, weniger glorifizierenden Analyse der britischen Kolonialherrschaft.

Am nächsten Vormittag meldete ich mich dann bei Lorna, um mich erst einmal für mein Nichterscheinen zu entschuldigen. „War jemand da, den ich auch kenne?", fragte ich. „Ja", antworte sie beiläufig, „Mike Tyson, Eddie Murphy, Arsenio Hall und noch ein paar andere." Arsenio Hall war damals neben Oprah Winfrey der Host einer der bekanntesten Late-Talk-Shows im amerikanischen TV. „Du bist nicht zufällig die Schwester von Magic Johnson?", fragte ich dann. „Ja, bin ich", antworte Lorna. „Dacht' ich's mir doch."

Irgendwann am Mittag kam Tarek mit ein paar asiatischen Take-away-Boxen mit Hühner- und Rindfleisch zurück und erklärte mir den Plan, den er für die nächsten zwei Tage für uns erstellt hatte. Es war wieder Filmmarkt und da war in L.A. einfach jede Menge los. Und Tarek wäre nicht Tarek, wenn es ihm gelungen wäre, nur fünf Minuten ruhig auf seinem Hintern zu sitzen.

Wir verabredeten uns am späten Nachmittag mit seinem Freund Shamim, einem ebenfalls gut vernetzten Sohn eines indisch-muslimischen Einwanderers und einer englischen Mutter, im „Peninsula" am Santa

Monica Boulevard. Shamim erklärte mir, dass er sogar den Sultan von Brunei persönlich kannte. Diesem gehörte damals nicht nur das legendäre Beverly Hills Hotel, sondern auch der ganze Block drumherum. Er gilt nach wie vor als einer der reichsten Männer der Welt. Wir hatten uns zum *Five O'Clock Tea* in der Hotel Lounge verabredet, welche damals ebenfalls als einer der Treffpunkte der Filmszene angesagt war.

Es war nicht der Sultan von Brunei, aber auf alle Fälle ein Saudi-Prinz, mit dem er gerade zusammensaß. Shamim winkte Tarek und mich an den Tisch und stellte mich Prinz Mohamed vor. Er erzählte mir und seiner aus circa fünf Leuten bestehenden Gefolgschaft, dass ich in Deutschland ein erfolgreicher Schauspieler war. Es war, wie sich herausstellte, eine durchaus angenehme Runde, an der auch ein junger, großgewachsener Syrer teilnahm, der, obwohl er erst fünfundzwanzig Jahre alt war, die Reife und das Auftreten eines Vierzigjährigen ausstrahlte.

Als sich die Lounge zu leeren begann, fragte mich der Prinz, ob ich für den Abend schon einen Plan hätte. „Bis jetzt noch nicht", antwortete ich. Also lud er uns zu einer Party in den alten Playboy Club am Sunset Boulevard in West Hollywood ein, der zwar schon seit 1986 geschlossen war, aber für private Veranstaltungen noch gemietet werden konnte. Mir wurde ein Platz im Auto des Prinzen in einem der beiden Rolls Royce angeboten. Es war die Feier eines Filmproduzenten, dessen Name mir entfallen ist. Auf Grund des Status, wohl aber auch wegen der finanziellen Möglichkeiten des Prinzen in Bezug auf die Beteiligung am Produktionsbudget eines Filmprojekts war für ihn und seine Gäste selbstverständlich ein großer Tisch reserviert.

Prinz Mohamed redete lediglich mit dem Gastgeber der Party direkt. Gespräche mit anderen Leuten am Tisch ließ er über seinen neben ihm sitzenden Privatsekretär beantworten.

An meine Seite gesellte sich irgendwann eine junge Dame und wir kamen auf das Thema München zu sprechen. Sie sprach voller Begeisterung vom Starnberger See, als ich merkte, dass Aufbruchsstimmung herrschte. „Fährst du mit uns oder mit deinen Freunden?", fragte mich der Prinz. „Ich denke, mit meinen Freunden. Vielen Dank für die Einladung." Mit dem Syrer hatte ich zwischendurch bei einem Perrier einen kurzen Plausch an der Bar, nun schüttelten wir uns nochmals die Hand, und das Gefolge von Prinz Mohamed bewegte sich in Richtung Ausgang.

Shamim versuchte mit der jungen Dame, die vor einer Minute noch so begeistert über Starnberg geredet hatte, das Gespräch weiterzuführen. „Ich war auch einmal in Deutschland", schloss er an das Gespräch an. Die Frau antwortete ihm aber gar nicht mehr. Sie schaute durch, ihn durch als wäre er aus Glas, und war mit ihren Gedanken schon ganz woanders. Der Teil von uns, der für sie wichtig war, hatte bereits den Raum verlassen. Der Produzent war Jude, der Prinz aus Saudi-Arabien. Von interreligiösen Spannungen war nichts zu spüren. Es ging ums Geschäft.

Gary Stretch war ein britischer Boxer und ehemaliger WBC-Champion im Super-Weltergewicht. Eine von seinen einzigen zwei Niederlagen von 31 Kämpfen hatte ihm der hart schlagende Chris Eubank besorgt, der später einem seiner Kontrahenten, Michael Watson, einen Schlag verpasste, der diesen für den Rest seines Lebens an den Rollstuhl fesselte. Eubank hing darauf seine Handschuhe an den Nagel und gründete eine Stiftung, um den schwer geschädigten Watson finanziell zu unterstützen. Diesen Kampf hatte ich vor ein paar Jahren gesehen und auch den Kampf, den Gary im April 1991 mit Eubank bestritt, hatte ich in Erinnerung. Gary lernte ich Ende 1995 über die Agentin Lena Rocklin kennen, während der Zeit, als ich mit Anne Nicole Smith den Film „Skyscraper" drehte. Da ich mich ihr gegenüber als großer Boxfan outete, machte sie uns miteinander bekannt. Wir verstanden uns gut, und ich gab ihm die Adresse des Produzenten des Films, damit er sich bei ihm einmal vorstellen konnte.

Wir hatten uns kurz vor meinem Umzug nach Äthiopien kennengelernt, und als ich wieder vor Ort war, rief ich wie gewohnt bei seinem Bruder an, einem Kunstmaler, mit dem er zusammenwohnte, um ihn zu informieren, dass ich wieder im Lande sei. „Sag Gary nichts davon", meinte er. „Er hat nämlich heute Geburtstag. Du kommst dann praktisch als Überraschungsgast. Die Party findet bei seiner Freundin statt." Er nannte mir Name und Adresse der Freundin seines Bruders. Sie hieß Diane und wohnte in Brentwood. Brentwood ist eine der Top-Gegenden von Los Angeles und war mir noch von dem Mordfall um O. J. Simpson und seiner Frau bekannt, die ebenfalls in dieser Gegend wohnten. Ich traf mich vorher noch mit Sabi Dorr, einem deutsch-jüdischen Schauspieler, den ich aus München kannte und der nach L.A. ausgewandert war. Ihn wollte ich auf die Party mitnehmen. Wir verabredeten uns irgendwo in der Nähe des Sunset Plaza Drive und fuhren gemeinsam über den gleichnamigen Boulevard in Richtung Westen zur Geburtstagsparty meines Freundes nach Brentwood.

Eine attraktive, dunkelhaarige Dame um die fünfzig öffnete uns die Tür. Ich erklärte ihr, dass wir Freunde von Gary seien, und sie führte uns in ein weitläufiges, gut eingerichtetes Haus.

Gary freute sich über meinen unerwarteten Besuch und stellte mir ein paar seiner Freunde vor, während Sabi sich mit einer Agentin unterhielt, die auf Werbespots spezialisiert war.

Die Musik war toll, und zuerst dachte ich, dass sie aus den Lautsprechern einer guten Stereoanlage kam. Dann aber entdeckte ich den Ursprung dieses melodischen Traums, nämlich einen schwarzen Musiker am Klavier.

Er war relativ hellhäutig und seine Physiognomie passte nicht so direkt in das Schema eines Afro-Amerikaners. Mir fielen seine mit Fransen besetzten „Klocks" aus Wildleder auf, solche, wie wir sie in den Siebzigern, etwa zwanzig Jahre zuvor, getragen hatten. „So viel Talent und dann immer noch Schuhe aus einem Secondhandladen", dachte ich mir. „Dem Mann musst du helfen", kam es mir in den Sinn. Auf einer meiner ersten Reisen nach New York, Anfang 1990, hatte ich den damaligen Manager von BMG, Michael Dornemann, kennengelernt, der die Entertainmentsparte leitete. BMG war damals die drittgrößte Mediengesellschaft der Welt, und ich hatte ihn einmal privat in seiner Penthouse-Wohnung an der New Yorker Upper East Side besucht.

Michael war ein sympathischer Mann, ich hatte ihn über einen Bekannten aus der Züricher Szene kennengelernt, dessen Mutter den Nachlass des berühmten schweizerisch-französischen Designers, Architekten und Stadtplaners Le Corbusier verwaltete. Ich bot also dem Musiker an, seine Arbeit Michael vorzustellen. Dazu müsste er mir, sagte ich ihm, nur noch ein Tape geben. Er lächelte freundlich, und wir verabredeten uns für den nächsten Morgen beim Brunch, den Gary im „Clafoutis", direkt neben dem Petit Four gelegen, abhalten wollte.

Am nächsten Tag trafen Gary und ich etwa zur selben Zeit am Parkplatz ein, als kurz darauf ein grüner Jaguar Cabriolet um die Ecke kam, an dessen Steuer der talentierte Musiker saß, dem ich bei der Vermarktung seiner Musik helfen wollte. „Wer ist der Typ eigentlich?", fragte ich Gary. „Der spielt wirklich verdammt gut und singt dazu auch noch phantastisch." „Das ist Jean-Michel Byron", antwortete er mir leicht schmunzelnd, „der Sänger von Toto." Nun, was macht man in so einem Moment? Man sagt am besten erst einmal gar nichts. Jean-Michel stieg aus seinem Auto, kam gut gelaunt auf uns zu, drückte mir eine Kassette in die Hand und meinte nur: „Hi Charles, hier ist die Kassette, die ich dir gestern versprochen hatte. Aber gib sie niemandem weiter. Es ist mein neues Solo-Album. Das ist nämlich noch nicht auf dem Markt." Wir verließen gemeinsam den Parkplatz in Richtung Restaurant.

Auch um Gary, wie sich dann herausstellte, brauchte ich mich nicht mehr zu kümmern. Er flirtete beim Brunch mit einem Revlon-Model, der Frau des Schauspielkollegen Hugh Grant. Er musste kein schlechtes Gewissen haben. Ihr Ehemann war ein gutes Jahr zuvor am Sunset von der Polizei aufgegriffen worden, als er im Auto die Dienste einer Prostituierten in Anspruch nahm.

Rückkehr nach „Good Old Germany"

Mimesis ist der zentrale Begriff des griechischen Theaters, was so viel wie „Nachahmung der Wirklichkeit" bedeutet. Aristoteles bezeichnet die geschlossene Handlung als das wichtigste Merkmal einer Geschichte. Bei meiner Geschichte war dies nicht der Fall: Sie fing immer wieder von vorne an. Eine geschlossene Handlung war irgendwie nicht in Sicht. Mein zentraler Antriebspunkt war, die Ernährungsgrundlage für meine Familie sicherzustellen, auch wenn mein Umfeld gewiss etwas exotischer und aufregender war als das eines Durchschnittsbürgers. Zeitweilig hatte ich auch noch das Gefühl, dass ein ganzes System gegen mich stand. Um als ehemaliger Seriendarsteller in einem Prime-Time-Format einen adäquaten beruflichen Anschluss zu finden, konnte ich dazwischen nicht acht Stunden am Tag auf einem Baugerüst rumturnen. Die Schlagzeilen eines „schwarzen abgestürzten Schauspielers mit großem Mundwerk" wollte ich niemandem liefern. Schon allein wegen meiner Frau und meinen Kindern nicht.

Ich nenne die Hautfarbe deshalb, weil ich früher, auch wenn es sich um einen Bericht mit einem Foto von mir handelte, immer noch als ein „schwarzer" oder „farbiger Schauspieler" beschrieben wurde. „*The only way out is up.*" – „Der einzige Ausweg geht nach oben", lautete die Losung. Wer sich als Opfer sieht, verliert die Energie zum Antrieb, wird sein Ziel nicht erreichen und wird da bleiben, wo zumindest manche ihn haben wollen, nämlich auf dem kleinen Klappstuhl am Notausgang des großen Ballsaals. Statt mit Erfolg und persönlicher Entwicklung konnte man dann nur noch mit irgendeiner Form von Almosen rechnen. Zum Beispiel im Rahmen eines Auftritts in einem sogenannten Trash-TV-Format. Noch einmal kurz ein paar Tausender aus dem Container mitnehmen, dann ab in die Wüste. Ich wollte meine Lebenszeit auch nicht in einem permanenten Anklagemodus verschwenden. Leicht gesagt, denn als Schwarzer ist das Leben kein Durchmarsch. Bei manchen Leuten aus meinem ehemaligen Umfeld hatte ich den Eindruck, als wollten sie mich vernichten. Nicht unbedingt, weil ich schwarz war, sondern weil ich nicht klein beigab. Das

Duckmäusertum zählte nicht zu meinen hervorstechenden Charaktereigenschaften. Vielleicht war es genau die Kombination aus beidem.

Einmal stellte mir eine Journalistin am Telefon die immer wiederkehrende Frage nach einer schwierigen Kindheit und ob man mir auch öfter schon das eine oder andere Mal körperlich zugesetzt, mich praktisch verprügelt hätte. „Ja", antwortete ich „versucht hat man es zumindest. Mindestens drei- bis vierhundert Mal. Aber so uninspiriert das klingen mag", fügte ich hinzu, „es ist mir irgendwie doch eine Genugtuung, dass ich diese Auseinandersetzungen immer für mich entschieden habe." Danach war erst einmal Stille am anderen Ende der Leitung. Die psychologische Abfolge von Opfer, Mitleid und Schwäche wurde nicht erfüllt. Und leider war diese Zahl auch nicht aus der Luft gegriffen. Oft sind es selbst schwache Menschen, die Passivität und Schwäche einfordern, mit dem Ziel, denjenigen, der sich nicht in diese Kategorie einreiht, dann klammheimlich zu vernichten. In der Zeit meiner Jugend hatte man nicht nur auf geistiger und seelischer, sondern auch auf rein körperlicher Ebene überleben müssen. Zusammengefasst ist Zivilcourage, das heißt, für seine Überzeugungen einzustehen, auch wenn diese etwas von der öffentlichen Meinung abweichen, leider vielen Menschen abhandengekommen. Man hat Angst davor aufzufallen, aus Reihe und Glied zu treten. Im Vergleich zu Bürgern anderer europäischer Staaten lassen sich die Deutschen am meisten gefallen. Ob im eigenen Land oder auf politischer Ebene in Bezug auf die Kommunikation von außen. Außer den sogenannten Gutmenschen gibt es in Deutschland aber auch eine große Zahl von „guten Menschen". Dieser Typus unterscheidet sich von Ersterem insofern, als dass er nicht auf eine „offizielle Verordnung" hin gut ist, sondern sich sein individuelles Gespür für Menschen, Situationen und seine Umgebung bewahrt hat. Da ich das Glück hatte, einige solche Menschen auf meinem Lebensweg getroffen zu haben, ist dies wahrscheinlich der Grund, warum ich immer wieder nach Deutschland zurückgekehrt bin. Das Land und seine Bevölkerung brauchen aus meiner Sicht nur eines: ein bisschen mehr Mut, sie selbst zu sein.

Der Markt für schwarze Schauspieler lag mehr oder weniger brach. Ich wusste nicht, was mich erwartete. Die Rückkehr nach Deutschland war für mich somit fast genauso abenteuerlich wie der Auszug.

Meinen nächsten Anruf aus dem Ministerium in Addis nahm ich somit in München entgegen. „Wo bist du, Charles?", hieß es von dort. „Ich bin in München, Youssouf", antwortete ich. „Gib mir deine Faxnummer", kam es knapp zurück, und er legte auf. Kurz darauf klingelte das Fax und ich erhielt den Vertrag. Da war es aber bereits zu spät. Ich hatte schon eine Wohnung in München angemietet und meinen Sohn Salomon in der Schule im Ortsteil Oberföhring eingeschrieben. Das Leben in Äthiopien hatte mir gefallen, obwohl man auf vieles, an was man so gewohnt war, verzichten musste. Dazu gehörte zum Beispiel das, was viele Deutsche im Ausland vermissen: das deutsche Brot. Aber die Natur, die Kultur und auch das Zusammenleben, besonders der Umgang der Menschen miteinander, waren vollkommen anders. Harmonischer. Eines wurde mir in dieser Zeit auf alle Fälle bewusst: dass das menschliche Für- und Miteinander unverzichtbar ist. Denn Einsamkeit und Isolation sind die größten Krankheiten der westlichen Gesellschaft. Dies gilt besonders für ältere Menschen, die in Afrika mehr geschätzt und respektiert werden als beispielsweise in Mitteleuropa.

Nelson Mandela

Ein Vorteil, den der Ausstieg aus der Serie mit sich brachte, war der, dass ich mich mehr auf meine Familie konzentrieren konnte. Während einer Serienproduktion ist das schwierig. Man ist wesentlich stärker auf sich selbst konzentriert, was auch damit zusammenhängt, dass einem auf Grund der Popularität sehr viel Aufmerksamkeit zuteilwird und man fortwährend in das energetische Umfeld des Ganzen eingebunden ist, sowohl bei der Arbeit selbst als auch beim öffentlichen Auftreten. Man wurde häufig auf die Story des letzten Films angesprochen und konnte dabei die Menschen nicht einfach ignorieren, indem man nicht antwortete. Popularität ist verführerisch und hat Abhängigkeitspotential. Wer nicht aufpasste, lief Gefahr, von einer Person öffentlichen Interesses zu einem Produkt der Öffentlichkeit zu mutieren und so sein privates Ich zu verlieren. Denn die meisten Menschen wollen jemanden, der in der Öffentlichkeit steht, so sehen, wie sie ihn sich vorstellen, und nicht, wie er tatsächlich ist. Für Kinder solcher Personen ist das nicht immer eine gute Ausgangsbasis für eine gesunde charakterliche Entwicklung. Dies war auch einer der Gründe, warum damals für mich, der ich mich als klassischer Familienvater verstand, eine Ehe und Kinder mit einer Künstlerin nicht in Frage kamen. Ich brauchte jemanden an meiner Seite, der mir half, den Bezug zur „realen Welt" zu behalten, damit ich nicht Gefahr lief, gänzlich in den selbstbezogenen Sphären des Filmgeschäfts abzutauchen.

Die Hauptrolle im Musical „Mandela" war neben „Driving Miss Daisy", in dessen Verfilmung der grandiose Morgan Freeman meinen Part, den „Hoke", spielte, noch einmal ein Bühnen-Highlight. Man hatte mich in Deutschland nicht ganz vergessen. Auf der einen Seite konnte ich meine Bühnen-Performance um den Bereich des Gesangs erweitern. Auf der anderen hatte ich die Ehre und das Vergnügen, eine der bedeutendsten Figuren der Weltpolitik darstellen zu können, eine, die ich zudem bereits persönlich kennenlernen durfte, nämlich 1999 auf der Medienpreisverleihung in Baden-Baden. Nelson Mandela, dem ehemaligen Staatspräsidenten Südafrikas, Helden der Befreiungsbewegung, diesem klugen Mann, welcher mit seinen Mitstreitern und einer entschlossenen

Jugend die Abschaffung der Apartheid in Südafrika in die Wege geleitet hatte, wurde damals dieser Preis im Brenners Park Hotel verliehen.

Oft fragte ich mich, wie die Afrikaner die Grausamkeit, welche ihnen in den letzten Jahrhunderten angetan worden war, wohl empfinden würden und ob sie dies den Weißen jemals vergeben könnten.

Afrika hat einige Genozide hinter sich, auch wenn diese, wie die Morde an den Namas und Hereros Namibias, kaum Teil einer öffentlichen Diskussion sind. Auch die britische Besatzungsmacht hatte während des Mau-Mau-Kriegs, der zwischen 1952 und 1960 stattfand, Internierungs- und Konzentrationslager für nahezu die gesamte Bevölkerung Zentralkenias errichtet, wo tausende Kenianer gefangen gehalten und zum Teil zu Tode gefoltert wurden. Der Begriff „Mau-Mau" stammt nebenbei gesagt gar nicht einmal von den Afrikanern, sondern von den Briten selbst.

Was man zumindest einem Teil der Afrikaner dabei vorwerfen muss, ist, dass diese sich wohl auf Grund mangelnden Selbstwertgefühls auf die Seite der Machthaber stellten und die Waffen auf ihre eigenen Leute richteten. Der Brudermord ist auch ein Teil der afrikanischen Kolonialgeschichte. Ein beschämender. Auch wenn dieser oft von außen in Auftrag gegeben wurde, ist die Gier nach Geld und Macht auch dem Afrikaner nicht fremd.

Aber es gibt Gott sei Dank viele andere Beispiele, wie etwa Lindiwe Mabuza, die damalige südafrikanische Botschafterin, die Shobha und mich ihrem Präsidenten, zusammen mit etwa zehn anderen auserwählten Gästen, in einem Nebenraum des Hotels persönlich vorstellte. Lindiwe war vorher Vertreterin des ANC-Büros in Washington gewesen, dort wo „Tonton" André Coulibaly auch einmal für den Senegal als Botschafter tätig gewesen war. Beide kannten sich aber bereits aus einer gemeinsamen Zeit in Stockholm. 1986 wurde das ANC-Büro in Stockholm von Apartheidsbefürwortern – man munkelte auch darüber, dass es der südafrikanische Geheimdienst war – in die Luft gesprengt, mit der Absicht, Lindiwe zu töten. Ihre erfolgreiche Kommunikation war dem damaligen südafrikanischen Regime ein Dorn im Auge. Mit Hilfe von schwedischen Unterstützern und der afrikanischen Diplomatie wurde sie schließlich nach Washington gebracht, wo sie und André wieder aufeinandertrafen.

Auch konnte sie wunderbar singen, bestätigte mir mein Onkel, als ich ihm erzählte, dass wir uns kennengelernt hatten. Lindiwe war eine der zentralen Figuren des ANC, Lobbyistin für Handelsboykotts gegen Südafrika und eine der erfolgreichsten Aktivistinnen des südafrikanischen Befreiungskampfes. Trotz des Schreckens und der Grausamkeit, mit dem das damalige Regime gegen die schwarze Bevölkerung vorging, hatte sie ihre positive Lebenseinstellung nicht verloren. Sie war eine charmante und positiv eingestellte Dame, jemand, der man das Trauma der Vergangenheit nicht ansah. Einer ihrer einflussreichen deutschen Freunde war der damalige CEO von Daimler Chrysler, Jürgen Schrempp. Mit ihm und einer Gruppe zusammengewürfelter Diplomaten und Wirtschaftsvertreter standen wir einmal in der Konzernzentrale in Stuttgart auf der Bühne und sangen die südafrikanische Nationalhymne. Auf *Xossa*. Er mit schwäbischem, ich mit bayrischem Akzent. Gott sei Dank hat es niemand mitgeschnitten.

Die Diplomatie des riesigen afrikanischen Kontinents hatte einen familiären Charakter. Jeder kannte irgendwie jeden. Jürgen Schrempp war zugleich auch Vorsitzender der SAFRI, der „Südliches Afrika Initiative der Deutschen Wirtschaft", und später Honorarkonsul der Republik Südafrika. Er saß zusammen mit „Madiba", wie Mandela unter seinen Leuten genannt wird, in Baden-Baden auf dem Podium.

Präsident Mandela war offensichtlich vom Charme meiner Frau beeindruckt, und er merkte, dass ich es bemerkte, als ich in einem ungünstigen Moment von der Toilette zurückkam. Er hatte die Hand von Shobha für eine formelle Geste etwas zu lange gehalten, schaute ihr auch etwas zu lange und zu intensiv in die Augen. Wann immer sich unsere Wege im Veranstaltungssaal kreuzten, umarmte er Shobha ostentativ und mit großer Geste, wobei er mir schelmisch zuzwinkerte. Wir grinsten uns an und machten daraus unseren ganz persönlichen *running gag*.

Bei der Verleihung des Medienpreises war alles vertreten, was in der deutschen Wirtschaft Rang und Namen hatte, inklusive sämtlicher Konzernchefs. Aus der Politik waren der damalige Bundeskanzler Gerhard Schröder und Oskar Lafontaine noch als Doppelspitze der SPD vertreten. Ich stellte meine Frau, die neben ihrem Studium der Ernährungswissenschaften auf Kurzzeitbasis als Bodenstewardess bei der Lufthansa gearbeitet hatte, dem damaligen CEO des Unternehmens, Jürgen Weber, vor. Natürlich sprachen sie über das Luftfahrtgewerbe und die Station München. Aus meiner Branche war außer den Programmdirektoren des öffentlich-rechtlichen und des Privatfernsehens noch Sönke Wortmann vertreten. Aus dem Bereich des Sports Boris Becker mit seiner damaligen Frau Barbara.

Ich habe nie einen Menschen erlebt, der auch in schwierigen politischen Positionen mit so viel Sprachwitz und rhetorischem Talent aufwarten konnte wie Nelson Mandela. Das Thema Apartheid war im Sinne einer zukunftsorientierten Aufarbeitung nichts für politische Leichtfüßler. Seine scharfsinnigen, manchmal fast mit einem lausbübischen Humor gewürzten Kommentare standen im Kontrast zu dem Leid von 27 Jahren Haft, welche er auf der Gefängnisinsel Robben Island für sein politisches Engagement verbüßen musste.

So war für mich knapp zehn Jahre später die Darstellung seiner Figur als Politiker im Befreiungskampf der schwarzen südafrikanischen Bevölkerung von dem menschenverachtenden Apartheid-Regime mehr als nur ein Mitwirken in einem Bühnenstück. Dabei handelte es sich bei diesem Musical auch noch um eine Welturaufführung, zu der er seine Enkelin Tandile mit einem persönlichen Schreiben in der Tasche nach München geschickt hatte, das von ihr an den damaligen Oberbürgermeister Christian Ude sowie an den Produzenten des Stücks übergeben wurde.

Dazu muss man sagen, dass das Tourneepublikum beim Thema Afrika in Kombination mit Tanz und Gesang inhaltlich mehr an leichte, boulevardeske Unterhaltung gewöhnt war. Dies war bei dem Thema Apartheid aber nicht machbar. An manchen Tourneeabenden hatte ich daher den Eindruck, dass Teile der Zuschauer durch die Umsetzung dieses thematischen Hintergrunds etwas irritiert waren. Zum Thema Afrika ging man von der üblichen afrikanischen Folklore aus, wo gut gelaunte Schwarze mit breitem Lächeln vor sich hin trällerten und hüftschwingend nach archaisch anmutenden Trommelrhythmen auf der Bühne herumhüpften. Es fehlte die allgegenwärtige Freude und Lustigkeit, die man von Schwarzen erwartete. Man war nicht gewohnt, dass über Menschen afrikanischer Abstammung Informations- an Stelle von Unterhaltungswert kommuniziert wurde. Dafür, dass es diesen etablierten Gewohnheiten widersprach, kam es relativ gut an. „Ein bisschen Spaß muss sein", entsprach hier auf alle Fälle nicht dem Tenor der Veranstaltung.

Ein weiterer Grund für die Zurückhaltung lag wahrscheinlich darin, dass das Thema Apartheid in den Köpfen der Zuschauer eine Parallele zur deutschen Geschichte herstellte und dies letztendlich bei manchen auch in Betroffenheit und Schuldgefühlen mündete.

Probleme zu lösen, indem man sie verdrängt oder ignoriert, ist jedoch kein guter Ansatz. Leider wurde auch im Zusammenhang mit dem Thema Rassismus über Jahrzehnte hinweg nach dieser Methode verfahren. Nicht nur in Deutschland. In Bezug auf die Jugendlichen aus dem moslemischen Kulturkreis sollte dies später schwerwiegende Folgen haben. Auch deren Integration in Europa ist weitgehend schiefgelaufen. Sie war nicht gewollt. Denn Mitteleuropa mochte vor der Gründung der Europäischen Union niemanden, der aus dem Süden kam. Zunächst nicht einmal die vergleichsweise ärmeren Südeuropäer. Diese wurden allerdings später in den elitären Kulturkreis des Zentralen Europa integriert. Der „tiefere" Globale Süden wurde aus gesellschaftlicher Sicht nicht nur ignoriert, sondern aktiv ausgeschlossen, politisch sowie gesellschaftlich.

Trotz der Bühnenerfolge und des kurzen Erfolgs des Reality-TV-Formats „Verrückte Welt", das ich noch für die Pro7-Gruppe moderiert hatte und welches auf Grund des exquisiten Sendeplatzes Freitag, zwanzig Uhr, später einem sogenannten Hochglanzformat weichen musste, blieb die Beschäftigungslage für mich und für Darsteller dunkler Hautfarbe im Allgemeinen schwierig. Es gab kaum Rollenangebote. Besonders für Männer.

Trotzdem hatte ich in einem teuren Weltraumepos namens „Aeon – Countdown im All" einen sehr interessanten Part: als Astronaut. Das Projekt konnte trotz des erheblichen finanziellen Einsatzes den dramaturgischen Ansprüchen dieses ambitionierten Formats nicht gerecht werden. Das 20-Millionen-Spektakel hatte im Kältemonat Februar nicht mehr Sehbeteiligung als mein Reality-Format im Monat August, noch dazu mit einem Material, welches bereits in der Drittverwertung war. Der Auftritt in „Aeon" hatte aber wenigstens den Effekt, dass meine Tochter Elif auf die Frage einiger Mitschüler, welchen Beruf denn eigentlich ihr Vater hatte, kurzerhand mit „Astronaut" antworten konnte.

Nun, wer konnte schon mit einem Vater aufwarten, der sich, ohne sich vorher dem Genuss irgendwelcher Rauschmittel ausgesetzt zu haben, in den Sphären des Alls bewegen konnte?

Black Filmmakers in Cannes

Cannes hatte im Rückblick auf die 1990er Jahre für uns aufstrebende, ambitionierte Filmschaffende auch einen quasi internen Entertainment-Charakter. Es war eine Art Volksfest mit Karriereoptionen. Nur wir hatten das Privileg, mit unseren „Badges", welche wir von der Registrierungsstelle im „Palais du Festival" überreicht bekamen, uns im Palais selbst und in der Umgebung der Hotels aufzuhalten, welche bereits ab dem Gehweg für die Öffentlichkeit gesperrt waren. Ein sogenanntes „Badge" bekam man aber auch nur, wenn man nachweisen konnte, dass man in einer angemessenen Funktion im Film- oder TV-Geschäft tätig war. Auch wenn wir bereits um sechs Uhr aufstanden, um Termine mit Produzenten wahrzunehmen, um unsere Drehbuchideen an den Mann zu bringen – dies obwohl wir vielleicht nur drei Stunden oder weniger geschlafen hatten –, war die Atmosphäre auf der Croisette zwischen dem „Palais du Festival", den Hotels „Ritz Carlton" und dem „Majestic" elektrisierend.

Es war das Alle-Jahre-wieder-Aufeinandertreffen von jungen Filmemachern aus aller Welt. Nicht nur junge Regisseure, sondern auch so mancher Schauspieler wie ich wollte gerne auch einmal hinter der Kamera stehen oder zumindest ein Drehbuch verkaufen. Bei einem nachmittäglichen Drink auf der Terrasse des Majestic erzählte man sich daher, was um einen herum im letzten Jahr so alles passiert war, tauschte untereinander Informationen aus und sprach darüber, welchen aktuellen Film man gut oder schlecht fand. Es herrschte auch so etwas wie Kameradschaft. Man half sich gegenseitig. Am Vormittag rauschte man in der Regel mehr aneinander vorbei und grüßte sich nur kurz. Oft musste auch eine kurze Geste mit der Hand, ohne Blick aus der Entfernung, als Gruß ausreichen, denn die Taktung bei Terminen war kurz. Für einen sogenannten „Pitch" seines Projektes hatte man nur drei Minuten Zeit. Konnte man in drei Minuten seine Geschichte nicht erzählen, hieß es, so verstand man die Geschichte selbst nicht. Anfang-Mitte-Ende, so lautete das Prinzip, keine Details über die Farbe des T-Shirts des Protagonisten oder die Schuhgröße von dessen Freundin.

Ende der Neunziger „pitchte" ich so eine Geschichte. Ich hatte das Projekt vorher unter dem Titel „Der Boxer" einer Münchner Produktionsfirma angeboten, welche für Pro7 tätig und dessen Verantwortlicher für die Stoffentwicklung zufälligerweise Michael Strack, der Sohn meines Kollegen Günter Strack, war. Man wollte zuerst die Rechte an der Geschichte kaufen, aber ohne Garantie, dass ich dann auch das Drehbuch schreiben würde. Damit wollte ich mich nicht zufriedengeben, und so kam es zu keiner Einigung.

In der Story, welche ich in Cannes einem jungen schwarzen Produzenten aus London erzählte, der, wie er sagte, ein Entwicklungsbudget von Sony hatte, handelte es sich um die Geschichte eines aus der Haft entlassenen Rechtsradikalen, den letztendlich seine Vergangenheit einholte.

Mit dem gleichen Titel, den ich vorgeschlagen hatte, wurde später der Hauptdarsteller des Films für den Golden Globe 1998 nominiert. In dieser Version wurde aus einem Neo-Nazi der IRA-Aktivist Dany. Nun. Ein Grundidee ließ sich schwer schützen. Mit einem guten, sogenannten *3-minute-pitch*, einer guten Idee, konnte man, ähnlich wie in der Politik, zwar seine eigene Karriere fördern, manchmal aber auch die eines anderen.

Die Jahre zwischen 1990 und 2000 waren zumindest für mich die interessantesten Jahre in Cannes. Es war die Zeit von Spike Lee, Denzel Washington und anderen schwarzen Filmemachern. Die Brüder Haffa schwammen damals mit ihrer Beteiligungs- und Verwertungsfirma EM.TV auf der Hausse der sogenannten „New Economy".

Der Begriff „Indie Movie" reichte zwar bis zum Jahr 1903 zurück, wurde aber erst durch Quentin Tarantino und seinen Film „Pulp Fiction" so richtig zum Markenzeichen der internationalen Filmwirtschaft. Auch in kommerzieller Hinsicht. Indie-Filme hatten in der Vergangenheit in der Regel nur eine kleine Zielgruppe erreicht und waren daher oft schwierig zu refinanzieren. „Pulp Fiction" jedoch spielte mit einem Produktionsbudget von 8,5 Millionen Dollar weltweit knapp 214 Millionen Dollar ein. Der Film gewann einen Oscar für das beste Drehbuch und die Goldene Palme in Cannes für den besten Film. Das Script, das im Vorfeld von fast allen großen Hollywood-Produktionen abgelehnt worden war, feierte dann in seiner Verfilmung einen Siegeszug ohnegleichen. Einer der großen Hollywoodmogule sprach sogar von dem größten „Shit", den er je gelesen hatte, und schrie den Agenten an, dass er ihm so einen Scheiß ja nie wieder vorlegen sollte. John Travolta, der seit den Filmen wie „Saturday Night Fever" und „Grease" praktisch von der großen Filmbühne abgemeldet war, feierte hier in einem ganz anderen Genre und zusammen mit Samuel L. Jackson als Gangster-Duo praktisch seine filmische Wiedergeburt.

Denn einer glaubte an den Stoff und hatte den Mut zum Risiko: Harvey Weinstein. Damals war die dunkle Seite des Produzenten der Firma Miramax noch nicht bekannt. Dass manchmal Frauen, aber auch Männer, nicht nur in Hollywood, sondern generell im Film- und auch im Modelgeschäft den Rahmen ihrer Konzilianz neu abstecken mussten, wusste aber jeder.

1999 erschien dann eine von dem Regisseur Stephen Walker verfilmte Doku namens „Waiting for Harvey: A Beginner's Guide to Cannes". Der Titel traf die Stimmung in Cannes nach der Aufführung von „Pulp Fiction" auf den Punkt. Jeder Schauspieler, aber vor allem junge Regisseure und Drehbuchautoren, egal welchen Geschlechts, wollten Weinstein ihre Projekte vorstellen. Hierbei handelte es sich überwiegend um Filmideen, welche nicht den üblichen Hollywoodklischees entsprachen, sondern solche, die nach der Ära von Robert De Niro, Denzel Washington und Al Pacino die Tür für eine neue Schauspieler-Generation öffneten und den Archetypus des in jeder Situation edel agierenden Helden in die Wüste schickten.

Ab diesem Zeitpunkt war der „Gute" nicht immer nur zu hundert Prozent gut. Von nun an gab es zumindest auf der subjektiven Handlungsebene immer einen Bruch in einer Hauptfigur, eine zerbrochene Ehe oder eine schwierige Kindheit, welche in der Psyche und dem Verhalten eines Protagonisten noch nachhallten und die Geschichte mit beeinflussten. Mittlerweile konnte sogar umgekehrt eine „schlechte" Filmfigur auch eine gute Seite an sich haben. Johnny Depp, ein erwachsen gewordener Leonardo di Caprio und auch Brad Pitt sind nur einige Protagonisten dieser neuen Generation. Johnny Depp ist in seinen Rollen wohl eines der einprägsamsten Beispiele für diesen Typus. Seine Verkörperung des irischen Mafia-Paten Whitey Bulger in dem Film „Black Mass" ist für mich eine seiner großartigsten schauspielerischen Leistungen.

Das schwarze Kino, das sogenannte „Black Cinema" gab es zwar schon in den 1920er und 1930er Jahren, es fand aber in der amerikanischen Filmgeschichte so gut wie keine Berücksichtigung. Der schwarzen Bevölkerung war der Zutritt in „weiße Kinos" nicht erlaubt. In diesem Zusammenhang sprach man von den Lichtspielhäusern, in denen afro-amerikanische Filme gezeigt wurden, von Schwarzen produziert und mit einem schwarzen Cast besetzt, von sogenannten Apartheid-Kinos. Die zweite, anspruchsvollere Phase fand dann auch außerhalb der eigenen Community Anerkennung, jedoch kaum in Europa.

Erst mit dem Film „Shaft", eine Art schwarzer James Bond, welcher zusammen mit dem gleichnamigen Album von Isaac Hayes veröffentlich wurde, nahm man in Deutschland Notiz von diesem Genre. Mitte und Ende der 1980er erregte der Drehbuchautor und Filmemacher Spike Lee mit „Lola Darling" und „Do the Right Thing" auf der internationalen Filmbühne Aufsehen. Viele Produktionen dieses Typs erreichten jedoch vorher kaum den deutschen Markt, da die Vertriebsgesellschaften davon ausgingen, dass schwarze Protagonisten speziell auf dem großen und wichtigen deutschen Markt keine Akzeptanz finden würden.

1993 traf ich in Cannes auch auf einige schwarze europäische Filmemacher, unter anderem Raoul Peck, dessen Film „L'Homme sur le Quais", der in den sechziger Jahren spielte und vom Terrorregime in Haiti unter Papa Doc handelte, gerade im Rahmen des Wettbewerbs in Cannes uraufgeführt wurde. Raoul sollte 1994 in Berlin ebenso mit einem Film über den Völkermord in Ruanda vertreten sein. Der Film „I Am Not Your Negro", welcher unter anderem James Baldwins Texte und seine Reden im Zusammenhang mit dem Rassismus und die Bürgerrechtsbewegung in den Zeiten von Malcom X und Martin Luther King beschreibt, brachte ihm wie der Film im Jahr davor viele internationale Preise ein.

Letzterer wurde 2017 in der Kategorie Dokumentarfilm für einen Oscar nominiert. Ein weiterer Film, „Rottet die Bestien aus", eine erschütternde, tiefe Analyse über die Ideologie einer weißen Vorherrschaft, erschien 2021. Er war für mich die profundeste, filmische Analyse zu diesem Thema.

Es war damals das erste Mal, dass ich auf eine Gruppe schwarzer Cineasten traf. Unsere Truppe bestand unter anderem aus Harriet

Duurvoort, einer Anwältin aus Amsterdam, welche selbst aus verschiedenen Nationalitäten von jüdisch, flämisch bis surinamisch gemischt war. Auch Eddy Wijngaarde, der Produzent des Films „Battling Siky", war ein Mitglied unserer „Black Squad". Die Geschichte des Films handelte vom Leben des senegalesischen Boxers mit französischem Pass, M'Barick Fall, der als erster in Afrika geborener Boxer 1922 Weltmeister in der damals noch existierenden Kategorie des Mittleren Schwergewichts wurde. Auf Grund einiger fragwürdiger Entscheidungen hinsichtlich seiner Kämpfe in Frankreich zog es ihn in die Vereinigten Staaten. Dort wurde er 1925 in dem als „Hells Kitchen" bekannten Viertel auf offener Straße erschossen. Es hieß, dass er sich den Anweisungen der Mafia, welche das Wettgeschäft kontrollierte, widersetzt hatte.

Euzhan Palcy war eine in Frankreich geborene Autorin und Regisseurin, deren 1989 erschienener Film „A Dry White Season" – „Weiße Zeit der Dürre", ein Rassendrama in den Zeiten der Apartheid, mit einer erstklassigen Besetzung aufwarten konnte. Internationale Top-Stars wie Donald Sutherland, Susan Sarandon, Jürgen Prochnow und nicht zuletzt Marlon Brando, welcher nach neun Jahren Leinwandabstinenz wieder einmal in einem Film auftrat, verliehen dem Film eine zusätzliche Attraktivität. Marlon Brando, der schon zusammen mit Harry Belafonte, seinem Kollegen von der Schauspielschule, Martin Luther King jr. unterstützte, wurde hier als bester Nebendarsteller für einen Oscar und einen Golden Globe nominiert.

Ray Blinker, ein weiterer Cineast aus den Niederlanden, Jacky Talifioro aus San Francisco, der damals einen kleinen Radiosender mit dem Namen LaHits.com leitete, ein schwarzer Anwalt aus New York, ein kubanischer Autor namens Otello, welcher ein hervorragendes Drehbuch über einen Schwarzen, den ersten Geiger in einem preußischen Orchester im Angebot hatte, stellten den Kern unserer Truppe dar. Ich brachte alle von ihnen mit meinem deutschen Netzwerk zusammen, oft im Kodak Zelt an der Promenade, das in deutscher Hand war und zu dem ich als deutscher Filmschaffender natürlich uneingeschränkten Zutritt hatte. Der Vorteil war, dass dort die Möglichkeit bestand, Gäste zu Gesprächen mitzubringen. Da nicht jeder junge Cineast einen vollen Geldbeutel hatte und ein Aufenthalt in Cannes nicht billig war, konnte er hier auch einmal einen kostenlosen Kaffee und einen Snack zu sich nehmen, ohne dass er wie auf der Terrasse des Majestic oder des Ritz Carlton für ein kleines Mineralwasser oder eine Tasse Kaffee einen für damalige Verhältnisse horrenden Preis von sieben D-Mark zahlen musste.

Einmal machte ich jedoch den Fehler, im Grand Hotel Martinez eine Einladung auf einen Drink für eine Runde von fünf Leuten auszurufen. Keiner meiner amerikanischen Freunde bestellte jedoch Kaffee oder Mineralwasser, sondern einen Longdrink. Der Kellner überreichte mir eine Rechnung über fünfhundert französischen Franc. Das war mir eine Lehre. Ab diesem Zeitpunkt war ich in Cannes mit derlei Offerten wesentlich zurückhaltender.

Wir, eine Gruppe aus allen Nationalitäten und Hautfarben, hatten viel Freude miteinander, auch wenn die Möglichkeit einer Projektfinanzierung für den afrikanisch-stämmigen Teil der Gruppe nicht einfach war. Wir konnten uns über unsere gesellschaftliche und geschäftliche Situation in den jeweiligen Ländern, in denen wir lebten, austauschen und versorgten uns mit Informationen über die angesagten Partys der großen Hollywoodproduzenten, der sogenannten *major companies*, wie Universal, Paramount oder Walt Disney Pictures. Ein ethno-zentriertes Gefüge gab es unter uns jedoch nicht. Auch weiße Cineasten gesellten sich zu uns. Auch wenn das Vermarktungsschema damals ein anderes war. Wir, egal welcher Hautfarbe und Herkunft, waren einfach alle Künstler und teilten dieselbe Leidenschaft. Den Film.

Manche von uns kannten ein paar Leute am Einlass zu den großen Partys. Andere hatten ein paar Einlasskarten zu viel. In der Hitze des Gefechts waren aber auch ein paar gutgemachte Farbkopien ausreichend.

Irgendwann während des Festivalverlaufs gab es dann ein Podium in einem der weißen Pavillons an der Croisette. Dort saßen Denzel Washington, Raoul Peck und Mario van Peebles, dessen Vater eine der zentralen Figuren des Black Cinemas in den 1960ern war. Es gab viel Presse und auch einige Fernsehstationen waren während der Diskussion vertreten.

Spike Lee stellte seinen Film „Malcolm X" vor, mit Denzel in der Hauptrolle. Mario van Peebles versuchte seinen Film „Posse", einen Western mit schwarzer Besetzung, bestmöglich zu verkaufen. Raoul Peck war mit „L'Homme sur le Quais" auf dem Markt. Auch wenn keiner auf dem Podium in einem der damals gerade angesagten „Ghetto-" oder

„Black-Gangster-Rapper-Filme" aktiv beteiligt war, kritisierte Raoul den Umstand, dass sich die afro-amerikanische Film-Community überhaupt in solchen Projekten engagierte. Da es oft nur dieses Genre war, welches den internationalen Markt erreichte, hatte er sicher mit seiner Behauptung nicht unrecht, dass damit ein Zerrbild der schwarzen Gesellschaften geschaffen und gängige Stereotype bezüglich der Charakterisierung schwarzer Menschen vertieft wurden.

Da diese Dissonanzen sich vor laufenden Kameras abspielten, kam mir die Idee, schwarze Filmschaffende aus verschiedenen Teilen Afrikas sowie seiner amerikanischen und europäischen Diaspora außerhalb eines öffentlichen Forums zusammenzubringen. Dass oft zwischen den afro-amerikanischen und den afrikanischen Künstlern nicht alles rund lief, war nicht neu. Ab und zu fühlten sich Afrikaner von dem Selbstbewusstsein der Afro-Amerikaner an die Wand gedrängt, ohne Verständnis dafür zu haben, welches Leid sie und ihre Vorfahren erlitten hatten und wie hart auch für sie der Kampf war, nach oben zu gelangen.

Da sich der Rassismus auf die schwarze Hautfarbe bezog und keiner einen Vorteil hatte, bloß weil er Englisch, Französisch, Deutsch, Portugiesisch oder sonst etwas sprach, dachte ich, dass es einmal an der Zeit wäre, dass sich diese Gruppen besser kennenlernten. Einige von uns waren bereits mehr im gedanklichen Biotop ihrer ehemaligen Unterdrücker gefangen, als ihnen wohl selbst bewusst war, und konnten so keine gemeinsamen Ziele definieren. Dass sich die fast auf allen Kontinenten vertretene afrikanische Diaspora über die Sprache und die Kultur ihrer Kolonialisten so untereinander abgrenzte, war und ist mir nach wie vor unverständlich. Dieses Verhaltensszenario ist nicht nur einzigartig, sondern zudem auch noch strategisch unklug. Juden und Libanesen bilden, was die Bündelung intellektueller und ökonomischer Ressourcen anbelangt, hier das Gegenstück. Futterneid und Ego konnte man als Ursachen für dieses Phänomen hier nicht ausschließen.

Obwohl amerikanische Jazz-Musiker wie Dexter Gordon und viele andere seiner Kollegen in den Jahren 1960 bis 1970 nach Paris ins Exil gingen, um dem Rassismus im eigenen Lande zu entfliehen, kannte man einander kaum. Die Zuhörer waren meist weiße Franzosen oder Intellektuelle aus anderen europäischen Ländern und kaum Schwarze. Auch der bereits erwähnte Schriftsteller James Baldwin und nicht zu vergessen die legendäre Tänzerin Josephine Baker, deren Karriere in Paris begann, zogen es vor, auf der anderen Seite des Atlantiks ihre Energie und künstlerische Kreativität zur Verfügung zu stellen und diese nicht auf der Ebene einer harten Auseinandersetzung im Alltag in einer nach Rasse geteilten Gesellschaft zu vergeuden.

Zusammen mit einem *homeboy* aus New York, dem Anwalt, kopierten wir also eine von mir mit Kugelschreiber auf einem normalen DIN-A4-Blatt geschriebene Einladung mit dem Titel „*It's Time To Party – A Get Together for Black Filmmakers*" und brachten davon dreißig Kopien in den Umlauf. Sie enthielt eine Adresse, eine kleine Skizze und die Festnetznummer einer kleinen Villa mit Garten, die ich gemietet hatte. Die stand in einem Ort, circa drei Kilometer von der Croisette entfernt, der mir noch aus einem anderen Zusammenhang bekannt war. In La Napoule.

Mark, ein junger ortsansässiger Kameruner, und ich waren für den Getränke- und Lebensmitteleinkauf zuständig. Er hatte den Transporter, ich das Geld. Der Rest der Truppe stellte einige Möbel in den Garten, damit wir dort ein kleines Buffet aufbauen konnten.

In einem der „Casino-Supermärkte" in der Nähe luden wir seinen dunkelblauen Clio bis über das Dach mit Getränken voll. Dazu anstandshalber etwas Salami, Baguette und Käse.

So gegen 19 Uhr war dann alles aufgebaut. Mark hatte noch eine für damalige Verhältnisse gewaltige Stereoanlage besorgt, und ich hatte eine Menge abgemischter Funk- und House-Kassetten im Auto, welche ich beinahe unter Einsatz meiner Kreditkarte in einem kleinen Plattenladen in der New Yorker Lower East Side gekauft hatte. Der Inhaber wollte sichergehen, dass die Gold Card in den Händen eines Schwarzen nicht gestohlen war, und rief „der guten Ordnung halber" erst einmal American Express an. Die Anweisung von dort lautete: „Karte zerstören." Davon konnte ich ihn gerade noch abhalten, zudem diese auch noch meine einzige Geldquelle für meinen zweiwöchigen Aufenthalt in der Stadt war.

Unser erster Gast war ein amerikanischer Drehbuchautor, zufälligerweise ein Weißer, der lustlos an unserem Büffet herumstocherte. „Nichts los hier, hm", nuschelte er ein bisschen hochnäsig zwischen Käse und Weißbrot durch seine Zähne. Er schaute ein paar Mal gelangweilt um sich, und als er fertig gegessen hatte, stellte er seinen Teller ab und verschwand. Ich hatte für circa 1500 Franc eingekauft und bot Mark an, das ganze Zeug mit nach Hause zu nehmen, wenn uns unsere Gäste im Stich lassen würden. Aber es kam anders. Nach Einbruch der Dunkelheit, so gegen 22 Uhr, wurden wir praktisch von Leuten überrannt. Zuerst von Spike Lees Leuten von *„40 acres and a Mule"*. Spike selbst war nicht dabei. Dann tauchte Preston Holmes auf, der Produzent von „Posse". Im Smoking. Er produzierte später einen weiteren Spielfilm in der Regie von Mario van Peebles mit dem Titel „Panthers", einen, der von der Gründungsphase der Black Panther Party handelte. Im Jahre 2003 folgte eine Doku über den Gangster-Rapper Tupac Shakur, der vor seinem gewaltsamen Tod im September 1996 30 Millionen Schallplatten verkauft hatte. Preston kam in Begleitung einer mir bekannten Münchnerin. Es war Nadja, deren Vater aus Ghana stammte. Ihr Bruder, das Model Boris Kodjoe, sollte später ein vielbeschäftigter Schauspieler in Hollywood werden.

Viele Leute siedelten von der Party einer der großen Verleihfirmen, welche im Schloss La Napoule mit seinem großen Park stattfand, zu unserer kleinen Villa über. Hier wurde getanzt, diskutiert und es herrschte eine entspannte Stimmung. Es war praktisch eine klassische House-Party. Ein Regieassistent von Roman Polanski kniete vor Harriet, der schönen holländischen Anwältin, und schaute öfter nach links und rechts, ob nicht doch irgendwo ein dunkelhäutiger, eifersüchtiger *boyfriend* im Hintergrund lauerte, um ihm das Nasenbein zu zertrümmern.

Mark und ich mussten nach kurzer Zeit von irgendwoher noch für Nachschub sorgen, weil die Badewanne, in der wir die Getränke in kaltem Wasser gelagert hatten, bereits nach einer knappen Stunde leer war.

Wir hatten mit einem solchen Andrang natürlich überhaupt nicht gerechnet, da wir ja nur dreißig schwindlige Zettel auf dünnem Papier verteilt hatten. Viele der zum Festival geladenen Gäste kamen mit Chauffeur und Limousinen, sodass die ganze Umgebung um das Haus praktisch zugeparkt war. Bloß einer fehlte. Er fehlte besonders den Frauen: Denzel Washington. Im Zehn-Minuten-Takt hieß es praktisch, *„Charles, do you think Denzel is still gonna come?"* – „Glaubst du, dass Denzel noch kommen wird?". Ich glaube es war Preston, der ihn eingeladen hatte.

Um neun Uhr morgens war noch ein kleiner, harter Kern übrig, einer, der überwiegend aus Frauen bestand. Ein knappes Dutzend junger, attraktiver Damen hatte es sich in einer Ecke des Wohnzimmers in liegender Position, zum Teil auch auf dem Teppichboden, gemütlich gemacht. Man schlief mit einem offenen Auge. Dann klingelte das Telefon: „Hi Charles, hier ist Denzel. Ich habe gehört, bei dir ist eine großartige Party im Gange." „Ja", antwortete ich, „aber sag mir, was ich mit all den Frauen machen soll, die auf dich warten?" Er lachte und entschuldigte sich dafür, dass er es wegen seinen Verpflichtungen, die mit der Promotion seines Filmes zusammenhingen, nicht mehr geschafft hatte. „Dann einfach nächstes Jahr", sagte ich. Nächstes Jahr sollte es aber nicht geben. Auch wenn die alte, nette jüdische Dame, die uns das Haus vermietet hatte, wegen des Aufkommens an Limousinen, Leuten mit Smoking und Chauffeuren stolz und begeistert war, ging im Haus doch einiges kaputt. Unter anderem ein alter Glastisch.

Auch der Garten muss etwas gelitten haben. So übernachtete ich im nächsten Jahr in einer großen, klassischen Villa mit Park, welche von Nonnen geleitet wurde. Die Adresse wurde von einem ehemaligen Mitarbeiter von RTL aufgetan. Der Übernachtungspreis war damals relativ billig. Umgerechnet circa 40 Mark pro Zimmer. Aber die Nonnen waren auch geschäftstüchtig. Das Ganze sprach sich schnell herum, und im nächsten Jahr kostete das Ganze schon das Doppelte. Nicht pro Zimmer, sondern pro Person.

„Die Weißen wissen schon, warum sie den Nigger erfunden haben"

James Baldwin

Ein Afrikaner, der nicht ständig ein freundliches Lächeln zur Schau trägt, gilt als arrogant und wird manchmal sogar als bedrohlich wahrgenommen, wogegen ein weißer Mensch mit einem ähnlichen oder dem gleichen Ausdruck als tiefgründig, reflektiert und verantwortungsbewusst gesehen wird.

Dieses Phänomen trifft besonders auf schwarze Männer zu. Als ich mit der Serie „Der Alte " begann, hatte man mir anfangs nahegelegt, die Rolle mehr wie ein Eddie Murphy anzulegen, sozusagen mehr in Richtung einer clownesken Variante, was ich nicht akzeptierte. Es entsprach weder dem Status meiner afrikanischen Familie, in deren Reihen sich einer der angesehensten Intellektuellen des Kontinents, Ex-Präsident des Senegals, Léopold Sédar Senghor befand. Auf der anderen Seite kannte ich überhaupt keinen Schwarzen, der sich im normalen Alltag so verhielt wie im Film. Ich schon gleich gar nicht. Das wäre dasselbe, als hätte man zu einem meiner weißen Kollegen gesagt, er soll sich so wie der Komiker Jerry Lewis verhalten. Diese Idee hätte wahrscheinlich niemand an ihn herangetragen.

Ich habe großen Respekt vor den geistigen Vätern der europäischen Kulturgemeinschaft. Nicht nur vor jenen der Antike, sondern auch vor den Pionieren der Sozialpsychologie, wie zum Beispiel Erich Fromm, den Philosophen Nietzsche oder Schopenhauer. Auch vor den Franzosen als dem europäischen Volk, in dessen Gesellschaft Kunst und Literatur wahrscheinlich noch am meisten geschätzt werden, und das auch selbst großartige Künstler und Denker, wie zum Beispiel einen Charles Baudelaire, einen Marcel Proust oder aus zeitgenössischer Sicht etwa die franko-senegalesische Marie NDiaye hervorgebracht hat. Paris war lange Zeit das europäische Zentrum der Kunst, nicht nur für die Europäer selbst. Es war mehr oder weniger Zufluchtsort für afro-amerikanische Musiker wie Miles Davis, Tänzerinnen wie Josephine Baker, Schriftsteller wie James Baldwin, die alle vor der Diskriminierung im eigenen Lande flüchteten. Die Pariser Kunstszene war weltoffen und ist es wahrscheinlich heute immer noch, wenn auch nicht in diesem Maße. Aber war es nicht die Fronarbeit der kolonialisierten und versklavten Menschen und Völker, welche den Europäern die Zeit zum Müßiggang geschenkt hatten? Sie selbst mussten ihre Energie auf körperlicher Ebene verbrauchen, um die Tage zu überstehen, Tage, Wochen, Jahre ohne Schöngeist und geistige Selbstwahrnehmung, reduziert auf das Prinzip der Mechanik, wo geistige Impulse nur der Aufgabe unterstellt waren, ihre Muskelkraft für den Wohlstand ihrer Herrscher zu steuern.

Sklavenarbeit war schon die Basis des Wohlstands in der Antike, ob bei den Griechen oder bei den Römern. Es ist unwahrscheinlich, dass ein Kaiser wie Marc Aurel ein großer Philosoph geworden wäre, wenn er seine Energie in einem Steinbruch aufgebraucht hätte.

Wie hieß es doch im Ersten Buch seiner „Selbstbetrachtungen"? „… von meinem Urgroßvater den Umstand, dass ich nicht in öffentliche Schulen gehen musste, gute Hausherren hatte und die Erfahrung machte, dass man dafür viel Geld aufwenden musste." Afrika hatte dieses Geld nie.

Sogar das Bekenntnis Platons zur Bescheidenheit hätte sich ihm nicht als erstrebenswerter Zustand erschlossen, wäre er dazu gezwungen worden.

Arroganz ist im Prinzip der Appendix der menschlichen Selbstwahrnehmung. Um es mit den Worten Goethes zu sagen: „Durch nichts bezeichnen die Menschen mehr ihren Charakter als durch das, was sie lächerlich finden." Teile der europäischen Gesellschaft hätten das Herabblicken auf andere Kulturen eigentlich gar nicht nötig gehabt, wären sie so souverän und erleuchtet gewesen wie die Philosophen, deren kulturelles Vermächtnis sie glauben in sich zu tragen.

Die Figur des unbeholfenen Schwarzen, die auf keiner Ebene existent war, ist ein Konstrukt der weißen Gesellschaft, um sich auf niedrigstem Niveau auf Kosten der Schwarzen zu amüsieren und vor der eigenen Bevölkerung deren Ausbeutung zu rechtfertigen. Frappierend bei meinen ersten Besuchen in Afrika war dennoch die Schüchternheit, auf die ich traf und die von manchen Afrikanern ausging. In den Momenten des Zusammentreffens mit Weißen erlagen sie wohl oftmals einem selbstauferlegten Druck, dem Mechanismus einer Erwartung ihres Gegenübers in Bezug auf den Gestus der Unterwürfigkeit nachzugeben. Besonders im frankophonen Teil des Kontinents, da, wo die Kolonialisierung weniger durch physische Brutalität als durch die Manipulation der afrikanischen Psyche erfolgte. Der anglophone Teil Afrikas scheint sich über die letzten Jahrzehnte hinweg auf vielen Ebenen stärker emanzipiert zu haben. Nun wächst aber auf der franko-afrikanischen Seite eine Generation von Intellektuellen heran, die das nicht weiter hinnehmen will. Aufgrund des durch die Migrationspolitik zunehmenden Nationalismus und Rassismus in Europa suchen viele nach einer Möglichkeit, sich selbst in ihren Heimatländern einzubringen. Auf wirtschaftlicher, aber auch auf politischer Ebene.

David Diop, ein franko-senegalesischer Poet und Schriftsteller, verfasste zum Thema politische Entmündigung – ähnlich wie dies Marie NDiaye auf sehr subtile Art in ihrem Roman „Die Dienerin" zum Thema Verleugnung der kulturellen Abstammung schwarzer Menschen in einer weißen Gesellschaft tat – sein Gedicht „The Vultures".

Es spiegelt wie kaum ein anderes mir bekanntes die augenblickliche Stimmung und Haltung der afrikanischen Jugend wider.

An jenen Tagen, als die Zivilisationen uns ins Gesicht traten
Als Weihwasser auf unsere zusammengezogenen Augenbrauen klatschte
Die Geier im Schatten ihre Klauen ausstreckten
Das blutbefleckte Monument der Vormundschaft
In diesen Tagen
Schmerzliches Gelächter ertönte in der metallischen Hölle
Und der monotone Rhythmus des Paternosters
Übertönt das Heulen der Plantagen
Von den bitteren Erinnerungen an erpresste Küsse
Von Versprechen die mit vorgehaltener Waffe gebrochen wurden
Von Fremden die nicht wirklich wie Menschen wirkten
Du der alle Bücher aber die Liebe nicht kannte

Auch nicht unsere Hände die den Schoß der Erde befruchten
Hände Instinkt der Wurzel mit Revolte
Trotz Deinen stolzen Gesängen in den Beinhäusern
Trotz der trostlosen, zerrissenen Dörfer Afrikas
Die Hoffnung lebt in uns wie eine Zitadelle
Und von Swasilands Minen bis zum glühenden Schweiß
Von Europas Fabriken
Der Frühling wird unter unseren hellen Schritten weitergeboren.

Europa und die westliche Welt sind dabei, diese Jugend zu verlieren, welche versucht, sich von den alten Klischees zu befreien.

Mein Vater, der als junger Diplomat auch kleine Filmrollen in deutschen Produktionen, zum Beispiel mit Hardy Krüger, annahm, stellte sich, wahrscheinlich aus Gründen unreflektierter Eitelkeit, diesem Klischee zur Verfügung. In meinem ersten Buch „Ein Niederbayer im Senegal", das 2004 erschien, schrieb ich: „Für die Rolle des dummen Wilden" – es bezog sich auf seine Rolle in dem Streifen „Liane, das Mädchen aus dem Urwald" mit Marion Michael und Hardy Krüger in den Hauptrollen – „hätte ich ihn stundenlang ohrfeigen können." Natürlich hatte er das Buch gelesen und musste, wie er mir offenbarte, selbst über diesen Satz lachen. Vermutlich auch ein bisschen über sich selbst. Mein Vater war wegen seiner Verdienste als Diplomat für die deutsch-senegalesischen Beziehungen Träger des Bundesverdienstkreuzes erster Klasse, welches ihm vom damaligen Ministerpräsidenten Heinrich Lübke überreicht wurde. Was ihn dazu bewogen hatte, in dem Film mitzuspielen, ist mir immer noch unverständlich.

Kein Deal mit Deutschland

Der Westen hat wie Afrika zwei verschiedene Blöcke. Den frankophonen und den anglophonen, welche sowohl auf wirtschaftlicher als auch auf kultureller Ebene in vielen Bereichen miteinander im Wettbewerb stehen und deren wesentliches Bindungsglied auch schon vor dem Brexit die NATO darstellt. Nicht nur de Gaulle und der damalige Minister für Bildung und Kultur Jack Lang brachten das Thema europäische Eigenständigkeit ins Spiel. Diese Töne sind augenblicklich auch von Präsident Macron vernehmbar und unterschwellig, gesellschaftlich wie politisch, immer präsent. England bezog in der europäischen Frage in manchen wesentlichen Punkten sehr abweichende Positionen und hatte beispielsweise nie vor, sich dem damals geplanten europäischen Militärbündnis PESCO anzuschließen. In diesem Punkt stand man dem Brudervolk der Vereinigten Staaten von Amerika näher als den Kontinentaleuropäern und verstand sich fast ausschließlich als Transatlantiker. Aus innenpolitischer Sicht hingegen nähert sich der Rest Europas im Gegensatz zur anglophonen Welt, welche sich Fremdkulturen stärker öffnet, in seinem Patriotismus mehr und mehr der Grenzlinie zum Nationalismus. Dieses sich weiter verändernde, angespannte gesellschaftliche Klima bekommt auch die afrikanische Diaspora immer mehr zu spüren. Das Thema „*diversity*" wird durch das Erstarken des europäischen Nationalismus und den Einzug rechtsradikaler Gruppen in föderale und regionale Parlamente konterkariert.

Amerika verfährt, was qualitative Einwanderung, Aufstiegsmöglichkeiten im Beruf und akademische Förderung ausländischer Talente anbelangt, anders. Ein Großteil der amerikanischen Gesellschaft, in der individuelle Selbstverwirklichung Teil ihres Freiheitsgedankens ist, hat schon lange begriffen, dass die Ausgrenzung von Menschen anderer Hautfarbe und Herkunft in einer leistungsorientierten Gesellschaft kein wirtschaftsorientiertes Zukunftsmodell mehr ist. Wer sich qualifiziert, kommt nach oben. Und wer an der Spitze der globalen Wirtschaft bleiben will, kann auf die Besten nicht verzichten, auch wenn diese anderen Kulturkreisen entstammen. Um die Bedürfnisse einer großen Wirtschaftsnation wie den USA in den hochqualifizierten Bereichen abzudecken, ist der Pool der *White Anglo-Saxon Protestants* und des intellektuell hochgebildeten jüdisch-stämmigen Bevölkerungsanteils allein nicht mehr ausreichend. Die USA und zum Teil auch England sind damit fast die einzigen Länder außerhalb Afrikas, in denen Schwarze auf beruflicher Ebene auch einmal ganz oben ankommen können, die sogenannte *glass ceiling,* die gläserne Decke durchdringen und in den obersten Chefetagen ankommen können.

Aber auch Afrika integriert bislang zu wenige qualifizierte Personen aus seiner Diaspora. Auf der einen Seite hat der Kontinent selbst genug junge Akademiker, die wegen des Mangels an Beschäftigung in ihrem Bereich nach einer abgeschlossenen akademischen Ausbildung für ein Monatsgehalt zwischen 74740 und 347809 CFA – das entspricht 114 bzw. 531 Euro – hinter dem Fleischtresen eines französischen Supermarkts stehen. Auf der anderen Seite haben einige durch den langen Aufenthalt im westlichen Ausland den sogenannten Stallgeruch, der sich über den gemeinsamen Leidensweg des „Sich-Durchkämpfens" in einer informellen Gesellschaft definiert, verloren. Die „Hustler-Mentalität" des *gor gor lu*, wie man im Woloff das Sich-Durchschlagen im Bereich des Informellen, die Straßenverkäufer-Mentalität bezeichnet, ist ein Charaktermerkmal, welches auch jenen wenigen noch anhaftet, die im Land geblieben sind und es dort bereits zu etwas gebracht und die Armut längst hinter sich gelassen haben. Ob in Europa oder in Afrika. Das Modell „Europa den Europäern" oder Afrika nur den „richtigen Afrikanern" ist für beide Seiten gleichermaßen schädlich. Paul Kagame, der den zurückgetretenen CEO des schweizerischen Kreditinstituts Credit Suisse als finanzpolitischen Berater akquiriert hatte, ist aus afrikanischer Sicht einer der wenigen Ausnahmen.

Auf Deutschlands Initiative für Fachkräfte aus Indien hatten sich bislang drei Personen gemeldet. Dazu kann man nur Folgendes bemerken: „zu spät". Der gebildete Teil des bevölkerungsreichsten Landes kennt nämlich nur ein Ziel: Amerika. Dies, obwohl es sich auf der anderen Seite um das Land handelt, in dem sich ein Teil der Bevölkerung die „alten Zeiten" der Segregation, manche von ihnen sogar die Sklaverei zurückwünscht. Jüngst besuchte der deutsche Finanzminister Christian Lindner eine Universität in Accra und fragte dort bei Studenten nach, wer von ihnen denn in Deutschland studieren möchte. Niemand hob die Hand. Nur um den Gast mit seiner Frage nicht vollkommen im Regen stehen zu lassen, bewegten ein paar der jungen Ghanaer die Hand mehr oder weniger im Zeitlupentempo nach oben, was man nicht als einen verzögerten Entscheidungsprozess, sondern als eine afrikanische Geste höflicher Gastfreundschaft verstehen muss. Der Gast muss sich wohlfühlen. Vielleicht muss Afrika weniger höflich sein, sein Lächeln etwas weniger verschenken, damit es ernst genommen wird. Das Einzige, was Lindner damit erreicht hatte, waren ein paar Lacher im Internet, auch wenn er selbst daran keine Schuld trägt. Dennoch müsste nach solchen

Ereignissen den politisch Verantwortlichen klar werden, dass die plötzlichen, afrophilen Ambitionen einzelner europäischer Staatenlenker den Afrikanern mehr als suspekt erscheinen. Ich selbst wurde bereits mehrfach von jungen Studenten aus dem sogenannten Globalen Süden kontaktiert, welche mir schilderten, wie problematisch sich ihr Studium auf institutioneller Ebene in Deutschland darstellt.

Ich erinnere mich auch an ein Gespräch mit dem französischen Botschafter in Doha, das 2016 nach dem Besuch unserer Delegation der Parlamentarischen Versammlung (PV) der NATO in einem Industriekomplex, der Abfüllanlage für Erdgas in Ras Laffan, in seiner Residenz stattfand. Wir sprachen über das Thema Migration, und ich stellte ihm die Frage, wie viele Asylanträge von Akademikern aus Syrien in Richtung Europa gestellt wurden. „Wenige", hieß es. „Die meisten wollen eigentlich gleich in die USA." Neben dem Verdienst und den vergleichsweise begrenzten Aufstiegsmöglichkeiten ist die zunehmende Fremdenfeindlichkeit, der Rassismus, einer der Hauptgründe für die immer geringer werdende Anziehungskraft Europas für Akademiker aus dem Globalen Süden.

„Wir wollen keine Wirtschaft" – Deutschland und seine verpassten Chancen in Afrika

Immerwährende Stabilität ist ein Wunschdenken, eine Illusion, die letztendlich, genau im Gegenteil, in eine Stagnation mündet. Wer Prozesse, die Dynamik um sich herum, ignoriert und seine eigene kleine Welt unter dem Gesichtspunkt des Selbstverständlichen, der Selbstüberschätzung in Bezug auf die Attraktivität der eigenen Normen betrachtet, wird es in Zukunft schwer haben. Dies bezieht sich sowohl auf die individuelle Herangehensweise einer einzelnen Person als auch auf die Politik – und hier speziell auf die deutsche. Das Land lebte jahrzehntelang in einer in Zeiten des Wirtschaftswunders geschaffenen Wohlfühlblase, in der man sich noch heute zu befinden glaubt.

Im Jahr 2003, nachdem vorher der US-Präsident Ronald Reagan und dann die britische Premierministerin Margret Thatcher den Finanzkapitalismus ausgerufen hatten, hat die Bundesrepublik Deutschland unter Kanzler Gerhard Schröder das sogenannte Finanzmarktförderungsgesetz auf den Weg gebracht. Spätestens dann hätte auch dem politisch interessierten Bürger und der Politik selbst klarwerden müssen, dass der Einfluss der Finanzmärkte auf die Realwirtschaft eine andere Sichtweise auf die Welt hätte nach sich ziehen müssen. Dies besonders in Bezug auf die Rohstoffaußenpolitik, schon vor der Ukraine-Krise. Die deutsche Politik hatte leider immer schon mehr den Hang zum Verwalten als zum Gestalten. Man schleicht dahin, in der Hoffnung, von den Stürmen des Weltgeschehens nicht erfasst zu werden. Wer sich harmlos gibt, wird nicht mehr mit Rücksichtnahme der anderen Akteure belohnt, sondern in der augenblicklichen geopolitischen Dynamik in die Ecke gedrängt werden, eine Position, aus der man sich nicht mehr so schnell befreien kann.

Ökonomisch gesehen war die stärkste europäische Volkswirtschaft seit der Regionalisierung Europas stark auf dessen Binnenmarkt und die großen Märkte der USA, Chinas und Indiens fokussiert und erlag dem Irrglauben, dass in einer multipolaren Welt mehr oder weniger alles beim Alten und ihr eine zentrale Position in der Weltwirtschaft auf ewig erhalten bleiben würde. Man hatte nie damit gerechnet, dass die Schwellenländer irgendwann einmal einen eigenen Plan aufstellen würden, sich etwas von der Dominanz der westlichen Wirtschaftsmächte befreien wollen. Diesen Gedanken nicht miteinzubeziehen, war nicht besonders klug.

Ein Grund für die starke Binnenfixierung ist zum Teil der missionarische Eifer, die moralische und kulturelle Selbstüberschätzung Deutschlands, das permanent versucht, dem Rest der Welt, vor allem Afrika, das deutsche Denkschema überzustülpen, anstatt wie andere mit ihnen Geschäfte zu machen. Afrika mit seinen riesigen Ressourcen war bis zur Flüchtlingskrise auch für die meisten anderen europäischen Länder, wie für Deutschland, eine Randnotiz im politischen Geschehen. Nur Frankreich musste wegen seiner nach wie vor starken Verbindungen nach Westafrika, in die Karibik-Staaten und auch zum Pazifik-Staat Neukaledonien von einer ganz anderen geopolitischen Interessenlage ausgehen.

Vor meinem Einzug in den Deutschen Bundestag hatte ich Firmen in Bezug auf Afrikageschäfte beraten. Das Thema verfolgte ich schon seit Anfang der neunziger Jahre. In fast schmerzhafter Erinnerung blieb mir dabei eine Geschäftsanbahnung mit einer größeren, mittelständischen Münchner Firma namens NUGA, die Fisch aus dem Senegal importieren wollte. Wir hatten dort vor Ort mit einigen großen Partnern bereits Gespräche aufgenommen, als die Firma kurz darauf Insolvenz anmelden musste. Der Konsum von Fisch in Deutschland war einfach zu gering. Ein paar Monate später tauchte dann die Creutzfeldt-Jakob-Krankheit auf, die durch BSE, den sogenannten Rinderwahnsinn (*mad cow desease*), ausgelöst wurde. Um den Proteinbedarf der Bevölkerung zu decken, explodierte in Europa plötzlich der Bedarf an Fisch. Und damit auch die Preise. Für die Firma kam diese Veränderung auf dem Lebensmittelmarkt jedoch zu spät. Mittlerweile sind es auch die europäischen Fangflotten, welche die afrikanischen Küsten leerfischen.

Dennoch sah ich wegen der bereits lange zurückliegenden und in den meisten Ländern schon vergessenen kolonialen Aktivitäten Deutschlands für das Land noch große Vorteile im Afrikageschäft. Wir waren, was die koloniale Praxis anbelangte, in Afrika weniger vorbelastet als die klassischen Kolonialstaaten. Auf der anderen Seite aber auch weniger erfahren. Frankreich hatte in beiden Weltkriegen afrikanische Soldaten gegen Deutschland an die Front geschickt. Es waren überwiegend Senegalesen, inklusive des späteren Staatspräsidenten Senghor, die für ihre Kolonialherren kämpften. Aber auch schon vorher, im sogenannten deutsch-französischen Krieg in den Jahren 1870/1871, hatten die Senegalesen an der Seite der Franzosen gekämpft. Die Einheit wurde erst 1964, vier Jahre nach der Unabhängigkeit, aufgelöst.

Im September 1944 fiel eine französische Streitmacht in das Militärlager von Thiaroy, heute praktisch ein Vorort von Dakar, ein. Es hieß, man wolle der „Revolte der Farbigen", die 1940 aus der Kriegsgefangenschaft aus Europa zurückgeführt worden waren, ein Ende setzen. Das Ganze endete mit 35 Toten. Frankreich wertete diese Revolte als Zeichen eines aufkommenden Widerstandes gegen seine koloniale Präsenz, nachdem noch zehntausend Senegalesen auf dem Weg in ihre Heimat waren. Frankreich warf den „Meuternden" vor, dass es sich ja dafür eingesetzt hätte, dass die Gefangenen überhaupt aus Europa in ihr Heimatland zurückkehren könnten. Dabei ließ es außer Acht, dass es ja auch Frankreich war, das sie dorthin verbracht hatte.

Der spätere Präsident Abdoulaye Wade war Anwalt meiner senegalesischen Familie Faye/Diop zu der Zeit, als mein Onkel Demba Diop, der vorher Bildungs-, dann Sportminister des Landes war, am 3. Februar 1967 im Alter von 39 Jahren einem Mordkomplott zum Opfer fiel, das man ausländischen Mächten zuschrieb. Demba Diop war mit der Schwester meines Vaters, Caroline Faye, damals Abgeordnete für die Stadt Mbour, verheiratet. Später, in der darauffolgenden Regierung Diouf, wurde sie die erste Ministerin des Landes.

Über Präsident Wade konnte ich Thyssenkrupp eine Eisenerzmine im Osten Senegals, welche einen Teil des sogenannten MIFERSO-Projekts darstellte, anbieten. Das Projekt beinhaltete einen Verladehafen für Eisenerz in der Nähe der Hauptstadt Dakar und eine Eisenbahnlinie zwischen Dakar und Bamako, um das Erz abzutransportieren. Ich vereinbarte für Thyssenkrupp einen Termin mit dem damaligen Energieminister und Biram Diouf, dem Direktor von MIFERSO, der *Sociétè des Mines de fer du Sénégal Oriental*. Dem war bereits ein intensiver wechselseitiger Briefverkehr vorausgegangen. Der deutsche Industriekonzern, zu dem damals noch der Bereich Gleisbau gehörte, stellte selbst den Bau eines Stahlwerks vor Ort in Aussicht und war auch am Goldabbau interessiert.

Wir saßen in Dakar im Büro des Minendirektors und warteten auf die Delegation von Thyssenkrupp. Aber keiner erschien. Man sagte uns nicht einmal ab. Ich entschuldigte mich bei Biram und bat ihn, meine Entschuldigung auch dem Minister auszurichten. „Ach", meinte er nur, „kein Problem Charles." „Ich habe großen Respekt davor, dass du dich so um die Deutschen kümmerst," fügte er dann mit einem süffisanten Lächeln auf den Lippen hinzu, „aber wir brauchen sie nicht." Da war sicher auch ein bisschen verletzter Stolz dabei. Für mich war das Ganze jedoch mehr als peinlich.

Auch Moustapha Niasse, der damalige Außen- und spätere Premierminister unter der Regierung des Präsidenten Abdou Diouf, der mit seinen 2,06 Metern damals als der größte Staatspräsident der Welt galt, war mit jemandem aus meiner Faye-Familie verheiratet. Ich war, obwohl es mir eigentlich klar war, immer wieder überrascht, wie weit meine Familie in der senegalesischen Politik vernetzt und zum Teil auch noch aktiv war. Mit Fode Seck, seinem Generalsekretär im Außenministerium, empfing ich schon vorher Investoren aus dem Ausland, unter anderem einen Geschäftsmann aus Saudi-Arabien, den ich in meiner Zeit in Äthiopien kennengelernt hatte.

Mit Freunden von Niki Lauda hatte ich vierzig Kilometer von Dakar entfernt in Yenne/Toubab Diallow ein großes Hotelprojekt geplant, und wir, das heißt die potentiellen Investoren, hatten bereits eine Machbarkeitsstudie entwickeln lassen. Die Regierung hatte mir dazu ein Grundstück von 300 Hektar plus 200 Hektar Domain Maritim mit einem Kilometer feinstem Sandstrand übertragen. Das Hotelprojekt scheiterte leider daran, dass sich die österreichische Gesellschaft auf Grund privater Probleme unter den Gesellschaftern auflöste.

In der Gegend herrscht ein wunderbares, mildes Mikroklima, und ich riet dem Generalsekretär davon ab, dort Industrieanlagen, wie zum Beispiel eine Firma für Fischverarbeitung, ansiedeln zu lassen. Stattdessen schlug ich vor, das Gebiet als eine Sonderzone für Tourismus auszuweisen, und nahm infolgedessen mit allen großen deutschen Touristikunternehmen Kontakt auf. Aber keines war letztendlich an dem Projekt interessiert.

Als dann der damalige US-Präsident Bill Clinton im April 1998 das Land besuchte, führte Fode Seck ihn in dieses circa vierzig Kilometer von der Hauptstadt entfernte Gebiet und Clinton war so begeistert, dass er gleich mit der Idee um die Ecke kam, dort die University of Maryland anzusiedeln. Diese wurde kurz darauf auch gebaut. Die Gegend dient seitdem den reichen Senegalesen aus der Hauptstadt als Erholungsgebiet für das Wochenende. Natürlich nicht in einem Hotel, sondern in der eigenen Villa. Einer davon ist der weltbekannte senegalesische Sänger Youssou N'Dour.

Wird ein Grundstück nicht innerhalb von zwei Jahren eingezäunt, können solche Überschreibungen entfallen. Dafür fehlte es mir damals an Eigenkapital, und neue Partner waren nicht zu finden. Das Grundstück wäre mittlerweile unbezahlbar.

Die Beispiele für versäumte Gelegenheiten deutscher Unternehmen zogen sich durch fast alle Bereiche. Auch die Handysparte der staatlichen Telefongesellschaft von Sonatel wurde mir unter der Regierung des Präsidenten Abdoulaye Wade für Deutschland angeboten. Die Deutsche Telekom war jedoch lediglich an einem Wartungsauftrag interessiert. Dieses Angebot gab ich nicht weiter, denn diesen Auftrag erteilt in der Regel der Käufer.

Staatsbesuch

Als ich im Jahr 2003 mit einer der führenden deutschen Entwicklungspolitikerinnen nach Senegal reiste, um Präsident Wade zu besuchen, ging es unter anderem um das Thema NEPAD-Initiative, ein wirtschaftliches Entwicklungsprogramm der Afrikanischen Union, welches 2001 in Lusaka von den afrikanischen Regierungschefs angenommen wurde und der Förderung von Bereichen wie Landwirtschaft, Infrastruktur, Klimawandel, Sicherung von Lebensstandards sowie Wirtschafts- und Unternehmensführung dienen sollte.

Als der Verkehrsminister auf den Bedarf an Infrastruktur hinwies, um die regionale Wirtschaft anzukurbeln und um Arbeitsplätze zu schaffen, hieß es von Seiten der Afrikabeauftragten: „Wir wollen keine Wirtschaft."

Diesen Satz sollte sie auch später bei der Verabschiedung eines Botschafters im Rahmen eines Mittagessens, das in einem Berliner Restaurant stattfand, noch einmal wiederholen. „Wir wollen nicht." Punkt, ohne weitere Erklärung. Dies war 2013 oder 2014, ich war damals schon Abgeordneter. Die Vermessenheit dieser Aussage, welcher der Gedanke zu Grunde lag, dass eine reale Entwicklung der afrikanischen Volkswirtschaften im entwicklungspolitischen Konzept Deutschlands ihrer Ansicht nach keine Rolle spielen durfte, konnte man nur unter zweierlei Gesichtspunkten deuten: Borniertheit oder Wahrheit.

Ein Staatspräsident besucht manchmal bei einem Staatsbesuch in der Hauptstadt zusätzlich auch noch ein deutsches Bundesland. Es war 2008 und für Präsident Wade war eigentlich Brandenburg vorgesehen. Ich überzeugte den damaligen Ersten Sekretär der Senegalesischen Botschaft Aziz Ndaye – ein Botschafter war zu diesem Zeitpunkt gerade nicht entsandt –, den Länderbesuch lieber, wie ich es den Tatsachen entsprechend formulierte, „in eine der wirtschaftlichen Kernzonen Europas zu verlagern", nämlich nach Bayern.

Zuvor hatte es bereits mehrfach Anfragen der Botschaft gegeben. Da die Berliner Vertretung des Freistaates Bayern auf diese Anfragen lange nicht antwortete, kam bei meinem Freund Aziz Nervosität auf. Er machte mich dafür verantwortlich und meinte, dass es auch Konsequenzen für ihn hätte, wenn das nun nicht klappen würde. Daraufhin rief ich meinen niederbayerischen Namensvetter Erwin Huber, damals bayerischer Wirtschaftsminister im Kabinett Stoiber, an und schilderte ihm auf eine bayerisch-humorvolle Art und Weise, was man mit mir im Senegal alles anstellen würde, wenn ich dem Präsidenten etwas versprochen hätte, was ich dann nicht einhalten könnte. „Dort wird man mich an irgendeinem Körperende mit einem Seil über den Baum ziehen", sagte ich. „Nein, das wollen wir nicht, Herr Huber", meinte er, „das kriegen wir schon hin."

Das Treffen mit Präsident Wade und dem bayerischen Ministerpräsidenten fand am 8. September 2008 – einen Tag vor dem Besuch von Papst Benedikt XVI., dem ersten deutschen Papst seit damals fast

500 Jahren – statt und war vor diesem historischen Hintergrund natürlich eine protokollarische, auf Grund der kurzfristigen Planung aber auch eine sicherheitspolitische Herausforderung. Für die damit betrauten, wohlorganisierten Organe des Freistaates Bayern war dies jedoch machbar.

Präsident Wade erschien mit sechs Ministern. Seine Augen drehten sich von einem Eck der in den Stilen des Rokoko, des Barock und der Renaissance gestalteten Räumlichkeiten in das andere, und er war offensichtlich sowohl vom Ambiente, als auch vom gesamten protokollarischen Ablauf beeindruckt. Denn eines muss man meinen bayrischen Stammesbrüdern, die im innenpolitischen Dialog auch etwas rustikal auftreten konnten, lassen: Bei derlei Empfängen tritt eine große Portion Charme und kulturelles Selbstvertrauen zu Tage. Letzteres mag im eigenen Land manchmal etwas kritisch betrachtet werden, für ausländische Gäste wirkt dieses sichtbare Bekenntnis zur eigenen Kultur immer beeindruckend. Das traf auch auf Präsident Wade zu. Beim Galadinner im Kaisersaal der Residenz, der im 17. Jahrhundert von König Maximilian I. gebaut worden war, war dies deutlich zu spüren. Während meine Frau sich mit Aziz, dem Botschaftssekretär unterhielt, sprach ich mit Karim Wade, dem Sohn des Präsidenten, der mein Tischnachbar war, über Bayern und den Senegal.

Nach diesem Besuch blieb Aziz nicht mehr Erster Sekretär. Er wurde auch nicht degradiert, sondern als Belohnung für diesen gelungenen Besuch zum Botschafter ernannt. Er ging später nach Brasilien. Die senegalesische Polizei fuhr bald darauf nicht mehr die Motorräder von Honda, sondern von BMW. Mittlerweile sind BMW-Modelle nun auch im privaten Gebrauch die am meisten gefahrenen Motorräder Senegals.

In Afrika zu produzieren waren aber weder Deutschland noch andere westliche Länder bereit. Außer in Südafrika. In Bezug auf ein Engagement im Bereich Fußball sah es nicht anders aus. Da damals viele Fußballvereine glaubten, dass es bereits genug Schwarze in der Bundesliga gab, fanden sich für eine Fußballschule, geplant mit dem FC Bayern, für welche uns der damalige Bürgermeister von Dakar, Bap Diop, ein riesiges Grundstück im Zentrum von Dakar zur Verfügung stellen wollte, keine Investoren.

Heutzutage gibt es keinen Club in der Champions League, der nicht einen oder gar mehrere Spieler aus Afrika oder seiner Diaspora im Kader hat.

Während der zweiten Halbzeit des Endspiels der letzten Fußball-WM in Qatar war der Torwart der französischen Nationalmannschaft der einzige Spieler, der keine afrikanischen Wurzeln hatte. „Schaut mal", witzelten daher die Afrikaner untereinander, „wir haben doch noch eine Mannschaft im Wettbewerb." Für manche französischen Ultras waren Spieler mit sogenanntem Migrationshintergrund aber nur so lange irgendwie ein akzeptierter Teil der Nation, wie sie keinen Elfmeter verschossen.

Die Liste vergebener Chancen für europäische Länder in Afrika und im Senegal ist lang. In Kedougou wird mittlerweile im großen Stil Gold abgebaut. Auch was die Preisentwicklung für Grundstücke und Immobilien anbelangt, unterschätzte man noch bis vor Kurzem die afrikanischen Länder gewaltig. Wer eine Drei-Zimmer-Wohnung im Zentrum von Dakar erwerben will, muss sich auf einen Kaufpreis ab 400 000 Euro einstellen, denn die Stadt ist mittlerweile die teuerste Afrikas. Nicht nur, weil man Öl und Gas im Lande fördern wird, ist das Land attraktiv, sondern auch, weil es unter anderem über das größte Kulturangebot des Kontinents, die Biennale de Dakar DAKART, verfügt und seit Langem stabil und friedlich ist.

Wie bereits gesagt war es für mich auf persönlicher Ebene eine wertvolle Erfahrung, dass die Historie meiner Familie während fast aller meiner Begegnungen mit der Bevölkerung und mit Personen aus der Politik noch so präsent war. Auch wenn ich mir meine Ursprungskultur, was Sprache und das gedankliche Szenario anging, damals noch erschließen musste, gab man mir dennoch das Gefühl dazuzugehören. Ohne diese Familiengeschichte wäre eine derartige Akzeptanz wahrscheinlich nicht so einfach gewesen. Familie ist in den meisten Bereichen die wichtigste Institution afrikanischer Gesellschaften.

In meiner späteren Karriere in der Politik sollte die Tatsache, dass ich in meiner anderen, der europäischen Heimat Erfolg hatte, ohne meine afrikanische Herkunft zu verleugnen, und dabei auch bereit war, Verluste hinzunehmen, ein wesentlicher Vertrauensfaktor nicht nur für die senegalesische Seite, sondern auch für die Seite der Diplomatie anderer afrikanischer Länder sein.

Bundeskanzlerin Angela Merkel und „Trachtenjanker XXL"

Irgendwann stellte mir Laurenz Meyer auf einer Veranstaltung im Hotel Maritim in Berlin Kanzlerin Angela Merkel vor. Er präsentierte mich ihr als den Schauspieler, der „damals im ‚Alten' mitgespielt hatte". „Das weiß ich", gab die Kanzlerin zurück, „aber ich kenne den Herrn noch von woanders her." „Ja", antwortete ich, „das liegt schon ein paar Jahre zurück. Letzter Abendflug mit Lufthansa von Köln nach Berlin. Sie Sitzreihe zwei, links am Fenster. Ich Sitzreihe vier, rechts am Gang. Vor und hinter Ihnen saß jeweils einer Ihrer Personenschützer." Somit fiel mir schon einmal auf, dass Frau Merkel auf alle Fälle auch ein gutes Gedächtnis hatte. Zu dem Zeitpunkt dieses Aufeinandertreffens im Flieger war sie noch Ministerin oder Bundesvorsitzende der CDU.

Das Thema der Veranstaltung betraf Frauen in Führungspositionen, eine Podiumsdiskussion mit Stehempfang. Etwas später erschien eine distinguierte und freundliche Dame an unserem Stehtisch und fragte, ob bei uns noch ein Plätzchen frei wäre. Wir rückten etwas auseinander und verfolgten gemeinsam mit ihr das Gespräch zwischen Moderatorin und Kanzlerin. Dann wurde das Buffet eröffnet. Ich bat die Dame, welche sich zwischen mich und eine Journalistin der „Welt" gestellt hatte, ob sie doch freundlicherweise auf meine Brieftasche aufpassen könnte. Diese trug ich meist in meiner Hand, da sie auf Grund der vielen teils unnützen Dinge, die ich darin unterbrachte, regelmäßig die Innentaschen meiner Sakkos zerstörte. Sie willigte ein. Als ich den Gang zur Nachspeise antreten wollte, bat ich sie nochmals. Nachdem ich meinen Appetit dann endgültig gestillt hatte, fragte sie mich mit einem Lächeln, warum ich mir eigentlich so sicher war, dass sie sich nicht mit meiner Brieftasche aus dem Staub machen würde. „Na ja", antwortete ich, „Sie sehen nicht gerade danach aus, als könnten Sie sich kein Taxi für die Heimfahrt leisten." „Ah, das freut mich", antwortete sie mir amüsiert. Irgendwann verabschiedete sich die großgewachsene und gutgekleidete Dame von uns, und ich merkte, dass ihr ein paar Männer folgten, die nach Bodyguards aussahen. „Wer war denn die Dame?", fragte ich die Journalistin. „Das war Friede Springer", antwortete sie trocken. Ich schüttelte erst einmal den Kopf und dachte mir: Tja, Huber, da kann man jetzt auch nichts mehr ändern. Ich traf Frau Springer noch einmal im Rahmen einer ähnlichen Veranstaltung wieder, nun als Abgeordneter. „Wie geht's Ihnen, Herr Huber?", fragte sie lächelnd. „Gut, und Ihnen?", gab ich zurück. „Auch gut", fuhr sie fort, „und mit dem Transport damals hat es dann auch noch geklappt."

Auf eine andere „Grande Dame" der Medienwelt traf ich ein paar Jahre später. 2009 hatte ich ein paar Internetspots für den Wahlkampf der CDU entworfen. Im Jahr darauf wurde ich dann bei der Media-Night im abgesperrten Bereich an den Tisch der Kanzlerin gebeten, an dem sich unter anderem Kai Diekmann, der damalige Chefredakteur der „BILD", und Liz Mohn befanden. Die Kanzlerin war in einer vertrauten Runde eine sehr gelöste Person. Neben mir saß Frau Mohn und auf der anderen Seite Kai Diekmann, der sich häufig in Gespräche einmischte. „Sagen Sie doch der Kanzlerin, dass der sich ein bisschen zurücknehmen soll", meinte Frau Mohn, „der mischt sich ja bei allem ein." „Ach", musste ich ihr antworten, „Sie meinen den, der mir die Currywurst geklaut hat", und fuhr fort: „Hm, das können Sie sich vielleicht erlauben, aber nicht ich." Es war aber ein netter und interessanter Abend. Und Frauen, dachte ich mir, haben in manchen Fällen vielleicht ein etwas gelösteres Verhältnis zur Macht als wir Männer, die ständig am Tropf des Testosterons hängen.

Armin Gastl aus München lernte ich über seinen Freund Stefan W. kennen, der in der Karibik lebte, ebenfalls ein Bayer aus der Gegend von Ingolstadt. „Weg mit Trachtenjanker XXL", meinte Armin. „Du solltest Teil eines neuen Gesichts der CSU sein", eröffnete er unser Gespräch in einem Münchner Café im Ortsteil Schwabing.

Diese Idee, mich von Bayerns Seite in der Bundespolitik zu engagieren, war mir, allerdings ohne Bezug zum Trachtenjanker, nicht neu, da sich der ehemalige bayrische Ministerpräsident Edmund Stoiber nach einer Talkshow, die wir gemeinsam bei Maybrit Illner bestritten hatten, ähnlich geäußert hatte. In der Sendung ging es um den amerikanischen Präsidentschaftswahlkampf, um Barack Obama. Wahrscheinlich war

Stoiber damals beeindruckt, dass ich mir von einem alten Talkshow-Hasen wie Klaus von Dohnanyi, ehemaliger Bundesminister der SPD, nicht die Redezeit stehlen ließ und meine Aussagen durchzog.

Auf Grund von Gastls Fürsprache nominierte mich der Kreisverband München-Altstadt bald darauf als seinen Kandidatenanwärter. Nachdem ich mich jedoch etwas mit den parteiinternen Abstimmungsprozessen, die mir vorher nicht geläufig waren, beschäftigt hatte, wurde mir klar, dass ich mit zwei Delegiertenstimmen nicht Kandidat werden konnte. Mein Kontrahent Wolfgang Stefinger, der bereits von dem scheidenden Mandatsträger als sein Wunschnachfolger vorgestellt worden war, hatte bereits fast die Hälfe der circa 140 Delegiertenstimmen hinter sich. Zudem fühlte sich der noch amtierende Mandatsträger durch den Vorstoß von Armin G., wie er es in der Presse formulierte, „in beispielloser Rücksichtslosigkeit übergangen", eine Aussage, die allerdings schwer nachvollziehbar war. Rein formal war er ja nicht derjenige, der darüber zu bestimmen hatte.

Ein Schauspieler in der Politik

„Ein Schauspieler will in die Politik", hallte es gleich nach dieser Ankündigung durch den deutschen Medienwald. Auch Edmund Stoiber konnte dann mit Hinblick auf die sich anbahnenden parteiinternen Spannungen in Bezug auf meine Person keine Empfehlung mehr aussprechen.

Dieser progressive Ansatz, einen farbigen Kandidaten für eine konservative Partei antreten zu lassen, war für Parteien wie DIE GRÜNEN und die SPD, die mehr Menschen mit Migrationsprofil unter ihren Wählerinnen und Wählern hatten, wahrscheinlich auch eine Provokation.

Karamba Diaby, zu dem ich immer noch einen sehr persönlichen Kontakt habe, wurde Bundestagskandidat für die SPD. Karamba stammte wie mein Vater aus dem Senegal, hatte in Halle (Saale) promoviert und sich dort mit Familie und Kindern niedergelassen.

Dann rochen auch andere Vertreter des Entertainmentgeschäfts Lunte. Plötzlich tauchte auch Florian Simbeck, bekannt als „Stefan" des Komikerduos Erkan & Stefan, auf und fügte dem Reigen um eine Kandidatur für den Bundestag noch einen Hauch von Komödienstadel hinzu.

„Wer in München scheitert, muss für den Spott nicht sorgen." Da mir schnell klar wurde, dass es schwierig werden würde, zu zwei Delegiertenstimmen noch die nötigen siebzig dazuzugewinnen, hatte ich eine andere Idee. Einen Wechsel zur Schwesterpartei CDU, für die ich bereits im Wahlkampf 2005 als Unterstützer tätig gewesen war und Internetvideos gestaltet hatte. Nach kurzem Überlegen verfasste ich einen Brief an die Parteizentrale der Schwesterpartei und schickte ihn ab.

Zwei Wochen später bekam ich eine Antwort. Der Wahlkreis 186, Darmstadt und Darmstadt-Dieburg, hatte noch keinen Kandidaten.

Das erste Gespräch fand mit einigen Orts- und den Kreisverbandsvorsitzenden des Wahlkreises 186, in einem Restaurant im Frankfurter Flughafen statt. Die Gesprächsatmosphäre war angenehm. Dennoch war für mich der Antritt in Hessen kein Geschenk, denn am Tag der Bundestagswahl war zugleich die Wahl des Hessischen Landtags. Meiner Doppelfunktion, nämlich der als Kandidat und Werbeträger, war ich mir bewusst, und es störte mich auch nicht, zumindest so lange, wie es meinen eigenen Wahlkampf nicht konterkarierte.

Für die meisten Außenstehenden, die weder den Beruf des Schauspielers noch den des Politikers kennen, existieren nur triviale Betrachtungsweisen dieser beiden Metiers. Der Beginn einer inflationären Darstellung des Schauspielberufs begann in der Zeit, als die sogenannten Billigformate, Container-TV etc., auf den Markt kamen, wo in der öffentlichen Wahrnehmung durch das Auftreten sogenannter Container-Promis die Grenze zwischen Selbstdarstellern und echten Schauspielern allmählich verschwamm. Diesem Umstand ist geschuldet, dass sich immer mehr die Vorstellung verfestigte, dass viele ihre Popularität nur erlangt hatten, weil sie da „ja irgendwie reingerutscht waren", was in manchen Fällen auch richtig war, aber nicht in allen.

Ich mochte die Hessen. Sie waren ein selbstbewusster Menschenschlag, und die Frankfurter Schule, das Institut für Sozialforschung, Habermas, Fromm, Adorno waren mir als ein Kind der sechziger und siebziger Jahre natürlich ein Begriff, um nicht zu sagen auch ein Teil des frühen intellektuellen Interesses unserer Generation. Es war eine politisch heterogene Gesellschaft, in der im Vergleich zu Bayern Folklore im politischen Diskurs nur wenig Bedeutung beigemessen wurde, außer dass auf der Ebene kulinarischer Tradition grüne Soße und Schnitzel mit Kochkäse den Schweinebraten mit Knödel ersetzten. Und die Region machte auf mich auch den Eindruck, als hätte die lange Anwesenheit der Amerikaner in der hessischen Umgangskultur Spuren hinterlassen. Der Hesse konnte konservativ und trotzdem irgendwie cool und locker sein, was mir sehr gefiel.

Von der Bevölkerung in meinem künftigen Wahlkreis wurde ich freundlich aufgenommen. Zu freundlich. Das gefiel vielen aus meiner Partei nicht, und ich fragte mich, warum. Man grüßte und winkte mir aus dem Auto heraus zu. Auf der Darmstädter Mathildenhöhe baten mich Brautpaare um ein Foto. Als ein Mitglied des Kreisverbandes meine treue Wahlkampfhelferin Jessika Tips, die spätere Leiterin meines Abgeordnetenbüros im Wahlkreis, dazu aufforderte, doch die E-Mails mit Autogrammanfragen zu löschen, weil sie „Spam" seien, war dies für mich ein Hinweis dafür, dass meine Popularität zwar erwünscht war, ich davon am besten aber nichts merken und wahrscheinlich auch nicht davon profitieren sollte. Mir war zudem auch erst einmal nicht bewusst, dass es doch noch einige andere gab, welche auf diese Kandidatur spekuliert hatten.

Trotzdem wurde ich dann in der Orangerie der Stadt mit über neunzig Prozent als Kandidat der CDU für den WK 186 gewählt.

„Sie müssen nur sympathisch sein, die Politik überlassen sie uns", meinte dann jemand nach der Veranstaltung. Darauf antwortete ich nicht. Ronald Reagan und Arnold Schwarzenegger waren sicher auch nicht so einfältig, wie einige im Ausland sich dies vorgestellt hatten. Sie waren nicht nur Schauspieler, welche durch ihre berufliche Erfahrung in diesem Geschäft ein paar Sätze auswendig sprechen konnten, sondern hatten es während ihrer Amtszeit auch geschafft, in einer globalisierten Welt ihren *footprint* zu hinterlassen. Dasselbe hatte ich auch für Deutschland und für meinen Wahlkreis vor.

Das hohe Haus

Knapp am Direktmandat vorbei, aber dann Einzug über die Liste. Einige aus dem eigenen Lager der Basis hatten einen Aufruf gestartet, gegen mich zu stimmen. Für mich waren aber freundliche Parteikollegen in Berlin. Das war die Entschädigung. Interviews mit der internationalen Presse. Karamba von der SPD und ich, die ersten Abgeordneten mit afrikanischen Wurzeln im Deutschen Bundestag. „New York Times", „Wall Street Journal", „Jeune Afrique", „RT" usw. Die Büros waren noch nicht eingerichtet, und somit wich ich für Pressegespräche ins „Café Einstein Unter den Linden" aus. „Hautfarbe war nicht Thema der deutschen Presse", musste ich fast gebetsmühlenartig gegenüber der Auslandspresse wiederholen. „Der Schauspieler stand im Vordergrund." Man wollte mir nicht so richtig glauben, obwohl es stimmte. Ohne dass es ausgesprochen wurde, spielte wegen meiner Hautfarbe in der äußeren Wahrnehmung immer noch die deutsche Geschichte mit.

Auf Grund der vielen Presseanfragen bat ich bei der Partei um ein etwas geräumigeres Büro. Schließlich, dachte ich mir, repräsentierte ich die viertgrößte Wirtschaftsnation der Welt, und wer lange im Filmgeschäft tätig war, ist sich der Bedeutung der Bildsprache, das heißt auch der Wahl des Hintergrundes, des sogenannten Settings bewusst. Einem ausländischen TV-Reporter, der mich beim Kistenpacken in meinem engen Interimsbüro filmen wollte, dort, wo wir zu viert wie die Karnickel aufeinandersaßen, gab ich zu verstehen, dass er entweder die Wahl hatte, uns beim Einräumen in meinem neuen Büro zu filmen oder wieder nach Hause zufliegen. Er filmte im neuen Büro, mit einem imposanten Blick auf den Reichstag und den Tiergarten.

Nach sechs Wochen nahm ich keine Interviewanfragen mehr an. Ich wollte mich auf meine Arbeit, auf Themen konzentrieren und nicht auf die Erklärung, warum ein Schwarzer oder ein Schauspieler nun im Deutschen Bundestag sitzt. Von den Kollegen der Union wurde ich, wie gesagt, herzlich aufgenommen. Die Basis im Wahlkreis versuchte sich dennoch weiterhin an mir abzuarbeiten. Diesbezüglich wollte ich aber meine Zeit nicht verschwenden.

Ich war Schauspieler geworden, um mich mit den Menschen in einer etwas größeren Umgebung, praktisch in einem erweiterten Forum, auszutauschen, um mit Menschen zu kommunizieren, mehr über sie und deren Länder und Kulturen zu erfahren.

In die Politik wollte ich aus einem ähnlich gelagerten Grund, nämlich einen Austausch zwischen Deutschland und anderen Ländern zu vertiefen, besonders mit jenen, die nicht „auf der Agenda der Bundesregierung" standen, politisch, kulturell sowie auch wirtschaftlich. Die Beziehungen zu Afrika und generell zu den Ländern des sogenannten Globalen Südens, den Entwicklungs- und Schwellenländern lagen mir da besonders am Herzen. Dazu gehörten auch die Länder Lateinamerikas. In der Politik bietet sich die Möglichkeit, dass man seine Ideen und Gedanken auf den Prüfstand stellen und, wenn sie brauchbar waren, auch institutionalisieren kann.

Die politischen Ausschüsse des Bundestags wurden in einem Gremium der Parteien der einzelnen Bundesländer verhandelt, das als die „Teppichhändlerrunde" bezeichnet wurde. Woher und von wem der Begriff stammte, konnte ich nie in Erfahrung bringen.

Auf alle Fälle handelte der Landesgruppenleiter der Hessen-CDU, Dr. Michael Meister, die Ausschüsse, in denen ich gerne tätig sein wollte und worin ich auf Grund meiner bisherigen Erfahrung auf operativem und internationalem Feld auch meine Kompetenz sah. Es hätte keinen Sinn ergeben, mich in der Rentenpolitik zu engagieren. Dazu hatte ich keine Vorgeschichte. Hinzu kamen die interkulturelle Erfahrung und die Tatsache, dass ich mehrere Sprachen beherrschte.

So wurde ich Mitglied in den Ausschüssen für Entwicklungszusammenarbeit, Auswärtiges, Wirtschaft und Energie sowie in dem Gremium der Parlamentarischen Versammlung der NATO. Nun konnte ich mich mit dem befassen, woran ich schon seit Langem interessiert war: mit der Weltpolitik. Das noch dazu auf höchster Ebene, im sogenannten Hohen Haus, auf der Ebene eines nationalen Parlaments, für eine der führenden Wirtschaftsnationen der Welt. Für Deutschland.

Die Deutschen verstehen uns nicht

Bis man sich auf den Gängen des Bundestags, den Verbindungswegen zwischen den einzelnen Gebäuden, Büros und Ausschüssen zurechtfindet, kann es Wochen oder gar Monate dauern. Die institutionellen Abläufe zu verstehen, das heißt, wie man seine Themenvorschläge in einen Verfahrenszyklus eingab, gestaltete sich ähnlich. Dafür hatte ich aber eine erfahrene Mitarbeiterin eingestellt, Frau Dr. Kaiser. Sie erklärte mir, wie und wo man diese zuerst einreichte, zum Beispiel in der Arbeitsgruppe. In einer Parlamentarischen Demokratie können Gesetze sowohl von der Regierung als auch vom Parlament eingereicht werden. Ein Abgeordneter kann auch per Auftrag der Arbeitsgruppe, dann in Absprache mit Kollegen innerhalb der Koalitionspartner, einen Gesetzesentwurf verfassen. Auf Grund vieler Bürgergespräche fiel mir auf, dass die wenigsten Wähler über die Arbeit von Parlamentariern Bescheid wissen.

Man ging davon aus, dass derjenige Abgeordnete, den man am häufigsten im Plenum sieht, auch der fleißigste sei. Außer bei Regierungserklärungen hat ein Abgeordneter aber in der Regel nur bei Themen, welche die Ausschüsse betreffen, in denen er tätig ist, im Parlament Anwesenheitspflicht. Ein aktiver Abgeordneter nahm viele Termine in seinem Büro und auch bis in die späte Nacht hinein wahr. Dies betraf etwa Veranstaltungen von Verbänden oder Einladungen von Botschaften.

Ansonsten heißt es, es gibt keine Lehrjahre im Bundestag.

Die ersten diplomatischen Vertreter, die auf mich zukamen, waren natürlich die Afrikaner. Diese luden mich bereits kurz nach der Regierungsbildung auf einen Sondergipfel in die Ägyptische Botschaft ein. „Helfen Sie uns, Herr Huber, die Deutschen verstehen uns nicht", hieß es dort. Von dieser Aussage war ich nicht überrascht. Ich, als Spross einer afrikanischen Politikerfamilie, hieß es, müsse das richten. „Sie kennen ja praktisch beide Seiten." Ich versprach, mein Bestes zu geben. Zudem war ich nach all den verpassten Chancen, den Projekten, die ich Deutschland praktisch auf dem Silbertablett serviert hatte, daran interessiert, dass der

Wirtschaftsdialog mit Afrika an Dynamik gewinnt. Insofern war es eines meiner Hauptziele in puncto Afrika, die politischen Rahmenbedingungen mitzugestalten. In Territorien, so war auch meine Überlegung, mit denen man praktisch keinen aktiven Austausch hatte, konnte man später nicht mehr viel bewegen. Auch dann nicht, wenn man es plötzlich wollte. Es fehlt dann nämlich an Erfahrung, sowohl in den Feinheiten der Kommunikation als auch an einer Analyse der Gesellschaft und der wirtschaftlichen Systeme der Entwicklungsländer, welche auf Grund mangelnder Steuereinnahmen anders funktionierten als der Rest der Welt.

„Wenn in Westafrika Ebola ausbricht, bricht in Kenia der Tourismus zusammen. Niemand weiß, dass die Entfernung von Dakar nach Addis Abeba größer ist als die von Dakar nach Berlin", begann ich eine meiner ersten Reden im Bundestag. „Viele Menschen sagen zu mir: ‚Afrika, ein tolles Land.' Die wenigsten wissen, dass Afrika 54 Länder hat." Der erste Arbeitstitel, der mir daher für dieses Buch einfiel, hieß daher: „Der Countrynent".

Was meine Mitarbeiter anbelangte, so konnte ich mich auch auf sie bestens verlassen, wenn ich auf Reisen war. Nach einem zweimonatigen Auswahlverfahren kamen dann noch Frau Kandlinger und eine weitere Mitarbeiterin zu uns. Mein Team war fast rund um die Uhr für mich da. Für meine Reden sowie Anträge für den Bundestag musste ich niemanden bemühen. Die verfasste ich alle selbst.

Außenpolitik hieß aus meiner Sicht nicht nur, ein Problem wahrzunehmen, sie sollte auch einen Lösungsansatz beinhalten und perspektivisch gedacht sein. Unser Büro wurde stark von der Diplomatie frequentiert, nicht nur von Afrikanern, auch von Botschaftern der Länder des Nahen Ostens und Teilen Lateinamerikas.

Binnen zwei Monaten mussten wir auf dem Gang vor unserem Büro einen Warteraum einrichten, der aus drei Stühlen, ein paar Tischen und ein paar Pflanzen bestand. Zu den Botschaftern aus dem Nahen Osten kamen dann auch die des Kaukasus hinzu.

Die deutsche Politik war damals stark auf die Innenpolitik fokussiert. Selbst in der Außenpolitik orientierte sich die Kommunikation stark nach innen, auf das eigene Land. Man arbeitete zwar anhand von Berichten der jeweiligen deutschen Vertretungen und der sogenannten Zivilgesellschaft daran, sich ein Bild von der Lage etwa in Krisengebieten zu verschaffen; der Blick wurde auch auf das sogenannte *big picture* gerichtet, auf die Geopolitik und die Pläne anderer Akteure, der aufstrebenden Schwellenländer, wie der sogenannten BRIC-Staaten. Dass sich die Dynamik in einer multipolaren Welt mit dem wirtschaftlichen Erfolg dieser Länder verändern könnte, dieser vorausschauenden Perspektive wollte man sich aber nicht widmen. Deutschland war zwar ein *„global trader"*, ein Produktverkäufer, aber kein geopolitischer Akteur.

Mexiko und Kolumbien waren Länder, von denen eigentlich im Sinne einer politischen Partnerschaft wenig gesprochen wurde, obwohl gerade deutsche Automobilfirmen bereits seit Jahrzehnten in Mexiko produzierten. Beide Länder hatten dennoch eine genauso engagierte Diplomatie wie der Mittlere Osten, Teile des Kaukasus und Zentralasiatische Staaten. Mit einigen von ihnen sollte ich zusammenarbeiten. Mir fiel auf, dass Botschafter Juan Mayr aus Kolumbien und ich uns in manchen Dingen, der Art etwa, wie wir Themen aufbereiteten, sehr ähnlich waren. Er war ein Mann, der immer bestens vorbereitet und zudem lösungsorientiert war. Auf meine Frage, was er als die wichtigste Grundlage der Diplomatie und der politischen Analyse bezeichnete, lautete seine Antwortet: „Interdisziplinarität".

„Ich bin aber auch kein Politiker", fügte er hinzu. „Sondern?", hakte ich nach. „Eigentlich bin ich Künstler", sagte er und erzählte, dass er einmal ein bekannter Fotograf in seinem Land gewesen und nur durch Zufall zur Politik gekommen sei. Vielleicht, dachte ich mir, sahen Künstler die Politik ja anders als die anderen. Aber auch da gibt es Unterschiede. Ich denke, es war der berühmte Fotograf Will McBride, den man einmal fragte, was einen guten Fotografen von einem weniger guten unterscheiden würde. Seine Antwort darauf lautete: „Beide haben im Prinzip das gleiche Bild vor Augen. Bloß der gute sieht es etwas anders." Botschafter Juan Mayr Maldonado war nicht nur ein guter Fotograf, sondern auch ein hervorragender Diplomat.

Im Laufe meines Mandats sollte ich auch sein Land bereisen. Zuerst besuchten wir aber meinen Wahlkreis, und zwar für ein Gespräch mit dem CEO der Firma Merck, Dr. Stefan Oschmann, den er für einen pharmazeutischen Expertenkongress in Bogota gewinnen wollte. Kolumbien war sehr an einem wissenschaftlichen und akademischen Austausch interessiert, zum Beispiel mit dem Helmholtz-Institut, und wir besuchten gemeinsam eine Veranstaltung des Forschungsinstitutes in Berlin. Dass ein Land wie Kolumbien neben dem wirtschaftlichen Dialog so ein starkes Interesse an Wissenschaft und Forschung hatte, hatte ich zuerst einmal nicht vermutet. Später besuchten wir zusammen mit seiner Kollegin, der Botschafterin Mexikos, Frau Patricia Espinosa, die TU Darmstadt, um das Thema universitärer Austausch anzusprechen. Kurz darauf schloss die TU Darmstadt acht Kooperationsverträge mit einigen Unis in Mexiko-City ab.

Was meine Aktivitäten als Abgeordneter anbelangte, veröffentlichte ich alle Informationen darüber auf Facebook, gab einen vierteljährlichen Newsletter heraus, den man von meiner Webseite herunterladen konnte. Somit waren meine Wähler und Wählerinnen auch immer darüber informiert, an was ich gerade arbeitete. Die Besuche aus dem Wahlkreis, bei denen verschiedene Gruppen zweimal pro Jahr ihren Abgeordneten besuchen konnten, waren stets ausgebucht. Die Leute waren nicht nur an der Sozial- und Innenpolitik, wie es intern hieß, interessiert, sondern überraschenderweise auch sehr an den außenpolitischen Geschehnissen, obwohl es unter den Abgeordneten hieß, dass man im Wahlkreis mit Außenpolitik nicht punkten konnte. Das lag daran, sagte man mir, dass sie bei mir aus erster Hand und nicht aus der Zeitung kamen.

Mali – „Der Alte" in Afrika

Mali, das im Westen an Senegal angrenzt, hatte ich als Abgeordneter mehrfach besucht. Abdoulaye Diop, den damaligen und heute immer noch amtierenden Außenminister, lernte ich bei seinem Besuch im Ausschuss für Wirtschaftliche Zusammenarbeit und Entwicklung kennen. Auch mit dem damaligen Botschafter des Landes und seiner Gattin pflegte ich einen sehr freundschaftlichen Kontakt. Das erste Mal war ich dort mit der Parlamentarischen Versammlung, der NATO PV, die damals von dem Briten Hugh Bailey geleitet wurde, einem britischen Labour-Abgeordneten, der sich seit 2015 nun „Sir Hugh Bailey" nennen darf. Ein weiteres Mal zusammen mit Abgeordneten anderer deutscher Parteien im Rahmen der Parlamentariergruppe für französischsprachige Staaten West- und Zentralafrikas. Das dritte Mal schließlich mit unserem damaligen Bundespräsidenten Joachim Gauck.

In Mali fielen mir zuerst die vielen kleinen Mopeds auf den Straßen der Hauptstadt Bamako auf. Dort hatte MINUSMA, die Mission der Vereinten Nationen, ihr Hauptquartier in einem umfunktionierten Hotel aufgeschlagen. In dem Ort Koulikoro war der Sitz der Europäischen Trainingsmission, EUTM-Mali genannt, stationiert. Wir ließen uns wie gewohnt sowohl über den Verlauf und die Effizienz der Programme als auch über die Risiken und Probleme bei deren Umsetzung informieren. Bei meinem zweiten Besuch hatte ich auch ein Gespräch mit dem deutschen General Pfrengle, der damals für die EU-Mission zuständig war. Pfrengle folgte dem französischen General Marc Rudkiewicz, den ich einmal bei meinem ersten Besuch 2014 in der Französischen Botschaft traf.

600 Soldaten aus 23 Ländern sollten den malischen Soldaten, die überwiegend dem friedlichen Bambara-Stamm angehörten, beibringen, wie man sich gegen die kampferfahrenen Tuareg-Rebellen und die islamistische Terrorgruppe des IS, die ihre Waffen aus dem gefallenen Staat Libyen bezogen, militärisch behaupten konnte.

Schon vor zwanzig Jahren hatte ich mit der Kamera Interviews mit jungen afrikanischen Kulturschaffenden aufgenommen, in denen sich bereits schwere Vorbehalte gegenüber der Einflussnahme des Westens auf die afrikanische Politik andeuteten. Dies hatte ich damals dem deutschen Entwicklungsministerium mitgeteilt. Es löste dort, wie man mir mitteilte, zwar Alarm aus, aber eben nur kurzfristig.

Auch dass sich das Thema der Bildung radikalreligiöser Gruppen wenige Jahre später zu einer der größten Herausforderungen nicht nur auf dem afrikanischen Kontinent oder in den USA, sondern auf der ganzen Welt entwickeln würde, konnte sich zu dieser Zeit offensichtlich keiner vorstellen. Bereits damals, kurz nach dem Anschlag auf die Twin Towers in New York am 11. September 2001, wurden in manchen afrikanischen Ländern T-Shirts mit dem Konterfei von Bin Laden in Umlauf gebracht, worunter stand: „Bin Laden. My hero." Das Phänomen Terrorismus hatte man einfach zu spät auf dem politischen Radar.

Damit die deutschen Soldaten einen kulinarisch-kulturellen Beitrag zum Weihnachtsessen der EU-Truppe in Koulikoro leisten konnten, wie etwa die Italiener mit ihrer Pizza, schickte ich ihnen aus der Heimat einmal zwei Fässer Bier nach Mali. Natürlich von einer Brauerei aus Darmstadt, meinem Wahlkreis. Da ich in Niederbayern neben einer Brauerei aufgewachsen war, war ich, obwohl ich selbst keinen Alkohol mehr trank, der Ansicht, dass deutsches Kulturgut bei derlei Anlässen vertreten sein musste, besonders in der Ferne. Bier tranken nicht nur die Europäer gerne, sondern auch die Afrikaner. Zudem passt es zumindest aus meiner Sicht zu Pizza besser als Rot- oder Weißwein. Was die deutschen Soldaten anbelangte, egal wo sie vertreten waren, ob in der Sahelzone, im Süd-Sudan oder am Horn von Afrika, mein Besuch war ihnen immer gewiss.

Karim, einer der Söhne des Präsidenten Ibrahim Boubacar Keita, kurz IBK genannt, war auch Vorsitzender des Verteidigungsausschusses. Ihn lernte ich bereits auf der ersten Reise kennen. EU hin oder her, die französische Diplomatie betrachtete mein Erscheinen in Mali mit einem gewissen Maß an Argwohn. Einen Schwarzen nach Afrika zu schicken, da lag der Verdacht nahe, dass der europäische Nachbar womöglich vorhatte, sich unangemeldet in ihrer afrikanischen Einflusssphäre auszubreiten.

Karim und ich verstanden uns von Anfang an bestens. Irgendwann sprach er mich dann einmal mit „Uncle G" an. Ich fragte ihn, ob er denn wisse, dass das „G" im amerikanischen Ghetto-Slang für „Gangster" steht. „Nein", antworte er. „Bei ‚G' dachte ich an Germany."

Am zweiten Tag unseres Aufenthalts lud er unsere Delegation, bestehend aus Italienern, Franzosen, Engländern und Holländern, zu einem Abendessen in das Restaurant La Terrasse ein, welches von vielen Ausländern, Diplomaten und NGO-Mitarbeitern besucht wurde. In Europa war Winter, und wir hatten uns gefreut, die Anzugjacke über den Stuhl zu hängen, im Freien zu sitzen und unsere von dem Programmablauf schon etwas ermüdeten Köpfe in der Abendsonne baumeln zu lassen.

So saßen wir nach einem anstrengenden Tagesprogramm entspannt bei einem Cocktail, Bier oder Mineralwasser im Außenbereich des Restaurants und ließen uns die vielen Gespräche, die bereits bei einem Frühstück um acht Uhr in der Französischen Botschaft begonnen hatten, durch den Kopf gehen und lauschten dem dumpfen Grummeln des Nigers, der sich wie ein riesiger brauner Wurm durch die trockene, nur mit wenigen dünnen, kleinblättrigen Bäumen besäte Savannenlandschaft schlängelte.

Entlang des Ufers zog sich ein dünner Grünstreifen, auf dem Ackerbau betrieben wurde, und man konnte sehen, wie sich ein paar Männer mit nacktem Oberkörper abmühten, die vielleicht zwanzig Meter breiten Flächen einer kleinen, langgezogenen Insel zu bewässern. Eimer für Eimer wurde aus dem riesigen Strom gehievt, darauf achtend, nicht selbst von ihm davongetragen zu werden.

Irgendwann legte ein kleiner Einbaum an. Man verstaute ein paar Holzkisten mit Gemüse im vorderen Bereich des Bootes, und der Paddler, der in einem zu großen weißen Unterhemd mit freien Schultern steckte, machte sich auf den Weg flussabwärts. Ich fragte mich, ob einer von den Leuten, die hier das Ufer bewirtschafteten, auch schwimmen konnte, der Mann im Einbaum miteingeschlossen. Ich wusste aus dem Senegal, dass viele Fischer, auch jene, die manchmal tagelang auf dem Atlantik und weitab von der Küste ihrer Arbeit nachgingen, dies eben nicht beherrschten. Im Niger wird es zudem wahrscheinlich auch noch ein paar Flusskrokodile geben, was die Möglichkeit, Schwimmen zu lernen, natürlich zusätzlich einschränkte. Kentern war daher sicher keine gute Option.

Als ich mich wieder meinen Kollegen zuwandte, schaute mir Karim mit forschendem Blick, den Kopf etwas zur Seite geneigt, ins Gesicht, und ich wartete schon auf die Frage, die er mir aller Wahrscheinlichkeit nach gleich stellen würde.

Seine großen, freundlichen Augen fixierten mich, aber er zögerte noch. Neben ihm saß ein anderer Malier, den ich um die fünfzig schätzte und der, was Kleidung und Gestus anbelangte, den Eindruck vermittelte, dass er zumindest hier in diesem Restaurant etwas mehr zu sagen hatte. Er strahlte gegenüber dem Personal eine freundliche, souveräne Autorität aus. „Sag mal, Charles", kam es schließlich aus Karim heraus, „warst du vielleicht auch einmal Schauspieler?" Meine französischen und holländischen Kollegen grinsten, da die Fernsehserie „Der Alte", die ich über elf Jahre als „Hilfs-Kommissar" begleitet hatte, auch in deren Ländern lief. „Ja, warum?", antwortete ich ihm. „Mein Freund hat mich nämlich gerade gefragt, ob du der aus der Krimiserie bist, der Kommissar. Ihm gehört auch das Lokal." „,Le *Renard', n'est-ce pas?* – „,Der Alte', stimmt's?", meinte der Lokalbesitzer und grinste mich breit an.

„*Absolument, oui ,Le Renard', c'est ça.*" „Stimmt", antwortete ich ihm. „Der Alte" hieß in der Frankophonie nämlich „Le Renard", was wörtlich übersetzt „Der Fuchs" bedeutete.

Karim fuhr auf Englisch fort, damit es auch der Rest der Truppe verstand. „Warum hat mir das niemand gesagt?" „Wieso?", fragte ich. „Na, dann hätten wir dich ja ganz anders empfangen", entgegnete er. Die Truppe nahm dies Gott sei Dank mit Humor und brach in schallendes Gelächter aus. „Sind Schauspieler hier angesehener als Parlamentarier?" „Manchmal schon", kam es mit einem schelmischen Lächeln zurück. Meine Kollegen lachten noch lauter. Dann servierten uns zwei schwarz-weiß gekleidete Kellner in Bügelfaltenhosen unseren Fisch. Nirgendwo auf der Welt waren die Hemden so weiß und so gut gebügelt wie im frankophonen Westafrika. Und das lag nicht am Kontrast zur Hautfarbe.

Die Beleuchtung war bereits eingeschaltet und plötzlich schimmerte nur noch der Mond auf den harmlos anmutenden Wellen des Flusses. Wir prosteten uns zu und nahmen uns vom köstlichen, gegrillten Fisch, der wohl gestern noch irgendwo dort unten in den schummrigen Gewässern des Nigers umhergeschwommen war. Niemand von uns ahnte damals, welche Katastrophe sich bald darauf an diesem Ort abspielen würde.

Zurück in Deutschland, schlug ich der Adenauer-Stiftung vor, der Anfrage Karims nachzukommen und eine Schulung für Parlamentarier in Mali abzuhalten. Dies sollte dann auch stattfinden. Im Verlauf meines Mandats schickte die Stiftung all ihre Länderdirektoren, bevor sie die Leitung einer Außenstelle in Afrika antraten, zu einem kulturellen Briefing in mein Büro.

Ein paar Wochen nach unserem Besuch, am 7. März 2015, verübte ein islamistisches Terror-Kommando namens Al-Mourabitoune einen Anschlag auf das „Terrasse", bei dem fünf Menschen getötet und acht schwer verletzt wurden. Bei der Truppe handelte es sich um Gefährten des mehrfach von den Toten auferstandenen Terroristen Mokhtar Belmokhtar, von dem es heißt, dass er ein ehemaliger Offizier des algerischen Geheimdienstes war.

Unter den Toten waren ein 31-jähriger Franzose, der für eine amerikanische Baufirma gearbeitet hatte, und ein 44-jähriger Lieutnant-Colonel, der für die Sicherheit einer EU-Delegation, die sich zur gleichen Zeit in Mali aufhielt, verantwortlich gewesen war. Es hätte auch uns treffen können. Oder die EU-Delegation. Menschen in armen Ländern haben meiner Erfahrung nach weniger Angst vor dem Tod. Er ist für sie etwas Natürliches. Und wenn er einen unerwartet und auf nicht natürliche Weise ereilt, ist es aus ihrer Sicht der Wille des Schicksals. Mokhtar Belmokhtar, der früher einmal Zigaretten von Burkina Faso nach Algerien schmuggelte, bleibt in der gesamten Sahelregion eine sehr mysteriöse Figur. 2013 überfielen islamistische Terroristen das Gasfeld von BP in Ain Amenas im Süden Algeriens. Obwohl private Sicherheitsfirmen den Bereich sicherten, kamen bei einem Geiseldrama mindestens 55 ausländische Arbeiter und Ingenieure ums Leben. Algerische Arbeiter blieben verschont.

Ebola in Westafrika

Die Vernachlässigung kultureller Besonderheiten ist, wie gesagt, selbst auf der Ebene multilateraler Institutionen bei den Vereinten Nationen keine Seltenheit. Besonders in den ländlichen Gebieten der afrikanischen Entwicklungsländer, wo trotz des teilweise katholischen oder islamischen Glaubens zusätzlich auch noch der Animismus eine große Bedeutung hat, kann dies zu prekären Konfrontationen bis hin zu einer Eskalation führen. In Mali gibt es dazu ein passendes Sprichwort. Das heißt: „95 Prozent Moslems. 5 Prozent Christen. 100 Prozent Animisten."

Ich wurde von meiner Fraktion beauftragt, einen Antrag für den Bundestag zur wirtschaftlichen Restrukturierung der von Ebola betroffenen Länder in Westafrika – sprich Liberia, Guinea und Sierra Leone – zu schreiben. Die Weltöffentlichkeit nahm von dieser in den meisten Fällen tödlich endenden Krankheit erst dann Notiz, als zwei Amerikaner, welche in der Region tätig waren, daran erkrankten. Ansonsten war der Tod von „ein paar" Afrikanern kein mediales Ereignis. Zwei Weiße jedoch hatten genügt, um die Weltöffentlichkeit in Angst und Schrecken zu versetzen. Das erste Mal trat Ebola im Jahre 1976 im Kongo auf. Die Welle von 2014 bis 2016 wies jedoch eine komplett andere Form der Ausbreitung auf, als dies bei der ersten der Fall war. Daher konnte man bei deren Bekämpfung nicht auf die gewonnenen Erfahrungen der Vergangenheit, die sogenannten *lessons learned*, wie es im internationalen Fachjargon der Politik heißt, zurückgreifen. Der Grund für diese neue Art der Ausbreitung war aus meiner Sicht, dass sich einfach die Lebensgewohnheiten der Menschen zwischenzeitlich geändert hatten und es mehr Transportsysteme, sprich mehr Mobilität gab.

Ich bereiste zufällig gerade in dieser Zeit einmal für meinen Verein „Afrika Direkt e.V." für ein paar Tage den Senegal, um den Bau einer Schule für eintausend Kinder, den wir finanziert hatten, zu überwachen. Da kein Geld mehr vorhanden war, musste ich noch einiges nachlegen, und da schaute ich lieber, dass das bestellte Material auch auf der Baustelle landete, für die es bestellt war. Also besuchte ich auch spontan und

unangekündigt den damaligen Bürgermeister von Mbour, der zweit-
größten Stadt des Senegals, Fallou Sylla, in der *Mairie*, im dortigen Rat-
haus, in dem mein Onkel Demba Diop vor seiner Tätigkeit als Minister
selbst einmal Bürgermeister gewesen war, als eine Frau mit der täglichen
Essensschüssel erschien. Wir waren etwa sechs Leute, die sich unser Nationalgericht *Diebou Dien*, Reis mit Gemüse und Fisch, schmecken ließen. Die große Schüssel, aus der wir dann alle aßen, stand auf einem
orangefarbenen Batiktuch, das auf dem Boden des Bürgermeisterbüros
ausgebreitet war, und wir setzten uns alle in den Kreis um das traditionelle Mittagsmahl des Senegal. Ich fragte ihn, was er davon hielt, wenn
ich unsere Schule im Quartier Medine Extension auf den Namen „Lyceé
Charles Mohamed" taufen würde. Er fand die Idee gut und freute sich,
dass es mit dem Bau voranging.

Nachdem ich mich auf den Weg in mein nicht zu weit entfernt gele-
genes Haus gemacht hatte, hörte ich im Radio, dass ein an Ebola erkrank-
ter Mann aus Guinea mit den öffentlichen Verkehrsmitteln, das heißt in
einem alten Mercedes-405-Kleinbus, in dem ungefähr fünfzig Personen
auf engstem Raume zusammensaßen, durch unseren Ort gereist war. Er
wollte sich im Senegal, im Hôpital Principal de Dakar behandeln lassen.
In Anbetracht des fürchterlichen Krankheitsverlaufs und der zahlreichen
Kontaktaufnahmen, welche auf solchen Reisen bei den Menschen statt-
fanden, nicht nur bei den Mitreisenden untereinander, sondern auch mit
Leuten in verschiedenen Ortschaften bei Tank- und Verpflegungsstopps,
dachte man darüber nach, ob vielleicht der eine oder andere Bekannte
oder gar Verwandte aus Mbour neben ihm gesessen hatte. Vor dem Hintergrund dieser gedanklichen Szenarien verbrachte ich anschließend erst
einmal zwei oder drei schlaflose Nächte. Ängstlichkeit entspricht nicht
zwingendermaßen meinem Naturell, aber Ebola war, was die Vorstellung
in Bezug auf die Krankheitsfolgen anbelangte, nochmals eine andere Kategorie. So wollte ich mein Leben auf alle Fälle nicht beenden.

In Guinea mit seiner ebenfalls zum größten Teil islamischen Bevölkerung war es der Brauch, dass die Leichen vor dem Begräbnis noch von
Angehörigen und Gemeindemitgliedern nach den Regeln des *ghusl al
mayyit* gewaschen wurden. Plötzlich tauchten die von der WHO koor-
dinierten Hilfsorganisationen wie „Ärzte ohne Grenzen", Menschen in
weißen Schutzanzügen, auf und wurden in einigen Regionen von den

Dorfbewohnern angegriffen. Man hielt sie für Geistwesen. Den Teufel bzw. Geister gibt es in Afrika natürlich auch. Und die sind verständlicherweise nicht schwarz, sondern weiß.

Durch Senegal war ein Ebola-Patient aus Guinea gereist. Kein Einheimischer wurde angesteckt. Gott sei Dank. Dennoch wird es in manchen Reportagen immer noch als eines von dieser Krankheit betroffenen Länder aufgeführt.

Harvard, Hitler und Howard University

Vorträge in zwei amerikanischen Elite-Universitäten

Meinen ersten universitären Vortrag zum Thema Wirtschaftskooperation mit Afrika hielt ich 2014 in der Technischen Universität in Berlin. Kein Kurzvortrag, sondern neunzig Minuten. Anschließend Q&A, Frage und Antwort. Die Studenten waren, was Afrika anbelangte, aber nur unter dem Gesichtspunkt dessen, was aktuell in den Medien abgehandelt wurde, interessiert. Und das war das Thema Migration. „Ihre Partei mag keine Schwarzen und Migranten", meinte einer der Studenten. „Warum stehe ich dann vor Ihnen, wenn die Partei keine Schwarzen mag?", antwortete ich.

Dann, 2016, hielt ich einen weiteren akademischen Vortrag, dieses Mal an der renommierten Harvard University, mit dem Titel „From Hitler and Colonialism to a Modern Society". Aber sowohl die zu diesem Zeitpunkt immer stärker und lauter werdende Pegida-Bewegung als auch der islamistische Anschlag im November in Paris im Konzertsaal Bataclan, bei dem 130 Menschen getötet sowie 350 verletzt wurden und dessen Hauptverantwortlicher Salah Abdeslam aus dem Migrantenlager stammte, führten dazu, dass der Titel für Harvard wohl einen zu euphemistischen Touch hatte. Harvard passte ihn dem zunehmend fremdenfeindlichen gesellschaftlichen Klima in Deutschland und Europa an. Der Vortrag im *Center for European Studies* und in der *Harvard Law School* hieß dann „From Hitler and Colonialism till now". Pegida war in Deutschland in aller Munde. Zudem bekamen Parteien wie die *Front Nationale* unter Marine Le Pen, Victor Orban in Ungarn, Casa Pound in Italien, Geert Wilders in den Niederlanden immer mehr Zulauf. Das Prädikat „besonders tolerant" vergab die Nummer eins im weltweiten Ranking der Universitäten nicht einfach, ohne genau hinzusehen.

Das Thema Migration hat, was dessen Dauer und politische Brisanz anbelangt, das Thema Kalter Krieg bereits hinter sich gelassen. Es begann mit der Beendigung der Kolonialzeit in den 1960er Jahren, nahm aber in den 1990er Jahren so richtig an Fahrt auf. Besonders in den ehemaligen Kolonialstaaten wie Frankreich und Großbritannien. Die Ghettoisierung in Paris begann Anfang der neunziger Jahre, einer Zeit, in der ich mich selbst häufig in Paris aufgehalten habe. Damals verdoppelte man kurzerhand die Mieten in der Innenstadt, sprich innerhalb der Ringautobahn, der sogenannten *peripherique,* und drängte damit die Migranten, welche überwiegend aus der niedrigen Einkommensschicht stammten, an die Randgebiete. Besonders im Norden von Paris wie in Saint Denis, Épinay-sur-Seine, Clichy-sous-Bois wurde die Stimmung unter den Migranten immer aufgeheizter, weil sie sich von der französischen Gesellschaft ausgeschlossen und mehr oder weniger entsorgt fühlten. Dadurch, dass die in diesen sogenannten *banlieus* lebende Bevölkerung – die überwiegend aus Nord- und Sub-Sahara-Afrika oder aus den Antillen stammte –, jedoch meist zur Arbeit ins Zentrum fahren musste, entstand eine Art Klima der Apartheid, da die Migranten nach getaner Arbeit, so wie es in Südafrika der Fall war, die Innenstadt quasi wieder verließen. Paris hatte seine eigenen *townships* kreiert. Die Pariser hatten einen Spruch, wenn sie einen Dunkelhäutigen an sich vorbeilaufen sahen: „*C'est pas Paris.*" – „Das ist nicht Paris", was im Prinzip nichts anderes hieß als: „Was will der hier?" Dieses Prinzip entsprach praktisch dem einer zwar gewaltfreien, aber dennoch ethnischen Säuberung.

In den USA gibt es in gesellschaftspolitischen Diskussionen, und das war mein Eindruck, kaum Grautöne. Ich sprach von Rechten, aber auch von Pflichten einer Migration. Das war scheinbar unüblich. Man stand entweder auf der einen oder auf der anderen Seite. Ich hielt meinen Vortrag in zwei Fakultäten, in der *Law School* und im *Center for European Studies.* Anschließend gab es noch ein gemeinsames Abendessen mit der Direktorin des Centers, und dann drückte mich der Jetlag unter die Bettdecke.

Bei der Abreise am nächsten Morgen sah der Polizist am Ausreiseschalter des Bostoner Flughafens das erste Mal einen Schwarzen mit einem deutschen Diplomatenpass. Er beachtete die Vorderseite des Passes und die darin vermerkte Funktion nicht und meinte nur, ich stünde am

falschen Schalter. Ich fragte, warum das so sei. „Sie sind kein Diplomat",
antwortete er. Ich fragte ihn, was ihn zu dieser Einschätzung bewogen
hatte, da er sich meinen Pass ja noch gar nicht richtig angeschaut hatte.
Nachdem er dies dann nachgeholt hatte, versuchte er, sein Verhalten in
abenteuerlichen Erklärungsszenarien zu relativieren. Ich lächelte, nickte
und ging. Offensichtlich landeten in Boston wenige Diplomaten meiner
Hautfarbe. Es war das erste und einzige Mal, dass mir dies bei einer Pass-
kontrolle in den Vereinigten Staaten passiert ist.

Die Howard University war eine schwarze Elite-Universität in Washington D.C. Ich sprach zum gleichen Thema wie in Harvard. Es war ein
regnerischer Spätnachmittag, und nach einem Gespräch mit der mich
betreuenden Professorin wurde ich durch eine Ehrengalerie afro-ameri-
kanischer Patrioten geführt. Ich machte ein paar Fotos davon. Warum
mir gerade ein Bild mit den ersten amerikanischen Luftwaffenpiloten aus
dem Zweiten Weltkrieg in Erinnerung blieb, weiß ich nicht. Vielleicht,
weil ich bis dahin nie etwas von ihnen gehört hatte, denn die Luftwaffe
war ja eine Elite-Einheit, zumindest in Deutschland.

Nach meinem Vortrag kam eine Dame, die etwa in meinem Alter
war, auf mich zu und eröffnete mir mit trauriger Stimme, dass sie ja eigentlich auch Deutsche sei, aber in der Nachkriegszeit als Adoptivkind in
die USA gekommen sei und ihre wahren Eltern nicht kenne. Ich erzählte
ihr, dass ich meinen afrikanischen Vater auch erst im Alter von achtund-
zwanzig kennengelernt hatte. „Ja", meinte sie, „aber ich bin adoptiert
und ich kenne meine richtigen Eltern nicht. Es fühlt sich an, als hätte
ich ein Loch in meinem Herzen. Und es geht nicht nur mir so. Wir sind
Tausende." Sie habe sich, wie sie mir erzählte, bereits mehrfach um eine
Auskunft bei der Deutschen Regierung bemüht, aber von dort bislang
keine Antwort bekommen. Ich versprach ihr, mich nach meiner Rückkehr um die Sache zu kümmern.

Es dauerte zwar ein paar Wochen, aber aus dem Büro der damaligen Familienministerin Schwesig kam auf meine Anfrage dann eine entsprechende Antwort. Die Geschichte nahm ihren Lauf, und die Dame
aus Washington informierte mich später darüber, dass sie und viele aus
der Community der „deutschen Afro-Amerikaner", die in Deutschland
„Mischlingskinder" genannt wurden, nun endlich ihre deutschen El-

tern kennenlernen konnten. Diesen Menschen geholfen zu haben, ihren Ursprung zu finden, ging mir selbst sehr ans Herz. Nachdem ich meinen Vater auch relativ spät kennengelernt hatte, wusste ich, wie sich so etwas anfühlte. Identität ist etwas Positives und Wichtiges. Solange man sie nicht auf Kosten anderer und in Form einer kulturellen Hybris auslebt. Später promovierte die Dame zu dem Thema „Geschichte der Afro-Deutschen". Wie schrieb der Pan-Afrikanist und Journalist Marcus Garvey: „Menschen ohne Wissen über ihre historische Vergangenheit, Ursprung und Kultur sind wie ein Baum ohne Wurzeln. Bäume, welche nicht in einem fruchtbaren Boden verwurzelt sind, wachsen nicht und tragen keine Früchte. Sie können weder starkem Wind standhalten noch schwere Lasten tragen."

Dass das Schicksal dieser Menschen, diese Last, noch mehr mit mir gemeinsam hatte, darauf wurde ich jedoch erst ein paar Jahre später aufmerksam.

Die Kinder der Schande

Ich erinnerte mich noch daran, dass der Schuldirektor in meinem kleinen niederbayrischen Ort Großköllnbach meine Mutter und Großmutter dazu überreden wollte, mich in ein Internat nach Portugal zu schicken. Dies mit der Begründung, dass man hier nicht die Möglichkeiten besäße, meine Talente ausreichend zu fördern. Das war insofern gut eingefädelt, weil ich bereits ein Jahr vor Schuleintritt perfekt lesen, schreiben und rechnen konnte. Das kam von Oma. Auch ansonsten gab es in den zwei Schuljahren, die ich dort verbrachte, nirgendwo eine Zwei in meinem Zeugnis. In meinen ersten zwei Schuljahren wurde mir die Teilnahme am Unterricht somit mehr oder weniger freigestellt und ich konnte, wenn ich wollte, praktisch spazieren gehen. Ab und zu wurde ich aber auch dazu abkommandiert, nach der Pause den Schulhof zu fegen.

Es gab auch das Angebot, eine Klasse zu überspringen, was mir aber nicht gefiel, da ich meine Kumpels, mit denen ich mich täglich vor Schulbeginn herumbalgte, nicht verlieren wollte.

Ob Portugal, welches damals unter dem faschistischen Diktator Salazar eine besonders gefürchtete und gnadenlose Kolonialherrschaft in Afrika ausübte, nun daran interessiert war, die Talente eines sechsjährigen schwarzen Jungen aus Deutschland zu fördern, war auf jeden Fall ein sehr abenteuerlicher Gedanke. Von all dem hatte meine Großmutter zwar keine Ahnung und wie fast alle Dorfbewohner keine Expertise in der Weltpolitik, aber sie war eine intelligente und aufmerksame Frau, eine, die man nicht so leicht hinters Licht führen konnte. Oma Huber merkte sofort, dass hier irgendetwas nicht stimmte und man womöglich nur nach einem Grund suchte, mich loszuwerden.

Irgendwann suchte sie dann den Schuldirektor unangemeldet während der Pause auf dem Schulhof auf. Sie beschimpfte und verfluchte ihn wegen dieses ihrer Einschätzung nach fadenscheinigen Angebots vor der gesamten Schülerschaft. Der Mann starb bald darauf an einem Herzinfarkt. Die ganze Tragweite und die Hintergründe dieser Geschichte erschlossen sich mir jedoch erst kurz vor Ende meines Mandats und auf

Grund einer zufälligen Recherche. Als ich die Wahrheit darüber herausfand, war Oma längst nicht mehr am Leben.

In Deutschland sowie in Österreich gab es ein Adoptionsprogramm, um sogenannte „Kinder der Schande" vom deutschsprachigen Straßenbild zu entfernen.

Dass die Rassendoktrin des Dritten Reiches auch in der Nachkriegszeit noch systemischen Nachklang hatte, war zwar nicht überraschend, aber in welche Tiefe diese „Entsorgung moralischer Unbotmäßigkeit" aus Kriegszeiten reichte, überraschte mich dennoch. Wenn sich so ein Vorgang dann, wie es aussah, auch noch auf einen selbst bezog, stellte man sich unweigerlich die Frage: „Was wäre wohl aus mir geworden, wenn …?" Diese Frage geisterte wie ein Virus in mir herum und machte sich in meinen Gedanken breit. Ein Szenario multipler Gegenüberstellungen fiktiver Teilpersönlichkeiten meines Wesens mit meinem augenblicklichen Selbst fing an, vor meinem inneren Auge zu tanzen und in ein nahezu schizophrenes Puzzlespiel auszuarten. Ich begann einzelne Teile, wie die Auswirkungen einer anderen Sprache, eines anderen sozialen Status, in den man hineingeworfen wurde, oder einer anderen emotionalen Qualität der Umgebung, ineinander zu verschieben und gegeneinander auszutauschen. Letztendlich kam ich zu dem Schluss, dass gewissermaßen das Schicksal über die Nuancen der eigenen Persönlichkeit mitentscheidet und dem dramaturgischen Prinzip des Überwindens von Hindernissen folgt, was einem die Möglichkeit gibt, eine geschönte von der wahren Realität zu unterscheiden.

In einer deutschen Recherche war von 5 000 Kindern aus Beziehungen mit amerikanischen Besatzungssoldaten die Rede. In einer Studie von Sabina Lee von der *School of History and Cultures* der University of Birmingham spricht man bis einschließlich 1955 von 37 000 Kindern.

Das Verhältnis der deutschen und der österreichischen Bevölkerung zu den farbigen Besatzungssoldaten beinhaltete zwei relativ gegensätzliche Perspektiven. Zwar nahm man zur Kenntnis, dass schwarze Besatzungssoldaten, wohl mitunter auf Grund ihrer eigenen Erfahrung mit Unterdrückung, mit Erwachsenen und Kindern aus den besetzten Gebieten freundlicher umgingen als ihre weißen Kollegen. Auf der anderen Seite wurde eine Verbindung einer Einheimischen mit einem schwarzen GI als ein Akt des Verfalls von Sitte und Moral angesehen, der nicht nur eine Stigmatisierung des gemeinsamen Kindes, sondern auch der Mutter nach sich zog. Der Begriff „N-Hure" war damals Teil des alltäglichen Sprachgebrauchs, zumindest hinter vorgehaltener Hand.

Diesem gesellschaftlichen und ökonomischen Druck hielten viele der betroffenen Frauen nicht Stand, da die Heiratschancen mit einem schwarzen Kind minimal waren. Wer Glück hatte und nicht zur Adoption freigegeben wurde, wuchs wie ich bei den Großeltern auf.

Die Option, Kinder von afro-amerikanischen GIs zur Adoption freizugeben, wurde von deutschen sowie von österreichischen Behörden in jedem Falle befürwortet.

Ein weiterer Grund neben dem gesellschaftlichen Erscheinungsbild war der, dass die Kosten für die unmündigen Kinder nicht mehr von den Ländern gezahlt werden mussten, da die vermeintlichen Väter nicht zu Unterhaltszahlungen verpflichtet werden konnten.

In Bayern war die Zahl der Geburten von schwarzen Besatzungskindern besonders hoch. Somit beschloss der Freistaat, Verhandlungen mit der amerikanischen Militärregierung in Bezug auf deren Staatsbürgerschaft aufzunehmen. Nachdem die Amerikaner dies ablehnten, wurde den farbigen Besatzungskindern die deutsche Staatsbürgerschaft zugesprochen. Wenn auch mit Widerwillen. Ob Kind eines Afrikaners oder Afro-Amerikaners. Darin machten die deutschen Behörden damals offensichtlich keinen Unterschied. Ob unter diesen Umständen Portugal das tatsächliche Ziel meiner geplanten „Deportation" war, war somit eher unwahrscheinlich. Mein Vater war zwar kein amerikanischer Soldat, sondern ein afrikanischer Diplomat, aber dies schien hier keine Rolle zu spielen. Ich war schwarz. Es ging also hier nicht um Nationalität, sondern um Hautfarbe, um Rasse.

Diese Information, dass man mir in diesem Zusammenhang dann auch die deutsche Nationalität aberkannt hätte, wirkte, auch wenn inzwischen einige Jahrzehnte vergangen waren, auf mich sehr bedrückend, weil ich diese Szene auf dem Schulhof immer noch vor Augen habe.

Diese Aktion, eine Ausbürgerung mittels Adoption wie in meinem Falle als ein Förderprogramm für hochtalentierte Kinder zu verkaufen, stellte eine besondere Form der Niedertracht dar. Auch nach dem Niedergang des Dritten Reiches blieb Rasse ein Thema. Bis heute. Daran hat auch die Einführung des Begriffs „Ethnie", welcher in diesem Zusammenhang nun häufig verwendet wird, nichts verändert. Es ist nichts weiter als eine Form von semantischer Akrobatik, in welcher der damit verbundene ideologische Kern erhalten bleibt. Und wenn der Begriff „Rasse" nicht mehr existieren darf, von was würde man dann den Begriff „Rassismus" ableiten?

Irgendwann vorher hatte mir meine Mutter unter Tränen erzählt, dass sie, nachdem mein Vater und sie sich getrennt hatten, einen afro-amerikanischen GI kennengelernt hatte. Dieser wollte sie oder uns beide in die Vereinigten Staaten mitnehmen, um sie dort zu heiraten, da eine Eheschließung mit Frauen der Besatzungsländer in Deutschland nicht möglich war.

Dies hatte zur Folge, dass die meisten Kinder von afro-amerikanischen GIs unehelich zur Welt kamen. Eine gemischtrassige Ehe in den USA zu Zeiten der Segregation wäre ebenfalls unmöglich gewesen. Davon wusste meine Mutter offensichtlich nichts, der Mann jedoch mit Sicherheit. Dass meine Großmutter seine Adresse beim Durchsuchen der Handtasche meiner Mutter fand, als sie zu uns zu Besuch kam, und sie umgehend entsorgte, schuf einen Graben zwischen den beiden. Das hatte sie ihr nie so richtig verziehen. Dass diese Ehe, eine *interracial marriage*, in den Staaten in den 1960er Jahren während und auch nach der Aufhebung der Segregation nie beziehungsweise kaum hätte stattfinden können, ist meiner Mutter mangels Kenntnis der amerikanischen Gesellschaftspolitik nie so richtig bewusst geworden.

Ein Masterplan für Afrika

April 2014. Ich saß mit einer Delegation der NATO PV in einem Bus in Washington, D.C., der uns von der Fort McNair Defense University zur Firma Sikorsky, einer nahegelegenen Rüstungsfirma brachte. Ich versuchte meinen Jetlag mit dem obligaten Kaffee „to go" auszugleichen, als mein Handy klingelte. Es war die Deutsche Welle. Man wollte von mir ein Interview zum Thema Afrikapolitik haben.

Kurz vorher hatte sich der Intendant Peter Limburg bei mir gemeldet und mich gebeten, mich für eine Budgeterhöhung für den Sender einzusetzen. So wie es damals mit der Finanzlage aussah, befürchtete er, den ganzen spanischsprachigen Bereich streichen zu müssen. Da wir ja beide der Welt der Medien entstammten, formulierte er seine Anfrage als „kollegiale Bitte".

„Wie wollen wir eine neue, erweiterte Außenpolitik anstreben und zugleich den einzigen international ausstrahlenden, deutschsprachigen Sender verkleinern?", argumentierte ich in einem Schreiben an die Kanzlerin, an den damaligen Außenminister Frank-Walter Steinmeier und an den damaligen Minister für Entwicklungskooperation Gerd Müller.

Limburg und sein Sender bekamen die Budgeterhöhung – eine angemessene. Im Vergleich zu international ausstrahlenden Sendern wie der BBC und CNN war das angedachte Budget für eine ambitionierte Außenpolitik in der Tat lausig.

Nach dem Interview mit dem Titel „Afrika braucht einen Masterplan" sollte es vom Ministerium für wirtschaftliche Zusammenarbeit und Entwicklung dann einen realen Plan mit einem ähnlichen Titel geben. Den sogenannten Marshallplan für Afrika. Später wurde wegen des etwas zu ambitioniert wirkenden Anklangs in der Formulierung das „für" durch ein „mit" ersetzt.

Schon vor mir hatte sich der CDU-Entwicklungspolitiker Hartwig Fischer an dem Thema Förderung der Wirtschaftsbeziehungen zu Afrika die Zähne ausgebissen. Ein unter deutscher Hand geführter Plan, der dieser Bezeichnung für 54 Länder und einen ganzen Kontinent gerecht werden könnte, war für mich rein auf Grund der benötigten Mittel illusorisch. Denn allein für den Bedarf an Verkehrsinfrastruktur wurden die Kosten für den Kontinent auf um die 80 Milliarden US-Dollar geschätzt. Jährlich. Und ohne Infrastruktur kein Marshall-Plan. Hinzu kämen dann auch noch die Kosten für den Energiesektor etc.

Mit Bundespräsident Gauck in Mali

Ein weiterer Besuch in Mali. Dieses Mal mit Bundespräsident Joachim Gauck im Regierungsflieger. Massive Sicherheitsvorkehrungen, kein privater Ausgang. Anschlagsgefahr. Wir wurden von bewaffneten Beamten begleitet. Die Türen der Fahrzeuge waren durch die Panzerung so schwer, dass man sie ohne Hilfe von draußen kaum öffnen konnte.

Im Empfangsraum des malischen Präsidenten winkten mir ein paar Minister entgegen. Eine Art Heimspiel. Der damalige und heutige Außenminister Abdoulaye Diop, den ich bereits von einem Besuch im Entwicklungsausschuss kannte, begrüßte mich bereits beim Aussteigen am Regierungsflieger.

Präsident Gauck stellte die Delegation vor. „Den brauchen Sie mir nicht vorzustellen", meinte Präsident Keita. „Der ist ein Freund meiner Kinder. Damit ist er auch mein Sohn." „Aber klar, Tonton Keita", antwortete ich. Die Delegation lachte. Am meisten wohl der Bundespräsident, wie ich später auf einem Foto sehen konnte. Einen informellen Gestus konnte man sich in der afrikanischen Diplomatie nur leisten, wenn man sich sehr sicher war, dass dies nicht in die Hosen ging. In diesem Punkt war man in Afrika, auch wenn man es nicht zeigte, sehr empfindlich.

In diesem Zusammenhang erinnere ich mich noch an einen deutschen Wirtschafts-Summit in Kenia, der insofern schon unter keinem guten Zeichen stand, weil die Botschaft einen bekannten kenianischen Fernsehkomiker für die Moderation bestellt hatte. Bei den Afrikanern kam das vollkommen falsch – oder auch richtig rüber. „Die Deutschen denken, alle Afrikaner sind lustig." Gleich dem Motto: „Spielen Sie doch die Rolle ein bisschen wie Eddie Murphy." Der Schirmherr war Präsident Keniatta. Zu der Veranstaltung kam eine indisch-stämmige Ministerin. Der Rest der Regierung blieb der Veranstaltung fern. Im weiteren Verlauf fielen auch noch ein paar flache Witzchen über das Verhalten afrikanischer Männer gegenüber Frauen, mit denen sich ein deutscher Redner als besonders locker darstellen wollte, der zudem auch noch immer von konditionierter Hilfe sprach. „Wenn ihr das und das tut, dann helfen wir euch." Nach den deutschen Rednern betrat der damalige Finanzminister Sambias Felix Mutati die Bühne. Sein erster Satz vor der Begrüßung lautete: *„Only Africans can help Africa."* – „Nur Afrikaner können Afrika helfen." Ein Satz, den man sich merken sollte. In der Tat ist Kultursensibilität nicht die Stärke deutscher Außenpolitik. Und was Afrika betrifft – da lautet die Frage: Wie wollt ihr diesen Plan umsetzen? Wollt ihr nun Wirtschaftsbeziehungen mit uns aufbauen oder weiterhin die klassische NGO-Politik fördern? Danach klang das Ganze nach genauerer Betrachtung. Das Thema „Duale Bildung" hätte man in den meisten Fällen beispielsweise in Kooperation mit den deutschen Handwerkskammern angehen müssen. Diese Kooperation versuchte ich damals bereits mit dem Präsidenten der Handwerkskammer Frankfurt Bernd Ehinger in die Wege zu leiten. Man hätte Fachkräfte für Afrika und auch für Deutschland ausbilden können. Nach deutschen Standards. Das Entwicklungsministerium war daran aber nicht interessiert.

Wir besprachen mit Botschafter Dietrich Becker, den ich schon länger kannte und auch zu schätzen gelernt hatte, im mitten in einer Zooanlage in Bamako gelegenen Agha Khan Zentrum die Sicherheitslage im Lande. Anschließend flogen wir dann mit einem Helikopter der UN weiter nach Koulikoro, ins Lager der EU-Trainingsmission, wo eine Militär-Combo das Empfangszeremoniell für den Bundespräsidenten mit Marschmusik begleitete. Dass der Einsatz der Trompeter sich hin und wieder etwas atonal gestaltete, weil einer oder mehrere der Bläser öfter Mal einen Halbton drunter oder drüber lagen, blieb auch meinem Kollegen von den Grünen, Uwe Kekeritz, nicht verborgen.

Das Ganze erinnerte ein bisschen an eine Mischung aus Werken des französischen Komponisten Jean-Baptiste Arban und Miles Davis. Auf alle Fälle durften mittlerweile zumindest die Soldaten der malischen Armee ihr Mittagessen nicht mehr zu Hause einnehmen. Die Erdnusssoße, welche Bestandteil vieler Gerichte des Stammes der Bambara darstellt und auch von meinem Stamm der Serer, inklusive mir, sehr geschätzt wird, ist nicht leicht verdaulich. Da hilft auch der starke grüne Tee, *Attaya*, nichts. Da dauert dann ein anschließendes Nickerchen schon einmal bis Dienstschluss. Dieses Problem war nun bereinigt und alle waren anwesend.

Weiter nach Nigeria

Nach drei Tagen flogen wir weiter nach Nigeria.

Beim offiziellen Zeremoniell des Staatsempfangs in Abudja erwischten die Musikanten den richtigen Ton. Die Böllerschüsse während der Militärparade auf dem Gelände des Präsidentschaftspalasts in Abudja scheuchten aber die Fledermäuse aus den Bäumen auf, die wie ein immer dichter werdender dunkler Schwarm von Schwalben, welche auf der Flucht vor dem sich ankündigenden Regen waren, anfingen das Blau des Himmels zu überdecken.

Präsident Gauck stellte auch hier, gemäß dem üblichen Protokoll, die Delegation vor. *„This is Mr. Charles M. Huber, Member of Parliament."* Präsident Buhari blieb kurz vor mir stehen, lächelte verschmitzt und sagte: *„Huber – this is a very Nigerian name"*, „ein sehr nigerianischer Name". „Ja, Herr Präsident", antwortete ich, „besuchen Sie erst einmal Bayern. Da gibt es viele Nigerianer. Jeder Dritte heißt nämlich Huber."

Er lachte und ging weiter. Bei der Abendveranstaltung saß ich mit den beiden Präsidenten auf der Bühne, auf dem erhöhten Platz, dem Präsidium. Aus den Gesichtern auf dem Parkett unter uns konnte ich sehen, dass darüber nicht jeder geladene deutsche Gast – hier gab es auch einige Vertreter großer deutscher Firmen – glücklich war. Für mich waren solche Momente immer komplett unverständlich. Ein jeder freut sich über ein positives Feedback in Bezug auf seine Arbeit. Dennoch sah ich diese positive Aufmerksamkeit, die mir in Afrika zuteilwurde, nicht in erster Linie als Vorteil für mich, sondern als Chance für Deutschland, für seine Politik und letztendlich auch für die deutsche Wirtschaft. Ich wollte als Abgeordneter Resultate erzielen und nicht meine Zeit absitzen. Und ich wusste, dass ich dafür nur eine Legislatur, sprich insgesamt vier Jahre Zeit hatte.

Nigeria hat in unserer deutschen Wahrnehmung ein sehr einseitiges Image. Boko Haram, Phishing- und Fake-E-Mails, hohe Korruption. Aber nicht nur wenn es um echtes Selbstvertrauen von Menschen in afrikanischen Ländern geht, nimmt die Bevölkerung Nigerias sicher einen der Spitzenplätze ein. Unterwürfigkeit ist ihnen fremd. Nigeria ist besonders für junge Leute aus dem Bereich Finanzen eines der wenigen Länder des Kontinents, in denen Akademiker aus der Diaspora im Heimatland eine Zukunft für sich und ihre Familie sehen können. Kenia gehört auf diesem Sektor auch noch in diese Kategorie.

Während des Besuchs hatte ich ein Gespräch mit Aliko Dangote, dem derzeit reichsten Mann Afrikas. Eine Delegationsreise ist meist zu kurz, um relevante Details etwas genauer in Gesprächen auszuarbeiten. Dies besorgen im Nachgang dann die Themenexperten. Zumal in Afrika das persönliche Kennenlernen erst einmal vorrangig ist. Jedenfalls bei den Afrikanern. Sie wollen einen Menschen nicht nur in seiner Funktion, sondern auch von der menschlichen Seite kennenlernen, seine reale Kompetenz als Mensch.

Also besuchte ich Nigeria einige Monate später nochmals, um auch mit Herrn Dangote unser Gespräch über Kooperationsmöglichkeiten mit der deutschen Wirtschaft in seinem Büro weiterzuführen. Vorher besuchte ich mit unserem Botschafter noch den Außenminister Geoffrey Onyema in Abudja, um auch das Thema Devisenbereitstellung für die Deutsche Lufthansa zu besprechen. Mit dem Kollegen Flossbach vom Finanzausschuss suchten wir dann auch noch Uzoma Dozie auf, den Inhaber einer der größten Privatbanken des Landes, um zu erfahren, nach welchen Kriterien er beziehungsweise sein Vater sein Bankenimperium aufgebaut hatte. „Kundenorientierung", lautete seine einfache Antwort. Keiner der Akteure, die ich getroffen hatte, war mit irgendeiner Allüre behaftet oder in irgendeiner Form arrogant. *„Nigerian pride is real and quite."*

Das Abendessen mit dem Literaturnobelpreisträger Wole Soyinka in der Residenz des Generalkonsuls in Lagos blieb mir auf beeindruckende Weise in Erinnerung. Wir sprachen über Trends in der gegenwärtigen Literatur, Politik und über Espresso, wobei er mir eröffnete, dass er sieben verschiedene Maschinen besaß. Für jedes Klima eine andere. *„You know"*, meinte er, *„if you really get into Espresso that's quite something."* – „Wenn du tiefer in die Espresso-Geschichte einsteigst, ist das schon so eine Sache." Ich liebe Espresso, aber so tief wie Soyinka bin ich in die Materie noch nicht eingedrungen. Zumindest aus damaliger Sicht. Denn seitdem habe auch ich schon dreimal die Espressomaschine getauscht. Der gehobenen geschmacklichen Ansprüche wegen. Das Espressovirus scheint sich offensichtlich nun auch meiner bemächtigt zu haben.

Südafrika und die Vermächtnisse der Apartheid

Eine meiner Delegationsreisen musste ich auf halbem Wege unterbrechen und vorzeitig aus Casablanca abreisen, weil ich mit dem damaligen Präsidenten des Bundesrats, Volker Bouffier, nach Südafrika fliegen sollte. Ich hing in Casablanca fest, weil es im Gebiet der West-Sahara in der Stadt Dakhla zu Protesten durch die Sahrawi-Bevölkerung kam. Dort hatte man offensichtlich erfahren, dass eine internationale Delegation aus Politik und Wirtschaft im Anmarsch war, und die Vertreter der Unabhängigkeitsbewegung, die *Frente Polisario*, wollten die Gelegenheit ergreifen, auf ihre Sache aufmerksam zu machen. Demonstrationen vor der Ankunft ausländischer Politiker passieren häufiger. Ich erinnere mich noch an eine Dienstreise nach Moldawien, wo in der Hauptstadt Chisinau vor dem Parlament eine Gruppe von Bürgerrechtlern bei der Ankunft unserer Delegation der NATO PV gegen Korruption innerhalb der Regierung protestierte.

Meine zuverlässigen Mitarbeiterinnen im Berliner Büro schafften es, mich kurzfristig auf einen Flug von Casablanca in Richtung Kapstadt zu buchen, sodass ich rechtzeitig auf die dortige Delegation unter der Leitung von Volker Bouffier treffen konnte. Der Direktor einer bekannten Hotelkette begrüßte die Delegation persönlich und per Handschlag. Dieses Zeremoniell unterbrach er abrupt, als ich an der Reihe war. Er drehte mir den Rücken zu und ging in Richtung Eingangsportal. Das überraschte mich nicht. Ich hatte Südafrika schon einmal besucht und kannte dieses offensichtlich über einen langen Zeitraum eingespielte System der Mikroaggressionen, den Verhaltenscode der Weißen gegenüber den Schwarzen oder den sogenannten *coloureds*, denen man damit zu verstehen geben will, dass sie nicht gleichgestellt sind und ihnen zugleich die Energie stiehlt. Worüber ich mich früher sicher geärgert hätte, das konnte ich in so einem Moment mittlerweile mit einem milden Lächeln quittieren. Ein Mensch, denke ich mir, der mit sich und der Welt im Reinen ist, muss sich so nicht verhalten.

Zuerst hatten wir ein Gespräch mit Helen Zille, der ehemaligen Premierministerin von Westkap, die deutsche Wurzeln hatte und Vorsitzende der *Democratic Alliance* war. Gesprächsthemen waren die Energieversorgung im Lande, die vielen Shutdowns in der Energieversorgung, mit denen die Wirtschaft zu kämpfen hatte, und das Erstarken einer jungen, stark links ausgerichteten Gruppe, die der EFF, der *Economic Freedom Fighters*. Ihr wird eine anti-weiße und anti-indische Propaganda vorgeworfen, und sie stellt mittlerweile die drittgrößte Partei im südafrikanischen Parlament dar.

Gauteng und Westkap sind Partnerregionen des Freistaates Bayern, und Volker Bouffier, der natürlich auch Partnerschaften mit Hessen ins Gespräch bringen wollte, bekam an fast jeder Stelle zu hören, dass man dieses oder jenes schon mit den Bayern machte. Einmal sprach er diesen „Wettbewerbsnachteil" schon pro-aktiv zu Beginn eines Gesprächs an, indem er sagte: „Ich weiß, Sie machen das schon mit den Bayern, aber ..." Es änderte aber nichts. Die Bayern blieben weiterhin in fester und unverrückbarer Position in sämtlichen Debatten präsent und wirtschaftlich fest im Sattel.

An einem freien Vormittag mietete ich mir ein Auto mit Fahrer, um meine Freundin Tandile Mandela, die Nichte des ehemaligen Präsidenten, zu besuchen, jene, die er zu unserer Premiere des gleichnamigen Musicals nach München geschickt hatte. Sie wohnte circa sechzig Kilometer außerhalb von Kapstadt und leitete in ihrem Ort ein Kulturprojekt mit Kindern. Wir freuten uns auf ein Wiedersehen. Mir blieb aber nicht viel Zeit. Das Ganze war ein privater Besuch und fand in einer Ruhepause zwischen Terminen statt.

Mein Fahrer hieß Ralf, war ein sogenannter *coloured*, gehörte also der Gruppe Gemischtrassiger zwischen Schwarz und Weiß an, welche in dem damaligen Apartheids-Regime gegenüber den „richtigen" Schwarzen ein paar Vorteile genossen. Ralf war gut gebildet, trug Anzug und Krawatte, und als wir uns auf den Weg aus der Stadt machten, bat ich ihn, kurz vor einem Coffee-Shop anzuhalten, damit wir uns einen obligaten Cappuccino-to-go, kaufen konnten. Er wollte dies für uns erledigen, aber ich bestand darauf, dies selbst zu tun. Ich betrat das modern eingerichtete Deli und stellte fest, dass es dort keinen einzigen schwarzen Gast gab. Nur die Leute, die verschreckt aus der Küche herausschauten, und das Bedienungspersonal waren schwarz. Auch ich trug Anzug und Krawatte, und ab dem Moment, wo ich den Raum betrat, verstummten plötzlich alle Gespräche. Es fühlte sich an, als stünde ich auf der Bühne, wo im Saal das Publikum auf eine Ansprache von mir wartete. Ich genoss diese Irritation meiner Umgebung, steuerte geradewegs auf den Tresen zu und begrüßte erst einmal das schwarze Personal, welches mit scheuen Blicken aus der Küche hervorlugte. Dies tat ich extra laut, gut gelaunt und in aufrechter Haltung. Dadurch wirkten sie noch mehr eingeschüchtert. Es sah fast danach aus, als hätten sie Angst davor, bei den anwesenden weißen Gästen in Ungnade zu fallen, indem sie sich mit dem Gestus eines emanzipiert auftretenden Schwarzen solidarisierten. „Mein Gott", dachte ich mir, „was hat man da mit euch nur angestellt?" Eine Lobotomie an dem Teil des menschlichen Gehirns, wo das Selbstbewusstsein, die Menschenwürde angesiedelt war. Ich war erschüttert, verhielt mich aber genau umgekehrt. Dann kam auch mein Cappuccino, den mir ein hinter dem Kaffeetresen stehender schwarzer Barista mit gesenktem Kopf zauberte. Ich zahlte, hinterließ ein gutes Trinkgeld, verabschiedete mich wohlgelaunt von den schwarzen Angestellten und ging. Die weißen Gäste steckten die Köpfe zusammen und tuschelten, so als wäre ihnen gerade ein böser Geist erschienen. Ralf und ich fuhren los, und ich erzählte ihm, was gerade geschehen war. Er lachte und meinte, dass so etwas an manchen Ecken der Stadt noch passieren kann. „Es ist noch nicht vorbei", meinte er, „es ist noch ganz und gar nicht vorbei."

Auch Südafrika besuchte ich zweimal. Auf einer späteren Delegationsreise mit Kollegen anderer Parteien besuchten wir dann ein deutsches Automobilwerk. Duales Bildungssystem vom Besten. Ich bin gelernter Zahntechniker. Ein Handwerksberuf. Erfreulicherweise stellte ich fest, dass sich die Ausbildung der schwarzen Südafrikaner, was Standards und Qualität anbelangte, nicht von der in Deutschland unterschied. Eine der Produktionsstraßen hieß „Dingolfing-Straße". Ich bat einen BMW-Mitarbeiter, dass er von mir mit meinem Handy ein Foto machte. Der Ort, den es ja tatsächlich gab, war gerade einmal zehn Kilometer von dem 1200-Einwohner-Dorf Großköllnbach entfernt, in dem ich die ersten zehn Jahre meines Lebens verbracht hatte, in der Region, in der die unbeugsamsten Stämme Deutschlands residierten, die „Gallier" der Bundesrepublik.

Deutschland war, das muss man so zur Kenntnis nehmen, leider auch ein Unterstützer der Apartheid, aber die deutschen Firmen sind, was Ausbildung und Konditionen für ihre Angestellten anbelangt, hervorragende Arbeitgeber, besonders die Automobilindustrie.

Ball verkehrt in Tansania

September 2014. Wahlkampf in Tansania. Die Regierungspartei war nervös. Sansibar fühlte sich in Bezug auf die Sitzverteilung im Parlament gemäß der Verfassung benachteiligt, klärte mich der Botschafter auf. Ein Verfassungsbruch.

Der damalige Generalsekretär der CDU, Peter Tauber, wurde von der tansanischen Regierung gebeten, zu dem Vorwurf der Finanzierung der Oppositionspartei über die Adenauer-Stiftung Stellung zu beziehen. Die Partei leitete diesen Auftrag dann an mich weiter.

Der Vertreter der Adenauer-Stiftung holte mich am Flughafen ab, und da der Vizestaatspräsident darauf bestand mich kennenzulernen, genossen wir praktisch ein protokollarisches Upgrade, was unter anderem den Vorteil hatte, Daressalam im Berufsverkehr mit Hilfe einer Polizei-Eskorte durchqueren zu können. Wer den Verkehr in afrikanischen Metropolen kennt, wird diesen Grad an Erleichterung nachvollziehen können. Nicht nur, was die Verkehrsdichte, sondern auch, was die Menge an Kohlenmonoxyd, welche man in den langen Stoßzeiten dabei verabreicht bekommt, anbelangt.

Zuerst stand eine Veranstaltung der CHADEMA-Partei mit über tausend anwesenden Parteidelegierten auf dem Plan. Wir betraten die Veranstaltungshalle, und ein junger Beauftragter der Partei führte mich an meinem Namensschild vorbei und setzte mich erst einmal etwas abseits davon zu einer einheimischen, folkloristisch gekleideten Frauengruppe. Der Vertreter der Adenauer-Stiftung saß mittlerweile schon etwa zehn Meter von mir entfernt neben dem mir eigentlich zugedachten Platz in der ersten Reihe. Wir schauten uns erst einmal etwas verschmitzt an und begannen dann zu lachen. Ich blieb aus Höflichkeit noch ein paar Momente sitzen, verabschiedete mich dann aber von den bunt gekleideten Damen und nahm den Platz ein, der mir eigentlich zugedacht war.

Wir waren beide als Redner vorgesehen. Ich betrat nach der Eröffnungsrede des Parteivorsitzenden als Erster die Bühne und legte einen Zettel, der mit ein paar Stichworten versehen war, auf dem hölzernen Rednerpult ab. Die Namen, die man in solchen Fällen erwähnen musste, die der Gastgeber und sonstigen Verantwortlichen, sprach ich, wenn sie mir phonetisch nicht so geläufig waren, lieber schon einmal vorher aus. Dann stellte ich das Mikrofon auf meine Höhe ein, wobei ich bemerkte, dass der ganze Saal an mir vorbei auf die Stufen der Bühne blickte, um dort den deutschen Abgeordneten beim Besteigen der Bühne ausfindig zu machen. Das Ganze erinnerte mich an das Theaterstück mit dem Hausmeister, in dem ich für den „Alten" entdeckt wurde. Also schaute ich mich ein paar Mal um und sprach dann mit leiser und ruhiger Stimme ins Mikrofon. „Er kommt nicht mehr. Er ist schon da." Der Saal tobte vor Lachen.

Ich hielt dann meine Rede in Englisch. Der junge Vertreter der Adenauer-Stiftung auf Kisuaheli. Der Saal tobte noch mehr. Wir waren ein perfektes, aber mit Sicherheit für die Tansanier eher ungewöhnliches Team, eines, das ihren noch vorhandenen kolonialen Gedankenmustern sicher nicht entsprechen konnte. Ein deutscher Abgeordneter war für sie einfach weiß. Punkt.

Am darauffolgenden Morgen wartete ein schwieriges Gespräch auf mich. Letztendlich konnte ich den Vizestaatspräsidenten doch davon überzeugen, dass an dem Vorwurf der Bevorzugung der Oppositionspartei nichts dran war, was gar nicht so einfach war. Das Klima war zuerst einmal relativ eisig. Dr. Mohamed G. Bilals Blick war gleich zu Beginn in eine andere Richtung gerichtet, als er mit mir zu sprechen anfing. Er sprach erst einmal so leise, dass ich meine ganze Energie darauf verwenden musste, ihn zu verstehen. Man konnte zu einem Mann in seiner Position ja nicht sagen: „Könnten Sie vielleicht ein bisschen lauter sprechen?"

Da ich für die Partei und nicht für die Regierung unterwegs war, bat ich den Botschafter, das Thema Verfassungsrecht bei einer anderen Gelegenheit anzusprechen. Letztendlich sprachen wir über die Themen Urbanisierung, Jugendarbeitslosigkeit, über Duale Bildung und die Wirtschaftsentwicklung Tansanias, und damit war das Eis gebrochen.

Und man klärte mich in diesem Zuge auch noch darüber auf, dass der Kilimandscharo sich nicht in Kenia, sondern in Tansania befand.

Es gab noch einige Termine mit Presse und Fernsehen. In einem TV-Interview warnte ich die Jugend vor der betrügerischen Agenda von Al-Shabab. „Es geht nicht um das Gute und nicht um die Religion. Denen geht es nur um das Geld", war die Kernaussage. Wegen der Gefahr, einem Anschlag zum Opfer zu fallen, hatte ich zunächst hin und her überlegt, ob man diesen Teil nicht besser weglassen sollte. Das Ganze war deshalb nicht ungefährlich, weil es am nächsten Tag ausgestrahlt wurde und ich mich da auch noch in der Stadt aufhielt. Ich entschied mich letztendlich dafür, es so zu lassen, wie es aufgenommen wurde. Das Interview wurde dann nicht nur im östlichen, sondern auch im südlichen Afrika ausgestrahlt. Der Aufenthalt in Tansania war, wie es von tansanischer Seite hieß, der Besuch mit der größten medialen Berichterstattung über einen deutschen Politiker, gleich der des vormaligen Besuchs des ehemaligen Bundespräsidenten Horst Köhler.

Ein Jahr später war ich nochmals in Marokko, als mich ein Politiker aus Sambia beim Frühstück ansprach. „Sie sind der Deutsche, stimmt's?" „Ja", antwortete ich. *„Good interview"*, meinte er. *„Which one?"* – „Welches?", fragte ich ihn. *„The one about Al-Shabab"* – „Das über Al-Shabab", antwortete er. Ich bedankte mich und begab mich ein zweites Mal zum Frühstücksbüffet.

Zentralamerika und die Karibik

Ziemlich zu Anfang meines Mandats lud ich die Botschafter der zentralamerikanischen und der karibischen Staaten zu einem Sondergipfel in einen der Tagungsräume des Bundestags ein.

Diese Region interessierte mich, weil sie sich in einem toten Winkel der deutschen Außenpolitik befand und offensichtlich von kaum jemandem ernsthaft wahrgenommen wurde. Es gab zwar die entsprechenden Parlamentariergruppen, aber manche waren mehr und andere weniger aktiv. Ein Botschafter aus dieser Region sagte mir, seine Botschaft habe acht Jahre keinen deutschen Parlamentarier mehr gesehen. Für eine große Wirtschaftsnation wie Deutschland war es meines Erachtens wichtig, dass man in einer multipolaren Welt, einer, die sich zunehmend volatil gestaltet, seinen Blick auch auf Gebiete außerhalb seines Kulturkreises und seiner klassischen Handelspartnerschaften richten musste. Dies bezog sich nicht nur auf Afrika. In der heutigen Zeit, in der sich ehemalige Schwellenländer wie China und Indien wirtschaftlich rasant entwickeln und längst zu Mitbewerbern gegenüber europäischen Ländern im globalen wirtschaftlichen Geschehen geworden sind, ist es perspektivisch unzureichend sowie auch verhandlungsstrategisch nachteilig, erst dann diesen Kontakt aufzunehmen, wenn man etwas von jemandem braucht. Wer zuerst kommt, heißt es, mahlt zuerst. Dieser aus dem Mittelalter stammende Spruch hat auch in der heutigen Politik noch Bedeutung. Das gilt nicht nur, aber auch für Afrika.

Afrikanisch-stämmige Menschen waren schon lange in vielen verschiedenen Staaten und Regionen der Welt zu finden. Der Unterschied zu anderen Kulturen, wie den arabischen, europäischen oder asiatischen, besteht darin, dass sie in der Vergangenheit einen anderen Anteil am Welthandel hatten als die Afrikaner. Diese waren nicht die Händler, sondern die Ware. Ein Großteil der afrikanischen Diaspora lebt in Lateinamerika und der Karibik. Nur wenige wissen, dass dort in den Hochzeiten der westlichen Sklaverei, zum Beispiel auf den Inseln Bermudas, auf Grund des damalig hohen Zuckerpreises mehr an Kapital erwirtschaftet wurde, als dies im kolonialen Mutterland England selbst der Fall war. Wer die prunkvollen Gebäude der Hauptstädte dieser Staaten unter dem Gesichtspunkt der Kolonialisierung betrachtet, wird nicht umhinkommen zu erkennen, dass diese Symbole an Größe und Reichtum zumindest zu einem großen Teil durch Sklavenarbeit und koloniale Ausbeutung erwirtschaftet wurden. Die weitverbreitete Aversion gegenüber Migranten aus den ehemaligen Kolonialstaaten und die damit verbundene Forderung nach Repatriierung würde sich unter logischen Gesichtspunkten dann so darstellen, als wenn man jemanden aus einem Haus schmeißt, an dem er selbst mitgebaut hat.

Eine der noch existierenden Kolonien Frankreichs ist wie gesagt Neukaledonien. Die Inselgruppe hatte sich erst vor Kurzem und überraschenderweise für die Weiterführung des Kolonialstatus entschieden. Das Land verfügt über 25 Prozent des weltweiten Nickelvorkommens, ein bedeutendes Legierungsmetall für die Stahlveredelung, was auch für Frankreich einen wichtigen Rohstoff darstellt.

Auch die Inseln Martinique und Guadeloupe, Réunion und Guyana sind sogenannte Überseegebiete der Franzosen und gehören somit der EU an. Auch wenn man dort das Staatsoberhaupt und die Mitglieder der Nationalversammlung Frankreichs wählen kann, und damit praktisch ein vollständig integrierter Teil des französischen Staates ist, sind die Überseegebiete, dadurch dass sie ja keine geographische Nähe zu Frankreich aufweisen, im Prinzip nichts anderes als Kolonien. Dass dort bei der letzten Präsidentschaftswahl der *Front National* seine höchsten Zustimmungswerte bekam, muss man als ein Indiz dafür werten, dass die meisten der dortigen Bewohner wahrscheinlich nichts an diesem Status auszusetzen haben. Womöglich gab es aber auch noch einen anderen Grund. Vielleicht hatte man einfach Angst davor, dass das Mutterland Frankreich seine illegalen Einwanderer, falls diese zahlenmäßig eine gewisse Grenze überschreiten würden, auf ihre Inseln abschieben würde. Anfang März 2023 sank ein Boot mit afrikanischen Flüchtlingen vor der Küste von Saint Kitts und Nevis Islands, nördlich von Guadeloupe. Drei Menschen starben und dreizehn andere wurden vermisst. Das Boot war in Guadeloupe zugelassen, woraufhin der Staatsanwalt in Pointe-à-Pitre Ermittlungen wegen Totschlags einleitete.

Die Stimme Aimé Césaires, des afro-karibischen Schriftstellers und Politikers aus Martinique, welcher zusammen mit Léopold Sédar Senghor das Konzept der *Négritude* gegründet hatte, eines, das sich gegen das Prinzip der Assimilierung und der Kolonialisierung aussprach, scheint hier bereits verhallt zu sein. Die berechtigte Frage lautet an dieser Stelle: Warum? Wahrscheinlich, weil diese Gebiete nicht reich an Bodenschätzen waren und durch ihr Verhältnis mit Frankreich Reisefreiheit und eine stabile Währung hatten. Fünfzig Prozent des Exportaufkommens von Guadeloupe, dieser schönen, tropischen Insel, bezieht sich auf Bananen. Frankreich hat, als praktisch noch einzig verbleibender geostrategischer Akteur der EU, wahrscheinlich auch schon früh erkannt, dass man durch die Eingliederung von Staaten in entfernten Regionen – dazu gehört auch das zwischen Brasilien und Surinam gelegene Französisch-Guyana – diese der Einflussnahme anderer Staaten, wie etwa derzeit China oder schon früher der physischen und systemischen Einvernahme durch die damalige Sowjetunion, entziehen konnte. Das Land wurde wie Martinique im Jahre 1946, also ein Jahr vor Beginn des Kalten Krieges, ein Überseedepartement, ein Département d'Outre-Mer (DOM) Frankreichs.

Im Oktober 2016 besuchte Panamas Präsident Juan Carlos Varela Berlin. Beim Empfang im Haus der Konrad-Adenauer-Stiftung tauschte ich mich mit seinem Botschafter aus. Guido Spadafora kam mit der Idee einer Eisenbahnstrecke durch zentralamerikanische Staaten auf mich zu, und da die Intensivierung des Regionalisierungsprozesses der Staaten Zentralamerikas im Interesse der Europäischen Union lag, besprach ich mit dem damaligen Kommissar für Internationale Zusammenarbeit Neven Mimica in seinem Büro in Brüssel die Möglichkeiten in Bezug auf die Finanzierung einer Machbarkeitsstudie.

Auf Grund der geringen Marktgröße der einzelnen zentralamerikanischen Staaten war die Investitionslage, die Akquise ausländischen Kapitals (FDI – Foreign Direct Investment genannt), eher ungünstig. Dies wollte man ändern. Politisch und wirtschaftlich stand Zentralamerika stark in der Einflusssphäre der USA. Zumindest handelspolitisch zeigte sich die EU an einer Intensivierung der Beziehungen zu dieser Region sehr interessiert. Dass dies keine einfache Aufgabe war, war jedoch allen bewusst. Während meines gesamten Aufenthalts – und das darf ich vorausschicken – sah ich im Güterkraftverkehr auf den Straßen kein einziges größeres Transportfahrzeug europäischen Ursprungs.

Die Region litt sehr stark unter dem Klimawandel, was sich sowohl auf die Kaffeeernte, einen der wichtigsten Wirtschaftszweige der Region, als auch auf die Sicherheit seiner Küstengebiete auswirkte. Durch den Anstieg des Meeresspiegels musste beispielsweise das Land Panama schon einen großen Aufwand betreiben und größere Betonkonstruktionen als Schutz gegen einen teilweise erhöhten Wellengang in Angriff nehmen, um die wunderschöne Altstadt von Panama City zu schützen.

Panama

Auf Grund meines Engagements für Zentralamerika organisierte dann die Adenauer-Stiftung für mich eine weitere Einzeldienstreise in diese Region. Die Reise ging zuerst nach Panama, dann nach Costa Rica und Venezuela. Anders als dies bei den Afrikanern der Fall war, war nun ich es, der bereits drei Jahre bevor diese Reise stattfand, nämlich zu Beginn meines Mandats, die Botschafter der zentralamerikanischen und der Karibikstaaten in einen der Tagungsräume des Bundestags einlud. Bald darauf besuchte uns im Gegenzug eine Delegation sämtlicher Außenminister der Karibikstaaten.

Panama ehrt seine schwarze Bevölkerung mit einem *Mes de la Etnia Negra*, einem Monat der schwarzen Ethnie/Rasse. Grund dafür ist unter anderem, dass der Panamakanal von Sklaven aus den Südstaaten der USA gebaut wurde. Alle anderen Nationalitäten und Ethnien scheiterten an den schwierigen klimatischen Verhältnissen, physischen sowie auch psychischen Herausforderungen.

Im von Schlangen und Malaria verseuchten Dschungel, wo eine Durchschnittstemperatur von um die 30 Grad und ein jährlicher Regenfall von 260 cm pro Quadratmeter herrschte, starben die Menschen wie die Fliegen. Das Projekt, von einem Franzosen angefangen und später von den Amerikanern fertiggestellt, forderte in seiner zwanzigjährigen Bauzeit um die 50 000 Menschenleben. „Der Tod war unser ständiger Begleiter", erinnerte sich einer der Arbeiter in einem Bericht einer amerikanischen Zeitung. „Ich werde nie die Zugladungen toter Männer vergessen, die täglich weggekarrt wurden, so als würde es sich lediglich um ein paar größere Holzstücke handeln."

Erst als man Schwarze aus den Südstaaten der USA und der benachbarten Karibikinseln holte, ging es mit dem Bau voran. Sie waren die Einzigen, die diesen schwierigen Verhältnissen standhalten konnten. Der Tod durch Unfälle wie Erdrutsche und Schäden am Gerät blieb aber auch ihnen nicht erspart. Der Kanal, der den Atlantischen mit dem Pazifischen Ozean verband, sicherte dem damaligen Inhaber, den Vereinigten Staaten von Amerika, seine globale Vormachtstellung. Die Rückgabe an den Staat Panama nach insgesamt 99 Jahren im Jahre 1999 fiel den Amerikanern nicht leicht. Großzügige Villen, Golfplätze sowie ein Öko-Dorf mit eigenem Dschungel und weite sandige Küstenstreifen garantierten den damaligen Besitzern des Kanals ein luxuriöses Ambiente.

So war der erste meiner Vorträge, welche ich auf dieser Reise halten sollte, in der *Ciudad del Saber*, der „Wissenschaftsstadt Panama", welche sich innerhalb des ehemaligen Armeegeländes nahe dem Kanal befand. Thema war unser damals gerade verabschiedetes deutsches „Erneuerbare-Energien-Gesetz", das EEG, und einer der Verantwortlichen gab mir, um etwas Druck aufzubauen, zu verstehen, dass einer der letzten Redner hier auch „Huber" hieß und ein Nobelpreisträger aus München war. Die Rede war dabei von Robert Huber, der 1988 zusammen mit zwei anderen Kollegen den Nobelpreis für Chemie verliehen bekommen hatte. „Ich komme auch aus München und heiße, wie Sie schon sagten, auch Huber", antwortete ich ihm. „Ich bin zwar kein Nobelpreisträger, aber zu dem Thema meines Vortrags können Sie mir dann anschließend gerne Fragen stellen."

Als Nächstes folgte ich dann der Einladung der Technischen Universität von Panama City im Rahmen der bereits genannten Ehrung der schwarzen Bevölkerung. Panama war ein Land, in dem man sich als Mensch anderer Hautfarbe wohlfühlen konnte, was nicht in allen lateinamerikanischen Ländern der Fall ist. „Multi-Kulturalismus" bedingt nicht zugleich Chancengleichheit. Schon gar nicht in dieser Region. Auch in Deutschland schließt dieser Begriff nicht automatisch ein von gegenseitigem Respekt geprägtes Verhältnis von Migranten untereinander ein. Im Gegenteil: Die verschiedenen Ethnien und Nationalitäten diskriminieren sich gerne gegenseitig. Wenn ich mich an das Deutschland der achtziger Jahre erinnere, an die Zeit vor dem „arabischen Frühling", vor der Gründung der EU und vor dem Balkankrieg, gab es bei den Migranten verschiedener Nationalitäten so etwas wie ein Solidaritätsempfinden. Davon ist heutzutage keine Rede mehr. Ein jeder, der auf Grund seiner Herkunft nicht die Akzeptanz in der Mehrheitsgesellschaft findet, die er sich wünscht, reicht den Kelch der Diskriminierung an einen anderen weiter, an einen, der in der kulturellen Hierarchie seines Ursprungslandes unter ihm steht, und versucht, ihn auch dementsprechend zu behandeln.

In Panama sah ich zumindest ein paar afrikanisch-stämmige und gemischtrassige Menschen, manche davon auch mit einem indischen Anteil, welche hohe Positionen bekleideten. Der Direktor der Universität war einer davon. Im Rahmen der Veranstaltung war auch ein Vertreter aus dem Senat anwesend. Das Programm beinhaltete unter anderem den Auftritt einiger Folkloregruppen, Vertreter verschiedener ethnischer Gruppen, was den Anwesenden, inklusive mir selbst, noch einen Schuss an Lebensfreude mit auf den Weg gab. Aus persönlicher Sicht empfand ich diese Würdigung als ein befreiendes Ereignis. Es war das einzige Land, das ich kannte, das seiner afrikanisch-stämmigen Bevölkerung in dieser Form Anerkennung verlieh, sie für ihre Verdienste und ihr Mitwirken an diesem Megaprojekt, das für den wirtschaftlichen Erfolg des Landes maßgeblich war, ehrte. Die jährlichen Einnahmen Panamas aus dem Kanal belaufen sich jährlich auf zwei bis zweieinhalb Milliarden US-Dollar. Auf Grund dieser Einnahmen liegt die Staatsverschuldung gemessen am BIP bei lediglich 39 Prozent. Die EU liegt hier vergleichsweise bei über 80 Prozent.

An einem freien Abend kam es dann noch zu einem persönlichen Highlight. Botschafter Spadafora hatte ein Treffen mit einem meiner Boxidole, mit Roberto Duran, arrangiert. Ich traf den legendären Fighter in seinem Lokal an, was zugleich auch ein *Hangout* für seine *Homeboys* war. Mit Goldketten im „G-Style" behangen, saßen sie an seiner Seite und verehrten ihn nach wie vor als ihren Champ, als jemanden, der sich wie viele andere in diesem Sport im wahrsten Sinne des Wortes von unten nach oben geboxt hatte. Ich traf wider Erwarten auf einen sanftmütigen und bescheidenen Mann, von dem man sich eigentlich nie hätte vorstellen können, dass er einmal ein gefürchteter Fighter war. Einer, der noch dazu den martialisch klingenden Beinamen *mano de piedra* – „die Hand aus Stein" trug.

Costa Rica

Am nächsten Morgen flogen Dr. Böhler und ich weiter nach Costa Rica, wo ich gleich zur Mittagszeit von Vizestaatspräsident Hellio Fallas Venegas zu einem Arbeitsessen eingeladen war. Auch bei ihm wollte ich für das Eisenbahnprojekt werben, sprach mit ihm über die gelungene Regionalisierung der Stromversorgung und über das Risiko nationaler Immobilienkredite, welche an den amerikanischen Dollar gebunden waren. Aus heutiger Sicht sind die Zinsen zwar gestiegen, aber auch die Nachfrage und somit auch die Preise. Besonders von Käufern aus den USA.

Wie mir Vizepräsident Vargas mitteilte, ist Costa Rica außer auf seine schönen Strände und Landschaften besonders stolz darauf, seine Stromversorgung zu hundert Prozent aus erneuerbarer Energie zu erzeugen. Als ich hinzufügte, dass man die mechanische Energie, sprich die riesigen Lastwagen, die auf den Straßen des Landes nicht klimaneutral unterwegs waren, dieser Kalkulation besonders mit Blick auf den CO_2-Ausstoß eigentlich dazurechnen müsste, lächelte er, und wir wechselten das Thema.

Was die Themenvielfalt und -dichte anbelangte, war das Programm der Konrad-Adenauer-Stiftung besonders bei dieser Reise, wie bereits gesagt, sehr ambitioniert. Landesdirektor Werner Böhler meinte aber dazu, dass dies genau das Richtige für mich wäre. (Siehe dazu im Internet auf den Seiten den Konrad-Adenauer-Stiftung: „MdB Charles Huber in Lateinamerika".) Ich hatte oft den Eindruck, dass einige Repräsentanten meiner Partei-Stiftung an der ein oder anderen Stelle mal meine Schmerzgrenze austesten wollten. Mir ist noch eine Veranstaltung im Senegal in Erinnerung geblieben, bei der das Thema lautete: „Ein Vergleich des Parteiensystems des Senegals mit dem der Bundesrepublik Deutschland nach Vorgaben der EU". Etwas für Technokraten oder ein Thema für eine Doktorarbeit. In diesem Falle wurden mir die Unterlagen von einigen hundert Seiten eine Woche vor einem Vortrag vor Gästen aus der senegalesischen Regierung, dem dortigen EU-Botschafter und der Presse zugestellt.

Venezuela – Ein Land vor dem Bürgerkrieg

Nach einem weiteren Zwischenstopp in Panama nahmen wir noch zwei Ministertermine wahr, einen mit dem Tourismus- und einen weiteren mit dem Vizeaußenminister. Von dort ging ein Flug dann schon zum nächsten Ziel. Am Flughafen noch zwei Espressi der Marke Duran, die, was die „Härte" anbelangte, ihrem Namensgeber alle Ehre machten, und dann verließen wir zu später Stunde Zentralamerika in Richtung Venezuela. Das Land, in dem ich auf Einladung der Opposition eine Rede im Parlament halten sollte, befand sich gerade mitten in einer Staatskrise.

Vor der Abreise hatte man mir in Berlin noch zu verstehen gegeben, dass es vielleicht besser sei, die Regierung in Caracas darüber erst einmal nicht zu informieren, die dortige Entwicklung abzuwarten und dies erst in Panama zu entscheiden. Ich hatte darüber nachgedacht, war aber dann doch zu einem anderen Entschluss gekommen. Vielleicht würde die Mitteilung über die Reise sonst zu spät ankommen und wir müssten uns dadurch bei der Einreise auf Schwierigkeiten einstellen, und zwar spätestens in dem Augenblick, in dem ich meinen deutschen Diplomatenpass vorzeigte. Außerdem war die Colonia Tovar, eine Gemeinde von circa 21 000 deutschen Einwanderern, die sich 1843 im Bundesstaat Aragua ungefähr siebzig Kilometer westlich der Hauptstadt Caracas angesiedelt hatte, vom Militär besetzt worden. Diesen Konflikt wollte ich nicht zusätzlich schüren. Zudem wollte ich die Kolonie ja auch noch besuchen. Also ließ ich mich sicherheitshalber vom kubanischen Botschafter René Mujica vorankündigen, da Deutschland damals gerade ein Kulturabkommen mit Kuba auf der Wunschliste hatte, über das wir hin und wieder sprachen.

Auch wenn der Kuba-Hype auf Grund der plötzlichen Richtungsänderung der Obama-Regierung etwas nachließ, wollte ich den Kontakt zur Kubanischen Botschaft aufrechterhalten. Kuba war die zweite Reise gewesen, in der ich Sigmar Gabriel in seiner Zeit als Wirtschaftsminister begleitet hatte. Ich bin ein überzeugter Befürworter der freien Marktwirtschaft, aber selbst ein konservativer Franz-Josef Strauß hatte mit der sozialistischen DDR Geschäfte gemacht und den wirtschaftlichen Austausch zwischen dem sozialistischen Osten und dem kapitalistischen Westen Deutschlands gefördert. Viele Möbel, Elektroartikel etc., welche damals

Versandhäuser wie „Quelle" in Westdeutschland anboten, wurden in den Werkstätten des sozialistischen Bruderlandes gefertigt. Als man dem kubanischen Außenminister Bruno Rodriguez nach einem Empfang bei den Parlamentariern in Berlin im Hotel Maritim einen kleinen, mit einer Gravur versehenen popeligen Plexiglaswürfel in die Hand drückte, war ich etwas entsetzt. So übergab ich kurzerhand meinem Fahrer meinen Wohnungsschlüssel und schickte ihn in mein Apartment, wo auf dem Wohnzimmerschrank ein Bierkrug mit dem Aufdruck „Münchner Oktoberfest 2003" stand. Er brachte ihn mir und ich übergab ihn dem Minister. Den Würfel, dachte ich mir, vergisst er im Flugzeug vielleicht irgendwo. Den Bierkrug sicher nicht.

Kuba und Venezuela unterhielten enge politische Beziehungen. Kuba schickte Ärzte nach Venezuela. Venezuela Öl nach Kuba. Als ich den kubanischen Botschafter vor unserer Reise anrief und ihn fragte, ob ich nun seinen venezolanischen Kollegen über meine Reise in sein Land informieren sollte, meinte er: „Schick ihm einfach einen Zweizeiler. Du bist zwar politisch nicht auf unserer Linie, aber fair in der Beurteilung." Dem vorausgegangen war eine Rede im Bundestag zum Thema „Wirtschaftsbeziehungen zu Kuba". Unter dem gleichen Titel schrieb ich auch einen ersten Entwurf für einen Antrag an den Bundestag.

Circa um vier Uhr morgens landeten wir in Caracas. Bei der Einreise am Flughafen ging mein Begleiter von der Adenauer-Stiftung in Richtung Diplomatenschalter und ich ging ihm nach. Im Flugzeug hatte ich ihn erneut mit etwas mehr Nachdruck darüber informiert, dass ich auf einen Besuch unserer ehemaligen Landsleute in der besetzten Colonia Tovar nicht verzichten würde. Ich hakte diesbezüglich immer wieder nach, nachdem er mir mein Ansinnen auf Grund der schwierigen Lage im Lande schon mehrfach hatte ausreden wollen, was irgendwie auf Grund dieser Situation auch verständlich war. Bislang hatte wegen der allgemeinen Gefahrenlage kein deutscher Vertreter die Kolonie besucht.

Ich folgte also meinem Begleiter zum Einwanderungsschalter, als der Mann am ersten Schalter, an dem ich gerade vorbeiging, auf Englisch nach mir zu rufen schien: *Come here, please, Sir.* Ich drehte mich erst einmal um, sah einen Mann am ersten Einreiseschalter und deutete in Richtung meines Begleiters sowie auf das Richtungsschild *„Diplomatic Entry"* an der Decke des Gebäudes. *„Sorry, but I am a diplomat!"*, rief ich ihm zu und wollte weitergehen. *„Here it's also for diplomats."* Das war zwar so nirgendwo ausgeschildert, die entschlossene Tonlage in seiner Stimme war aber relativ unmissverständlich. Ich ging also zum ersten Schalter.

Man schien bereits über unsere Ankunft informiert zu sein. Er fragte mich das Übliche, wo ich wohne, wie lange ich bleibe und auch, obwohl er es sicher bereits wusste, was der Grund meiner Reise war. „Ich soll eine Rede in Ihrem Parlament halten", sagte ich ihm mit einem leichten Lächeln offen ins Gesicht. Er schmunzelte ebenso ein bisschen in sich hinein, grinste mich an und gab mir nach einer kurzen Überprüfung meinen Pass zurück. „Haben Sie eine gute Zeit in Caracas", meinte er dann fast freundlich. „Normalerweise", fügte er noch hinzu, „kommen im Moment Ausländer eigentlich nur noch in Gestalt von Kriegsberichterstattern zu uns." Ich lachte.

Gut, dachte ich mir, dass Kollege Dr. Böhler an einem anderen Schalter abgefertigt wurde. Dieser Satz hätte auf sein Gemüt sicher keine beruhigende Wirkung gehabt.

Ein Wagen der Botschaft brachte uns durch die dunklen und menschenleeren Straßen der venezolanischen Hauptstadt in unser Hotel. Die Wirkung von Durans Espresso hatte nachgelassen. Bei mir war komplett die Luft raus. Ich schlief sofort und konnte von Glück sagen, dass ich nicht mit der Zahnbürste im Mund ins Bett gefallen war.

Am Morgen verschlief ich, obwohl ich zwischendurch schon einmal aufgewacht war. Jemand, wahrscheinlich Dr. Böhler, klopfte an meine Tür, und ich bestätigte ihm, dass ich schon wach sei. Eine Delegation, die uns zum Parlament fuhr, wartete schon in der Lobby. Ich sprang ins Bad, duschte und rasierte mich im Blitztempo, schlüpfte in den Anzug, nahm meine Aktentasche unter den Arm, belegte mir dann noch ein Sandwich „to go" im Frühstückssaal und los ging's in Richtung Parlament. Am Tag sah die Stadt schon etwas freundlicher aus, was sicher auch daran lag, dass nun auch Menschen auf der Straße waren.

Ich hatte mir zur politischen Situation im Land einige Notizen gemacht und musste nun feststellen, dass diese verschwunden waren. Dr. Böhler versorgte mich daher mit ein paar Informationen, in die ich mich während der Fahrt zum Ort des Geschehens vertiefte und mir ein paar Stichpunkte notierte.

„Improvisation", sagte ich mir, „gehört auch auf dieser Bühne zum Geschäft."

Staatspräsident Maduro hatte die Gewaltenteilung eingeschränkt, dadurch Notverordnungen beschlossen, um die anstehenden Neuwahlen zu umgehen, und somit praktisch das überwiegend von der Opposition geprägte Parlament entmachtet. Ich sollte einen Vortrag über die demokratischen Prinzipien im Rahmen eines Rechtsstaates und über die Rechte und Pflichten eines Parlaments halten.

Nachdem Professor Dr. Torsten Stein von der Universität des Saarlandes eine kurze Einleitungsrede zu diesem Thema gehalten hatte, kündigte der Vorsitzende des Auswärtigen Ausschusses in der *Asamblea Nacional*, Luis Florido, auf dem erhöhten Präsidium des Parlaments die Rede seines Kollegen aus Deutschland an.

Er saß links neben mir, und ich schaute sicherheitshalber noch einmal auf sein Namensschild, damit mir nicht Ähnliches passierte wie in El Salvador, wo mir der Lapsus widerfuhr, den Führer der Opposition mit einem ähnlich klingenden Namen in einem Fernsehinterview versehentlich als „Herrn Inferno" zu bezeichnen. Der deutsche Botschafter, sein Stellvertreter und die zwei weiteren Kollegen aus SPD und Linkspartei hatten in diesem Moment größte Mühe, nicht sofort in schallendes Gelächter auszubrechen. Nachdem das TV-Team dann abgezogen war, holten wir dies zu unserer energetischen Entlastung ausgiebig nach.

Im Parlament in Caracas konnte man die Spannung regelrecht fühlen. Der Sitzungssaal war bis auf den letzten Platz besetzt. Einige Gäste mussten sich daher mit einem Stehplatz zufriedengeben. Ich sah auch einige Menschen meiner Hautfarbe unter mir im Parlamentsparkett sitzen. Mir war klar, dass sich unter den Anwesenden nicht nur Mitglieder der Opposition, sondern natürlich auch einige des Geheimdienstes befanden. Dieses Phänomen war mir schon von meiner Reise nach Georgien bekannt, wo im Publikum nicht nur das Oberhaupt der Orthodoxen Kirche, sondern sicher auch Angehörige des russischen Auslandsgeheimdienstes FSB saßen.

Gleich zu Anfang meiner Rede erklärte ich meinen Zuhörern, dass sich bei uns in Deutschland, einem Land, das sich an einem System der Parlamentarischen Demokratie orientierte, der Parlamentarismus in vielen Dingen anders darstellte als innerhalb eines sozialistisch ausgerichteten Präsidialsystems. Ohne Wertung. Mir war klar, dass ich hier keine

Staatskrise beenden konnte, und ich ging mit meiner indirekt formulierten Kritik sparsam um.

Die Rede insgesamt war zugegebenermaßen sehr allgemein gehalten. Abschließend gab ich zu verstehen, dass es mir in erster Linie um die Teilhabe dieser freundlichen und charmanten Bevölkerung des Landes, um deren ökonomische Inklusion ging, egal ob diese im Rahmen einer Politik dieser oder einer anderen Regierung, innerhalb desselben oder eines anderen politischen Systems stattfand.

Mangelnde ökonomische und kulturelle Teilhabe – dies ist eine unbestrittene – aber nicht ausreichend diskutierte Tatsache, ist die Wurzel allen Übels. Ob Terrorismus, Extremismus oder gesellschaftspolitische Spannungen. Im Endeffekt bestimmt nicht das Papier eines weltabgewandten, dogmatisch inspirierten Bürokraten, egal welch politischer Couleur, über Frieden und Stabilität eines Landes, sondern der Mensch, der dessen Inhalte auszubaden hat. Und das ist meist der ärmere Teil der Bevölkerung.

Es gab Applaus und irgendwie schienen alle Seiten mit dem Inhalt meiner Rede zufrieden. Kollege Florido gestand mir im Anschluss, dass ich der erste ausländische Politiker sei, der hier gesprochen hatte und danach nicht gleich vom Militär abgeführt wurde. Ich dachte mir, dass dies doch schon einmal ein guter Anfang war.

Dr. Böhler, der Mann von der Adenauer-Stiftung, wurde weiterhin von mir bedrängt. Mit dem Besuch der Kolonie konnte er sich immer noch nicht so richtig anfreunden. Mein Leben war bislang vielleicht doch etwas aufregender gewesen als das seine, und vielleicht war meine Haltung daher etwas weniger risikoaversiv. Er gab letztendlich nach, wenn auch nur widerwillig. Wir schnappten uns einen Fahrer der Botschaft, und auf ging es zu unseren deutschen *Homeboys* in das Hochland von Aragua.

Auf der Fahrt aus der Stadt sahen wir lange Schlangen von Menschen, die vor den Lebensmittelgeschäften um Brot anstehen mussten. Alles war rationiert. In einigen Stadtteilen waren die Häuser ähnlich wie in Bogota mit kunstvollen Graffitis besprüht. Man entdeckte Worte und Begriffe, die in Deutschland an keiner Graffiti-Wand mehr zu lesen waren, wie „Tupamaros", eine marxistische Bürgerbewegung, welche ihren Ursprung in Uruguay hatte. Eine kleine, linksterroristische Gruppe, die in einem kurzen Zeitraum von 1969 bis 1970 in Berlin existierte, trug den gleichen Namen. Wir fuhren an militärischen Einsatzgruppen vorbei. Streikbrecher, welche sich mit kleinen Motorrädern auf das Hauptstraßen vorwärtsbewegten, mit grünen Uniformen bekleidet und dem Gewehr, mit dem sie ihre Tränengasgranaten abfeuerten, über ihren Schultern hängend, zogen wie Mückenschwärme über die Boulevards von Caracas, schlängelten in Gruppen zwischen zehn und zwanzig Fahrzeugen durch den Verkehr und schwärmten zum nächsten Einsatzort. Ein mit der Nationalfahne bis zur Hüfte vermummter Demonstrant stand mitten auf der Straße, ohne Furcht davor, im dichten Verkehr des späten Vormittags von einem Auto erfasst zu werden. Die Temperaturen wurden außerhalb der Stadt auf Grund der ansteigenden Höhenlage zunehmend kälter, je weiter wir uns von der Stadt entfernten, die Straße kurviger und unübersichtlicher. Hin und wieder lag ein gefällter Baum, dessen Blätter noch von dunkelgrüner Farbe waren, neben der Straße, einer, den man, so wie es aussah, erst kürzlich beiseitegeschafft hatte. Die Unruhen hatten sich offensichtlich nicht nur auf die Hauptstadt beschränkt.

Ich zählte auf den achtzig gefahrenen Kilometern zwischen Caracas und der Colonia sieben Kontrollpunkte des Militärs, an denen uns aber jeder Soldat den Rücken zudrehte, als sie unser Fahrzeug erblickten. Ich kannte diese Reaktion von einigen afrikanischen Ländern, wo man gerne Fahrzeuge aufhielt, um deren Verkehrstüchtigkeit zu überprüfen, besonders in Zeiten vor Ostern, Weihnachten oder zu Ende des Ramadans. Wenn man aber jemanden erblickte, der unter dem Schutz von oben stand, tat man so, als ob es ihn nicht gäbe. Wir wurden praktisch auf einen Schlag unsichtbar. Diese pro-aktive, institutionelle Wahrnehmungsschwäche hatte auf meinen Begleiter Dr. Böhler dann doch eine zunehmend beruhigende Wirkung.

Als wir die Colonia Tovar erreichten, wurden wir, wie es der Zufall so wollte, Zeugen des Abzugs des Militärs. „Perfektes Timing", kam mir dabei in den Sinn. Wir machten ein paar Fotos von den Fachwerkhäusern in der Kolonie. Diese machte vom Gesamtbild her eher den Eindruck, als befänden wir uns irgendwo in Hessen, an der Bergstraße oder im Odenwald, anstatt in Südamerika. Auch klimatisch. In friedlichen Zeiten war dies, wie wir dann erfuhren, ein beliebter Ausflugsort für Leute aus Caracas, ein Ort, an dem nach guter, alter deutscher Sitte am Sonntag Kaffee und Kuchen serviert wurde.

Wir interviewten die Nachfahrin des Gründers der Kolonie, die für eine grüne Partei im Lande aktiv war und während einer Protestaktion für kurze Zeit verhaftet und inhaftiert worden war. Das Interview fand in einem Restaurant statt, das auf Grund der augenblicklichen Situation ziemlich leer war. Die Bedienung, die uns Kaffee und Kuchen servierte, war blonder als jede, die ich bislang in Deutschland gesehen hatte. Ihre Kleidung, ein langer Rock und eine dunkle Weste mit silbernen Knöpfen, ein weißes, kurzärmliges Hemd mit Dekolleté, entsprach der einer klassischen Biergartenbedienung aus alten Zeiten.

Die Rückreise verlief genauso unkompliziert wie die Hinfahrt. Wir fuhren, ohne gesehen zu werden, an den Kontrollposten vorbei, und auch von den Fahrzeugen des Militärs fand sich keine Spur mehr. Auf der Straße lagen keine Blätter mehr. Kurz vor Caracas hielten wir noch an einem Parkplatz, um einen Ausblick über ein Tal unter uns zu genießen, und beobachteten ein paar junge Leute, wie sie mit ihren Gleitschirmen durch die Thermik schwebten und geschickt immer wieder den nächsten Aufwind ansteuerten. „Zumindest ein paar Menschen scheinen auch hier vom Elend eines Embargos nicht betroffen zu sein", dachte ich mir. Diejenigen, die in den Gleitschirmen saßen, waren sicher nicht die gleichen, welche in einer hundert Meter langen Schlange standen, um einen Laib Brot zu ergattern.

Am nächsten Tag war der Botschafter auch aus Peru zurück. Der Dekan der Katholischen Universität Caracas hielt eine kurze Rede, dann eine Dame der Adenauer-Stiftung. Der Botschafter saß in einer der vordersten Reihe des Audimax, und ich hatte vorher unter den Studenten, unter denen auch relativ viele Farbige waren, einige Tafeln Schokolade verteilt. Es war die Marke Sarotti, mit dem Mohren drauf. Der Inhalt der Schokolade war jedoch weiß – mit Reis-Crisp. Ich bin ein Fan von weißer Schokolade, fast aller Marken. Insofern war der symbolische Zusammenhang mit dem Logo für die Studenten Gott sei Dank wahrscheinlich nicht sofort augenscheinlich.

Dass viele aus Gründen einer sogenannten Gewohnheit an so einer Symbolik festhalten wollten und mit einer solchen Rechtfertigung auch bei der Diskussion um das „N-Wort" argumentierten, ist eigentlich aus Gründen einer humanistisch orientierten „demokratischen" Logik kaum zu vermitteln. Warum? Ich kannte dieses Wort in meiner Kindheit auch als Schimpfwort, und somit diente der Gebrauch des Wortes, obwohl es lange Zeit Teil des allgemeinen Sprachgebrauchs war, dazu, einen schwarzen Menschen zu beleidigen, ohne dass man dafür zur Rechenschaft gezogen werden konnte. Die semantischen Spielchen, welche über den Ursprung des Wortes dessen Harmlosigkeit (niger – lateinisch für „schwarz") bescheinigen und über das Prinzip des Formellen die psychologische Komponente sowie auch die politische Absicht des Ganzen ausklammern sollen, sind in ihrer Hinterhältigkeit eine typische Gesprächsstrategie besonders der deutschen Ultra-Rechten. Hier wird lediglich versucht, eine extremistische und aggressive Gesinnung in ein zivilisiertes Gewand zu stecken. Die Diskussion, wie sie in diesem Zusammenhang in Deutschland geführt wird, gipfelt auch noch darin, dass man den Betroffenen zudem vorschreiben will, wie sie in so einem Moment ihre Gefühlslage handhaben sollen. Allein dieser Versuch, nicht nur die gedankliche Hoheit über ein Diskussionsthema, sondern dazu auch noch in absurder Weise das Recht für sich in Anspruch zu nehmen, Menschen die Autonomie über ihre Gefühle zu verweigern, ist bereits ein Indiz der Diskriminierung und stellt damit zugleich auch das demokratische Prinzip in Frage. Man beraubt Menschen anderer Hautfarbe nicht nur ihrer Menschenwürde, sondern auch noch des Anspruchs, ihre eigenen Gefühle so wahrzunehmen, wie sie wirklich sind. Dieser nach den Regeln des Absolutismus ausgerichtete Dominanzanspruch heißt im Prinzip nichts anderes als: „Spar dir die Antwort. Du wirst eh nicht gefragt." Ob diese Haltung den Grundregeln einer demokratischen Gesellschaftsordnung entspricht, diese Frage müssten sich einige einmal stellen. Die Schokolade von Sarotti, ob weiß oder schwarz, ob mit oder ohne Reis-Crispies, schmeckt nun ohne den Mohren genauso gut. Auch wegen des Verbots des „N-Wortes" hat noch niemand einen Herzinfarkt erlitten. Wenn doch, ist er selbst schuld.

Meine Rede auf der *Universidad Catolica Andres Bello* begann mit folgenden Worten: „Hier in Ihrem Land sehe ich Leute meiner Hautfarbe im Hörsaal einer Universität. In den meisten anderen Ländern in Ihrer Region kehren sie den Hof." Der Rest der Rede handelte ähnlich wie die im Parlament von Freiheit, Demokratie und parlamentarischer Verantwortung. Ein Mann meiner Hautfarbe, der eine schwarze Brille im Stil von Patrice Lumumba trug, meldete sich aus dem Publikum zu

Wort und hielt einen kurzen Vortrag über die sozialistische Revolution. Er hatte schon bei meiner Rede im Parlament in der ersten Reihe gesessen und der Übersetzung meiner Rede, die ich wie hier in Englisch hielt, aufmerksam zugehört.

Ich bedankte mich für seine kurze Intervention und bat ihn um Verständnis dafür, dass dieses Thema den vorgesehenen Gesprächsrahmen der uns zur Verfügung stehenden Zeit sprengen würde.

Bildungsfragen

Schwarze in Lateinamerika werden überwiegend als Menschen gesehen, welche hinter dem Tresen karibische Cocktails mischen oder als Musiker oder Türsteher arbeiten, obwohl sie ein Viertel der Bevölkerung dieser Region ausmachen. Laut einer Studie der Weltbank leben 98 Prozent von ihnen in den Ländern Brasilien, Venezuela, Kolumbien, Kuba, Mexiko und Ecuador.

Das Maß an Bildungsjahren ist wesentlich geringer als bei anderen Bevölkerungsgruppen. Sie leben zweieinhalbmal häufiger in den Niederungen chronischer Armut als Weiße oder Mestizen und werden häufiger Opfer von Kriminalität und Gewalt.

Brasilien stellt die größte afro-stämmige Bevölkerung außerhalb Afrikas. Ihr Anteil in puncto Armut ist doppelt so hoch wie bei Weißen, in Uruguay dreimal so hoch. Die Nachfahren der verschleppten Afrikaner sehen sich nach wie vor mit kumulativen Nachteilen konfrontiert, wobei der Bildungsaspekt eine große Rolle spielt. Ein Abschluss der Grundschule (nur 64 Prozent von den 20 Prozent der Afro-Latinos schließen eine Grundschule ab, gegenüber 80 Prozent der nicht afro-stämmigen Bevölkerung) kann das Armutsrisiko um 9 Prozent, ein Abschluss im sekundären Bildungsbereich, etwa eines Gymnasiums, um 16 Prozent, ein Hochschulabschluss um 24 Prozent verringern.

Wer dies an einem mangelnden Lernwillen der „Dunkelhäutigen" festmachen will, liegt falsch. Wie eine Studie der Weltbank besagt, sind Diskriminierung, falsche Darstellung in Lehrbüchern – und da wären wir nun beim Thema Bücher mit diskriminierenden Inhalten in Deutschland –, unzureichendes Unterrichtsmaterial und Lehrer, die nicht qualifiziert sind, mit Rassenvielfalt umzugehen, Teile dieses Dilemmas und einige der Faktoren, welche die Leistung afro-stämmiger Kinder und Jugendlicher einschränken.

Auf dem Arbeitsmarkt in Brasilien verdienen bei gleicher Qualifikation afro-stämmige Menschen 16 Prozent weniger, in Uruguay 11 Prozent und auch in Peru noch 6 Prozent weniger als ihre weißen Kollegen.

Demjenigen, der gerade noch das verdient, was er zum Lebensunterhalt braucht, wird daher der ökonomische Aufstieg immer verwehrt bleiben. Dies gilt für Volkswirtschaften gleichermaßen wie für Einzelpersonen. Ein Land, welches nicht auf Steuereinnahmen und ein entwickeltes, diversifiziertes Wirtschafts- und Produktionsschema zurückgreifen kann, wird immer von anderen abhängig sein. Dies ist in fast allen afrikanischen Ländern der Fall.

Dieses Prinzip des Verhinderns geistiger und wirtschaftlicher Entwicklung von Individuen afrikanischer Herkunft und die damit einhergehende Destabilisierung ihrer örtlichen Umgebung, die Untergrabung ihrer inneren Stabilität und ihres Selbstbewusstseins, ist kein örtliches, kein regionales und auch kein nationales, sondern ein transkontinentales Problem. Das System der Ausbeutung eines Kontinents und seiner Diaspora nach der Entlassung aus der Sklaverei, fortgesetzt durch den Kolonialismus, wurde über das gesellschaftspolitische Phänomen des Rassismus in subtiler Form auf individueller sowie auch institutioneller Ebene am Leben erhalten. Um den Druck, der von anderen Kulturkreisen auf Menschen schwarzer Hautfarbe ausgeübt wird, zu nehmen und das mangelnde Selbstwertgefühl der Bevölkerung, die gegenseitige Achtung voreinander auch jenseits des Kontinents wiederherzustellen, ist der Erfolg einzelner Protagonisten sehr wichtig. Dies besonders für die Person selbst und ihre unmittelbare familiäre Umgebung wie auch für die Persönlichkeitsentwicklung ihrer Nachfahren. Allerdings ist dies umso schwieriger, je mehr sich die Situation auf dem afrikanischen Kontinent gegenteilig darstellt. Um das meist ins Negative verzerrte Gesamtbild von schwarzen Menschen zu verändern, braucht es zusätzlich den kollektiven Erfolg des Kontinents ihres Ursprungs, den Afrikas. Nur über diesen Erfolg kann die Rehabilitierung der schwarzen Rasse in Bezug auf ihr Ansehen, ihre Talente und ihre Befähigung gelingen. Eine solche Rehabilitierung wurde, wie es beispielsweise an einigen Statistiken deutlich wird, bisher gezielt verhindert. Afrika muss sich selbst den Weg auf die produktive Ebene des globalen wirtschaftlichen Sektors erkämpfen. Man wird ihm dabei nicht helfen. Wie afrikanische Akademiker, welche in Europa studiert haben, berichteten: „Wir haben immer andere nach vorne gebracht, aber nie uns selbst." Inklusion wird einem nicht geschenkt. Wenn ja, nur in untergeordneter Position.

Das Prinzip der Ghettoisierung in Großstädten der USA, aber auch in Europa, macht es vielen jungen Menschen schwer lokal, sozial und mental ihrer Umgebung zu entfliehen.

Ich erinnere mich an eine Delegationsreise nach Chicago, bei der ich in einem Gespräch mit Vertretern des Chicago City Council das Thema Einsparung der Stadt im Bildungsbereich ansprach. Es ging um die Schließung einiger Schulen in einem von überwiegend Schwarzen bewohnten Viertel, welches aber noch als sicher galt. Zwischen den neuen Schulen, die sich in einem anderen Viertel befanden, lag jedoch ein von den Drogengangs der South Side kontrollierter Bereich. Da die Kinder und Jugendlichen dort der Gefahr eines Schusswechsels zwischen rivalisierenden Drogengangstern ausgesetzt waren, verzichteten die Eltern letztendlich ganz darauf, ihre Kinder in die Schule zu schicken.

Einfluss des Terrors

Mangelnde Inklusion ist die Wurzel des Übels von Gewalt und zum Teil auch von religiösem Fanatismus. Islamistischer Terrorismus in Afrika hat verschiedene Gründe und Ziele. Zum einen sehen Jugendliche dies als Erwerbsquelle und lassen sich unter dem Vorwand, die Kolonialisten zu vertreiben, für hundert Euro pro Monat anwerben. Das stellt für einen jungen Europäer keine Summe dar, aber ein junger Afrikaner kann damit zum Teil eine Großfamilie ernähren. Zum anderen sind destabilisierte Zonen in Afrika, gerade das Sahelgebiet, Zonen mit großen Rohstoffvorkommen, solche, an deren Ausbeutung man sich beteiligen will.

Nicht zuletzt unterbindet Terror die Ansiedlung von Wirtschaftsunternehmen, hindert ein Land nachhaltig an seiner Entwicklung und lenkt Kapitalflüsse in eine andere Richtung. Somit verfahren diese Gruppen angeblich unter dem Gesichtspunkt einer antikolonialen Befreiungsstrategie und sind im Prinzip schlimmer als diejenigen, die sie vorgeben zu bekämpfen. Sie bringen ihre Volkswirtschaften immer mehr dem Abgrund nahe, denn es wird immer jemanden geben, der an Instabilität verdient.

Der Gründer von *Boko Haram,* Ustaz Mohammed Yussuf, war beispielsweise in seiner Anfangszeit ein Stimmenbeschaffer für einen damaligen nigerianischen Senator aus der Region Maiduguri. Später breiteten sie ihre Kontakte und Aktivitäten nach Kamerun und den Tschad aus und nahmen Verbindungen zu AQMI (Al-Qaida im Maghreb), Al-Shabab in Somalia und den Terrorcamps in Afghanistan auf. 2015 schloss sich *Boko Haram* offiziell der Terror-Miliz des IS, des sogenannten Islamischen Staats, an. Teile dieser Bewegungen handeln nicht nur unter dem Gesichtspunkt religiöser Motivation, sondern meist rein unter ökonomischen Gesichtspunkten. Sie sind Teil eines internationalen, kriminellen Netzwerks von Waffen-, Drogen- und Menschenhändlern, wobei die wahren Drahtzieher im Hintergrund bleiben. Mittlerweile sind diese Gruppierungen auch im Handel mit Öl, Gold, Diamanten und seltenen Erden, sogar im Handel mit Marmor und Holzkohle, wie in Somalia, aktiv. Cashflows aus und in Richtung Briefkastengesellschaften können nur schwer nachvollzogen werden, und somit ist das Netz an Korruption, Terrorfinanzierung und sonstigen illegalen Machenschaften schwer aufzudecken. Beängstigend ist die Tatsache, dass diese Gruppen mehr und mehr daran arbeiten, sich nukleares Material zu beschaffen. Da solche Materialien bereits seit dem Zerfall der Sowjetunion in dunklen Kanälen verschwunden sind, ist es nicht unwahrscheinlich, dass sie sich bereits in den Händen dieser Gruppierungen befinden.

Die beschriebenen Phänomene der Ausbeutung und Ausgrenzung nutzen terroristische Gruppierungen, um junge Menschen ohne Perspektive nicht nur in Afrika, sondern mittlerweile fast auf der ganzen Welt für ihre Sache zu gewinnen. Sie nutzen auch das Frustrationspotential junger Migranten, denen nicht bewusst ist, dass sie selbst Teil dieses Systems werden, indem sie die Ressourcen eines Landes bzw. seiner Bevölkerung stehlen.

Revanchismus spielt im Gedankengut der jungen Afrikaner und auch junger Menschen aus Ländern des Mittleren Ostens dabei eine wesentliche Rolle. Diejenigen, die sich als Verlierer des Systems im nationalen sowie im globalen Sinne verstehen, sehen Gewalt als das einzige Mittel, um sich nicht nur auf wirtschaftlicher, sondern auch auf kultureller und psychologischer Ebene Bedeutung und Genugtuung zu verschaffen. Insofern besteht ein Zusammenhang zwischen den gesellschaftspolitischen, innenpolitischen Problemen und den außenpolitischen Herausforderungen des Westens gegenüber Drittstaaten des Globalen Südens und einigen Schwellenländern, dem Verhältnis des autochthonen Europas und seinen Migranten.

Revanchismus ist auch ein motivierender Faktor für das moderne China. Der Begriff „Jahrhundert der Schande" beschreibt den Zeitraum zwischen dem Opiumkrieg von 1840 und der Gründung der Volksrepublik China im Jahre 1949. In dieser Zeit zwangen die Westmächte, insbesondere Frankreich, England, Russland und die USA, später auch Japan, den Chinesen nicht nur politisch, sondern auch mit Waffengewalt ihren Willen auf. Ziel war es, daraus einseitige handelspolitische Vorteile zu gewinnen, wie sie im Vertrag von Nanking denn auch festgelegt wurden. Dies haben die Chinesen nie vergessen. Revanchismus und die Wiederherstellung nationaler Würde ist Teil ihrer internen Kommunikation, wenn es gegen den Westen geht.

Auch Vorfälle aus jüngerer Vergangenheit stellten einen Katalysator für diese Haltung und eine Rechtfertigung für deren Aufrechterhaltung dar. Als am 7. Mai 1999 kurz vor Mitternacht im Rahmen der NATO-Mission *Operation Allied Forces* die Chinesische Botschaft in Belgrad, der Hauptstadt der damaligen Bundesrepublik Jugoslawien, aus einem von einer Air Base in Missouri gestarteten B2-Bomber von fünf zweitausend Pfund schweren Bomben getroffen wurde, bauten sich weitere Spannungen zwischen den USA und China auf – auch wenn dieser Vorfall von Seiten der USA als „Ergebnis einer Reihe von fehlenden Fachkenntnissen und schlechtem Urteilsvermögen der Mitwirkenden an vielerlei Stellen" bezeichnet wurde.

Der Zusammenstoß eines amerikanischen Spionageflugzeugs und eines chinesischen Abfangjägers vor der chinesischen Küste rief die junge chinesische *Patriotic Hacker Community* auf den Plan, welche zu Beginn regierungsunabhängig und patriotisch motiviert handelte und später in den Staatsapparat der Kommunistischen Partei Chinas integriert wurde. Wie die „Washington Post" berichtete, hat sich die Community 2013 einen Zugriff auf Entwürfe für über zwei Dutzend amerikanische Waffensysteme verschafft, unter anderem für Kampfflugzeuge, Schiffe und Raketenabwehrsysteme.

Was Kommunikation und ein kulturell abwertendes Gesellschaftsbild anbelangt, wurde in Bezug auf Afrika ein Modell, ähnlich dem des sogenannten Social Engineering. Man bezeichnete Afrika als minderwertig und rückständig, um damit Sklaverei, Kolonialisierung und die Ausbeutung des Kontinents vor den Augen der eigenen Bevölkerung zu rechtfertigen, einer Bevölkerung, die sich als human und zivilisiert bezeichnete. Der Sieger vergisst die „vergangenen Zeiten" schneller als der Verlierer. Für Letzteren kann dies ein wichtiger Antriebsmotor auf dem Weg nach oben sein und unter dem Gesichtspunkt eiserner Disziplin und Streben nach Wissen ein wesentlicher Katalysator für ein erfolgreiches Handeln. Auf politischer Ebene wird sich zudem der Ton weiterhin verschärfen, wobei auf militärischer und paramilitärischer Ebene über Söldnertruppen ein drastischeres Vorgehen nicht ausgeschlossen werden kann. Diese auf ökonomischer und individueller Ausgrenzung beruhende Gesamtproblematik wird nicht nur die globale Außenpolitik an sich verändern, sondern in zunehmendem Maße auch einen Einfluss auf die Innenpolitik haben. Sowohl im Westen als auch im Globalen Süden.

Politik und Rassismus

Bevor ich meine erste Frau Angelika Ende der 1970er Jahre kennenlernte, hatte ich ein halbes Jahr in einem nicht gegen Kälte isolierten VW-Bus gelebt und mich mit Gelegenheitsjobs als Landschaftsgärtner und Dachdecker durchgeschlagen.

Sowohl bei der Arbeitssuche als Zahntechniker mit abgeschlossener Ausbildung als auch bei der Wohnungssuche funktionierte es fast immer nach dem gleichen Prinzip: Die Kontaktaufnahme mit Firmen und Wohnungsbesitzern war erst einmal prima. Solange es über das Telefon lief. Einem Herrn Huber mit bayrischem Akzent wurde sofort und mit freundlicher Stimme ein Vorstellungs- bzw. Besichtigungstermin angeboten. Das persönliche Erscheinen verlief dann jedoch etwas anders. Da hieß es dann, dass die Wohnung oder die Stelle schon vergeben wäre.

An einen Herrn Huber. Was blieb mir da anderes übrig als Danke zu sagen, darüber zu lachen und zu gehen. Es gab aber auch ganz andere Situationen, sowohl bei den Behörden als auch im persönlichen Bereich. Besonders in Deutschland gab es für mich immer wieder Menschen, die sich an ihrem Herzen und nicht an der Haltung anderer orientierten. Die negativen Erlebnisse und das wiederholte Aufkeimen fremdenfeindlicher Inhalte im politischen Alltag, besonders vor einer Bundestagswahl, waren der Grund, warum ich das Land mehrfach verlassen habe. Die herzlichen und empathischen Menschen waren der Grund dafür, dass ich immer wieder zurückgekehrt bin.

Auch wenn jemand wie ich, der als schwarzer Deutscher Kritik an der eigenen Gesellschaft übt, sich ab und zu dem Vorwurf der Undankbarkeit oder des Nestbeschmutzers ausgesetzt sieht, nach dem Motto „Was wollen Sie überhaupt, Sie haben doch hier eine große Karriere hingelegt?", ist Erfolg unter dem Gesichtspunkt der Beschönigung und der Selbstverleugnung kein Lebensprinzip. Im Gegenteil. Ich vertrete die Einstellung, dass derjenige, der die Möglichkeit hat, öffentlich Kritik an zerstörerischen Strömungen innerhalb einer Gesellschaft zu üben, nicht nur das Recht, sondern auch die Pflicht hat, dies zu tun.

Besonders wenn es das Thema Rassismus betrifft. Rassismus ist und war schon immer das Vehikel zu Totalitarismus und zur Auflösung einer Demokratie. Dies nicht allein im Zusammenhang mit der Ausrottung einer Ethnie, sondern, wie wir es augenblicklich in vielen Teilen der Welt beobachten können, auch mit der Anfeindung verantwortungsvoller und kreativer Menschen, darunter Maler, Schriftsteller und andere Kulturschaffende sowie Menschen mit einer anderen sexuellen Orientierung. Neben den Juden in den Konzentrationslagern, den Schwarzen während der Sklaverei und der Kolonialzeit werden auch diejenigen, die unsere Empathie für andere lebendig halten, unser Gemüt intellektuell und unter dem Gesichtspunkt des Humanitären bereichern, wieder Opfer des Totalitarismus, einer sowohl nach innen als auch nach außen gerichteten gesellschaftlichen und staatlichen Brutalität werden. Dies scheint so mancher in seiner simplifizierten Wahrnehmung in Bezug auf Migration und ethnische Minderheiten zu vergessen.

Den „Titel" des ersten schwarzen Abgeordneten im Deutschen Bundestag durfte ich mir mit dem Kollegen Karamba Diaby teilen. Den des ersten Abgeordneten, der zeitweise obdachlos war, möglicherweise mit niemandem. Trotz dieser Schilderung, auch von persönlichen Erlebnissen, bin ich meinerseits kein Revanchist, zumindest nicht auf einer gesamtgesellschaftlichen Ebene. Warum? Weil es Menschen gab, die immer wieder an mich geglaubt haben. Dies war auch einer der Hauptgründe für mein Engagement im Bundestag, nämlich zwei Kulturen, welche aus dem Spannungsfeld zweier verschiedener Sichtweisen auf die Welt voneinander profitieren und vielleicht sogar voneinander lernen konnten, miteinander stärker zu verbinden.

G7-Gipfel in Elmau

2014 lud ich fünf afrikanische Präsidenten zu einem Wirtschaftstreffen in die Industrie- und Handelskammer nach Frankfurt ein. Darunter den senegalesischen Präsidenten Macky Sall, Goodluck Jonathan aus Ghana, Cyrill Ramaphosa aus Südafrika, Mulatu Teschome aus Äthiopien.

Makhenkesi Arnold Stofile, der Botschafter von Südafrika, suchte mich nach der an seinen Präsidenten gerichteten Einladung in meinem Büro auf. Wegen der Historie zwischen Südafrika und Deutschland in Bezug auf dessen Unterstützung des Apartheid-Regimes war der Anfang unseres Gesprächs nicht gleich von großartigen Avancen oder Sympathiebekundungen seinerseits begleitet. Deutschland hatte das damalige Regime auch militärisch unterstützt und sogar ein verhängtes Waffenembargo umgangen, um den Apartheidstaat nuklear aufzurüsten. Legitimiert wurde das Ganze unter dem Gesichtspunkt einer sozialistischen Verschwörung gegen den Westen, zu der man den Afrikanischen Nationalkongress, kurz ANC genannt, hinzurechnete. Somit gewährte man dem rassistischen Regime jegliche Form von Unterstützung.

Ich als Vertreter einer konservativen Partei – und das spürte ich sofort heraus – lief auf Grund meiner Hautfarbe direkt unter der Kategorie Verräter. Er sprach von der Hungerfalle, in die Afrika durch eine Strategie der Verabreichung von genmanipuliertem Saatgut tappen würde, und von der steigenden Anzahl krebskranker Kinder in seinem Land, welche auf den Verzehr der daraus produzierten Nahrungsmittel zurückzuführen wäre.

Über die genauen medizinischen Auswirkungen dieser Produkte fehlt mir die wissenschaftliche Expertise, aber beim Thema Hungerfalle könnte ich ihm Recht geben. Gerade in Zeiten, in denen das Thema des Klimawandels virulent ist, wird der Bereich GMO-Saatgut als Rechtfertigung genutzt, den Afrikanern klimaangepasste Alternativen im Bereich Landwirtschaft anzudrehen und dazu möglicherweise auch Feldversuche mit unkalkulierbaren Folgen für Mensch und Natur in Kauf zu nehmen.

Da der Botschafter mich auch im weiteren Verlauf unseres Gesprächs keines Blickes würdigen wollte, musste ich ihn schließlich unterbrechen:

„Exzellenz, ich kenne Ihre Biografie, aber Sie offensichtlich meine nicht. Es gibt Menschen, auch unserer Hautfarbe, denen das Schicksal Afrikas und seiner Menschen egal ist. Ich gehöre nicht dazu." Darauf wusste er erst einmal nichts zu antworten.

Nachdem ich ihm einen kurzen Einblick in meine Vita gegeben hatte, standen wir nach einer kurzen Pause auf, umarmten uns, und er verabschiedete sich mit den Worten. *„And I make sure, my brother, that Jacob Zuma will come."*

Die Konferenz in Frankfurt sollte nie stattfinden. Es hieß, dass für die Durchführung einer Veranstaltung dieser Größenordnung keine Kapazitäten vorhanden seien.

Ein halbes Jahr später meldete sich Christoph Heusgen, der damalige außen- und sicherheitspolitische Berater der Bundeskanzlerin, in meinem Büro. Er eröffnete mir, dass die Kanzlerin ein paar afrikanische Staatsoberhäupter zum G7-Gipfel in Elmau einladen wolle. Man wisse nur nicht, wen. Ich übergab ihm meine Liste, inklusive der Themenvorschläge, und wies ihn zugleich darauf hin, auf was die Afrikaner sensibel reagieren würden. Auf Bevormundung.

Der G7-Gipfel in Elmau wurde dann im Juni 2016 abgehalten. Eine Einladung dazu haben andere Kollegen erhalten. Jacob Zuma kam nicht.

Ein paar Monate später, genauer gesagt in der ersten Fraktionssitzung nach der Sommerpause Anfang September, meldete ich mich in Bezug auf das Thema Flüchtlingsproblematik zu Wort. Die Umfragewerte für die CDU/CSU gingen von Woche zu Woche nach unten. Viele der Kollegen äußerten sich mit Blick auf die nächste Bundestagswahl besorgt, weil sie Angst hatten, ihre Wahlkreise zu verlieren, und äußerten, wie auch mein Kollege aus der Landesgruppe Hessen Klaus-Peter Wilsch, Kritik an unserer Parteivorsitzenden. Die meisten jedoch bissen bei den euphemistischen Äußerungen und Einschätzungen der Kanzlerin, bei dem „Wir schaffen das", was sie fast in jeder Fraktionssitzung betonte, die Zähne zusammen.

Auch ich war nicht davon überzeugt, dass dieses Vorhaben gelingen würde. Die anfängliche Gastfreundschaft der Menschen welche Flüchtlinge am Bahnhof, auch in meiner Heimatstadt München, mit Blumen abholten und manchen von ihnen auch eine Unterkunft anboten, wäre wohl in keinem anderen Land Europas der Fall gewesen. Dieses Verhalten war für mich ein Indiz, dass Deutschland sich auf dem Weg zu einer offenen Gesellschaft befand.

Was ich nicht entdecken konnte, war ein dafür notwendiges Konzept für eine gesellschaftliche Integration, die für mich eine schnelle Aufnahme in den Arbeitsmarkt beinhalten musste. Die Angebote zum Erlernen der Sprache waren unzureichend, zudem hätte man diese verbindlich gestalten müssen. Neben dem Erwerbsaspekt und der damit verbundenen Kostensenkung für den Staatshaushalt beinhaltet das Zusammenarbeiten an einem Arbeitsplatz die Möglichkeit des Kennenlernens und des gegenseitigen Verstehens. Das geschah nicht. Zumindest nicht im ausreichenden Maße und zu langsam. Die Flüchtlinge, welche überwiegend aus Syrien, Afghanistan und dem Irak kamen, blieben in ihrer gedanklichen Welt. Dies aber auf fremdem kulturellem Terrain, einem, das ihnen nicht bekannt war. Der Integrationsprozess, dem es an einer strukturellen Grundlage fehlte, stagnierte, und da Menschen aus dem orientalischen Kulturkreis sich gerne im Zentrum von Städten bewegen, auf Plätzen, die mit Leben erfüllt sind, erweckten die überwiegend aus jungen Männern bestehenden Grüppchen, welche in Bezug auf ihren Blick und ihre Gestik den Einheimischen unbekannt waren, bald einen bedrohlichen Eindruck. Der Austausch mit anderen Arabisch sprechenden Migranten, die hier bereits länger ansässig waren und deren Erfahrungen sich oft durchwachsen darstellten, beendete diesen kurzen Flirt zwischen Einheimischen und den Asylbewerbern aus dem Orient. Ich besuchte einmal, zusammen mit der damaligen Bürgermeisterin von Darmstadt, welche später meine Nachfolgerin im Bundestag wurde, eine Flüchtlingsunterkunft im Wahlkreis. Mein Eindruck war, dass die islamischen Verbände dort häufiger präsent waren als die deutschen Behörden.

Das Resultat dieser integrativen Fehlleistung ist die augenblickliche Wählerorientierung der europäischen Gesellschaften. Aber am auffallendsten waren auf Grund ihrer Hautfarbe eben die Afrikaner.

„Wir müssen Afrika stärker in den Fokus unserer Außen- und Entwicklungspolitik stellen", begann ich meine Wortmeldung in der Fraktionssitzung. „Wenn es ein paar Syrer, Afghanen oder Iraker mehr in einer

Kleinstadt gibt, fallen die weniger auf, weil man sie sowieso von den Türken nicht unterscheiden kann. Sehen die Leute in einer Kleinstadt ein paar Afrikaner mehr herumlaufen, haben sie Angst, dass sie bald von Massen von Afrikanern überrannt werden. Afrika braucht Arbeit. Wenn wir dieses Phänomen der Migration in den Griff bekommen wollen, ist dies der Moment, etwas zu tun."

Zwei Wochen später, am 24. September 2016, trat Angela Merkel eine ihrer wenigen Reisen nach Sub-Sahara-Afrika an. Nach Mali und nach Niger. Außer zwei Besuchen in Südafrika in den Jahren 2007, inklusive einem Abstecher nach Liberia, und 2010, wo sie auf der Hinreise noch eine Rede in der AU, der Afrikanischen Union, hielt und natürlich auch dem damaligen Staatspräsidenten Äthiopiens Meles Zenawi einen Besuch abstattete, war dies bei insgesamt 54 Staaten bis dahin eine eher magere Ausbeute. Afrika stand eben nicht auf der Agenda.

Deutschland blieb durch seine mit klassischer, institutionell geprägter Entwicklungspolitik verwässerten Initiative für Afrika hinter den Erwartungen sowohl Afrikas als auch der deutschen Wirtschaft zurück.

Der sogenannte „Marshall-Plan mit Afrika" hatte bei den Afrikanern aber auch in einigen Teilen der deutschen Wirtschaft zunächst große Hoffnungen erweckt. Er rief dann aber, da neben dem dafür zuständigen Ministerium für wirtschaftliche Zusammenarbeit und Entwicklung auch noch das Außen- und das Wirtschaftsministerium eigene Initiativen auf den Weg brachten und so miteinander konkurrierten, bei der afrikanischen Diplomatie nur Verwirrung hervor. Auch die deutsche Wirtschaft war sich nicht sicher, ob ihre Regierung auf diesem Terrain überhaupt über die nötige politische und kulturelle Expertise verfügte. Die neue Regierung hat ihn dann auch aus ihrem Programm genommen.

Die anderen Akteure auf dem Kontinent, wie Frankreich, China und die Türkei, trauten damals jedoch den Deutschen mehr zu, als diese zu liefern in der Lage waren. So bewirkte allein das Vorhaben, dass die viertgrößte Volkswirtschaft der Welt, die Bundesrepublik Deutschland, sich stärker in Afrika engagieren wollte, einen Wettbewerbsdruck unter den Industriestaaten. Zum Vorteil Afrikas. In den Jahren von 2014 bis 2018 steigerten chinesische Firmen ihr Investitionsvolumen in Afrika von knapp 80 auf knapp unter 100 Milliarden US-Dollar. Und auch andere mussten nachziehen.

Ich schrieb noch einige Briefe an die Kanzlerin, in denen ich sie unter anderem bat, den Afrikanern auf Augenhöhe zu begegnen. In diesem Falle erlaubte ich mir auch, sie darauf hinzuweisen, dass die Staatsoberhäupter vor Ort keinen Minister oder dergleichen, sondern eine Bundeskanzlerin namens Angela Merkel, eine der zentralen Figuren der Weltpolitik, erwarteten. Augenhöhe heißt, von Staatsoberhaupt zu Staatsoberhaupt.

Im Rahmen der G-20-Initiative „*Compact with Africa*" nahm sie zwar die Sache selbst in die Hand. Der Charme des Persönlichen, eines bilateralen Dialogs, der in Afrika manchmal genauso wichtig ist wie der Inhalt eines Konzepts, ging dabei aber verloren. Auch wenn darüber größere Summen nach Afrika flossen, haftete dem Ganzen ein Element der Absprache unter den Industrienationen an.

Eine Reise nach China

Im November darauf sollte ich den damaligen Wirtschaftsminister Sigmar Gabriel nach China begleiten. Als einziger Abgeordneter. Dies geschah auf Wunsch meiner Partei. Es musste jemand dabei sein, der „neben dem auch einen Fuß auf die Erde bringen kann", hieß es. Trotz Koalition musste eine Partei auf dem internationalen Parkett auch für sich präsent sein. Offensichtlich hatten dort nicht alle der anwesenden chinesischen Delegation, welche ungefähr einhundert Personen aus dem Zentralkomitee und der chinesischen Wirtschaft umfasste, unsere Biografien gelesen. Auf deutscher Seite war ungefähr die gleiche Zahl an Personen aus der Wirtschaft mit an Bord. Das heißt, die gesamte Bandbreite deutscher DAX-Unternehmen und die größeren Firmen des Mittelstandes.

Aus den Gesichtern der Chinesen, die hinter der ersten Reihe des Ministers saßen, konnte man lesen, dass man die Funktion meiner Person nicht so richtig zuordnen konnte. Die Gesten und die dazugehörige Physiognomie vermittelten zumindest den Eindruck, als dass man mich wohl eher für Gabriels Assistenten hielt, für einen, der dem Minister im Rahmen einer Art kolonialer Symbolik die Unterlagen nachtrug, so wie das der Tansanier bei Stefan Reith tat, dem damaligen Landesdirektor der Konrad-Adenauer-Stiftung. Eine Person, die schwarz, deutsch und Politiker war, konnte man sich in China offensichtlich nicht so richtig vorstellen.

Im Laufe der Gespräche über mögliche weitere Optionen innerhalb der bilateralen Beziehungen zwischen Deutschland und dem fernöstlichen Handelspartner – besonders die deutsche Automobilindustrie erwirtschaftet einen Großteil ihrer Gewinne auf diesem Markt – klagte dann einer unserer Gäste aus der Wirtschaft darüber, dass seine Firma sich im Lande schlecht behandelt fühlte. Der Mann kam aus Bayern, und seine kurze Schilderung über die sich nicht ganz reibungslos gestaltenden Firmenaktivitäten im Lande bekam schnell einen spürbar erregten Unterton, einen, der mir als Bayer natürlich gut bekannt war. Danach trat erst einmal für ein kurzen Moment Stille ein. Sigmar Gabriel und Minister Gao versuchten so gut es ging, diesen Einwurf zu ignorieren, und führten dann ihr Gespräch weiter.

Ehrverletzung und Gesichtsverlust wiegen sowohl in China als auch in anderen Teilen der Welt schwerer als in Mitteleuropa. Dies hat dann, wenn auch nicht immer unmittelbar, oft Auswirkungen auf die Beziehungen zwischen den Ländern. Irgendwann ließ man es den anderen spüren. Man zahlte es ihm auf die eine oder andere Weise heim, besonders wenn der geschichtliche Hintergrund ein schwieriger war. Dies ist auch in Afrika der Fall.

Dann, im weiteren Verlauf der Gespräche, bat ich Sigmar Gabriel um das Wort. Mein kurzer Vortrag bezog sich auf das Potential des deutschen Mittelstandes, dessen außergewöhnliche Innovationskraft den Teil unserer Wirtschaft ausmachte, der auch mitverantwortlich dafür war, dass Deutschland 2008 die weltweite Finanzkrise relativ gut überstanden hatte. In diesem Zuge fragte ich Minister Gao, ob es denn eine Anlaufstelle für jene Firmen in China gäbe, welche nicht das Privileg in Anspruch nehmen konnten, an so einem hochrangigen Treffen teilzunehmen. „Denn 1200 deutsche Klein- und mittelständische Unternehmen", fuhr ich fort, „sind Weltmarktführer in ihrer Technologie. Ein Joint Venture solcher deutschen mit chinesischen Firmen wäre auf dem Weltmarkt in ihrem Bereich unschlagbar."

Die Chinesen verstanden sofort, dass sich hinter diesem Kooperationsvorschlag auch eine diplomatische Komponente verbarg. Diejenigen auf der anderen Seite, welche sich vorher über mein Erscheinen noch zu amüsieren schienen, starrten mich nun mit offenen Mündern an. Einem „schwarzen Aktenträger" eines deutschen Ministers hatte man so etwas, eine etwas subtilere Form der Gesprächsstrategie offensichtlich nicht zugetraut. Aber China wollte, so hieß es dann damals, keine solchen Joint Ventures. Auch nicht auf Ebene der Entwicklungskooperation in Richtung Afrika.

Im selben Jahr kaufte das Land in kurzer Zeit über einhundert deutsche Mittelständler auf, und somit auch deren zum Teil zukunftsorientierte Technologie. Die Reise mit Sigmar Gabriel und seinem Staatssekretär Matthias Machnig behielt ich als atmosphärisch positiv und entspannt in Erinnerung. Zumindest innerhalb unserer Delegation. Gabriels Kritik an der Menschenrechtspolitik Chinas bei einem darauffolgenden anderen

Termin vor Ort verlief in einer weniger harmonischen Atmosphäre. Nach seiner Ansprache zum Jubiläum der Kommunistischen Partei Chinas, wo er diese Kritik geäußert hatte, ging sein Counterpart nach einer kurzen, anschließenden Intervention, die vielleicht gerade einmal zwanzig Sekunden gedauert hatte, demonstrativ von der Bühne.

Kommunikationsfragen

Am nächsten Morgen hatten wir eine Diskussionsrunde mit den lokalen Verantwortlichen über die Strukturen und die Fortschritte in der Organisation des chinesischen Gesundheitswesens. Auch die administrative Zuordnung der Wanderarbeiter, welche praktisch immer in ihrer Heimatprovinz registriert blieben, die zum Teil weit von ihren Arbeitsplätzen entfernt war, stand auf dem Plan. Dann statteten wir der Niederlassung des deutschen Chemieriesen BAYER einen Besuch ab. Dort hüllte man uns in weiße Schutzanzüge, um die einzelnen Abteilungen nicht mit irgendwelchen Mikroorganismen zu kontaminieren. Später tauchte ein Foto mit Gabriel und mir irgendwo in der Presse auf, wo wir aus heutiger Sicht einer Truppe glichen, die gerade irgendwo auf der Welt eine Gegend von Covid dekontaminiert hatte. Am Mittag sollte mich dann noch ein Willkommensgruß besonderer Art erwarten. Er fand zu Beginn eines von einer deutschen politischen Stiftung ausgerichteten Mittagessens statt. Den Namen der Stiftung erwähne ich deshalb nicht, weil dieser provinzielle Kleingeist, diese Abwesenheit von Feingefühl nicht repräsentativ für die Stiftung war. Neben uns waren noch ein paar andere deutsche Vertreter von deutschen Stiftungen und Institutionen anwesend.

„Herr Huber", legte der Mann los, „gut, dass Sie auch da sind. Das bringt wenigstens ein bisschen Farbe ins Spiel." Dieser Satz schlug bei allen Anwesenden wie eine Granate ein. Augenblicklich trat betretene Stille ein. Nicht nur ich, sondern auch alle anderen Anwesenden waren über dieses verbale Entree gleichermaßen irritiert und entsetzt. Der Mann, der diesen Satz ausgesprochen hatte, war seinerseits überrascht, dass er wohl der Einzige war, der diese Art von „Humor" lustig fand. Alle Anwesenden warteten nun darauf, wie ich auf diese peinliche und diskriminierende Bemerkung reagieren würde. Das Ganze erinnerte mich an den bereits beschriebenen Vorfall in Kenia, bei dem ein deutscher Vertreter dem fehlbesetzten Moderator anbot, er möge ihn doch anrufen, wenn es mit dem Fernsehgeschäft nicht mehr so laufen würde. Er würde ihm dann 5 000 Dollar überweisen. Dann könnte er zwanzig Frauen anstellen. Vierhundert geladene Gäste, darunter viele Minister aus anderen afrikanischen Ländern, hielten den Atem an.

Nun, einen Rassenwitz konnte ich nicht einfach so im Sande verlaufen lassen, nicht als Privatperson und schon gar nicht in meiner Funktion als Volksvertreter vor so einem Umfeld. Zum einen hätte man mich aus rein psychologischer Sicht im weiteren Verlauf der Gesprächsrunde nicht mehr ernst genommen. Zum anderen konnte man sich auch nicht dessen sicher sein, welche Sprüche der Mann im Laufe des Gesprächs sonst noch so aus seinem Hut zaubern und ob dies nur der Anfang einer Reihe von diskriminierenden und dämlichen Bemerkungen dieser Art sein würde. Ähnliche „humoristische" Einlagen verabreichte auch einmal ein bayrischer Kabarettist auf einer Schifffahrt in Passau einer Gesellschaft, in der auch der damalige amerikanische Generalkonsul Münchens anwesend war, und der zuckte, als er das N-Wort hörte. Das Bizarre daran war, dass der Witzbold selbst einen sogenannten Migrationshintergrund hatte und sich damit wohl in die Herzen der Bayern schmeicheln und von seiner Migrationsgeschichte ablenken wollte. Bei jemandem, der Huber heißt, war dies kein einfacher „Auftrag".

Ich schaute dem Gastgeber unseres Lunchs in Peking erst einmal für einige Momente in die Augen und fragte ihn dann in einer zwar relativ ruhigen, aber doch schon etwas härteren Tonlage, ob er denn noch ganz bei Sinnen sei. Seine Gesichtsfarbe sprang von einem zarten Rosa ins Dunkelrot. Im Prinzip hatte er sich gerade selbst sprachlos gemacht und wusste auch erst einmal gar nicht, aus welcher Ecke heraus er sich nun dazu erklären sollte. In diesem Moment wäre er wahrscheinlich lieber ganz woanders gewesen. Er formulierte unter großer Mühe eine wirre Entschuldigung, auf die ich aber nicht mehr einging, und ich gab ihm schließlich zu verstehen, dass er doch besser seinen Vortrag fortsetzen und sich wie auch uns den Rest ersparen möge. Ich muss dazu sagen, dass dies der einzige Vorfall dieser Art in meiner politischen Laufbahn gewesen ist, aber es war ein Beispiel dafür, dass man einen Rassenwitz mit dem Prinzip der Gewohnheit oder einem „Da hab' ich mir ja gar nichts dabei gedacht" nicht legitimieren konnte. In Amerika gibt es dafür einen Begriff, der lautet: *unintended racism* – „unbeabsichtigter Rassismus". Dies ist aber ein Begriff, den man relativieren muss. Wenn jemand rassistische Begriffe und diverse Umgangsformen gegenüber Minderheiten nicht hinterfragt und bloß, weil sie etabliert sind, genauso handhabt, hat er sich zumindest teilweise mit dieser Weltanschauung identifiziert.

Als „normaler" Deutscher wird man von Menschen anderer Nationalität eher selten auf seine Geschichte angesprochen. Bei mir war dies jedoch häufiger der Fall. Auch zu Beginn meines Bundestagsmandats, wo mir fast alle ausländischen Journalisten mit Hinblick auf die deutsche Geschichte einen Satz entlocken wollten, wie das Land mit Menschen meiner Hautfarbe umgeht. Ich hatte eine große und ehrliche Resonanz der Bevölkerung in meinem Wahlkreis, genauso wie vorher im Fernsehen. Somit stand für mich außer Frage, dass man solche Probleme erst einmal auf nationaler Bühne behandelt. Schon gar als Abgeordneter. Zudem war ich damals, genauer gesagt vor zehn Jahren, was die gesellschaftspolitische Situation anbelangte, noch optimistischer als heute. Ich bin kein Freund von Pauschalurteilen, egal ob in die eine oder in die andere Richtung, und loyal, solange man meine Loyalität nicht mit Füßen tritt. Dies schließt Kritik an Geschehnissen und an Einzelpersonen nicht aus, egal auf welche Teile der Gesellschaft sich dies bezieht. Wir leben in einer Zeit, in der Beschönigung von gesellschaftspolitischen Vorgängen genauso demokratiegefährdend sein kann wie das Verbreiten von Fake News, da die Demokratie und die Einhaltung ihrer Werte auf dem Prüfstand stehen. Nicht nur in Deutschland und nicht nur in Europa. Denn ein großer Teil der Menschen auf dieser Welt hat das Gefühl, dass sie als Menschen von der Politik nicht mehr wahrgenommen und überwiegend abstrakte Floskeln an sie gerichtet werden, mit denen sie sich weder identifizieren noch von denen sie profitieren können. Die Suche nach dem Erlöser aus radikalen Lagern ist im vollen Gange. Die beiden Katalysatoren auf dem Weg zu einer totalitären, autokratischen Staatsform sind, in Bezug auf die Mobilisierung der Bevölkerung, der Missbrauch, die radikale und überzeichnete Auslegung des Identitätsbegriffs sowie der Missbrauch der Religion.

Ende 2017 schied ich, wie bereits zwei Jahre vorher angekündigt, aus dem Bundestag aus. Das afrikanische Magazin „Jeune Afrique" kommentierte dies mit einem Satz. *„Il a preferé de se retirer de cet jeux."* – „Er hat es vorgezogen, sich aus diesem Spiel zurückzuziehen." Zu einigen meiner Kollegen habe ich jedoch immer noch Kontakt. Im Prinzip sind in meinen vier Jahren Politik mehr Freundschaften entstanden als in meiner gesamten Zeit als Schauspieler.

Dennoch hatte ich nach vier interessanten, aber auch anstrengenden Jahren einiges zu verarbeiten. Beruflich wie auch privat. Ende 2018, kurz vor meinem Geburtstag, verkaufte ich meine Wohnung in meiner niederbayrischen Heimat Straubing und beschloss, mehr Zeit in meiner anderen Heimat zu verbringen. Im Senegal.

Leben in einer afrikanischen Gesellschaft

An irgendetwas glaubt der Afrikaner immer. Afrikaner und auch deren Diaspora sind in der Regel gläubige Menschen, sofern sie nicht in bikulturellen familiären Umständen oder außerhalb einer schwarzen Community aufgewachsen sind. Selbst im sozialistischen Kuba hängen in manchen Parks von Havanna Fetische an den Bäumen, welche auch dort auf die Existenz und das Praktizieren animistischer Religionen zurückzuführen sind.

Im überwiegend muslimischen Senegal mit einem Anteil von vier Prozent Katholiken sind animistische Traditionen noch Teil des alltäglichen Lebens. Ab und zu kommt es vor, dass ein selbsternannter *Marabout*, ein meist falscher islamischer Heiliger, einem per Telefon seine Dienste anbietet, zum Beispiel im Rahmen einer wunderbaren Geldvermehrung, die in der Regel im Verlust der Ersparnisse des Opfers mündet. Trotz der überwiegenden Mehrheit an Muslimen gibt es zwischen den beiden Religionsgemeinschaften keine Spannungen, obwohl der Begriff „Religion" an sich mehr und mehr an Bedeutung gewinnt. Auch hier gilt, was Religion anbelangt, die gleiche Formel wie in Mali: 96 Prozent Moslems, 4 Prozent Katholiken, 100 Prozent Animisten.

Der Begriff „Zufall" ist für die meisten Afrikaner von geringerer Bedeutung als für einen durchschnittlichen Europäer.

Ich bin am 3. Dezember geboren, am gleichen Tag wie mein alter Freund Prinz Eduard von Anhalt, der wie ich ein aus München stammender Wahlberliner ist und ein Verwandter der jüngst verstorbenen Queen Elizabeth II. von Großbritannien. Bei einem gemeinsamen Mittagessen in einem Restaurant am Gendarmenmarkt stellten wir beide fest, dass nicht nur wir, sondern auch unsere mittlerweile Ex-Ehefrauen fast am gleichen Tag im August und unsere ältesten Töchter am selben Tag im Dezember Geburtstag hatten. Dies würde man nicht nur in afrikanischen, sondern auch in vielen anderen, nicht-europäischen Kulturen wahrscheinlich nicht als Zufall werten.

Am 3. Februar wurde mein ältester Sohn geboren, genau an dem Tag, an dem sich der Todestag meiner Großmutter zum zehnten Mal jährte und zum vierundzwanzigsten Mal der meines Onkels und Ministers im Senegal Demba Diop, welcher 1967 in der Stadt Thies einem politisch motivierten Attentat zum Opfer fiel.

Auch aus mathematischer Sicht wäre das Ganze auf alle Fälle bemerkenswert. Oft frage ich mich daher, ob Gott nicht mit einem allumfassenden Rechenzentrum zu vergleichen ist, dessen messbare Werte und bislang weniger messbare wie etwa emotionale Energie wir einfach noch nicht bestimmen können. Vielleicht werden wir dennoch einmal dazu in der Lage sein, die Energie von Gefühlen und Gedanken zu messen und deren Werte hoffentlich nicht für kybernetische Experimente nutzen, welche dem Menschen schaden oder ihn gar überflüssig machen. Schon jetzt diskutiert man im Zusammenhang der Künstlichen Intelligenz ethische Herausforderungen in Bezug auf moralische Verantwortung, ungerechtfertigtes Handeln, ethische Überprüfung von Personen und Diskriminierung.

Die Wahrheit über das Phänomen des Zufalls scheint sich daher vielleicht hinter einem sogenannten Ereignishorizont, hinter einem schwarzen Loch erklären zu lassen. Ob die Erforschung der dunklen Materie, der Schlüssel zur Erklärung der Existenz unseres Universums, dem menschlichen Gehirn in seiner konzeptionellen Ausrichtung jemals gelingen wird, ist nicht nur eine mathematische, sondern auch eine philosophische Frage. Der Mensch hat meines Erachtens im Rahmen der Schöpfung eine beschränkte Aufgabe, die sich nicht darauf beziehen wird, dass er diese außerhalb des ihm zugestandenen Bereiches steuert. Denn mit jeder neuen wissenschaftlichen Errungenschaft steigt das Bedürfnis des Menschen nach Kontrolle. Wir sind bereits dabei, durch Gier und zunehmende Selbstüberschätzung uns unsere Erde zum Feind zu machen. Vielleicht befinden wir uns, weil die Welt sich von universellen, emotionalen Werten zunehmend zu einer abstrakten, rechnerischen Welt entwickelt, bereits in einer Mutationsphase, sodass wir irgendwann als eine neue Spezies irgendwo auf der Erde oder anderswo weiterexistieren werden. Vielleicht werden die Wissenschaftler entdecken, dass die dunkle Materie nichts anders als Liebe ist.

Losgelöst von den Aktivitäten eines Bundestagsabgeordneten und in einem komplett anderen kulturellen Universum, wacht man ab und zu mit solchen Gedanken auf. Ab und zu, sage ich mir immer, ist es wichtig, sich Fragen zu der Existenz an sich zu stellen, jeder auf seine Art, damit man nicht auf Grund einer situativen medialen Berieselung, die sich inhaltlich von einer Woche auf die andere wieder ändern kann, seinen Blick auf sich selbst verliert.

Am Morgen nach meiner Ankunft setzte ich mich wie gewohnt erst einmal auf meine bayrische Bierbank, die samt Tisch unter einer Pergola vor meinem Haus am Strand stand, und resümierte darüber, wie sich aus dieser Ferne das Verhältnis zu meinen Kindern entwickeln würde. Dazwischen warf ich einmal einen Blick auf meinen Facebook-Account, wo ich ein Foto von mir am Strand gepostet hatte. Im Nachrichtenportal fragte mich eine Dame aus Norddeutschland, ob es denn im Senegal auch Strom und Internet gäbe. Ich fragte sie dann, wie es denn sonst möglich wäre, dass ich Posts im Internet von hier aus veröffentlichen konnte, so ganz ohne Strom und Internet, da sich weder Bild noch Text mit einer Trommel übertragen ließen.

Bei dem Teil meiner senegalesischen Familie, besonders in meiner Generation, welche in Europa lebt, ist wenig von der Geschichte unserer Familie in Erinnerung geblieben. Erst hier erfuhr ich, dass unser Großvater Louis Dien Faye Mitbegründer der *Parti Socialiste des Senegals*, der PS war, der Partei, welche die ersten beiden Präsidenten des Landes, nämlich Léopold Sédar Senghor und Abdou Diouf, hervorbrachte. Meine Cousine Sophie Gueye, die wir alle „Pijot" nannten und die im Haus ihrer Mutter Caroline Faye-Diop, Tata Caro, in der Hauptstadt Dakar lebte, zeigte mir hin und wieder, wenn ich sie besuchte, einige Fotos aus dem Familienarchiv aus der Zeit nach der Unabhängigkeit des Senegal. Einmal entdeckte ich neben Präsident Senghor und anderen politischen Persönlichkeiten aus der Gründungsphase ein weiteres Foto, eines mit einer weißen Frau, der Feministin Simone de Beauvoir. Sie teilte ihr Leben mit dem französischen Philosophen Jean-Paul Sartre und stand hier neben meiner Tante und ein paar anderen Frauen in traditionellen senegalesischen Gewändern. Das Bild schien aus den 1960er Jahren zu stammen. Dies empfand ich insofern bemerkenswert, als dass das Thema Frauenrechte zu dieser Zeit in Europa noch gar nicht auf der „politischen Agenda" stand.

Während ich auf den Atlantik schaute, das Rauschen des Meeres in meinen Ohren nachklang, drängten sich mir viele Fragen auf. So fragte ich mich, ob Deutschland es jemals schaffen wird, einen gesunden Patriotismus zu entwickeln, der nicht die diskriminierenden Züge des Nationalismus in sich trägt, und ob nicht manche Europäer vielleicht lernen sollten, ihr Land zu lieben, ohne den anderen dafür zu hassen. Denn das Problem der Migration haben die Wirtschaftsnationen, speziell die ehemaligen Kolonialmächte Europas, selbst geprägt: durch eine auf reinen Elitenaustausch beschränkte wirtschaftpolitische Strategie, die sich fast ausschließlich an den Interessen der ehemaligen Kolonialherren orientierte und in der wirtschaftliche Eigenständigkeit nicht vorgesehen war. In Afrika kann Korruption nicht innerhalb wirtschaftlicher Strukturen stattfinden. Dazu gibt es dort zu wenig Wirtschaft. Wer in Afrika aus der Politik aussteigt, hat praktisch keine Versorgungssicherheit mehr. Er kann nicht – wie in einer Industrienation – in der Wirtschaft oder in irgendeiner Institution eine bezahlte Position beziehen, in der Gewerkschaft oder anderswo ein Amt annehmen. Ich kann mich an einen schon vor längerer Zeit in Ungnade gefallenen Minister erinnern, der mich besuchen wollte. Er blieb auf halber Strecke stehen, weil ihm das Benzin ausging. Er rief mich an und fragte mich, ob ich ihn abholen bzw. ihm Geld für Sprit geben könnte. Ein korrupter afrikanischer Politiker wird daher im frankophonen Afrika als „entrepreneur politic", als „politischer Unternehmer" im wirtschaftlichen Sinne bezeichnet. Ohne dieses Phänomen beschönigen zu wollen, haben einige Industrienationen eine Komfortzone für Eliten in der Dritten Welt geschaffen, von der diese sich selten freiwillig lösen wollen. Identität ist der Kitt einer jeden Gesellschaft, egal welcher.

Die Seele, die Liebe zur Heimat, wird bei jedem mitschlummern, wenn er diese verlässt. Das erinnert mich an einen Satz meiner Großmutter: „Du musst dir eines merken, Karli. Die Liebe geht durch den Magen." Dies betrifft wohl auch die Liebe zu seinem Land. Wer in New York ein Restaurant für spanische oder asiatische Küche aufmacht, wird zu Hause keine Burger essen. Bei den Italienern ist das sicher noch ausgeprägter. Ich liebe die senegalesische Küche, aber ab und zu erinnerte ich mich hier auch an die Küche meiner Mutter und meiner Großmutter. Und die bayrischen „Ausgezogenen" aus Krapfenteig, die Berliner würden „Pfannkuchen" sagen, waren schon lange der Hit unter meinen senegalesischen Freunden und meinen Angestellten.

Bemerkenswert ist, dass viele Einwanderer, egal woher sie kommen oder wohin sie gehen, ein Restaurant mit der Küche aus ihrer Heimat aufmachen. Dies sicher auch vor dem Hintergrund, dass man die eigene Küche besser kennt. Das Ganze hat aber auch mit dem Bedürfnis nach Kommunikation und zumindest zu Anfang mit einem gewissen Maß an Nationalstolz zu tun. Man schuf sich damit in einer gewissen Form ein kulturelles Rückzugsgebiet auf fremdem Terrain.

„Wenn du in New York lebst, bist du ein New Yorker." Eine Idealvorstellung.

Die meisten Menschen machen sich keine Gedanken darüber, wie die Situation, die Perspektive von Zuwanderern aussah, von jenen, die man einmal als Billiglohnarbeiter ins Land geholt hatte, ob in der Phase nach der Unabhängigkeit von den ehemaligen Kolonien Frankreichs oder Englands oder in Deutschland nach der Zeit des Wirtschaftswunders.

Auf alle Fälle hatten sich Leute wie der rechtspopulistische Berliner „Nostradamus" Tilo Sarrazin in einem getäuscht: Die Kinder türkischer Einwandererfamilien verkaufen keinen Salat mehr, sondern sind in vielen anderen Branchen tätig. Sie gründen Werbe- und Versicherungsagenturen, Kfz-Werkstätten oder Gebäudereinigungsfirmen. Ihre Existenzgründerquote liegt um 25 Prozent höher als bei deutsch-deutschen Unternehmern. Der Drang nach Selbstständigkeit hat verschiedene Gründe: Erstens kann man in der eigenen Firma nicht auf Grund seiner Herkunft benachteiligt werden, zweitens ist finanzielle Unabhängigkeit wichtiger als eine akademische Ausbildung, welche nicht immer ein Garant für wachsenden Wohlstand ist, und drittens kann man auch Leute aus der eigenen Familie anstellen.

Und zu diesem Punkt kann man sagen: Wer nach dem Familienprinzip lebt und mit ihr zusammenarbeitet, macht die Familie reich. Ein Individualist, der für andere arbeitet, macht die anderen reich. Fast alle Einwanderer, egal wo, mussten sich in den ersten Generationen erst einmal durchschlagen. Auch in den USA. Man denke an die Iren, die Italiener, auch an die Juden und die Deutschen. Wer sich wie ein Herr Sarrazin traut, solche unreflektierten Aussagen überhaupt in die Welt zu setzen, muss im Prinzip schon mit einkalkuliert haben, dass es sich bei seinen Zuhörern um Menschen handelt, welche sich über die Welt als

Ganzes keine großen Gedanken machen, sondern sich auf Grund eigener Zukunftsängste leicht emotionalisieren lassen.

Mittlerweile scheint sich das Wohlstandsdefizit zwischen türkischen Migranten und alteingesessenen Berlinern etwas gedreht zu haben. Viele Berliner Türken fahren große Autos, die Familien besitzen Immobilien in Deutschland und der Türkei. Viele deutsche Normalbürger müssen schauen, wie sie mit ihrer Rente zurechtkommen, und verbringen die letzten Jahre ihres Lebens nach harter Arbeit in einem Altenheim anstatt im Kreis ihrer Familie. Daran sind nicht die Türken schuld. Es gibt verschiedene Lebensmodelle. Nicht überall wird das westliche Lebensprinzip akzeptiert werden. Auch der wohlhabende Teil der arabischen Welt hat sich nach anfänglicher Euphorie in Bezug auf die westliche Lebensart wieder auf eigenes Terrain zurückgezogen. Im Gegenteil: Man investiert das aus den Petro-Dollars gewonnene Geld nicht nur in ausländische Großunternehmen, sondern auch in Fußballclubs und Sportveranstaltungen. Letztere zunehmend auf eigenem Terrain.

Die Rede ist hier nicht nur von der umstrittenen Fußball-WM, die 2022 in Qatar stattfand, auch nicht von „Mixed Martial Arts"-Turnieren in Abu Dhabi, sondern von einer fast geschichtsträchtigen Auseinandersetzung zwischen der Professional Golfers' Association of America, kurz PGA genannt, und der vom saudi-arabischen Public Investment Fund finanzierten „LIV Golf"-Tour. Diese konnte mit Hilfe von mehreren hundert Millionen Dollar an Wechselprämien einige der Top-Spieler des amerikanischen Verbandes, wie zum Beispiel Dustin Johnson, Phil Mickelson und Bryson DeChambeau, zu einem Übertritt zu LIV bewegen. Insgesamt investierte der Fonds im Jahr 2022 zwei Milliarden US-Dollar in die Abwerbung von Spielern der „PGA Tour", welche im Zuge dessen erst einmal dreißig ihrer Spieler suspendierte, da sie ohne vorherige Absprache bei der saudischen Konkurrenz aufgetreten waren. Nach einigen im Laufe des öffentlich geführten Disputs in die Wege geleiteten Klageverfahren einigte man sich letztendlich im Juni 2023 mittels einer unterzeichneten Vereinbarung, Geschäfte und Rechte beider Verbände in ein „noch zu benennendes, gewinnorientiertes Unternehmen zusammenzufassen". Die sogenannte „European Tour" sowie die „DP World Tour" sind damit Teil dieser Vereinbarung. Dem „PGA Tour"-Commissioner Jay Manahan blieb nichts anderes übrig, als die Kritik an seiner Person zu akzeptieren, in der man ihn als Heuchler bezeichnete.

Damit haben die Saudis bewiesen, dass amerikanischer und europäischer Patriotismus an seine Grenzen stoßen, wenn Summen in dieser Größenordnung zur Verfügung stehen. Es wird deutlich, dass die Golfstaaten das Angebot in ihrem eigenen geographisch-kulturellen Raum vergrößern und diesen für den Tourismus attraktiver machen wollen. Zudem setzt man aber auch ein Signal, dass man auf Grund eigener finanzieller Ressourcen in der Lage ist, Organisationen, die symbolisch in der Tradition westlicher Kulturen stehen, aushebeln kann. Denn Golf steht im Vergleich zu Kampfsport nicht für eine Wettkampfveranstaltung junger Menschen aus der Unterschicht aller Herren Länder, welche sich aus schwierigen sozialen Verhältnissen im wahrsten Sinne des Wortes nach oben gekämpft haben, sondern bleibt neben dem professionellen Wettkampf und den damit verbundenen weltweiten medialen Senderechten nach wie vor auch ein Freizeitsport für die globale Elite aus Politik, Entertainment und anderen professionellen Sportarten wie Fußball und Basketball. Weder ein Herr Trump noch ein Herr Clinton oder sonstige Größen aus den obersten Rängen der Gesellschaft würden sich an einem sonnigen Nachmittag zu ein paar Runden im Octagon, so heißt der Ring für MMA-Kämpfer, treffen, um während oder nach dem Kampf geschäftliche Dinge zu besprechen, vorausgesetzt, dass die körperlichen Voraussetzungen dazu vorhanden wären.

Trotz des unvorstellbaren Reichtums an Bodenschätzen ist Afrika von so einem Einfluss auf wirtschaftlicher oder Softpower-Ebene global gesehen weit entfernt. Der Vorteil der Golf-Staaten, das zeigt das Beispiel Saudi-Arabien, ist sicher die vergleichsweise geringe geographische Größe. Dort, wo etwa zwanzig Jahre vor der Unabhängigkeit der meisten afrikanischen Staaten das erste Mal nach Öl gebohrt wurde, hatten vorher praktisch umherziehende Nomadenstämme das Bild des Landes geprägt. Aber zumindest um die regionale Integration, um gemeinsame Strategien einzelner Wirtschaftsgemeinschaften wie der ECOWAS in Westafrika, der EAC in Ostafrika, der SADC im südlichen Afrika, die zum Teil auch auf Papier existieren, hätte man sich auf praktischer Ebene stärker bemühen können.

Familienbesuch in Afrika

Die schönste Zeit war für mich immer, wenn sich der Besuch meiner Kinder ankündigte. Tochter Mia mit ihrem Lebensgefährten Steven waren die ersten, die auftauchten. Ich hatte damals noch kein passendes Fahrzeug, aber da sie mit einem Tross an Freunden auftauchten, erkundeten sie gemeinsam die Gegend.

Mia ist als Informatikerin in einer Münchner Firma tätig, und man spürte, dass sie keine Berührungsängste mit der anderen Seite ihrer Kultur hatte. Vielleicht hatten auch das Zusammenleben mit meinen senegalesischen Mitbewohnern, die gemeinsamen Essenszeremonien mit Laye und seinen „illegalen Mitbewohnern" und deren herzlicher Umgang mit ihr dazu beigetragen. Dann kam Tochter Elif. Sie hatte gerade das zweite Tertial als Assistenzärztin hinter sich gebracht, und Salomon, der ebenfalls am Ende seines Studiums in Politologie und Volkswirtschaft angelangt war, gesellte sich ebenfalls dazu. Dann traf auch noch Jeremias aus New York ein, der nach seinem Master an der LSE im Bereich Wirtschaft und Finanzen nun ein Postgraduiertenstudium als PhD-Anwärter im Bereich der Finanzwissenschaften an der Columbia Universität in New York absolviert.

Ich erinnere mich noch daran, als Jeremias, der jüngste von ihnen, sein Abitur bestand. Damals hielt ich mich gerade im Senegal auf, um am Bau des von meinem Verein und mir finanzierten Gymnasiums mitzuarbeiten. Es war früher Abend und ich saß gerade am Strand vor meinem Haus. Als ich davon erfuhr, warf ich mich rückwärts in den Sand und stieß einen Schrei in Richtung Himmel aus. Trotz der zum Teil schwierigen Zeiten in meinem Berufsleben hatte ich es geschafft, all diese Probleme von meinen Kindern fernzuhalten, damit sie ihre Talente entfalten konnten. Mein Umfeld war ein anderes gewesen. Auch familiär. Meinen Kindern eine andere Startposition ins Leben zu ermöglichen, war mein größter Sieg, auch wenn den meisten Teil dazu wohl meine Frauen beigetragen haben. Sie und meine Kinder haben alle einen akademischen Abschluss. Ich bin im engsten Familienkreis der einzige „Ungelehrte".

Ich hatte mittlerweile einen gut ausgestatteten SUV und damit bereits einige Reisen in verschiedene Gebiete des Landes unternommen. So kannte ich das Land schon ziemlich gut. Meine Kids und ich unternahmen, als sie mich später nochmals besuchten, einige Ausflüge, zum Beispiel an die Grenze zu Mauretanien, dorthin, wo in der Nähe des Ortes Mouit bei St. Louis der Senegal-Fluss in den Atlantischen Ozean mündete. Dort übernachteten wir meistens in der sogenannten Zebra-Bar, ein von Schweizern geführtes *Campement* mit Bungalows, welches besonders unter den Individualtouristen, die sich mit dem Wohnmobil aus Europa auf den Weg nach Afrika machten, als Etappenziel bekannt war. Jeremias traf dort einmal beim Abendessen auf der Restaurantterrasse auf eine junge Amerikanerin, die er aus einem Praktikum bei der Weltbank Washington, D.C. kannte. Sie war in Begleitung einer Journalistin von „Voice of America". Man konnte spüren, dass Senegal ein Land im Aufwind war, eines, das plötzlich viel Interesse auf internationaler Ebene genoss und im Vergleich zu früher nicht nur Pauschalurlauber mittlerer Alterskategorien, sondern auch viele junge, kulturinteressierte Menschen anzog.

Ein anderes Mal besuchten wir den Ostteil des Landes, wo mein Bruder Leopold für eine französische Firma als Landesdirektor tätig war. Im Gegensatz zu mir war er von mütterlicher Seite her ein halber Preuße, und wir verbrachten einen Tag im Nationalpark von Niokolo Koba, wo unser Boot, mit dem wir auf dem sich durch den Park ziehenden Gambia River tuckerten, mal kurz von einem Flusspferd gerammt wurde.

Auf einer Fahrt in das Gebiet des Peulh-Stammes passierten wir den Ort Fatick, den Geburtsort meines Vaters wie auch des Präsidenten Macky Sall und dessen Frau, die zudem den gleichen Namen wie unsere senegalesische Familie Faye trug. Anschließend hielt ich neben der Straße an einer der kleinen Bretterbuden, um Brot zu kaufen. Die Straße war durch den Güterverkehr nach Mali stark befahren, meist von vielen überladenen, bunt bemalten und nachts wie Karussells leuchtenden Lastwagen. Die Peulh stellten ihr eigenes Brot her, das in Lehmöfen gebacken wurde und sehr schmackhaft war. Es war fester und schwerer als das Baguette französischer Art und hatte in etwa das Format einer etwas dickeren Salz- oder Laugenstange. Zudem fühlte es sich nicht schon nach einem halben Tag an wie eine Rolle aufgeweichtes Zeitungspapier, wenn man es in den Mund nahm. Ich bestellte auf Wolof *„jurom papalapa"* – „fünf Papalapa", so hieß das Brot, bei dem älteren Mann in der Hütte. Ich wartete auf meine Bestellung, aber der Mann regte sich nicht.

Er schaute auf das Kennzeichen, schaute dann mich und meine Kinder an, drehte uns den Rücken zu und ging in den hinteren Teil seiner Hütte. Seine Enkelin, die neben ihm stand, blieb stehen und schaute. Ich bestellte wieder dasselbe. Nichts geschah. Als ich Französisch sprach, holte sie die fünf kleinen Laibe Brot aus einem Holzregal, rollte sie in Zeitungspapier ein und gab sie mir. Ich reichte ihr das Geld und wir fuhren weiter. Danach erklärte ich meinen Kindern, was sich hier gerade abgespielt hatte. „Bakken Faye-Faye, unser Familienname im Senegal, sowie die im Vergleich zu den schlanken Nasen der Peulh relativ dicke Serer-Nase." Damit war für ihn alles klar.

Meine Kinder waren halb Äthiopier, welche den Peulh nicht nur im Äußeren, sondern auch in ihrem Wesen sehr ähnlich waren. Das ist dem alten Mann wohl aufgefallen. Der Blick auf die Zulassung Dakar erweckte für ihn den Eindruck, als ob wir eine Familie wären, in der die Peulh-Kultur keine Rolle mehr spielte, da wir die Sprache nicht konnten. Dass ich nicht dazugehörte, war ihm klar. Zumindest einen Teil meiner Serer-Abstammung hatte er sicher bemerkt. Meine Nase hatte nicht das schlanke Peulh-Format, und zwischen den beiden Ethnien gab es zudem auch eine gewisse Form von Hassliebe.

Einige komplexe kulturelle Zusammenhänge verlieren sich selbst bei Afrikanern, welche lange Zeit im Ausland lebten. Die gesellschaftlichen Systeme und Befindlichkeiten Afrikas sind für denjenigen, der den Kontinent und seine einzelnen Länder nicht sehr genau kennt, nicht irgendwie darin verwurzelt ist, nur sehr schwer zu deuten oder zu erschließen.

In Bezug auf die Diaspora ist es jedoch oft auch der Neid, der sie letztendlich in der Wahrnehmung ihrer ursprünglichen Umgebung zu Afrikanern der zweiten Kategorie macht und es ihnen erschwert, sich in ihrer Heimat adäquat zu reintegrieren, auch wenn sie dort aufgewachsen sind. Schwarz gegen Schwarz, das „Sich-gegenseitig-Behindern" ist eines der Probleme Afrikas. Diesen internen Konkurrenzkampf, ob in einer Gesellschaft selbst oder unter einzelnen Staaten, kann sich Europa kaum leisten. Afrika in seiner gegenwärtigen Situation schon gar nicht.

Viele europäische Auswanderer und Rentner, die überwiegend aus Frankreich und Belgien stammen, profitieren im afrikanischen Ausland von den niedrigen Lohnkosten und können sich so mit relativ wenig Geld unter der Sonne Afrikas einen hohen Lebensstandard inklusive Hausangestellten und anderen Annehmlichkeiten ermöglichen. Das wäre zumindest bei den meisten von ihnen in Europa nicht möglich.

Neben meinem Haus hatte ich irgendwann ein Open-Air-Fitness-Center gebaut, mit Gewichten, die wegen der salzhaltigen Meeresbrise zum Teil aus Beton bestanden. Nur die Latissimus-Maschine aus Eisenträgern, das Highlight dieser Einrichtung, hatte Dibbie geschweißt.

Hier treffen sich jeden Tag Dutzende von Jugendlichen, um ihren von Natur aus gut proportionierten Körpern Muskelmasse hinzuzufügen. Mittlerweile finden sich auch Gruppen von jungen Mädchen ein, welche in der Abendsonne ihre gymnastischen Übungen ausführen.

Auf Grund der begehrten Strandgrundstücke stehen der einheimischen Bevölkerung nur noch wenige solcher Plätze zur Verfügung. Neben dem gesundheitlichen Aspekt stand dahinter auch die Idee, die Menschen auf die Schönheit ihrer eigenen natürlichen Umgebung und auf die Umweltproblematik aufmerksam zu machen.

Mittlerweile sieht man auch Einheimische an den Wochenenden am Strand spazieren gehen, und man merkt, dass sie die natürliche Schönheit ihrer Umgebung mehr und mehr zu schätzen beginnen.

Am Morgen kann man von meiner Terrasse die Fischer beim Auslegen ihrer Netze beobachten auf ihren schlanken, bananenförmigen, mit blau-weißer, gelber und schwarzer Farbe bemalten Pirogen. Die Fischgründe sind leider von den großen Trawlern aus aller Herren Länder bedroht. Der eine oder andere Fischer fand auch schon einmal den Tod, weil ein solches Schiff in der nächtlichen Dunkelheit des Atlantiks sein Holzboot samt Insassen rammte, unter sich begrub und im Meer versenkte. Wie bereits erwähnt, ist nicht jeder gute Fischer zugleich auch ein guter Schwimmer.

Sein Schicksal selbst in die Hand nehmen

Afrikaner haben keine Zeit, sich über ihr Schicksal zu beklagen. Aber die Zeit, dieses Schicksal in Gottes Hand zu legen, ist vorbei. Während man sich in Europa das Verhältnis zu Afrika schönredet, ist das Toleranzkontingent seiner Bevölkerung aufgebraucht und einer kollektiven Enttäuschung gewichen.

Von jedem Präsidenten wird eine Verbesserung der eigenen Lebens-situation erwartet, und das unmittelbar. Kein BIP und GDP, keine Makro- und keine Macron-Ökonomie. Man fordert die Zukunft, die in den Jahrzehnten nach der Unabhängigkeit versprochen wurde, nicht mehr in den nächsten Jahrzehnten, sondern in der nahen Gegenwart ein. Politiker werden ihre junge Bevölkerung nicht mehr auf den Sankt-Nimmerleins-Tag vertrösten können.

Nachdem sich meine Kinder verabschiedet hatten, wurde mir etwas langweilig. Keine fünfhundert E-Mails mehr, welche ich mit meinen Leuten im Büro durchgehen musste, keine Botschaftertermine im Büro, keine Auslandsreisen zu hochrangigen politischen Events mehr. Der Blick auf das Meer allein machte mich nicht glücklich.

Ich schrieb eine E-Mail an Präsident Sall, da wir gleich nach meiner Ankunft bereits einen ersten Kontakt gehabt hatten, und besuchte ihn im Präsidentenpalast.

„Was willst du werden, Charles?", fragte er mich. „Ich glaube nicht, dass ich ein Büro für die Arbeit brauche, die ich für Sie machen möchte. Ich möchte lediglich einen Input geben und meine Erfahrung, die ich als Politiker einer großen Wirtschaftsmacht erworben habe, Ihnen und meiner anderen Heimat Senegal zur Verfügung stellen." Er nickte und war damit einverstanden.

Ich brauchte ein bisschen Freiheit, kein Kompetenzgerangel innerhalb einer Institution. Wichtiger war für mich, den Puls der Bevölkerung zu spüren und die Möglichkeiten, die sich im Land boten, noch einmal unter die Lupe zu nehmen.

Vor Covid-19 gab es eine Phase des Aufbruchs im Senegal, die überall im Lande spürbar war. Ich sprach damals mit dem Präsidenten über die Umweltsituation, das Problem der Abfallentsorgung, das Potential des Individualtourismus und den Impact von jungen Reisenden im Lande, welche ihre Reiseerfahrungen auf TikTok oder Instagram veröffentlichen. Daraufhin gab es auch einen besseren Internetauftritt der Ministerien, und Präsident Sall startete bald darauf die Initiative „Senegal Propre", nahm selbst einmal eine Schaufel in die Hand, und an den Wochenenden sah man in den entlegensten Dörfern des Landes, wie Dorfgemeinschaften ihren Müll zusammentrugen und verbrannten. Vielleicht keine optimale Lösung, aber wenigstens ein erster Ansatz in Richtung

Umweltbewusstsein. Man spürte über einen gewissen Zeitraum hinweg einen aufkommenden Optimismus. Dies machte sich in vielen Bereichen bemerkbar. Zahlreiche Frauen- und Jugendinitiativen wurden gegründet, unter anderem im Bereich der Landwirtschaft. Junge Kleinunternehmer blickten in eine bessere Zukunft. Senegal verfügt über eine Art kollektives Unterbewusstsein, welches sich in sichtbarer Euphorie oder großer Sorge äußern kann. Es gibt Momente, da können Sie in Orte fahren, wo alle gut gelaunt sind, und andere, wo jeder in sich gekehrt ist. Dem liegt immer eine gemeinsame innere Vorahnung oder ein gemeinsamer Gedanke zu Grunde.

Wenn ich mir die Frage stellen müsste, ob ich mehr Serer-Senegalese bin oder mehr Bayer-Deutscher, ergäbe sich da ein gemischtes Bild. Auf der empathischen Ebene könnte man mich als Senegalesen einschätzen. Aber was ist ein typischer Senegalese? In einem Satz beantwortet, ist das wesentliche Charakteristikum eines Senegalesen, egal welcher Ethnie er angehört, die Fähigkeit, den anderen zu verstehen, ohne dass er ein Wort von sich gibt. Innerhalb einer Ethnie, in meinem Falle der Serer, ist dies noch einmal stärker ausgeprägt. Diese Sensibilität ist dem Deutschen definitiv fremd. Er bezieht sich auf das Gesagte und nicht darauf, warum es gesagt wird. Nicht nur mit physischem, sondern auch mit psychischem Druck umzugehen, ist sicher mein niederbayrischer, der Huber-Teil. Dort sind die Grenzen der Konzilianz enger gesteckt als bei den Senegalesen. Senegalesen verzeihen einander mehr, als dies bei anderen Kulturkreisen, die ich kenne, der Fall ist. Aber sie bleiben trotzdem wachsam und leiten dich, wenn du dieselbe Nummer nochmals versuchst, charmant in die Wüste um. Dieser Charakterzug ist, etwas vereinfacht dargestellt, einer der Gründe, warum das Land Senegal zu einem der friedlichsten auf dieser Welt gehört. Harmonie ist eines der oberen Gebote, charmante Gerissenheit, das Talent, Menschen schnell auf ihre Schwächen hin einzuschätzen, ist eine besondere Gabe meiner senegalesischen Brüder und Schwestern.

In der senegalesischen Kultur ist man auf alle Fälle emotional freier als in vielen europäischen Ländern, auf der anderen Seite aber stark in eine filigrane Umgangskultur eingebunden. Man entdeckt eine andere Seite seiner selbst, und zwar dann, wenn man aufhört, Dinge nach gewohnten Maßstäben zu vergleichen. Zusammengefasst habe ich über den Kontakt mit meiner afrikanischen Seite mehr über mich und über das Prinzip des Menschseins verstanden als irgendwo sonst auf der Welt. Der Grund liegt wahrscheinlich darin, dass die Afrikaner ihre schlechten Seiten, die ein jeder irgendwo besitzt, vor sich selbst nicht versuchen gutzureden. Aus einer „Freud'schen" Perspektive könnte man sagen, dass der Afrikaner nicht dazu neigt, das „Es", nämlich sein Handeln, welches manchmal mehr von den unbewussten Trieben bestimmt ist, als man wahrhaben will, einem anderen gegenüber als das von gesellschaftlichen Regeln geprägte Moralprinzip auf der Basis eines „Über-Ich" zu verkaufen.

Afrikaner brauchen immer einander und sind nicht dafür gemacht, in kleinen Einheiten wie Mann, Frau und Kind zu leben. In Afrika weiß jeder, dass der Mensch den Menschen braucht und letztendlich niemand gerne diesen Planeten verlassen möchte, ohne sich während des Sterbens oder danach der Liebe und der Erinnerung seiner Angehörigen gewiss sein zu können. Als jemand, der überwiegend in Europa aufgewachsen ist, komme ich in diesem Punkt sicher dem Deutschen näher. Ohne Kinder wäre mein Leben jedoch nicht vorstellbar. Bei allen materiellen Vorzügen, welche eine industrialisierte Welt und deren Lifestyle zu bieten vermag, habe ich, und das kann ich vorwegnehmen, den Weg zu einer Art innerem Frieden und besserem Selbstverständnis in Afrika gefunden. Ähnlich formulierte dies auch ein Münchner, welcher sich unweit von mir in einem kleinen Dorf zusammen mit seiner Schweizer Gattin angesiedelt hatte.

Auch bei meinen „weißen" Anwohnern aus München und Zürich hat sich ein gewisser Abstand zur deutschen Streitkultur entwickelt. Man streitet auch im Senegal, sieht aber über Kleinigkeiten meist hinweg, solange diese nicht ehrenrührig sind. Vor allem ist man sich hier, gemessen an anderen Kulturen, für den Rest des Lebens nicht spinnefeind. Ein Senegalese, egal welcher Religion oder Ethnie er angehört, ist erst einmal Senegalese. Das Land hat nicht nur eine große Diskussionskultur, sondern auch eine große demokratische Tradition. Den sogenannten *arbre à palabres*, „den Baum des wörtlichen Austausches", wie er im Senegal genannt wird, den Ort, an dem Dorfgemeinschaften ihre Alltagsprobleme besprechen und Streitigkeiten beilegen können, trägt jeder praktisch in sich.

Im Jahr 2019 befand sich Senegal unter den Top 10 im weltweiten „Consumer Index", den Ländern, in denen der höchste Anstieg des Konsumverhaltens im Vergleich zum Rest der Welt zu verzeichnen war.

Meine Tochter Elif beendete letztendlich ihr drittes Tertial als Assistenzärztin im „Hôpital Principal de Dakar", welches sich direkt neben der „Présidence de la République", dem Regierungspalast befand. Es hatten mich schon einige deutsche Journalisten von der Zeitschrift „BUNTE", dem ZDF und dem Bayrischen Rundfunk kontaktiert, um über mein Leben vor Ort zu berichten, mich über die Gründe meines Auswanderns zu befragen. Für mich war dies alles nicht so spektakulär, wie man es annahm. Senegal war eben auch ein Teil von mir, und ab und zu ist es auch gut, mal von der einen Seite Abstand zu haben, um die andere wieder schätzen zu lernen. Dies verlief bei mir immer wechselseitig und das mache ich auch heute noch so. Auf alle Fälle war ich glücklich darüber, dass über diese Berichterstattung der Senegal, das andere Land meiner Herkunft, ein afrikanisches Land, nicht mehr nur in der Rubrik Krisenreportage, sondern den Lesenden und Betrachtenden einmal unter dem Begriff Lifestyle vorgestellt werden konnte. Dann kam Corona.

Corona in Afrika

Schon bevor ein Fall von Corona in Afrika bekannt wurde, tauchten die ersten Berichte in den Medien auf, in denen apokalyptische Szenarien auf dem Kontinent prognostiziert wurden. Auch ein deutscher Minister klinkte sich ein, und man gewann den Eindruck, dass, gemäß gängiger Narrative und angelehnt an Ebola, wieder in üblicher Manier versucht wurde, der europäischen Bevölkerung Afrika als die Geburtsstätte aller Katastrophen und Seuchen zu verkaufen. Aber genau das Gegenteil war der Fall: Viele Europäer, vor allem Franzosen, flüchteten in den Senegal, um sowohl der Krankheit an sich als auch den Sicherheitsmaßnahmen in Bezug auf die Einschränkung der Pandemie zu entgehen.

Es waren ebenso fast ausschließlich die Europäer, welche sich zu Beginn nicht an die Maskenpflicht halten wollten, die billigsten Transporte, nämlich die permanent überfüllten Sammeltaxis wählten und ohne Mundschutz dichtgedrängt neben den einheimischen Passagieren saßen, welche mit besorgter Miene in die andere Richtung schauten. Da die ausländischen Bürger stark unter dem Schutz ihrer Botschaften standen, traute sich auch keiner, diese Personen zurechtzuweisen, weil man davon ausging, dass es sowieso nichts nützen würde. Im Senegal heißt es, wenn du in eine Auseinandersetzung mit einem Weißen gerätst, wirst immer du derjenige sein, der erst einmal im Gefängnis landet, egal wer damit angefangen hat.

Oft erweckte der Gestus einiger sesshafter Europäer den Eindruck, als ob sich diese noch durch eine Art Kolonialrecht geschützt sahen, indem sie sich manchmal über das Recht ihres Gastlandes einfach hinwegsetzten.

Ein Fauxpas zu viel

Trotz aller Gottesfurcht sind Senegalesen in den seltensten Fällen Fatalisten. Besonders wenn dabei das Leben auf dem Spiel steht. Keiner von uns wusste, wie sich so ein Krankheitsverlauf auswirken würde, da ja niemand jemanden kannte, der sich infiziert hatte. Ich schrieb eine Nachricht an

Präsident Sall und fragte ihn, ob man an Orten, wo in konzentrierter Form Europäer auftauchten, nicht spezielle Sicherheitsvorkehrungen treffen sollte. Dies betraf unter anderem die großen Supermärkte. Wofür in Deutschland Wochen oder Monate ins Land gingen, brauchte man im Senegal etwa zehn Tage. Kassen wurden mit Plexiglasscheiben versehen, und es gab sofort Einlasskontrollen inklusive Maskenpflicht und Temperaturmessungen.

Dann tauchte ein Artikel in der Presse auf, den man nicht nur aus senegalesischer, sondern auch aus panafrikanischer Sicht als einen medialen Supergau für die französisch-afrikanischen Beziehungen bezeichnen musste.

Zwei französische Wissenschaftler, Professor Camille Locht vom „Institute national de la santé et de la recherche médicale", kurz Inserm genannt, sowie Professor Jean-Paul Mira, „Chef de réanimation des Hôpital Cochin" in Paris teilten der Presse mit, dass Afrika das beste Terrain für Testversuche mit Impfstoffen wäre, weil es dort so viele Prostituierte und Aidskranke gäbe. Diese Aussage, welche unter dem Deckmantel der Wissenschaft dem gängigen Prinzip der Provokation und der Herabwürdigung der Afrikaner im Sinne der üblichen postkolonialen französischen Gängelei, dem rassistischen Luftballon entsprach, der die Afrikaner wieder einmal beleidigen und herabwürdigen sollte, um die Vorurteile im eigenen Land zu schüren, brachte das Fass schließlich zum Überlaufen. Der Zorn darüber beschränkte sich jetzt nicht mehr nur auf die Bevölkerung. Nun mussten auch die afrikanischen Staatschefs reagieren. „Wir sind nicht eure Meerschweinchen", äußerte sich Präsident Macky Sall gegenüber der ausländischen Presse. So sehr Frankreich von politischer Seite versuchte, die Dinge zu begradigen – die beiden Mediziner starteten den in solchen Momenten üblichen Versuch, dies als ein Missverständnis zu interpretieren und entschuldigten sich danach auch –, dieses Mal blieb die Aktion ohne Erfolg. Der Krug mit dem letzten Tropfen an Sympathie, den die afrikanische Bevölkerung den Franzosen noch entgegengebracht hatte, war in den Brunnen gefallen.

Es war eines der größten Eigentore der französischen Kommunikation in Richtung Afrika im letzten Jahrzehnt, schlimmer noch als der Vortrag des Ex-Präsidenten Sarkozy, den er am 7. Juli 2007 an der Université Cheikh Anta Diop in Dakar hielt und in dem er, grob gesagt, Afrikaner als Personen mit rückständigen kulturellen Denkstrukturen bezeichnete, welche noch nicht in der Zukunft angekommen seien. Auch diese Rede hallte durch den ganzen Kontinent, nun sollten die Folgen jedoch gravierender sein. Aus meiner Sicht war dies mehr oder weniger die Geburtsstunde für das, was später unweit von Senegal geschah und sich über zwei andere Länder in Westafrika ausbreiten sollte. Dieses Mal werden zumindest die jungen Afrikaner den Franzosen nicht mehr so schnell verzeihen. Sie sind inzwischen in dieser Region zum Symbol des bösen Europäers geworden. Die Aussage sollte in einigen Ländern Westafrikas, in ehemaligen französischen Kolonien, im weiteren politischen Verlauf nicht ohne Folgen bleiben.

Das Prinzip, einen Ballon in Richtung eigene Bevölkerung steigen zu lassen, um sich innenpolitisch zu positionieren und Feindbilder, „Fremdkörper" der eigenen, autochthonen Gesellschaft zu definieren, ist eine häufig benutzte Karte, welche Politiker auch besonders gern vor oder während eines Wahlkampfs ausspielen. In vielen Ländern dieser Welt gibt es derlei Versuchsballons mit rassistischem Inhalt, auf die anschließend eine fadenscheinige Entschuldigung folgt.

Die afrikanische Bevölkerung wird jedoch keine Entschuldigung mehr annehmen, die in Wahrheit gar keine ist, sondern Teil einer perfiden Strategie. Diesmal hatte der Versuchsballon jedoch auch außenpolitische Konsequenzen zur Folge, die sich, wie bereits angedeutet, nicht nur auf der Dialogebene Frankreichs mit seinen ehemaligen afrikanischen Kolonialstaaten abspielen sollten. Er brachte Ereignisse ins Rollen, deren Auswirkungen die Franzosen noch bereuen würden.

Umgang mit dem Virus

Die Anzahl der Infizierten lag in Afrika im prozentualen Vergleich zum Rest der Welt im untersten Prozentbereich. Im Senegal konnte man trotzdem beobachten, wie Menschen nahezu aller Altersgruppen am Strand oder auf der Straße auf und ab joggten, um sich bei 40 Grad Hitze mit körpereigenen Abwehrkräften gegen das Virus zu schützen. Der Verkehr zwischen den Städten wurde sofort untersagt. Autobahnen und Landstraßen waren still und Reisen war nur mit einer Sondergenehmigung erlaubt. Ich war im Besitz einer solchen, und als ich eine Reise in das 600 Kilometer entfernte Tambacounda antrat, traf ich in jedem Ort auf der Strecke junge Freiwillige, die, mit Desinfektionsmittel und einem Laserthermometer ausgestattet, höflich um die Erlaubnis baten, einen Temperaturcheck machen zu dürfen. Ich war stolz darauf, mit welcher patriotischen Hingabe sich junge Senegalesen freiwillig in den Dienst der Gesundheit ihrer Bevölkerung gestellt hatten, und ich unterstützte jeden Posten mit einer kleinen Zuwendung. Senegal sollte im weiteren Verlauf der Pandemie hinter Neuseeland die Nummer zwei der Welt in der Bekämpfung von Corona werden.

Reciprocité – „Wie du mir, so ich dir." Meine Tochter Elif verließ mit einem der letzten Flüge in Richtung Europa den Senegal. Präsident Sall sperrte den Flugverkehr, nachdem die Europäische Union den Afrikanern bis auf ein paar Ausnahmen, etwa Ghana und Ruanda, die Einreise verweigert hatte. Es waren Länder, mit denen sich Deutschland und die EU eine privilegierte wirtschaftliche Partnerschaft erhofften. Trotz alternativer Behandlungsmethoden blieb der Senegal und auch der gesamte Kontinent weit hinter der Infektionsquote Europas, ausgenommen Südafrika und die Maghreb-Länder, wo zumindest zu Anfang der Pandemie noch relativ viel interkontinentaler Flugverkehr herrschte.

Das Einreiseverbot für Afrika galt auch dann noch, als sich die apokalyptischen Szenarien, die man für Afrika vorausgesagt hatte, nicht im Geringsten erfüllten. Dafür aber wurden fadenscheinige Erklärungen in die Welt gesetzt, in denen man behauptete, dass der Grund für die geringen Infektionsquoten auf einen zu geringen Testaufwand zurückzuführen sei. Das Covid-Test-Kit allerdings, das das Institute Pasteur in Dakar zusammen mit einem britischen Team Ende April 2020 entwickelt hatte, zwei Monate nachdem der erste Covid-19-Fall im Land festgestellt worden war, blieb bei dieser in die Welt gesetzten Behauptung vollkommen unberücksichtigt.

Macky Sall tat das, was ihm bei der Bevölkerung und auch auf dem ganzen Kontinent hohes Ansehen bescherte: Er verbot den Ländern, welche Afrikanern die Einreise verwehrten, ebenso, sein Land zu betreten. Außer der Republik Gabun hatte sich kein einziges Land mit Senegal solidarisch erklärt. Die Stimmung im Land war so angespannt, dass dies der einzig richtige Schritt war, um Ruhe und Frieden zu bewahren.

An einigen Grundstücksmauern und Häusern in der Stadt Mbour sah ich Aufschriften, welche unverhohlen die Gefühle der afrikanischen Gesellschaft gegenüber den Europäern widerspiegelten: *„Restez chez vous."* – „Bleibt, wo ihr seid."

Europa dachte und verfuhr in seinem ethno-zentristischen Denken und Verhalten, in seiner Diskriminierung der *People of Color* auf individueller, sowie mit Hinblick auf einen ganzen Kontinent ebenso, und machte praktisch auch keinen Hehl daraus.

Dass vor einem solchen Denken nicht einmal eine Person wie Barack Obama gefeit ist, verdeutlicht folgender Vorfall. Bei einem Besuch in Berlin, kurz vor den Präsidentschaftswahlen in den USA, sprach ihn bei einem Auftritt vor Studenten eine polnische Studentin auf seine amerikanische Identität an. Sie meinte, dass sie ja eine echte Polin sei, aber er eben kein echter Amerikaner. Ich erinnere mich auch noch daran, wie er diese Frage mit einem irritierten Blick an seine Frau Michelle weitergab. Hätte die Studentin diese Frage auch gestellt, wenn Barack Obama halb Osteuropäer, halb Italiener gewesen wäre? Wahrscheinlich nicht.

Auch der ehemalige Ministerpräsident Berlusconi sprach damals von „dem Typen mit dem gebräunten Gesicht". Im Moment regieren in einem meiner europäischen Lieblingsländer die Neo-Faschisten.

Neue Sicht auf Europa

Der gewaltsame Tod des Afro-Amerikaners George Floyd durch einen amerikanischen Ordnungshüter wird die Beziehung zwischen schwarzen Menschen und Personen mit einem überwiegend weißen, europäisch-stämmigen Anteil nicht ad hoc verändern, auch wenn rassistische Übergriffe wie dieser durch die neuen Medien einen weiteren Verbreitungsgrad haben werden als bisher. Derlei Vorfälle zwischen der US-amerikanischen Polizei und der afro-amerikanischen Bevölkerung gab es auch vorher schon zuhauf. Nur durch die Kombination von Smartphone und Internet konnte daraus dieser globale, mediale Tsunami entstehen. Die virulente mediale Verbreitung dieses Vorfalls war jedoch insofern eine äußerst heikle, weil dadurch das Werteschema, das selbstkreierte Bild der moralischen Überlegenheit des Westens, der andere Länder Demokratie und Menschenrechte lehren will, nicht nur innerhalb eines Landes diskutiert wurde, sondern weltweit. Nun bekam dieses Selbstbild einen Riss. Zum ersten Mal hatte dies auch eine Auswirkung auf die in diesem Punkt träge europäische Gesellschaft, zumindest was die Relevanz einer Diskussion und die Sichtbarkeit sogenannter *People of Color* anbelangt. Diese Diskussion hatte, was Deutschland anbelangt, unter anderem zur Folge, dass Afro-Deutsche plötzlich gezählt wurden.

Unsere Gruppe wurde aber nicht von den Deutschen selbst, sondern von einer amerikanischen Organisation gezählt. Die Mühe einer solchen Erhebung, deren Notwendigkeit man bei anderen Minderheiten nicht übersehen hatte, hatte man sich bei uns erspart. Denn wer als Bevölkerungsgruppe nicht in Erscheinung trat, mit dessen Problematik musste man sich auch nicht auseinandersetzen. Damit konnte man alle rassistisch motivierten Vorfälle gegenüber Afro-Deutschen als Einzelfälle und nicht als eine generelle Haltung gegenüber Menschen anderer Hautfarbe behandeln. Und wer in solchen Erhebungen nicht erfasst ist, existiert praktisch nicht, auch wenn wir mittlerweile, so hieß es dann nach der Zählung, schon knapp eine Million Menschen sind.

In Deutschland blieben bisher bei den meisten Diskussionen über Rassismus die Schwarzen außen vor. Die Sachlage wurde von den autochthonen und weißen Teilen der Bevölkerung erörtert und resümiert, in Talkrunden, wo weiße „Experten" ihren Teil der Gesellschaft quasi im übertragenen Sinne weißwaschen konnten. Dies ist dasselbe, als würde ein Angeklagter in einem Gerichtsprozess eine Doppelfunktion bekleiden: einmal als Täter, auf der anderen Seite zugleich als Richter. Der Freispruch wäre damit garantiert.

Dabei sind die wahren Experten jene mit Erfahrungswissen. Dies nicht nur bei diesem Thema und nicht nur in der Innenpolitik. Trotzdem und mit Blick auf die Wählerorientierung in europäischen Kernländern kann man sagen, tendiert auch das Verhalten der Bevölkerung genau in die entgegengesetzte Richtung. Man wehrte sich mit Händen und Füßen gegen die Abschaffung diskriminierender Begriffe.

Ob das Sichtbarmachen schwarzer Menschen in westlichen Ländern jedoch wesentliche Auswirkungen im Sinne eines positiven Effektes auf den Alltag Afro-Deutscher, Afro-Europäer oder anderer ethnischer Minderheiten von Seiten der Mehrheit der deutschen oder der gesamteuropäischen Gesellschaft haben wird oder lediglich unter dem in den USA geprägten Begriff des sogenannten *woke washing* abgehakt werden kann, bleibt abzuwarten. Ob diese aus dem Augenblick heraus entstandene Softpower-Initiative in Richtung Afrika von Nutzen sein könnte, ein besseres Bild von Europa und dem Westen zu zeichnen, bleibt abzuwarten. Im Augenblick sieht es jedoch nicht danach aus.

Der Umsturz in Mali und seine Folgen

Im Juli 2020 schickte man mir ein Video zu, auf dem Karim Keita, der Sohn des malischen Präsidenten Ibrahim Boubacar Keita, kurz IBK genannt, sich auf ausländischem Terrain während eines Telefonats mit seinem Handy von zwei jungen weißen Damen den Nacken massieren ließ. Im Hintergrund der Gartenparty mit Champagner-Ambiente lief House-Musik. Ein weiteres zeigte ihn auf einer Luxusyacht. Mein junger Freund zelebrierte eine Form des Hedonismus, von dem der allergrößte Teil der malischen Bevölkerung weit entfernt war, und mir wurde klar, dass dies nicht gut gehen konnte. Ich weiß noch, wie ich damals auf der Terrasse meines Hauses saß und aufsprang, als ich dieses Video betrachtete. Es machte mich fassungslos. Ich zeigte es meinem Wächter Maurice und sagte: „Das war's."

Und so war es dann auch. Wenige Wochen später, am 18. August, stürzte die malische Armee, ausgehend von der Militärbasis Soundiata-Keita, welche sich circa fünfzehn Kilometer von der Hauptstadt Bamako befand, Karims Vater. Die Veröffentlichung dieses Videos kam auf Grund der spannungsgeladenen politischen Situation im Lande zu einem denkbar ungünstigen Zeitpunkt und war somit der Todesstoß für die Regierung IBKs.

Das soziale Gefälle in Mali ist nicht untypisch für Entwicklungsländer und schon gar nicht für Afrika. Ich mochte Präsident Keita und seine Söhne Karim und Babacar, die an sich im Vergleich zu anderen Angehörigen politischer Eliten, abgesehen von diesem Video, im Alltag und vom Charakter her sehr bescheiden auftraten. Auch der Präsident selbst war im Prinzip ein ruhiger und freundlicher Mann. Zum damaligen Botschafter des Landes in Berlin, Toumani Djimé Diallo und seiner Frau unterhielt ich ein fast freundschaftliches Verhältnis. Es war nicht so, dass Karim sich um sein Land keine Sorgen machte. Ansonsten wäre er nicht mit der Bitte an mich herangetreten, dass Deutschland sich praktisch um die Fortbildung malischer Abgeordneter kümmern sollte. Auch er war es, der ein robustes Mandat auf breiterer Ebene zur Bekämpfung des IS forderte, als dieser sich plötzlich auch im Süden des Landes ausbreitete. Dies gab ich in Berlin weiter. Insgesamt erweckte es den Eindruck, dass sich Frankreich in Mali die operative Dominanz im dortigen Geschehen trotz MINUSMA nicht aus der Hand nehmen lassen wollte. Die Bilanz der Anti-Terrorismus Operation „Barkhane", welche direkt an die Operation „Serval" (2013–2014) anschloss, wurde von den Franzosen selbst als gemischt bezeichnet.

Im Mai 2021 folgte der zweite Staatsstreich, und die Armee nahm den neuen Präsidenten Bah N'Daw, Premierminister Moctar Ouané und den Verteidigungsminister Souleymane Doucouré gefangen. Danach präsentierte sich Vizepräsident Assimi Goita als neues Staatsoberhaupt.

Frankreichs Rolle im Lande blieb für die Malier selbst nebulös. Auch die Europäische Gemeinschaft hatte nichts unternommen, als Führungskader des IS bereits vor dem Fall Mossuls den Irak verließen und nach Libyen abwanderten. Ich selbst thematisierte dies in einigen Gesprächsrunden in Berlin und bat darum, eine bessere Kontrolle an der Grenze zu Mali zu überdenken. Es war klar, dass sich der IS auf die Suche nach einem neuen Terrain aufmachte, um an der Rohstoffausbeute Afrikas teilzuhaben sowie seine Profite am Drogen-, Waffen- und Menschenhandel zu vergrößern. Man kann davon ausgehen, dass ein weiterer Grund der ist, mit anderen islamistischen Gruppen wie AQMI oder Ansar Dine das Land gezielt zu destabilisieren und für ein reguläres Investment, für einen gezielten wirtschaftlichen Aufbau mit ausländischen Partnern unattraktiv zu machen.

Es hält sich auch hartnäckig ein Gerücht, dass Frankreichs Armee einmal die Gegend von Kidal zur militärischen Sicherheitszone erklärt hatte, weil dort auch Gold abgebaut wird. Sollte dies der Wahrheit entsprechen, wären sie nicht die Ersten gewesen, die sich an den Goldreserven Malis bedient hätten. Aber wie gesagt, Gerüchte halten sich am längsten – ob sie wahr sind oder nicht. Tatsache ist jedoch, dass weder Frankreich, welches zur Unterstützung im Kampf gegen den Terrorismus herbeigerufen wurde, noch die Operation MINUSMA der Vereinten Nationen mit ihren Missionen erfolgreich waren.

Eine neue Weltordnung

Die zentrale Frage, die sich stellt, ist die, ob Afrika als ganzer Kontinent oder wenigstens teilweise den Weg zur Entwicklung in „normale Volkswirtschaften" schaffen wird und was es dafür in Kauf nehmen muss, damit dies geschehen kann. Geschenke werden in diesem Geschäft nicht verteilt, auch wenn unter dem Gesichtspunkt institutionalisierten Mitleids im Rahmen der Entwicklungshilfe dies manchmal suggeriert wird. Hier unterscheidet sich die auf eigener Kommunikation beruhende Sichtweise des europäischen Bürgers von jener der Realität der Afrikaner.

Egon Bahr, der ehemalige Staatssekretär im Bundeskanzleramt, formulierte es einmal so: „In der Politik geht es nicht um Demokratie und um Menschenrechte. Es geht um Interessen von Staaten."

Dies kommt der Wahrheit schon näher. Ähnlich hatte sich seinerzeit auch einmal de Gaulle geäußert: „Frankreich hat keine Freunde. Frankreich hat Interessen", wobei man den Franzosen hier noch fast zugutehalten musste, dass man damit den anderen nichts vormachte, den Mut hatte, sich selbst so darzustellen, wie man ist und was man will. *La France d'abord"* – „Frankreich zuerst".

Präsident Macky Sall fordert daher schon seit geraumer Zeit einen Sitz der Afrikanischen Union bei den G-20 und pocht darauf, dass Afrika dasselbe Recht eingeräumt werden muss wie der Europäischen Union. „Denn wer in diesen Runden nicht am Tisch sitzt", heißt es so schön, „wird Teil des Menüs."

Deutschland täte gut daran, seine für keine Seite nutzbringende Position des moralischen Laienpredigers und Weltverbesserers aufzugeben. Wer außer moralischer Bevormundung Afrikas und der Dritten Welt nichts zu bieten hat, wird in Zukunft dort auch keine größere Rolle spielen. Bereits vor dem Ersten Weltkrieg war, gemäß dem Theologen und politischen Publizisten Paul Rohrbach, Deutschland dazu bestimmt, der Welt über die „Idee des Sittlichen als die für unsere Erkenntnis allein absolut vorhandene Größe, die das Ziel und die Norm des Menschheitsfortschritts bildet", den Stempel aufzudrücken. Das wohl eher an die eigenen Wählerinnen und

Wähler gerichtete Postulat einer „Feministischen Außenpolitik" ist auf internationaler Ebene kein Erfolgsrezept. Man redet mehr von sich als von den wirklichen Problemen und Interessen von Drittstaaten.

Auch die Abschaffung der Wehrpflicht sollte sich als Fehler erweisen. Nicht nur, was die außenpolitische Wahrnehmung anbelangt, sondern auch in Bezug auf eine europäische Verteidigungsstrategie. Dort wird Frankreich nicht nur wegen seiner Erfahrung in Drittstaaten, sondern auch wegen seiner Fähigkeiten und seiner Ausstattung die Akzente setzen. Seinen Vorschlägen könnte man sich dann auch nicht permanent verweigern, ohne dabei das Bündnis an sich in Frage zu stellen. In Bezug auf den Umgang mit Afrika und mögliche weitere Krisensituationen wird Deutschland vielleicht eine andere Vorstellung zu deren Lösung haben als sein europäischer Nachbar.

Europa erweckt den Anschein, als leide es, was seinen Umgang mit Afrika betrifft, an einer kollektiven Amnesie. Man denke allein an die zwölf Millionen Kongolesen, die unter dem belgischen König Leopold II. umgebracht wurden, was damals der Hälfte der Bevölkerung des Landes entsprach. Eigentlich müsste man sich in der Tat fragen, warum das Wort „Genozid" in diesem Zusammenhang nicht verwendet bzw. nicht einmal diskutiert wird. Zum Beispiel auf der Ebene der Vereinten Nationen. In Bezug auf Ruanda wird nur deshalb von Völkermord gesprochen, weil ihn die Hutus, eine landeseigene Ethnie, begangen haben. Bei diesem Massaker sahen die Truppen der Vereinten Nationen dem grausamen Abschlachten der Tutsis tatenlos zu. Der Sinn der Staatengemeinschaft im Sinne eines Instruments zur Konfliktlösung wurde hier in schockierender Art und Weise ad absurdum geführt. Erst 1998 besuchte Kofi Annan Ruanda und entschuldigte sich bei der Bevölkerung. Da war er schon nicht mehr Generalsekretär. Die Ruander haben ihm das trotzdem nie verziehen.

Wer unter dem Gesichtspunkt der bisher geschilderten Tatsachen denken will, dass die afrikanische Bevölkerung dem Westen ewige Treue schwören müsste, würde die elementaren Grundzüge des menschlichen Verstandes, die natürlichen Überlebensreflexe eines Menschen außer Kraft setzen. Denn in Afrika verhungern nach wie vor die meisten Menschen auf der Welt, und das vor dem Hintergrund, dass auf diesem Kontinent die rohstoffreichsten Gebiete der Welt liegen.

Diese Treue basierte nie auf der Ebene einer moralgebundenen Kooperation und gegenseitigen Sympathie, sondern auf der eines handels- und
wirtschaftspolitischen Drucks des Westens, dessen Hauptinstrument die sogenannte Budgethilfe ist. Dies nicht nur unter dem Gesichtspunkt eines bil-
ligen Zugangs zu Rohstoffen, sondern zudem auch noch dem des Schutzes
des eigenen Arbeitsmarkts auf Kosten von Afrika und anderer Drittstaaten.

Haltung gegenüber Russland

Nachdem sich am 2. März 2022 in der Vollversammlung der Vereinten Nationen bei der Abstimmung über den bedingungslosen Abzug Russlands
aus der Ukraine die meisten afrikanischen Staaten der Stimme enthielten,
drohte EU-Kommissionspräsidentin Ursula von der Leyen den Afrikanern
sofort mit schwerwiegenden Konsequenzen. Die afrikanischen Länder haben sich nicht nur aus geschichtlichen Gründen für diese Haltung entschieden – weil sie in Zeiten der Befreiungsbewegungen von Russland und China unterstützt worden waren –, sondern auch, weil ihre Einschätzung der
politischen Lage im Russland-Ukraine-Konflikt eine andere war. Sie sahen
diesen nämlich nicht primär als eine Auseinandersetzung zwischen zwei
Nachbarstaaten, sondern als geopolitischen Konflikt der USA mit Russland
und im Hintergrund auch mit China, einem Partner, auf welchen sie aus augenblicklicher Sicht nicht verzichten konnten. Das chinesische Engagement
bezog sich unter anderem auch auf Projekte zur Entwicklung der eigenen
Wirtschaft, wie dem Aufbau einer logistischen Infrastruktur, etwas, was ihnen die Europäer über lange Zeit hinweg verweigert hatten. China allein das
Prinzip des Eigennutzes zu unterstellen, wäre Heuchelei.

Europas Interesse an Afrika – und das zeigt sich trotz des Postulats
einer fairen Partnerschaft immer wieder – ist in erster Linie mindestens
genauso egoistischer Natur wie das Chinas, zumal Europa auch nicht
einmal einen Hehl daraus macht, dass das primäre und eigentliche Ziel
die Verhinderung des zunehmenden Einflusses Chinas und die Sicher-
stellung dortiger Rohstoffreserven ist und nicht die Entwicklung im breiteren Sinne, etwa der afrikanischen Wirtschaft.

Nicht nur afrikanische, sondern auch andere Entwicklungsländer
empfinden die augenblickliche Weltwirtschaftsordnung als ungerecht.

Und dies nicht erst seit ein paar Jahren, sondern schon seit über einem halben Jahrhundert. Das heißt, seit dem sie die Unabhängigkeit erlangt haben. Dieser Begriff einer „Neuen Weltordnung" ist daher keine Erfindung des russischen Außenministers Sergej Lawrow, obwohl er wegen der Ukraine-Krise oft in einem anderen Zusammenhang gesehen wird.

Dennoch sind die Adressaten des von Lawrow mittlerweile immer häufiger zitierten Begriffs im Prinzip die Entwicklungs- und Schwellenländer, welche ihre teils geringe wirtschaftliche Leistung nach wie vor auf die unzureichende Eingliederung in die sogenannte weltwirtschaftliche Arbeitsteilung zurückführen. Dies trifft besonders auf afrikanische Länder zu. Dies ist der Kernpunkt des afrikanischen Dilemmas und die unbestreitbare, aber öffentlich nie diskutierte Ursache von Migration. Im Klartext heißt das: Man holt sich aus Afrika nicht nur billige Rohstoffe, sondern nimmt dem Kontinent auf Grund der Tatsache, dass sie dort nicht verarbeitet werden, auch noch die Arbeitsplätze weg. Damit der politisch-administrative Bereich in den Ländern funktionsfähig bleibt, gewährt man ihnen sogenannte Budgethilfe, die in Bezug auf die Lebensqualität der Bevölkerung meist nur eine sehr geringe, oft sogar die gegenteilige Auswirkung hat. Länder wie der Senegal, Gambia und Mauretanien müssen zum Beispiel ihre Fischereirechte verkaufen, um weiterhin Unterstützung von außen zu bekommen. Auch an die EU. Dadurch fischen große Fangflotten mit ihren engmaschigen Netzen die Küsten leer. Wer wie ich in einem Fischerdorf im Senegal lebt, kennt das Leid der Fischer, welche immer weiter von der Küste wegfahren müssen. Dadurch lassen sich die Kosten für den Benzinverbrauch nicht mehr mit dem Erlös aus dem Fang refinanzieren. Dies hat zur Folge, dass in Europa, etwa in Spanien, mehr und mehr Fischerboote mit hundert Menschen an Bord ankommen, sofern sie nicht schon vorher in den Tiefen des Atlantiks versinken.

Rohstoffe, Wertschöpfung und die Verteilung von Wohlstand

Die zehn ärmsten Länder der Welt liegen alle in Afrika. Gemessen an den Rohstoffvorkommen müsste aber zum Beispiel die Demokratische Republik Kongo das reichste Land der Erde sein, was aber nicht der Fall ist.

Einen der wesentlichen Gründe dafür verdeutlicht der Verteilungsschlüssel von Rohmaterial in Bezug auf den tatsächlichen Marktwert des Endprodukts. Afrika produziert 75 Prozent des weltweiten Kakaos, erhält aber nur 5 Prozent des jährlich Schokoladenmarktwerts von jährlich 100 Milliarden US-Dollar. Fast derselbe Schlüssel bezieht sich auf den Abverkauf von natürlichen Ressourcen wie Öl, Gas, Gold und anderen Metallerzen sowie seltenen Erden als Rohmaterial.

Der Mangel an Arbeitsplätzen und nicht etwa die demographische Entwicklung in Afrika auf dem dünnbesiedelten Kontinent ist nach wie vor die Hauptursache für die Migration nach Europa, denn wenn die Veredelung der eigenen Ressourcen woanders, etwa in Europa oder sonst wo stattfindet, können in Afrika auch keine Arbeitsplätze entstehen.

Eine „Neue Weltordnung", die sich mit diesen Fragen beschäftigt, wurde bereits in den 1960er und 1970er Jahren in zahlreichen Konferenzen und Gremien thematisiert und von den Afrikanern und anderen Entwicklungsländern gegenüber den westlichen Industrienationen eingefordert. Die wichtigsten Gremien sind hier die Welthandels- und Entwicklungskonferenzen der Vereinten Nationen (United Nations Conference on Trade and Developement, UNCTAD).

Ende der achtziger Jahre verlor diese Forderung an Dynamik, da man nach Ende des Ost-West-Konflikts befürchtete, dass Gelder der Entwicklungshilfe, Exportkredite, Direktinvestitionen und dergleichen in mittel- und osteuropäische Reformstaaten umgelenkt würden. Dies könnte auch jetzt während und nach der Ukraine-Krise der Fall sein. Denn neben der Ukraine erklärte die Europäische Union auch noch Moldawien, den wegen massiver Korruption gescheiterten Stern der EU-Osterweiterung, im Juni 2022 zu einem Beitrittskandidaten.

Auch in weiteren Konferenzen kam es zwischen den Industrienationen und den Entwicklungsländern zu keiner Lösung. Das Motto lautete: Verschiebung auf die nächste Konferenz.

Erst auf Druck der OPEC, welche durch Reduzierung der Liefermengen den Ölpreis erhöhen wollte, wurde den Forderungen der Entwicklungsländer dann Nachdruck verliehen. Dies sollte erst einmal das Selbstbewusstsein der Entwicklungsländer stärken, denn durch ihr solidarisches Verhalten wurde es zumindest möglich, den Industrienationen Handelsvorteile abzuringen.

Bei den Vereinten Nationen sind über das sogenannte Department of Public Information (DPI) über 1500 NGOs registriert. Ihnen wurde 1996 ein erweiterter Beraterstatus beim Wirtschafts- und Sozialrat der Vereinten Nationen (ECOSOC), dem zentralen Organ der Vereinten Nationen für wirtschaftliche, soziale und Entwicklungsfragen erteilt. Der ECOSOC ist eines der sechs Hauptorgane der Vereinten Nationen, deren Empfehlungen Einfluss auf die UN-Generalversammlung haben. NGOs sollten vom Grundprinzip her eine Transformationsstrategie verfolgen, mit der sie Ländern zu ihrer Eigenständigkeit verhelfen, ohne aber davon ausgehen zu wollen, dass ein ganzer Kontinent immer den gleichen ökonomischen Status quo beibehalten sollte. Das Problem, das sich hier stellt, ist, dass durch eine Industrialisierung Afrikas der eigene wirtschaftliche Status in Frage gestellt werden würde und man sich damit praktisch selbst überflüssig macht.

Dies würde einen Verlust von abertausenden, zum Teil hoch privilegierten Arbeitsplätzen zur Folge haben.

Was das AfCFTA, das African Continental Free Trade Agreement, die große pan-afrikanische Freihandelszone, anbelangt, stellt sich daher die Frage, welchen Anteil darin eigene, auf dem Kontinent hergestellte Endprodukte haben werden.

Dieses Produktionsschema zu verändern, wird nicht im Interesse so mancher Industriestaaten liegen, insbesondere nicht einiger europäischer Staaten, die für Afrika den größten Handelspartner darstellen. Der EU würde ein großer Absatzmarkt entfallen, wenn der Kontinent irgendwann selbst produzieren würde. Dazu genügt schon ein Blick auf den Export überschüssiger und hochsubventionierter Agrargüter, mit 60 Milliarden Euro pro Jahr der größte Budgetfaktor der EU.

Laut dem Africa Business Guide birgt der Kontinent 90 Prozent der weltweiten Bestände an Chrom und Platin, 40 Prozent des weltweiten Goldes, 12 Prozent der globalen Ölvorräte sowie 7 Prozent des Erdgases. Afrika hat die größten Reserven an Kobalt, Diamanten, Platin und Uran der Welt. Allein Südafrika ist weltweit der führende Lieferant von Chromit, Ferrochrom, Gold, Palladium und Platin und der zweitgrößte Hersteller von Mangan, Rutil und Zirkon, eine Tatsache, die jeden anderen Kontinent der Welt – vorausgesetzt es gäbe eine gemeinsame Wirtschafts- und Produktionsstrategie – zu einem Kreditgeber und nicht zu einem Kreditempfänger machen würde.

Der Wunsch Afrikas nach einem integrativen Ansatz, einer Eingliederung in das globale Produktionsschema durch den Aufbau einer Industrie und somit die Schaffung von Arbeitsplätzen für die Bevölkerung, bleibt nach wie vor unerfüllt. Der Handel mit den Industrienationen bezieht sich nach wie vor auf den Rohstoffhandel, nicht einmal die sektorale Entwicklung einzelner Länder, zum Beispiel im Bereich der Landwirtschaft, erreicht bislang das Potential, die eigene Bevölkerung zu versorgen. Im Gegenteil: Manche Sektoren wurden sogar rückgebaut.

Nigeria, ein Land, das in den achtziger Jahren über rund 170 Textilfabriken verfügte, wird wie viele afrikanische Länder mit Altkleidern überschwemmt, was den Niedergang dieses Industriezweigs in die Wege leitete. Daran hat auch das bereits seit zwei Jahrzehnten bestehende Importverbot nichts geändert. Es sind nun lediglich circa zwanzig Betriebe übrig. Die Anzahl der Arbeiter sank von 350 000 auf ungefähr 20 000. Das Land war bis vor einigen Jahrzehnten zudem noch ein wichtiger Nahrungsmittelproduzent. Auch davon ist nicht mehr viel übrig geblieben.

2018 drohte Präsident Trump im Rahmen seiner „America First"-Politik Ruanda mit Vergeltung, weil es wegen der Massen von Altkleidern, die den Markt überschwemmten und dadurch die eigenen Produktionsstätten massiv in Bedrängnis brachten, Importzölle erhob. Der Grund für Trumps Vorgehen war, dass amerikanische Textilverbände Druck auf ihn ausübten, weil, wie es hieß, ansonsten in Amerika 28 000 Arbeitsplätze verloren gehen würden. Die Schaffung von Arbeitsplätzen in Ruanda und eine Entwicklung auf diesem Sektor war also unerwünscht. Diese oder ähnliche Vorgehensweisen lassen sich auf alle Wirtschaftssektoren in fast allen afrikanischen Ländern beziehen.

Aber auch China exportiert in afrikanische Länder. Deutschland, einmal einer der führenden Produzenten von Damast, hat die Möglichkeit versäumt, Produktionsstätten in Afrika zu bauen oder dort sein Handelsnetz auszuweiten. Fast alle festlichen Gewänder, ob für Frauen oder für Männer, werden aus diesem Stoff gefertigt. China hat diesen Markt entdeckt und sofort gehandelt. Das zweite Newton'sche Gesetz lautet: „Kraft ist Masse mal Beschleunigung." Gerade durch sein beschleunigtes Vorgehen ist China den Europäern meilenweit voraus.

Auch die Firma Monsanto wollte über Burkina Faso mit genmanipulierter Baumwolle den afrikanischen Markt erobern und schloss 2003 mit der Regierung einen Vertrag. Sechs Jahre später wurde das Saatgut an die Bauern verteilt. In kürzester Zeit wurden nahezu 70 Prozent der Anbauflächen bepflanzt, und es wurden keinerlei Maßnahmen zum Schutz der Biodiversität getroffen. Das Ganze endete nicht nur in einer qualitativen Katastrophe. Denn die Bauern benutzten das Öl und die Körner auch noch als Nahrungsmittel, deren Risiken unter dem Gesichtspunkt von Langzeitfolgen überhaupt nicht abschätzbar sind. Erst 2016 kam es schließlich zu einer Einigung. Einige der Bauern konnten auf die Entschädigung nicht mehr zurückgreifen, was nicht verwunderlich war: Die Lebenserwartung im Land wird augenblicklich auf knapp unter 60 Jahre geschätzt. Dass dieser Aspekt der Verzögerung Teil eines wirtschaftlichen Kalküls war, kann man dabei nicht ausschließen.

Mali und Burkina Faso haben sich mittlerweile zu den von islamistischem Terror und militärischen Staatsstreichen betroffenen Ländern reihen müssen. Mit dem Wettbewerb der Industrienationen um die Ressourcen des Kontinents nahm gleichzeitig auch die Gefahr durch Bedrohung islamistischer Terrorgruppen zu.

Die jungen, starken Männer positionieren sich. Sie wollen die alte Elite afrikanischer Führer ablösen, besonders jene, welche aus ihrer Sicht zu stark an Kooperationen mit dem Westen und den ehemaligen Kolonialstaaten wie Frankreich festhalten. Das Vertrauen in die Herren mit den grauen Schläfen und ihre klassischen Verbündeten ist geschwunden.

Szenarien der Zukunft und das System Blockfreier Staaten

Nach den Militärputschen in Mali 2020, in denen die Regierung Keita durch das Militär abgesetzt wurde, folgte 2021 ein weiterer Putsch und brachte Kommandant Assimi Goita an die Macht. Er folgte auf den nur wenige Monate regierenden Interimspräsidenten Bah N'Daw. Nach dem ersten Putsch wurde mir aus persönlichen Quellen ein Video aus Mali zugesandt. Darauf war ein junger Soldat im Kampfanzug zu sehen, der mit tränenerstickter Stimme und einem gespielten Pathos folgende Worte in die Kamera sprach: *„C'est pas encore fini on va liberer l'Afrique. Toute l'Afrique."* – „Es ist noch nicht zu Ende. Wir werden Afrika befreien. Ganz Afrika." Ich leitete das Video erst einmal weiter, obwohl ich das Ganze auf Grund des übersteigerten Pathos, auch in Bezug auf das angekündigte Vorhaben, etwas übertrieben fand. Aber ich sollte mich irren. Zumindest teilweise.

In Burkina Faso wurde bald darauf die Regierung des gewählten Roch Marc Kaboré durch das Militär gestürzt, das mit Paul-Henri Sandaogo Damiba die Macht übernahm, welcher dann wiederum selbst von einer anderen Gruppierung innerhalb der Armee unter der Leitung von Hauptmann Ibrahima Traoré abgesetzt und auch abgelöst wurde.

Nicht nur Mali, auch Teile Burkina Fasos werden vom IS und von Al-Qaida im Maghreb AQMI kontrolliert. In diesem Gebiet hatte der mehrfach totgesagte, mysteriöse Mokhtar Belmokhtar, einer der bedeutendsten Anführer einer der schlimmsten Terrororganisationen des Sahel, seine Karriere erst einmal als Zigarettenschmuggler begonnen. Er kannte das ganze Terrain wie kaum ein anderer. Sein oftmals verkündeter Tod konnte nie eindeutig nachgewiesen werden.

Am 5. September 2021 wurde die elfjährige Regierungszeit des 83-jährigen Alpha Condé in Guinea beendet, den die westlichen Medien auf der einen Seite als Mandela Westafrikas und auf der anderen als verfassungsbrüchigen Despoten mit Ambition auf eine Dauerregentschaft bezeichneten. Durch einen Putsch des Führers einer Spezialeinheit namens GFS, die er selbst noch ins Leben gerufen hatte, wurde seiner Herrschaft auf dramatische Weise ein Ende gesetzt. Initiator war der Leiter dieser Einheit, der 41-jährige charismatische Oberstleutnant Mamady Doumbouya, ein ehemaliger Fremdenlegionär. Er wurde an Militärschulen in Israel, Senegal und Frankreich ausgebildet und hatte zusätzlich an einer französischen Universität einen Hochschulabschluss im Fach *„Défense et dynamiques industrielles"* erlangt, ein Fach, das sich auf die Handlungsweisen der Verteidigungsindustrie und privatwirtschaftlicher Unternehmen bezieht.

Dann tauchte in Afrika ein Akteur auf, den zunächst niemand im größeren Sinne auf dem Radar hatte. Wladimir Putins Privatarmee, die Wagner-Gruppe. Sie war bereits seit 2018 in der Zentralafrikanischen Republik tätig, wo sie die Regierung von Faustin-Archange Touadéra im Kampf gegen einige Rebellengruppen unterstützte und im Gegenzug dafür uneingeschränkte Abbaurechte an der ergiebigen und damit überaus lukrativen Ndassima-Goldmine erhielt.

Wenn man sich weitere Ereignisse und Zusammenhänge vor Augen führt, erweckt es fast den Anschein, als ob Russland, sowohl in Mali als auch in Burkina Faso, das Chaos nach der ersten Revolution genutzt hatte, um im zweiten Anlauf eine ihnen besser gewogene Regierung an die Macht zu bringen. Erst seit dem Ukraine-Krieg fingen die Medien an, über die Aktivitäten der von Jewgeni Prigoschin angeführten Wagner-Gruppe im Sudan zu berichten, obwohl die von „Putins Koch" – er wurde deswegen vor allen Dingen im Westen so genannt, weil seine Firma die Staatsbankette der Regierung ausrichtete – angeführte Truppe schon seit 2017 im Sudan tätig war. Dies beruht darauf, dass der damalige Präsident Omar al-Bashir, der um seine Macht fürchtete, nach Russland reiste und Präsident Wladimir Putin um Unterstützung bat. Dort offerierte er den Russen den Sudan als Eingangstor nach Afrika, und kurz darauf entsandte die durch die russische M-Invest finanzierte Minen-Gesellschaft Meroe Gold in den Sudan. 2020 sanktionierte das US State Department M-Invest und Meroe Gold, nachdem sich laut ihren Untersuchungen ergeben hätte, dass hinter beiden Firmen in Wirklichkeit die Wagner-Gruppe stand. Die Wagner-Gruppe war vorerst einmal, wie es offiziell hieß, dazu engagiert worden, den Bergbausektor, insbesondere die Goldminen im Sudan – das Land ist der drittgrößte Goldexporteur Afrikas –, vor der internationalen Opposition zu schützen. Als die Proteste gegen al-Bashir 2019 zunahmen, beteiligte sich die Wagner-Gruppe als direkter Akteur und griff in die Demonstrationen ein. Laut Berichten von CNN flogen die Russen Gold nach Dubai oder nach Latakia in Syrien aus, wo sie eine Militärbasis besitzen, und dann weiter nach Russland. Im späteren Verlauf dementierte die Gruppe, dass sie selbst den augenblicklichen Konflikt genutzt hatten, um größere Investitionen in eine Militärbasis in Port Sudan zu rechtfertigen.

Nachdem die Anwesenheit Frankreichs in beiden Ländern in Bezug auf die Bekämpfung des islamistischen Terrors ergebnislos geblieben war und von der Bevölkerung somit mehr unter dem Gesichtspunkt einer kolonialen Dauerpräsenz wahrgenommen wurde, schien den Ländern deren Ablösung erst einmal wichtiger als die Perspektiven einer nachhaltigen wirtschaftlichen Entwicklung, welche ihnen ihre bisherigen Kooperationspartner offensichtlich auch nicht bieten konnten.

Auch im Senegal, wo in großen Mengen Öl und Gas gefunden wurde, kehrte Präsident Macky Sall enttäuscht von einer Europareise zurück, nachdem Präsident Macron ihm erklärt hatte, dass die Förderung fossiler Brennstoffe aus umweltpolitischen Gesichtspunkten nicht möglich sei. Der sogenannte „Green Deal" war nun die neue Richtlinie der EU. Drei Wochen später setzte Macron sich aber genau dort erfolgreich dafür ein, dass Gasund Atomenergie als klimafreundliche, „grüne" Energie behandelt wurden, was die Europäer, zumindest Frankreich, dem Senegal versagt hatten.

Vor dem Besuch von Bundeskanzler Olaf Scholz in Senegal nahm ich einen Termin beim deutschen Botschafter Simon in Dakar wahr, da sich die Europäer zu einer Belehrungstour in Richtung Afrika wegen des Abstimmungsverhaltens bei der Vollversammlung der Vereinten Nationen auf den Weg machten.

Ich schilderte ihm meine Sicht der Dinge und versicherte ihm, dass meiner persönlichen Einschätzung nach die Reise des deutschen Bundeskanzlers – sollte er vorhaben, Präsident Sall diesbezüglich einen Vortrag zu halten – nicht unbedingt von Erfolg gekrönt sein würde. Im weiteren Verlauf unseres ansonsten sehr angenehmen Gesprächs erzählte ich ihm, dass ich ein Telefonat mit einer Kontaktperson bei der Weltbank geführt hatte, da man afrikanische Länder offensichtlich in Bezug auf die Nutzung ihrer eigenen Energieressourcen blockieren wollte, während man diese auf eigenem Terrain jedoch weiterhin beanspruchte. Dort hatte man mir erklärt, dass Ölförderung zwar nicht unterstützt werde, dafür aber in manchen Fällen die Förderung von Gas. Kanzler Scholz streifte dieses bei der EU-Vollversammlung besprochene Thema zumindest im Senegal nur am Rande und brachte dafür eine Gaspartnerschaft mit dem Senegal ins Spiel. Denn plötzlich hatten sich die Zeiten geändert. Man suchte Alternativen zu Russland.

Frankreich hatte in Mali zwischen 2019 und 2020 auf internationaler Ebene eine Militäroperation von Spezialkräften namens Task Force Takuba aufgebaut, welche im Vergleich zur EUTM Mali, der Trainingsmission der EU, auf ein robustes Exekutivmandat zurückgreifen konnte. Obwohl diese Operation von Frankreich als europäische Initiative verteidigt wurde, hatten die anderen Beteiligten nur den Status von Juniorpartnern, was den Beigeschmack hatte, dass diese Operation mehr auf nationale Interessen ausgerichtet war als auf eine europäische Kohäsionspolitik im Sinne einer gemeinsamen Verteidigungsstrategie. Mag sein, dass diejenigen, welche sich dagegenstellten, in diesem Punkt nur bedingt Recht hatten. Denn die NATO hatte kein Konzept für den Bereich südlich des Mittelmeeres, und die EU ohne die Franzosen auch nicht. Und dass Frankreich und die EU auf diesem Terrain an einem Strang ziehen würden, war zumindest am Anfang der zunehmenden Einflussnahme Russlands in Afrika nicht erkennbar.

Nachdem Frankreich verstand, dass Russlands Strategie auch darin bestand, Europa den Zugriff auf für sie wichtige Rohstoffe in Afrika zu blockieren, verlagerte es die Task Force Takuba im Juni 2022 nach Niger, um seine Uran-Mine zu schützen. Da die Mine bereits 2013 von einer Djihadisten-Gruppe der AQMI überfallen worden war, war die Angst vor Wagner offensichtlich größer als die vor Al-Qaida. Obwohl der Minenbetreiber ORANO und sein Vorgänger, der AREVA-Konzern, welche seit 1978 im Land aktiv sind, nahe der Stadt Arlit Millionen Tonnen radioaktiven Abfall hinterlassen haben, sicherte sich Frankreich im Mai 2023 die Verlängerung des Vertrags hinsichtlich ihres zweiten Uran-Projekts – die im Norden des Landes gelegene Somair-Mine – mit einer Laufzeit bis 2040.

Das Land ist mit 40 Prozent des Gesamtbedarfs an Uran der wichtigste Hauptlieferant Frankreichs, das 69 Prozent seines Stroms aus Atomkraft bezieht.

Für Deutschland ist die Beteiligung an solchen Einsätzen vor allem aus innenpolitischer Sicht problematisch. Nigers Präsident Mohamed Bazoum pflegt mittlerweile auch Beziehungen zur anglophonen Welt, vor allem zu England, und gibt zu verstehen, dass traditionelle Partnerschaften, wie mit Frankreich, neue nicht ausschließen dürften. Ein Prinzip, nach dem der Senegal schon länger agiert. Als er einmal das Land zu einem Investorengipfel verließ, erfuhr er über Twitter, dass in seiner Abwesenheit seine Regierung gestürzt worden sei, was aber nicht stimmte. Es liegt der Verdacht nahe, dass in Zukunft auch in Afrika bei anstehenden Wahlen Fake News aus verschiedenen Richtungen eine größere Rolle spielen werden.

Die Unterstützung robusterer Mandate, egal in welcher Form, passte nicht zum Image Deutschlands, das sich als Lehrmeister in Sachen Moral verstand, auch wenn es später in der Ukraine-Krise eine Kehrtwende größeren Ausmaßes vollziehen sollte und eine solche im Balkan Krieg bereits vollzogen hatte. Ob das Deutschland später einmal zum Nachteil gereichen wird, bleibt abzuwarten. In Bezug auf eine gesamteuropäische Verteidigungsstrategie wird man sich nach der geplanten militärischen Allianz namens PESCO, deren Name schon nicht mehr im Gebrauch ist, jedenfalls etwas einfallen lassen müssen. Denn diesbezüglich hatten die Engländer schon vor dem Brexit erkennen lassen, dass sie neben dem transatlantischen Bündnis der NATO keinen Bedarf an einer Mitwirkung an einem solchen Projekt sehen. Hinter der Frage, ob aus heutiger Sicht ein Land wie Ungarn sich im Hinblick auf Russland an so einer Strategie beteiligen würde, steht ein weiteres Fragezeichen.

Es ist erkennbar, dass sich außerhalb der europäischen Komfortzone Dinge abspielen, welche die europäischen Länder und so auch Deutschland dazu zwingen werden, ihre bürokratische Steifheit abzulegen und ihren Belehrungsstil gegen eine pragmatisch orientierte Außenpolitik auszutauschen. Der enge Verbündete der USA, Saudi-Arabien, hat jüngst unter der Vermittlung Chinas eine Annäherung zum ehemaligen Erzfeind Iran angekündigt. Anfang April fand in Peking ein Treffen der Außenminister beider Länder statt.

Der Golfstaat, der täglich 3,4 Millionen Barrel Erdöl produziert, exportiert bereits ein Viertel seiner gesamten Fördermenge nach China. Manche spekulieren bereits darüber, ob die beiden Länder ihre Geschäfte künftig nicht in Yuan abwickeln werden. Es gibt bereits zwanzig Länder, welche ihre Ölgeschäfte nicht in US-Dollar abwickeln, überwiegend solche, welche von den USA sanktioniert wurden, heißt es. Dies betrifft den Iran sowie auch Russland, wo seit Beginn 2023 der Yuan bereits mehr gehandelt wird als der US-Dollar.

Qatar, dessen Gasfeld North Field an das iranische Gasfeld South Pars angrenzt, wurde kurzfristig nach diesem Annäherungsversuch an seinen Nachbarn auf der anderen Seite des Persischen Golfs von den USA sowie auch von den Emiraten isoliert und der Terrorfinanzierung bezichtigt.

Der große „Gamechanger" auf dem globalen Gasmarkt mit seinen riesigen Reserven könnte aber tatsächlich der Iran sein. Inzwischen hat sich China mit dem Konzern Sinopec an der östlichen Erweiterung des qatarischen North-Field-Flüssiggasprojekts (LNG) beteiligt und fünf Prozent eines sogenannten LNG Train, einer Abfüllstation, übernommen, was dem Land ein jährliches Kontingent von acht Millionen Tonnen garantiert. Eine Marktstrategie mit Saudi-Arabien, welches selbst noch auf Rang sechs der Gasproduzenten steht, könnte auch die USA in Bedrängnis bringen. Wirtschaftsminister Habeck, der ebenfalls jüngst mit Qatar einen Gasdeal abgeschlossen hat, muss sein Gas über eine in den USA sitzende Agentur beziehen. Dass die Qataris erst ihr Gas von dem LNG-Port Ras Laffan in die USA und dann nach Deutschland bringen werden, ist eher unwahrscheinlich. Wahrscheinlich wird man dem grünen Umweltminister das amerikanische Schiefergas, welches unter Einsatz von umweltschädlichen Fördertechniken dort aus der Erde gepresst wird und am Golf von Mexiko gelagert ist, auf das Auge drücken.

Die geopolitische Gemengelage hat augenblicklich viele Akteure, und auch unter den einhundert Blockfreien Staaten, bei denen Kanzler Scholz bereits große Handelspotentiale für die deutsche Wirtschaft sieht, wird es noch, falls dieses oder ein ähnliches Bündnis entstehen sollte, einiges an Anpassung in Bezug auf interne und strukturelle Modellvarianten bedürfen. Diese werden gerade zwischen den BRICS-Staaten (Brasilien, Russland, Indien, China und Südafrika), eine Art Dachorganisation, und der AU (Afrikanische Union) diskutiert. In der russischen „TASS" sowie im „Egypt Independent" heißt es, dass laut Aussage des russischen Botschafters Borisenko Ägypten eine offizielle Anfrage für einen Beitritt zu den BRICS-Staaten gestellt habe und zudem auch eine „größtmögliche

Verlagerung in alternative Währungen befürworten würde". „Diese Länder", heißt es weiter, „repräsentieren in etwa 30 Prozent der Größe der Weltwirtschaft, 26 Prozent der Weltfläche und 43 Prozent der Weltbevölkerung und produzieren mehr als ein Drittel der weltweiten Getreideproduktion."

Der südafrikanische BRICS-Botschafter Anil Sooklal spricht gar von über einem Dutzend potentieller Kandidaten, die einen offiziellen Beitragsantrag gestellt hätten, von denen aber nicht alle genannt werden wollten. Darunter seien neben Ägypten jedenfalls Argentinien, die Vereinigten Arabischen Emirate, Algerien, Bahrain und Indonesien sowie zwei Länder aus Ostafrika und eines aus Westafrika. Das Szenario der 1960er und 1970er Jahre in Bezug auf eine „Neue Weltordnung" scheint sich zu wiederholen, bloß dass diejenigen, die es fordern, nun pro-aktiv vorgehen und die anderen nicht mehr um Mithilfe bitten, denn das eigene Potential hat sich vergrößert.

Auch in Bezug auf Norwegen, das nun Russland als größten Gaslieferanten Deutschlands abgelöst hat, gibt es keinen Grund zur Euphorie. Zumindest nicht bezogen auf eine längere Sicht. Hier lautet die Frage, ob Energieerzeugung durch Gas lediglich als Brückentechnologie oder unter dem Gesichtspunkt einer Langzeitstrategie betrachtet wird. Denn die Vorkommen Norwegens sind für diejenigen, welchen den Gasmarkt kennen, bekanntermaßen endlich.

Es ist wahrscheinlich, dass Europa in diesem geopolitischen Schachspiel Federn lassen wird. Auch der europäische Wirtschaftsmotor Deutschland. Der innenpolitische Druck wird stärker. Dies sieht man an den steigenden Umfragewerten rechtspopulistischer Parteien, die mehr an der Seite Russlands stehen als an jener der USA und wie es heißt auch von dort finanziell unterstützt werden. Über diese Schiene wird Wladimir Putin in Bezug auf den Ukraine-Konflikt versuchen, zunehmend Druck auf die europäische Innenpolitik auszuüben. Die etablierten Parteien haben eine schwere Zeit vor sich, der Ruf nach starken Männern wird zunehmend lauter. Der Demokratie weht ein harter Wind entgegen. Der politische Dialog, die zunehmenden Einschränkungen in Bezug auf die Lebensqualität der Normalbevölkerung, steigende Preise und nicht zuletzt die astronomischen Gewinne einiger weniger Konzerninhaber sind der breiten Masse nicht mehr vermittelbar. Obwohl ein starker Mann dies nicht verändern können wird, da er sich genauso nach dem bestehenden Wirtschaftssystem richten muss wie Parteienvertreter der politischen Mitte, suchen mittlerweile auch westliche Länder nach einer Vaterfigur für ihr eigenes Land und ihre Bevölkerung, einer, die sich zumindest als „einer von ihnen" zu präsentieren vermag, zumindest so tut, als würde er ihnen zuhören. Wer die Kommunikation nicht beherrscht, wird eine Nation nicht zusammenhalten können. Ein um ein harmonisches Miteinander bemühter Politiker der politischen Mitte wird heutzutage von einem gewissen Teil der Bevölkerung nur noch als Vertreter einer für sie intransparenten Welt empfunden, der nur zum Ziel hat, durch einen in alle gesellschaftlichen Bereiche hineinreichenden, immer stärker werdenden Verordnungsdruck die Macht der Bevölkerung sukzessive einzuschränken. Nicht nur der Executive Chairman von „Breitbart", Steve Bannon, hat diese Tendenz erkannt, und nicht nur im eigenen Land. Auch Wladimir Putin. So wie Bannon, dessen vielfältige Karriere im Film, Finanzgewerbe und der Politik niemanden unbeeindruckt lassen kann und der sich selbst einmal als Vertreter der Alt-Right-Bewegung bezeichnete, hat auch Putin der ultra-rechten Bewegung Europas strategisch auf die Beine geholfen, der Kreml, wie gesinnungsgleiche Amerikaner, deren Aktivitäten auch finanziell unterstützt. Der Autokratismus ist eine transnationale Bewegung, deren finanzielle Mittel, Macht und strategisches Geschick eine schwere globale Herausforderung für demokratische Systeme darstellen. Deutsche Politiker, welche gedanklich noch aus der Wohlfühlzone des Wirtschaftswunders operierten, hatten den kreativen Geistern der deutschen Außenpolitik schon seit Jahrzehnten, genauer gesagt nach der Beendigung des Kalten Krieges, eine Absage erteilt. Außenpolitik beinhaltet eine Vorausschau und nicht nur eine Konfliktresolution.

Wenn auch augenblicklich unter Beschuss, hat Frankreich noch starke Verbindungen zu und Einfluss in Afrika, mehr als dies beispielsweise bei Deutschland der Fall ist. Senegal ist dabei eines der Schlüsselländer, um nicht zu sagen *das* Schlüsselland. Dort bezieht sich die anti-französische Koalition überwiegend auf die Jugend. Nach einer Kritik an der undemokratischen Machtübernahme in Guinea besuchte Präsident Macron dennoch dort bald darauf den neuen Machthaber Mamady Doumbouya. Frankreich wird auch Mali nicht „ad acta" legen wollen. Die Sahelzone im Norden ist ein besonders rohstoffreiches Gebiet, das man nicht so einfach anderen überlässt.

Frankreich wird jedoch, mehr als jedes andere europäische Land, eine andere Umgangsart mit dem Kontinent an den Tag legen müssen, und auf Grund der immer stärker werdenden Rechtsparteien wie dem *Front National* einen schwierigen Spagat zwischen innen- und außenpolitischer Kommunikation, gerade in Richtung Afrika, vollziehen müssen. Der tödliche Schuss eines Polizisten, der aus nächster Nähe auf den unbewaffneten, nicht vorbestraften, in seinem Auto sitzenden 17-jährigen Nahel M., Sohn algerischer Einwanderer, abgegeben wurde, wirft Fragen auf. Was bewegte den Polizisten dazu, diesem jungen Mann bei einer Verkehrskontrolle aus nächster Nähe in die Brust zu schießen? Dies erinnert mich, was die Auswirkungen, die Proteste und die verschiedenen Meinungsbilder innerhalb der Bevölkerung anbelangt, an ein Attentat, das im August 2000 in Bologna durch die sogenannte P2-Loge verübt wurde. Dort, wie nun auch in Frankreich, benutzten ultrarechte Parteien, welche den Anschlag den linken Gruppierungen in die Schuhe schoben, die aufgeheizte Stimmung, um die Gesellschaft weiter zu spalten. Es steht außer Frage, dass sich die politische Landschaft Europas weiterhin nach rechts außen bewegen wird.

Man kann nur hoffen, dass dies kein Signal dafür ist, wie man nach einem eventuellen Sieg des rechtskonservativen *Front National* mit Migranten in solch einer Situation umgehen wird.

Die Wagner-Gruppe wird Afrika nicht verlassen, zudem stellt sich die Frage warum Prigoschin sich ausgerechnet in das Land von Putins engem Freund Alexander Lukaschenko flüchtet. Weißrussland exportiert fast 50 Prozent seiner Güter nach Russland. Es ist sein größter Handelspartner. Zusätzlich bezieht es den allergrößten Teil seines Öl- und Gasbedarfs aus Russland. Dass sich vor diesem Hintergrund ein Alexander Lukaschenko gegen einen Wladimir Putin stellen wird, klingt nicht gerade logisch.

Wenn nicht Wagner, wird die eine oder andere der drei Dutzend paramilitärischen Gruppen Russlands, wie zum Beispiel die „Patrioten", das extrem lukrative afrikanische Minengeschäft übernehmen. Oder vielleicht sogar die russische Armee selbst.

Über das Abdanken Wladimir Putins und den wirtschaftlichen Zusammenbruch Russlands sollte sich der Westen keine allzu großen Hoffnungen machen, denn würde dieser Fall tatsächlich eintreten, müsste man mit einer weitere Flüchtlingswelle in Richtung Europa rechnen, ein Szenario, das kaum zu bewältigen wäre.

Neben Taiwan und dem Südpazifik wird man auch noch weitere Regionen im Auge behalten müssen. Besonders die Europäer. In Bezug auf die Situation auf dem Balkan und Zentralasien würde die EU zumindest im Moment die Türkei vielleicht lieber als eines ihrer Mitglieder sehen anstatt teilweise in der Rolle eines Gegenspielers bzw. als eigenen Akteur in diesen Regionen. In Ländern wie Turkmenistan, Kasachstan, Tadschikistan etc., wo nicht nur die Türkei, der Iran und andere islamische Staaten verstärkt aktiv sind und von mancher Stelle bereits als verlängerter Arm des Mittleren Ostens bezeichnet werden, könnte nicht nur der Einfluss Russlands, sondern auch der westlicher Nationen weiter geschwächt werden.

Die Grundvoraussetzung, Partnerschaften nur mit Ländern, welche sich den demokratischen Grundwerten verschrieben haben, zu führen, wird auch die USA unter Druck setzen.

Was Afrika anbelangt, wird die USA aus meiner Sicht die einzige westliche Nation sein, die die wirtschaftliche Größe und im Notfall auch die militärische Entschlossenheit hätte, gegen den Terrorismus in einigen afrikanischen Ländern vorzugehen.

Den Senegal hat die USA im Gegensatz zu Europa schon vor der Ukraine-Krise beim Aufbau einer eigenen Energieinfrastruktur mit sogenannten *Gas to Power Plants* unterstützt und will sich neuerdings auch am Bau einer Küstenautobahn von Dakar nach St. Louis beteiligen. Die amerikanische EXIM Bank schließt sich im Senegal im Bereich Finanzierung des Energiesektors damit mehr oder weniger einer Finanzierungsstrategie der Chinesen an. Im Vergleich zu anderen staatlichen Entwicklungsorganisationen, welche ihre Projekte oft dann abbrechen, wenn sie erfolgreich sind, entwickelten die Amerikaner unter dem Gesichtspunkt der Nachhaltigkeit über die Entwicklungsgesellschaft USAID Landwirtschaftsprojekte im Norden, aus denen die Basis der ländlichen Regionen nicht nur langfristig, sondern auch kurzfristig Nutzen ziehen kann. Hier finanzierte man den Bauern beispielsweise professionelle Bewässerungssysteme, welche es ihnen ermöglichen, in Teilen der Landschaft des

Nordens nicht nur zur Regenzeit Hirse oder andere Produkte unter dem Gesichtspunkt einer Subsistenzwirtschaft anzubauen, sondern praktisch ganzjährig ihr Obst und Gemüse ernten zu können. So konnte zumindest teilweise eine Transformation dieses unzureichenden und ineffizienten Produktionsschemas in eine professionelle Erzeugung von Agrarprodukten für den lokalen Markt und darüber hinaus in die Wege geleitet werden. Was den Bereich Melonen anbelangt, hat Senegal bereits Spanien überholt. Die USA hätten mit einer gut durchdachten Softpower-Strategie die Möglichkeit, in einigen Gebieten, die Frankreich abgegeben hat und vielleicht auch noch abgeben muss, stärker an Einfluss zu gewinnen. Um diese Strategie nachhaltig zu gestalten, wäre aber die militärische Variante allein nicht zielführend. Hierzu müsste, wie etwa im Norden Senegals, die Bevölkerung miteinbezogen, die Basis mitgenommen werden.

Die zunehmende Errichtung von Militärstützpunkten in und um Afrika ist ein weiteres Indiz für eine angespannte geopolitische Lage in dieser Region. Die meisten davon liegen, wohl auf Grund der Anwesenheit der Chinesen, noch in Ostafrika, der Region, die wegen ihrer geographischen Lage das Einfallstor zum Kontinent darstellt. Noch bis vor Kurzem war der Hauptfokus, zumindest der westlichen Industrienationen, auf die eurasische Wirtschaftszone gerichtet. Australien, das Vereinigte Königreich England und die Vereinigten Staaten von Amerika versuchen über das Militärbündnis AUKAS der Einflusssphäre Chinas im Südpazifik Einhalt zu gebieten. Auf Grund ihrer Überseegebiete wie Französisch Polynesien und Neukaledonien mit seinen großen Nickelvorkommen könnte sich auch Frankreich dem anschließen. Nun scheint sich aber alles zu vermischen. Zum Thema geopolitische Strategien und Handelspräferenzen scheint ein neues Kapitel aufgemacht zu werden, eines das regionale Grenzen überschreitet und auch militärische Komponenten beinhaltet.

Angefangen von den kleineren Akteuren wie den Emiraten, welche in Eritrea und Somalia Militärbasen halten, im Letzteren auch Häfen bauen, die nicht nur für zivile, sondern im Bedarfsfalle auch für militärische Zwecke benutzt werden können, nimmt die Präsenz externer Akteure zu. Bereits 2019 hatten dreizehn Länder Militärbasen in Afrika. Allein am Horn von Afrika waren elf Stützpunkte angesiedelt. Die USA hielt in dieser Zeit bereits 34 Stützpunkte, über Nord-, West- und das Horn von Afrika verteilt.

China hat 2021 in Äquatorialguinea, sehr zum Missfallen der Amerikaner, angefangen, eine Militärbasis zu bauen. Sie wird nicht die einzige sein, welche sie in Westafrika errichten werden. Der Sudan hat, trotz der ablehnenden Haltung des Westens, bereits im März 2022 bestätigt, dass man eine Militärbasis der Russen im Roten Meer befürwortet. Ein Jahr später befindet sich das Land im Bürgerkrieg, der wie in Mali und Burkina Faso wieder innerhalb zweier Fraktionen des Militärs geführt wird.

Falls der Krieg in der Ukraine sich einmal dem Ende zuneigen wird, stellt sich wie in Libyen die Frage, was mit all den Waffen geschehen wird. Vielleicht auch schon vorher. Nicht nur Russland, sondern auch sein augenblicklicher Gegner, die Ukraine, war immer schon einer der größten Waffenlieferanten Afrikas. Der damals noch amtierende Präsident Nigerias Muhammadu Buhari berichtete 2022 der „Voice of America", dass seit Beginn des Krieges über graue Kanäle Waffen zu Terrororganisationen in das Tschad-Becken fließen würden. Sollte es sich dabei um moderne Waffensysteme handeln und nicht um die relativ veralteten aus den Lagern Libyens, wären die Konsequenzen für die Bevölkerung verheerend. Das ließ er bereits vorher auf dem 16. Treffen der Staatsoberhäupter der Region der Lake Tschad Basin Commission (LCBC) verlauten, in der die Länder Kamerun, Tschad, Niger und Nigeria vertreten sind. In diese Region dringen bereits seit längerer Zeit Terrorgruppen wie Boko Haram von Nigeria aus über einen Korridor im Norden Kameruns nach Tschad und weiter nördlich in den Niger vor. Mittlerweile, nachdem Russland Frankreich nicht als Lösung für das Problem des Terrorismus in Afrika, sondern als Teil davon darstellt, geht dieselbe Anschuldigung von den USA in Richtung Russland. Afrika hat keine Ressourcen, um diesem Problem allein und ohne Partner aus irgendeinem externen Lager entgegenzutreten. Zumindest nicht militärisch.

Sollte sich diese geopolitische Auseinandersetzung des Westens mit China und Russland im Sinne eines „proxy war"-Szenarios, eines neuen Kampfes gegen den Terror, der von verschiedenen Seiten, aus welchen Gründen auch immer, auf afrikanischem Boden geführt wird, fortsetzen, wären die Folgen so gravierend, dass sich der Kontinent davon nie wieder erholen würde. Dies hätte dann auch Auswirkungen auf Europa. Man würde mit Migrationsströmen bisher ungekannten Ausmaßes rechnen müssen. Man kann nur hoffen, dass das hier beschriebene Worst-Case-Szenario nicht eintreffen wird.

Damit Afrika ein Wechsel von der Position des *„rule takers"* – des Befehlsempfängers – zum *„rule maker"* – einem Befehlsgeber – gelingt, darf der Kontinent weder seine Energie in Schuldzuweisungen, rückwärtsgewandten Diskussionen über das erlittene Leid der Kolonialzeit, verschwenden, noch aufgrund der Resignation der Bevölkerung seine Misere als typisch afrikanischen Lebensstil akzeptieren. Wer sich mit der Geschichte afrikanischer Hochkulturen beschäftigt, kommt hier nämlich zu einem ganz anderen Schluss. Afrika muss auf breiter Ebene ein Arrangement zwischen Tradition, Disziplin und fortschrittlichem Ehrgeiz, etwa nach japanischem Vorbild, schließen und so seine Kraft in messbare, wirtschaftliche Kreativität und Produktivität umwandeln.

Denn außer dem oben beschriebenen Szenario wartet neben dem Klimawandel noch ein anderer, ein unnatürlicher Feind am Horizont: KI, die Künstliche Intelligenz. Jedes afrikanische Land sollte diesen Faktor im Auge behalten, da die industrielle Entwicklung Afrikas nicht so schnell fortschreiten wird wie diese Technologie. In diesem Falle sollten Rohstoffverträge mit Industrienationen, den G-20-Staaten, die sich mittlerweile scheinbar darauf geeinigt haben, die Afrikanische Union als ständiges Mitglied aufzunehmen, beispielsweise eine Quotenregelung auf der Produktionsebene beinhalten. Auf globaler Ebene wird mit 69 Millionen mehr Beschäftigten in diesem Bereich, aber auch mit 83 Millionen Arbeitsplatzverlusten gerechnet.

Afrikanische Länder, welche als Billiglohnländer für gewisse industrielle Sektoren, beispielsweise als Standorte für Assembly-Montage im Bereich Automotive oder Elektronik in Betracht kämen, sehen sich mit dem Risiko konfrontiert, dass die erwünschte Industrialisierung durch das sich verändernde Produktionsschema vom Tisch ist, bevor sie überhaupt gestartet werden kann. Manche amerikanischen Großfirmen debattieren bereits über Ausgleichszahlungen, die an Arbeiter gezahlt werden sollten, falls diese durch einen breiteren Einsatz von KI ihren Job verlieren sollten.

Europa wird sich damit abfinden müssen, dass die „guten alten Zeiten" nicht wiederkommen werden, egal unter welcher Regierung.

So wie Länder, wie das ehemalige Kolonialland Portugal und das ansonsten kulturell eher auf sich bezogene Kroatien, es verstanden haben, dass im Zeitalter von Instagram und Airbnb die Einnahmen im Bereich Tourismus und den angegliederten Sektoren wegfallen würden, wenn der junge, gutverdienende und kreative Teil der Jugend mit Rassismus und Intoleranz gegenüber Schwulen und Lesben konfrontiert würde, so wird Amerika trotz einiger ultrakonservativer Störfeuer für junge Talente im akademischen Bereich weiterhin der Nabel der Welt bleiben. Dennoch ist die Aufhebung von *„affirmative action"*, die pünktlich, das heißt kurz vor den Präsidentschaftswahlen durch den US Supreme Court beschlossen wurde, ein Rückschlag. Diese sogenannte Form „positiver Diskriminierung", welche den immer noch „negativ diskriminierten" afro-amerikanischen Teil der Bevölkerung unter anderem auf dem Weg zu einer akademischen Karriere einen Vorteil gewähren sollte, fällt nun weg. Amerika hat, wie Deutschland wegen der Schoah der Juden, gerade in Bezug auf seine schwarze Bevölkerung wegen der Sklaverei und dem darauffolgenden, der Apartheid ähnlichen Prinzip der Segregation eine besondere Verantwortung. Aber vielleicht ist hier nicht alles in Stein gemeißelt. Einer meiner Söhne studiert in den USA und ist dort glücklich.

Ich freue mich, dass meine Kinder nun auch die Geschichte ihrer äthiopischen Vorfahren erforschen konnten. Auch ich habe ein bisschen nachgeforscht, nur ein bisschen, denn einer von ihnen sollte die Geschichte der Familie einmal selbst schreiben, zum Beispiel die Geschichte des Urgroßvaters Balcha Sefo, der als Kommandant in der sogenannten Schlacht von Adwa 1896 gegen das faschistische Italien antrat und dann auf Grund seiner strategischen, militärischen Fähigkeiten von Kaiser Menelik II. in den Adelsstand erhoben wurde. Anschließend machte er ihn auch noch zum „Dejazmach", zum Kommandanten des „Zentralen Organs der Traditionellen Äthiopischen Armee".

Und Oma Tshay. Sie war eigentlich statt für Opa Zaudie für Iskinder Desta, den Enkel von Kaiser Haile Selassie vorgesehen, für den der Opa als Botschafter tätig war. Da sie sich später für Opa Zaudie entschied, waren natürlich beide nicht die besten Freunde.

Für Menschen, die zwischen beiden Kulturen stehen, ist eines wichtig: Wenn es möglich ist, seinen persönlichen Ursprung zu erkunden. Der

Elternteil, bei dem man nach einer eventuellen Trennung verblieben ist, sollte seinen Nachwuchs dabei unterstützen und persönliche Befindlichkeiten in Bezug auf eine vielleicht schwierige Beziehung außer Acht lassen.

Denn wer nicht weiß, woher er kommt, wird viel Energie dafür aufbringen müssen, um zu wissen, wer er wirklich ist und welche Möglichkeiten der inneren Entfaltung die Auseinandersetzung, der Kontakt mit der anderen kulturellen Seite seiner selbst bietet. Die Grundvoraussetzung dafür heißt: „Werte nicht, sondern beobachte, damit du weißt, warum wann was geschieht." Denn auch dieser Weg, auf seiner anderen kulturellen Seite akzeptiert zu werden, ist nicht immer ein einfacher. Nicht nur in Afrika.

Nach einigen Irritationen über eine eventuell angestrebte dritte Amtszeit hat Präsident Macky Sall mittlerweile bekannt gegeben, dass er sich konform der Verfassung der Republik Senegal nicht für eine solche zur Wahl stellen wird. Warum diese Bekanntgabe so spät erfolgte, ist aus der Sicht eines ausländischen Betrachters schwer zu ergründen. Ich kenne ihn als einen eher zurückhaltenden Mann, als jemanden, der eigentlich gar nicht so sehr im Vordergrund stehen wollte. In einem unserer ersten Treffen stellte ich ihm daher die Frage, warum er immer nur hinter verschlossenen Türen seiner Arbeit nachgehe, seine Verdienste in den lokalen und über die sozialen Medien nicht mehr in den Vordergrund stelle, sich nicht vor den Projekten, die während seiner Amtszeit entstanden sind, präsentieren würde. Dies schien bei ihm angekommen zu sein.

Auch wenn die Berichterstattung in der zweiten Hälfte seines zweiten Mandats etwas durchwachsen war, wurde Afrika vorher nie so wahrgenommen, wie das über seine Person der Fall war. Sein Bekenntnis zur Demokratie ist auf alle Fälle ein gutes Signal für Afrika. Ich schließe mich den Worten, die der damalige Finanzminister Sambias beim Investorentreffen in Kenia ausgesprochen hatte, an und erlaube mir dabei, diese leicht umzuformulieren. Der Ursprungstext lautete: „Nur Afrikaner können Afrika helfen." Mein Text lautet: „Wenn sich Afrika nicht selbst hilft, kann Afrika auch nicht geholfen werden." Denn einen solchen Weg allein zu gehen, ist für keine Nation dieser Welt mehr möglich. Er darf nur nicht mehr zum Nachteil eines einzelnen Landes gestaltet werden.

Wer die zukünftigen privilegierten Partner Afrikas sind, wird sich noch herausstellen. Denn das Wort „Menschenrechte" muss den Afrikanern wie Hohn in den Ohren klingen, nachdem Brüssel gerade einen Migrationspakt mit Tunesien geschlossen hat, und zwar einen, den man unter humanitären Gesichtspunkten nicht mehr vermitteln kann. Zumindest nicht innerhalb einer zivilisierten Gesellschaft.

Der Pakt mit dem Staatspräsidenten Kais Saied, einem rassistischen Brandstifter, der Hunderte Sub-Sahara-Afrikaner, darunter Frauen und Kinder, ohne Wasser und Verpflegung in der Wüste ausgesetzt hat, zeigt, dass den Europäern bei der Durchsetzung ihrer Interessen jedes noch so menschenverachtende Mittel recht ist. Dafür stellt die Europäische Union sage und schreibe 900 Millionen Euro in Aussicht und ist bereit, bei der Wahl ihrer Partner in die unterste Schublade zu greifen. Saied, der in Bezug auf seine rassistischen Aussagen an die nordafrikanische Variante eines Adolf Hitler im Kleinformat erinnert, scheint vor nichts zurückzuschrecken, um die wirtschaftlichen Probleme seines Landes auf die Afrikaner zu schieben.

Seine Verschwörungstheorie, mit der er all dies rechtfertigt, indem er nämlich einen angeblichen „kriminellen Plan" aus dem Hut zaubert, der seit Beginn des 21. Jahrhunderts von den Sub-Sahara-Afrikanern ausgeheckt worden sei, um die demografische Zusammensetzung Tunesiens zu verändern, ist nichts anderes als der allgegenwärtige Rassismus, der besonders in Tunesien, Algerien und Libyen bereits seit Jahrhunderten den Menschen südlich des Maghreb entgegengebracht wird. Diese krude, anscheinend von den Portugiesen abgekupferte These, welche diese aus gleichem Grunde in vergangenen Zeiten in Brasilien in umgekehrter Richtung propagiert hatten, sucht in ihrer Absurdität ihresgleichen. Kein Afrikaner will in diese Gegend, es sei denn, die äußerste Not zwingt ihn dazu, denn ein jeder weiß, was ihm dort passieren kann.

Dies alles ist kein Indiz dafür, dass Europa am bisherigen System der wirtschaftlichen Benachteiligung in seiner Partnerschaft mit Afrika etwas ändern will. Es ist vielmehr eine Bestätigung dessen, dass man lieber die Afrikaner über einen nordafrikanischen Handlanger in der Wüste aussetzen lässt und, was das Thema Migration an sich anbelangt, lediglich gewillt ist, die Symptome anstelle der Ursachen zu bekämpfen. Es ist zudem, wie dies bereits zum gleichen Thema in Libyen deutlich wurde, wieder einmal ein Indiz dafür, dass man den moralischen Anspruch, den man in Brüssel von anderen einfordert, wenn eigene Interessen berührt sind, selbst nicht erfüllen kann.